das neue buch
Herausgegeben von Jürgen Manthey

Maurice Godelier
Ökonomische Anthropologie

Untersuchungen zum Begriff der sozialen Struktur
primitiver Gesellschaften

Aus dem Französischen von Wolf H. Leube
und Hans-Horst Henschen

Deutsche Erstausgabe
Aus dem Französischen übertragen nach der 1973
im Verlag François Maspero, Paris
unter dem Titel «Horizon, trajets marxistes en anthropologie»
erschienenen Originalausgabe
Veröffentlicht im Rowohlt Taschenbuch Verlag GmbH,
Reinbek bei Hamburg, November 1973
© Rowohlt Taschenbuch Verlag GmbH,
Reinbek bei Hamburg, 1973
Alle Rechte vorbehalten
«Horizon, trajets marxistes en anthropologie»
© Librairie François Maspero, Paris, 1973
Der Aufsatz «System, Struktur und Widerspruch im *Kapital*»
(übersetzt von Joseph Grahl) erschien 1970
als Nr. 8 «internationale marxistische diskussion»
im Merve Verlag, Berlin
Der Aufsatz «Warenwirtschaft, Fetischismus, Magie und Wissenschaft
im Marxschen *Kapital*» (übersetzt von Eva Moldenhauer)
wurde dem Band «Objekte des Fetischismus»,
Suhrkamp Verlag, Frankfurt/Main, 1971, entnommen
Umschlagentwurf Christian Chruxin und Hans-Gert Winter
Gesetzt aus der Garamond-Antiqua
Gesamtherstellung Clausen & Bosse, Leck/Schleswig
Printed in Germany
ISBN 3 499 25043 8

Inhalt

Vorwort

«Es gibt keinen Fixpunkt mehr, von dem
aus einer von uns hoffen könnte, die Kon-
figuration des gesamten Wissens, und sei
es in ihrer einfachen Form, wieder zu erfassen und damit einen Vorschlag zu ihrer
Geschlossenheit zu machen. Nicht daß es
an der Versuchung mangelte, aber es fehlt
am Instrument, ihr auf überzeugende Weise nachzugeben. Weder auf seiten des Subjekts, noch auf seiten des Begriffs, noch
auf seiten der Natur finden wir heute die
Mittel, eine universale Darstellung zu füllen und zu vollenden. Es ist besser, dies
als Tatsache hinzunehmen und auf ein
anachronistisches Nachhutgefecht um diesen Punkt zu verzichten.»
Jean Desanti, *Matérialisme et Épistémolo-
gie*[1]

Im Jahre 1958 stellten wir uns zwei Fragen, und um sie zu beantwor-
ten, sahen wir uns gezwungen, einen seltsamen Weg einzuschlagen: von
der Philosophie zur Ökonomie und schließlich zur Anthropologie.[2]
Diese beiden Fragen lauteten: «Wie steht es mit der *verborgenen* Logik
der ökonomischen Systeme und mit der *Notwendigkeit* ihres Auftauchens, ihrer Reproduktion oder ihres Verschwindens im Laufe der Geschichte?» – «Welches sind die epistemologischen Bedingungen für die
wissenschaftliche Erkenntnis dieser Logik und dieser Notwendigkeiten?»
Diese beiden Fragen waren im Grunde nur eine einzige, denn man erkennt in ihnen die zwei Seiten des Problems der ökonomischen Rationalität. Ein gewaltiges Problem, dessen Lösung wir nicht in einer Philosophie der Ökonomie oder der Geschichte gesucht haben, sondern auf
dem Felde verschiedener Wissensgebiete, die mit Ökonomie zu tun haben. 1965 zogen wir, auf Grund unseres bisherigen Weges, den Schluß,
«daß es keine rein ökonomische Rationalität gibt»[3] und daß das Problem darin besteht, die strukturale Analyse der gesellschaftlichen Verhältnisse in der Weise durchzuführen, daß sie die Analyse der wechselseitigen «Kausalitäten der Strukturen» und insbesondere der Kausalität der Produktionsweisen in bezug auf die anderen sozialen Strukturen ermöglicht, um von diesem Ausgangspunkt her die Mechanismen
ihrer Reproduktion und ihrer Transformationen zu verstehen. Einige
der folgenden Texte behandeln dieses Problem, aber wir möchten in
diesem Vorwort eine Art Aufriß der operationalen Schritte geben; dies
erscheint uns heute, im Jahre 1973, notwendig, um die Lösung dieser
Aufgabe voranzutreiben.
Die Aufgabe der Entdeckung und der gedanklichen Rekonstruktion

der Produktionsweisen, die sich im Laufe der Geschichte entwickelt haben oder sich noch entwickeln, bedeutet *mehr* und *etwas anderes* als die Konstituierung einer ökonomischen Anthropologie oder irgendeiner anderen Disziplin ähnlichen Namens. Diese Aufgabe verlangt, daß man all jene theoretischen Probleme eins nach dem anderen wiederaufnimmt, die sich aus der Kenntnis der Gesellschaften und ihrer Geschichte ergeben, d. h. die Probleme der Entdeckung der Gesetze nicht der «Geschichte» im allgemeinen – dies ist ein Begriff, dem kein realer Gegenstand entspricht –, sondern der Gesetze der verschiedenen ökonomischen Gesellschaftsformationen, die vom Historiker, vom Anthropologen, vom Soziologen oder vom Ökonomen analysiert werden. Diese Gesetze existieren und sind Ausdruck der strukturellen, nichtintentionalen Eigenschaften der sozialen Verhältnisse und ihrer jeweiligen Hierarchie und Verknüpfung auf der Basis bestimmter Produktionsweisen.

Im Unterschied zum Marxismus, wie er gemeinhin praktiziert wird und dabei sehr schnell in einen Vulgärmaterialismus umschlägt, sind wir der Ansicht, daß Marx, als er zwischen Basis und Überbau unterschied und behauptete, daß die innere Logik der Gesellschaften und ihrer Geschichte in letzter Instanz von Transformationen der Basis bedingt sei, nichts anderes getan hat, als zum ersten Male eine Hierarchie funktioneller Unterscheidungen und struktureller Kausalitäten deutlich zu machen, ohne dabei in irgendeiner Weise über die *Beschaffenheit* der Strukturen, die diese Funktionen jeweils übernehmen (Verwandschaft, Politik, Religion usw.), noch über die *Zahl der Funktionen*, die eine solche Struktur übernehmen kann, vorweg zu urteilen. Um diese innere Logik zu ermitteln, muß man über die strukturale Analyse der Formen der sozialen Verhältnisse hinausgehen, muß man, über die verschiedenen Prozesse der gesellschaftlichen Praxis, die wechselseitigen «Effekte» der Strukturen nachweisen, muß man schließlich ihren wirklichen Platz in der Hierarchie der Ursachen, die das Funktionieren und die Reproduktion einer ökonomischen Gesellschaftsformation bestimmen, festmachen.

Den Materialismus von Marx als epistemologischen Horizont der theoretischen Arbeit in den Sozialwissenschaften wählen, heißt sich dazu verpflichten, das unsichtbare Netz der Ursachen, die die Formen, die Funktionen, die Verbindungsweise, die Hierarchie, das Auftauchen und das Verschwinden bestimmter sozialer Strukturen miteinander verbinden, aufzufinden und auf Wegen, die noch gefunden werden müssen, zu durchlaufen.

Sich auf diese Wege einzulassen bedeutet, einem Punkt zuzustreben, an dem die Unterscheidungen und die Gegensätze zwischen Anthropologie und Geschichte beseitigt sein werden, wo es unmöglich wird, die Analyse der ökonomischen Verhältnisse und Systeme als autonome, fetischisierte Domänen zu konstituieren, einem Punkt also, der jenseits der Schwächen des funktionalistischen Empirismus und jenseits der Schranken des Strukturalismus liegt.

Sich auf diesen Weg einzulassen bedeutet jedoch kein «Zurück zu Marx» und bedeutet für den Anthropologen auch keine Wiederaufnahme und Verteidigung sämtlicher Gedanken von Marx über die primitiven Gesellschaften und über die ersten Klassengesellschaften, obschon, wie unser Versuch einer kritischen Bilanz dieser Ideen zeigt*, der lebendige Teil seiner Gedanken gegenüber dem überholten vorteilhaft abschneidet. Was Marx zu unserem Fortschreiten beiträgt, ist vor allem ein offener Komplex von Hypothesen und Methoden, die für die Analyse der Strukturen und der Entstehungs- und Entwicklungsbedingungen *einer einzelnen* Produktionsweise, nämlich der kapitalistischen, und der bürgerlichen *Gesellschaft,* die ihr entspricht, erdacht sind, die jedoch allgemeinen, exemplarischen Wert besitzen. Wir werden zeigen, warum dieser nicht geschlossene Komplex von Hypothesen und methodischen Verfahren nicht nur zum epistemologischen Horizont unserer Zeit gehört, sondern sogar dessen Hauptlinie darstellt.

In der Tat besteht für Marx der Ausgangspunkt der Wissenschaft nicht in den Erscheinungsformen, im Sichtbaren, in den spontanen Vorstellungen, die sich die Mitglieder einer Gesellschaft von der Natur der Dinge, von sich selbst und von der Natur der Welt machen. Für ihn – und das bringt ihn in Gegensatz zum Empirismus und Funktionalismus – kann das wissenschaftliche Denken nicht hoffen, den wirklichen Zusammenhang und das innere Verhältnis der Dinge zu enthüllen, wenn es von ihren äußerlichen Zusammenhängen und ihren sichtbaren Verhältnissen ausgeht. Das wissenschaftliche Denken wendet sich also ab von den äußeren Erscheinungen, nicht um sie als außerhalb der rationalen Erkenntnis liegend ungeklärt bestehenzulassen, sondern um nachher wieder auf sie zurückzukommen und sie auf der Basis der Kenntnis der inneren Verknüpfung der Dinge zu erklären; in dieser Rückwärtsbewegung lösen sich die Illusionen des spontanen Bewußtseins von der Welt nacheinander auf.

Aber in dieser Bewegung vom Sichtbaren zum Unsichtbaren kommt das wissenschaftliche Denken zu der Entdeckung, daß die Verhältnisse zwischen den Dingen, zwischen den materiellen Gütern, den wertvollen Gegenständen, den Werten, in Wirklichkeit Verhältnisse zwischen den Menschen sind, Verhältnisse, die sie ausdrücken und zugleich verhüllen. Innerhalb der Verhältnisse zwischen Dingen die Anwesenheit und das bestimmte Sosein von Verhältnissen zwischen Menschen festzustellen bedeutet, ein Verfahren anzuwenden, auf das jeder

* Der Aufsatz, auf den M. G. hier hinweist, ist nicht in diesem Band aufgenommen. (Anm. d. Übers.)

Anthropologe «horchen» und worin er zwangsläufig gerade den Gegenstand seiner theoretischen Arbeit erkennen müßte. Es macht die Größe von Marx aus, daß er bei der Analyse der Ware, des Geldes, des Kapitals usw. Tatbestände «richtig herum gehört» hat, die – in der täglichen Praxis und den alltäglichen Vorstellungen der Individuen, die innerhalb der kapitalistischen Produktionsweise leben und agieren – umgekehrt präsentiert sind und daß er den nur eingebildeten Charakter der gesellschaftlichen Verhältnisse gezeigt hat.

Zu erstellen ist also die Theorie der Produktionsweisen, denn es ist nicht möglich, aus dem verwirrenden Bild der gesellschaftlichen Verhältnisse die Beschaffenheit der Produktionsverhältnisse exakt abzulesen. Nun hat Marx – und wir halten es für notwendig, noch einmal auf diesem Punkt zu insistieren – keine Doktrin aufgestellt, die ein für allemal bestimmt, was Basis und Überbau ist. Er hat dem, was als Produktionsweise funktionieren kann, nicht von vornherein eine bestimmte Form, einen festgelegten Inhalt und einen unveränderlichen Ort zugewiesen. Was Marx eingeführt hat, ist eine Unterscheidung von Funktionen und eine Hierarchie in der Kausalität der sozialen Strukturen in bezug auf den Funktionszusammenhang und die Entwicklung von Gesellschaften. Es gibt also keinen Grund, im Namen von Marx – wie es einige Marxisten tun – es abzulehnen, in den Verwandtschaftsverhältnissen zuweilen Produktionsverhältnisse zu sehen, noch umgekehrt in dieser Tatsache einen Einwand gegen Marx – sprich: seine Ablehnung – zu finden, wie es einige Funktionalisten oder Strukturalisten tun. Man muß also über die morphologische Analyse der sozialen Strukturen hinausgehen, um deren Funktionen und die Transformationen dieser Funktionen und dieser Strukturen zu analysieren.

Aber die Tatsache, daß eine Struktur als Trägerin mehrerer Funktionen dienen kann, berechtigt nicht dazu, die strukturellen Ebenen zu vermischen und die relative Autonomie der Strukturen nicht voll zu berücksichtigen. Diese relative Autonomie besteht in nichts anderem als in der Autonomie ihrer inneren Eigenschaften. Das Marxsche Denken ist also kein reduzierender Materialismus, der jegliche Realität auf die Ökonomie verkürzt, und auch kein vereinfachter Funktionalismus, der alle Strukturen einer Gesellschaft auf *die* Struktur, die auf Anhieb die beherrschende zu sein scheint, einebnet, wobei es keine Rolle spielt, ob dies die Verwandtschaft, die Politik oder die Religion ist. Ausgehend von dieser Unterscheidung zwischen Funktionen und der relativen Autonomie der Strukturen, kann man das Problem der Kausalität einer Struktur in bezug auf eine andere, einer Ebene in bezug auf eine andere, korrekt angehen. In dem Maße nun, wie eine Struktur *simultane* Wirkungen auf alle anderen Strukturen ausübt, die mit ihr zusammen eine eigene, reproduktionsfähige Gesellschaft bilden, muß man an verschiedenen *Stellen* und auf verschiedenen *Ebenen* – also mit ver-

schiedenem *Inhalt* und mit verschiedener *Form* – das Vorhandensein
einer einzigen Ursache zu entdecken versuchen, d. h., die notwendigen
und simultanen Wirkungen eines spezifischen Ganzen nichtintentionaler Eigenschaften dieser oder jener sozialen Verhältnisse müssen gesucht werden. Das bedeutet nicht, die einen Strukturen auf die anderen zu «reduzieren», sondern die verschiedenen Formen des aktiven
Vorhandenseins einer von ihnen gerade im Funktionszusammenhang
der anderen sichtbar zu machen. Jede Metapher nach dem Schema
Beinhaltendes/Inhalt [contenant/contenu], innerlich/äußerlich, ist offensichtlich ungeeignet, diese Mechanismen der innigen Verbindung
und der wechselseitigen Einwirkung der Strukturen korrekt auszudrücken.[4]

Ein Materialismus, der bei Marx seinen Ausgangspunkt nimmt, kann
jedoch nicht nur in einer komplizierten Untersuchung der Netze der
strukturellen Kausalitäten bestehen, sondern er muß letzten Endes die
spezifische und ungleiche Wichtigkeit veranschlagen, die diesen verschiedenen Strukturen für das Funktionieren, d. h. vor allem für die
*Reproduktions*bedingungen einer ökonomischen Gesellschaftsformation zukommen kann. Hier, bei der Analyse der Hierarchie der Ursachen, die die Reproduktion einer ökonomischen Gesellschaftsformation
bestimmen, berücksichtigt dieser Materialismus die fundamentale
Marxsche Hypothese der «in letzter Instanz» bestimmenden Kausalität
in bezug auf die Reproduktion dieser Formation und der Produktions-
weise(n), die die materielle und soziale Basis gerade dieser Formation
bilden. Diese Hypothese voll zu berücksichtigen heißt wohlgemerkt
nicht, sie in ein Dogma umzuwandeln oder in ein einfaches Rezept, das
mit Zaubersprüchen arbeitet und wird allzuleicht terroristisch und
dabei nur mühsam die Unwissenheit seiner Autoren hinter der undifferenzierten Denunzierung des Bankrotts der «bürgerlichen» Wissenschaften verbirgt. Es würde ausreichen, die Zahl und die Schwierigkeit
der Probleme zu nennen, die sich stellen, sobald man *die* Gesellschaften
miteinander vergleichen will, deren Subsistenz auf der Jagd und dem
Sammeln beruht, also z. B. die Gesellschaften der Buschmänner, der
Schoschonen oder der australischen Ureinwohner, um die lächerliche
Bedeutungslosigkeit solcher theoretischer Attitüden zu zeigen.[5]

Ein besonders bemerkenswertes Beispiel für die bestimmende Kausalität der Produktionsweisen in bezug auf die Organisation und
die Reproduktion der Gesellschaften findet sich in der Formation
eines spezifischen Typs von Ökonomie und Gesellschaft, der zu Beginn
des 17. Jahrhunderts bei den Indianern der nordamerikanischen Tief-
ebenen auftauchte. Wie Symmes C. Oliver gezeigt hat, entsprach dieser
Gesellschaftstyp den Zwängen einer Ökonomie der Jagd, die auf dem
Gebrauch des Pferdes, später des Gewehrs beruhte und an die besondere Ökologie des Bisons angepaßt war, die zu Zerstreuung und Unab-

hängigkeit der Gruppen im Sommer und zu ihrer Konzentration und gegenseitigen Abhängigkeit im Winter zwang.[6] Was bei diesem Fall besonders bemerkenswert ist, ist *die Konvergenz und die Einheitlichkeit* der sozialen Organisationsformen, die in allen Stämmen des Flachlandes als Reaktion auf diese nämlichen Zwänge aufgetaucht sind. Dabei wiesen diese Stämme zu Anfang gravierende Unterschiede auf. Diejenigen des Nordens und Westens, die Cree, die Assiniboin, die Comanchen, stammten aus früherer Jäger- und Sammlergruppen, die in Horden mit fließender Zusammensetzung lebten. Die Stämme des Ostens und Südostens waren ursprünglich Agrikulturvölker, die, besonders im Süden, in Dörfern seßhaft waren, unter einer zentralisierten Autorität auf der Basis einer erblichen Häuptlings- oder Priesterwürde.[7] Sehr rasch, innerhalb eines Jahrhunderts, setzte sich bei diesen Stämmen eine neue Produktionsweise und eine nomadische Lebensweise allgemein durch, ohne daß es einen wirklichen Zusammenbruch und ein radikales Verschwinden der ursprünglichen sozialen Verhältnisse gegeben hätte; was hingegen eintrat, war eine Transformation dieser Verhältnisse durch Hinzunahme neuer oder Unterdrückung alter Funktionen, was den Zwängen der neuen Bedingungen für die Produktion und für das soziale Leben entsprach. Diejenigen Gruppen, die ursprünglich seßhafte Gartenbauern in Häuptlingsterritorien [chefferie] waren, wurden gezwungen, sich eine viel fließendere und egalitärere soziale Organisation zu geben, mit dem Zwang zur regelmäßigen Aufspaltung in Nomadenhorden, in denen die persönliche Initiative eine große Rolle spielte, während im Gegensatz dazu diejenigen Gruppen, die ursprünglich aus zu Fuß jagenden und sammelnden Nomadenhorden bestanden, zu einer stärker hierarchisierten Organisation gezwungen wurden, um eine allen gemeinsame Disziplin zu erreichen, die für den Erfolg der großen kollektiven Sommerjagden erforderlich war. Wie Marx und Engels immer wieder betont haben, kann man die Formen und Wege des Übergangs von einer Produktionsweise und einer sozialen Lebensweise zu einer anderen nicht analysieren, ohne dabei den «Prämissen», von denen aus sich dieser Übergang entwickelt, in vollem Umfang Rechnung zu tragen. Diese alten Produktionsverhältnisse und die anderen gesellschaftlichen Verhältnisse verschwinden keineswegs mit einem Schlag von der Bühne der Geschichte, sondern gerade sie wandeln sich um, und von ihnen aus erklären sich die *Formen*, die die Auswirkungen der neuen Bedingungen des materiellen Lebens annehmen werden, und von ihnen aus erklären sich auch die *Orte*, an denen diese Auswirkungen ihren Niederschlag finden werden.[8]

So manifestieren sich in diesen Kontinuitäten und in diesen Brüchen immer die inneren, nichtintentionalen Eigenschaften der sozialen Strukturen, und die Widersprüche selbst, die zwischen diesen Strukturen zum Vorschein kommen, haben ihre Grundlage in diesen Eigenschaften. Hinsichtlich dieses Punktes – der Analyse der Widersprüche, die das Funktionieren und die Entwicklung der sozialen Verhältnisse kennzeichnen – hat uns Marx wertvolle Analysen geliefert und vor allem die Unterscheidung eingeführt zwischen Widersprüchen innerhalb *einer* Struktur, also Widersprüche, die konstitutiv für ihr Funktionieren sind (wie z. B. die Verhältnisse Kapitalisten – Arbeiter und Grundherren – Bauern konstitutiv sind für die kapitalistischen bzw. feudalistischen Produktionsverhältnisse), und Widersprüchen zwischen den Strukturen, also interstrukturellen Widersprüchen. Es ist das Zusammenspiel dieser beiden Typen von Widersprüchen, das die spezifischen Reproduktionsbedingungen einer bestimmten ökonomischen Gesellschaftsformation bestimmt.[9]

Ganz unabhängig davon, wie die inneren oder äußeren Ursachen (z. B. die Einführung des Pferdes in Nordamerika durch die Europäer) aussehen, die strukturelle Transformationen und Widersprüche in die Produktionsweise einer bestimmten Gesellschaft hineintragen, so haben diese Widersprüche und diese Transformationen ihr Fundament letzten Endes immer in den inneren, den sozialen Strukturen *immanenten* Eigenschaften und bringen nichtintentionale Notwendigkeiten zum Ausdruck, deren Gründe und Gesetze gefunden werden müssen. Und gerade in diesen nichtintentionalen Eigenschaften und Notwendigkeiten hat menschliche Intention und Aktion ihre Wurzeln und gewinnt sie die Fülle ihrer sozialen Auswirkungen. Wenn es Gesetze für diese strukturellen Transformationen gibt, so sind das jedoch keine «historischen» Gesetze. Diese Gesetze verändern sich in sich selbst nicht, sie haben keine Geschichte, denn es sind Gesetze der Transformation, die auf Konstanten, weil auf strukturelle Eigenschaften der sozialen Verhältnisse, verweisen.

Die Geschichte ist also keine erklärende, sondern eine zu erklärende Kategorie. Marx' allgemeine Hypothese des Vorhandenseins einer Ordnungsrelation zwischen Basis und Überbau, die in letzter Instanz das Funktionieren und die Entwicklung der Gesellschaften bestimmt, verbietet es geradezu, die spezifischen Gesetze des Funktionierens und der Entwicklung der verschiedenen ökonomischen Gesellschaftsformationen, die in der Geschichte aufgetreten sind oder noch auftreten werden, von vornherein zu bestimmen. Dies deshalb, weil es einerseits keine allgemeine Geschichte gibt, andererseits nie im voraus feststeht, welche Strukturen innerhalb dieser ökonomischen Gesellschaftsformationen als Basis, welche als Überbau fungieren. Der epistemologische Horizont, den wir, ausgehend von Marx' Werk, umrissen haben und von dem nicht verschwiegen werden darf, daß er zum Teil erst im Lichte der lange nach Marx gewonnenen Resultate expliziert werden konnte, Resultate auf dem Gebiet der Mathematik, der Linguistik, der Informatik, der strukturellen Analyse der Verwandtschaftsbeziehungen und der Mythen, dieser Horizont stellt sich als ein offenes Netz methodologischer Prinzipien dar, deren praktische Umsetzung im übrigen höchst komplex ist. Die Offenheit dieses Horizonts verbietet von vornherein jedem Weg, der zu ihm hinführen soll, totalisierende, künstliche Synthesen zu produzieren. Dahingegen erlaubt sie die schrittweise Bezeichnung der Lücken, die überall in den Bereichen der theoretischen Praxis in den Sozialwissenschaften klaffen, und sie erlaubt, die Aussagen, die auf trügerische und ideologische Weise diese verschiedenen Lücken und diese verschiedenen Bereiche «schließen», durchzusieben und auszusondern. Von Anthropologie und Geschichte zu sprechen – zur Bezeichnung einer theoretischen Praxis, die auf jede trügerische Totalisierung verzichtet haben, jedoch eine sehr komplexe Methodologie für ihre bescheideneren Vorhaben wissenschaftlich streng anwenden würde –, wäre ein falscher Sprachgebrauch. Jenseits der fetischisierten Abtrennungen und der willkürlichen Teilungen der Humanwissenschaften geht es also um *eine* Wissenschaft vom Menschen, die sich wirklich daranbegibt, seine Geschichte aufzuschlüsseln, d. h. sie wieder in Arbeit zu geben, die Vergangenheit wieder in die Zukunft zu legen, d. h. die Geschichte wieder in den Bereich des Möglichen zu heben. «Das Mögliche», sagt Kierkegaard, «ist die schwerste von allen Kategorien»[10], und wir wissen wohl, daß die schwierigste Aufgabe der theoretischen Vernunft wie der praktischen Arbeit darin besteht, das Inventar und die Analyse der Möglichkeiten, die in jedem Augenblick gleichzeitig bestehen, zu erstellen.

Solange wir nicht durch wissenschaftliches Denken die *begrenzte* Anzahl der möglichen Transformationen, die irgendeine Struktur oder Strukturkombination zustande bringen kann, rekonstruieren können, wird die Geschichte als eine ungeheure Masse von Fakten mit dem ganzen Gewicht ihrer Rätsel und Folgen über uns emporragen. Um ein Beispiel für diese Rätsel zu geben: Gewisse Mbuti-Horden jagen mit dem Netz in Gruppen zu sieben bis zehn Jägern, andere jagen mit Pfeil und Bogen in Gruppen zu zwei bis drei Jägern und verachten die Jagd mit dem Netz, die sie jedoch gut kennen, und wieder andere bevorzugen die Jagd mit dem Speer. Von einem bestimmten Niveau der Produktionstechnik an gibt es Alternativen und somit Wahlmöglichkeiten. Man kann es anders machen, aber in bestimmten Grenzen. Dabei sind die sozialen Verhältnisse und die Ideologie in allen Mbuti-Horden die gleichen. Man müßte also die Analyse so weit vorantreiben, daß sie die Möglichkeiten, es anders zu machen, und deren Auswirkungen oder das Fehlen einer Auswirkung auf andere Bereiche des sozialen Lebens erklärt. Was uns betrifft, so sind wir nicht so weit gekommen, aber wir haben wenigstens das Problem erkannt.

Zum Abschluß möchten wir auf eine dieser Lücken, einen dieser weißen Flecken zurückkommen, die im marxistischen Denken und in den

Humanwissenschaften ungedacht sind. Es handelt sich um das Problem des phantasmatischen Charakters der sozialen Verhältnisse, um das Problem der Religion und darüber hinaus das der symbolischen Praxis und der Ideologie im allgemeinen. Dies ist ein fundamentales Problem, denn von unseren Fortschritten bei seiner Lösung hängt für uns die Möglichkeit ab, die verschiedenen *Formen* – verhüllt durch Verhältnisse der Beherrschung und der Ausbeutung des Menschen durch den Menschen – wie auch die verschiedenen Prozesse des Auftauchens von ständischen Gesellschaften, von Kasten- und Klassengesellschaften zu rekonstruieren, die nach und nach die alten primitiven Gesellschaften verdrängt haben.

Um dieses Problem anzugehen, sind wir in einem ersten Anlauf auf einen lange Zeit unveröffentlichten Text von Marx zurückgekommen, der den Titel ‹*Formen, die der kapitalistischen Produktion vorhergehn*› trägt und zu den *Grundrissen* von 1857 gehört.[11] Diesen Text haben wir einer kritischen Untersuchung unterzogen, um seine lebendigen und seine toten Teile herauszuschälen.[12] Unter kritischer Untersuchung verstehen wir das Abklopfen eines Textes im Zusammenhang mit den zu seiner als auch zu unserer Zeit verfaßten Kontexten[13]. Unter diesen lebendigen Ideen nun, die nur roh skizziert sind, gibt es eine, die von ungeheurer Tragweite für unseren Gegenstand ist, deren theoretische Konsequenzen zu ziehen jedoch kaum begonnen wurde. Es handelt sich um folgenden Gedanken: In den antiken Gesellschaften, die durch die asiatische Produktionsweise und durch die Ausbeutung der lokalen Dorf- und Stammesgemeinwesen gekennzeichnet waren, die ihrerseits beherrscht wurden von einem im «Despoten» personifizierten Staat, «der höhern Gemeinschaft, die zuletzt als *Person* existiert», macht sich die «Surplusarbeit (. . .) geltend sowohl im Tribut etc., wie in gemeinsamen Arbeiten zur Verherrlichung der Einheit, teils des wirklichen Despoten, teils des gedachten Stammwesens, des Gottes»[14]. Das Wesentliche an diesem Hinweis von Marx besteht darin, daß sich alles so abspielt, «als ob» die Reproduktionsbedingungen der Produktionsweise und der Gesellschaft, was die *Einheit* und das *Überleben* des Gemeinwesens als Gesamteinheit und jedes einzelnen seiner Mitglieder oder seiner Gruppen sichert, wirklich von dem Vorhandensein und der Tätigkeit eines imaginären Stammeswesens, eines Gottes oder der Person eines obersten Despoten, der dadurch über dem Gewöhnlichen als sakrale Person steht, abhingen. Es liegt also hier ein zugleich wirkliches und eingebildetes Verhältnis der Menschen zu ihren natürlichen und sozialen Existenzbedingungen vor. Darüber hinaus sagt Marx, daß bis jetzt die Mechanismen, durch die die «jedesmaligen wirklichen Lebensverhältnisse ihre verhimmelten Formen entwickeln»*, noch ungedacht

* ‹*Das Kapital*› I, S. 393. (Anm. d. Übers.)

geblieben sind. Von daher wird die außergewöhnliche Bedeutung des Textes klar, den Marx einige Jahre später im *Kapital* der Erklärung des Inhalts und des Ursprungs des phantasmagorischen Charakters der spontanen Vorstellungen, die sich die Individuen vom Wesen der Ware, des Geldes, des Kapitals, des Lohns usw. machen, gewidmet hat.[15] In diesen Vorstellungen wird alles *umgekehrt dargestellt*, die Verhältnisse zwischen den Menschen erscheinen als Verhältnisse zwischen Dingen und umgekehrt, und was Ursache ist, erscheint als Wirkung.

Was sofort ins Auge springt, ist die Analogie zwischen diesen Mechanismen der Personifizierung der Dinge, der Umkehrung von Ursache und Wirkung, die den phantasmagorischen Charakter der Warenverhältnisse ausmachen, und den Formen der Fetischisierung der sozialen Verhältnisse, die ein imaginäres Wesen, einen Gott, als lebendige Einheit des Gemeinwesens, als die Quelle und die Bedingung seiner Reproduktion und seines Wohlergehens zum Vorschein kommen lassen. Wenn es aber in diesen primitiven Gesellschaften keine entwickelten Warenverhältnisse und noch viel weniger kapitalistische Verhältnisse gibt, was konnte dann der Mechanismus sein, durch den die objektiven Bedingungen des sozialen Lebens einen mythischen, phantasmagorischen Charakter annahmen? Genau unter dieser Problemstellung haben wir einerseits ‹Das wilde Denken› und die ‹Mythologica› von Claude Lévi-Strauss hinterfragt, andererseits die Form und den Inhalt der Religion bei den Mbuti ausführlich analysiert.[16]

Dabei haben wir bald festgestellt, daß die religiöse Praxis bei den Mbuti eine materielle Basis hat, denn der Kult besteht in erster Linie aus einer großen Jagdperiode, während der intensiver als gewöhnlich gejagt wird. Durch diese intensivere Jagd und durch die größere Fülle des zur Verteilung kommenden Wildes werden Kooperation und gegenseitige Beziehungen unter den Mitgliedern der Horde, unabhängig von Geschlecht und Alter der Individuen, intensiviert und auf einen Höhepunkt gebracht, verringern sich die Spannungen im Inneren der Gruppe, schwächen sich die Widersprüche vorläufig ab, ohne freilich ganz zu verschwinden. Die religiöse Praxis der Mbuti stellt also wirklich eine Form der Aktion dar, eine politische Arbeit an den spezifischen sozialen Widersprüchen, die permanent von ihrer Produktionsweise und ihrer sozialen Existenz, die ständig von Spaltung und Zerfall der Horden bedroht ist, hervorgebracht werden.

Gleichzeitig aber ist diese materielle, politische, symbolische und zugleich ästhetische (durch die Tänze und Gesänge, die sie notwendig begleiten) Praxis auf ein zugleich wirkliches und imaginäres Wesen gerichtet, den *Wald*, dessen wachsame Gegenwart beschworen und gepriesen wird und der Gesundheit, Wild im Überfluß, soziale Harmonie und das Leben bringt, der die Seuche fernhält, Not, Zwietracht und

den Tod. Die religiöse Praxis ist also vor allem auf die Reproduktionsbedingungen der Produktions- und Lebensweise der Mbuti gerichtet
und stellt eine wirkliche symbolische Arbeit, eine imaginäre Einwirkung auf diese Bedingung dar.

Die Religion ist daher bei den Mbuti der Ort, an dem sich auf imaginäre Weise die unsichtbare Klammer darstellt, die ihre verschiedenen
sozialen Verhältnisse als ein reproduktionsfähiges Ganzes, als eine lebendige Gesellschaft in einer bestimmten Umwelt begründet. Was sich
präsentiert und zugleich verhüllt in dieser Art der Darstellung und
Vorstellung, was sich als Gegenstand ihrer positiven und zugleich trügerischen Aktion anbietet, ist nichts anderes als die Verbindungsstelle,
die unsichtbare Naht ihrer sozialen Verhältnisse, als deren innere Basis
und Form, verkleidet in die Züge und die Attribute eines allgegenwärtigen, allmächtigen und gütigen Subjekts, des Waldes. Man sieht die
ganze Gefährlichkeit einer Konzeption, die ein einfaches und direktes
Verhältnis vom Reflex-Reflektierenden zum Realität-Reflektierten
annimmt, um den Inhalt und die Funktion der Religion der Mbuti zu
analysieren. Der phantasmagorische Charakter ihrer sozialen Verhältnisse entsteht nicht nur aus der Tatsache, daß sie sich ihre Praxis und
die Reproduktionsbedingungen ihrer Lebensweise umgekehrt vorstellen – denn es spielt sich in der Tat alles so ab, als wären es nicht die Jäger, die mit Hilfe ihres Know-how und ihrer Techniken das Wild fangen, sondern als wäre das Wild die Gabe einer allgegenwärtigen, gütigen Person. Die Phantasievorstellung ist vielmehr selbst Teil des *Inhalts* dieser sozialen Verhältnisse und nicht bloß der abwegige und lächerliche Reflex einer Wirklichkeit, die etwa außerhalb desselben existierte.

Diese kurze Zusammenfassung soll genügen, um zu zeigen, wie man,
ausgehend von solchen Analysen und ihren ersten Ergebnissen, das
Problem der verschiedenen Formen in Angriff nehmen könnte, der
Formen, die die Verhältnisse der Herrschaft und der Ausbeutung des
Menschen durch den Menschen im Laufe verschiedener Prozesse der
Herausbildung von ständischen und später von Kasten- und Klassengesellschaften angenommen haben. Denn es ist zu bemerken, daß die
Mbuti, deren Gesellschaft sehr egalitär ist, sich alle als gleichermaßen
abhängig vom permanenten und wohlwollenden Eingreifen des Waldes
betrachten (was objektiv richtig ist, denn sie hängen, da sie die Natur
nicht umwandeln, für ihre Reproduktion vollständig von ihr ab). Bei
ihnen ist jeder einzelne Gläubiger und Priester, es gibt nicht einmal
Schamanen. Zur Ehre des Waldes opfern sie Mehrarbeit, denn sie intensivieren die Jagd und verzehren die Ausbeute bei Festmählern, die
den außergewöhnlichen Charakter des rituellen Lebens noch steigern.
Man kann sich vorstellen, daß, wenn die Bedingungen es einigen Menschen oder Gruppen erlaubt haben, das Allgemeinwohl *in sich selbst* zu

personifizieren oder einen ausschließlichen Zugang zu den übernatürlichen Mächten zu erlangen, die als die Lenker der Reproduktionsbedingungen des Universums und der Gesellschaft betrachtet wurden, daß diese Menschen und diese Gruppen, die weiter als jeder andere in den Raum, der seit Beginn der Zeiten die Menschen von den Göttern trennt, vorgedrungen sind, als über die gewöhnlichen Menschen erhabene und den Göttern nahestehende Wesen erschienen. Aus dieser Sicht würde sich die Tatsache erklären, daß in zahlreichen Gesellschaften, in denen es erbliche Häuptlingswürden gibt, deren Inhaber über keinerlei physische Gewaltmittel gegen ihre Abhängigen verfügen (so z. B. in der von Malinowski untersuchten Gesellschaft der Trobriand-Inseln), die Form der Macht dieser Oberhäupter und die ideologische Rechtfertigung dieser Macht daher rühren, daß sie vor allem die großen Fruchtbarkeitsrituale der Erde und des Meeres kontrollieren und als die notwendigen Mittler zwischen den Clans, ihren Vorfahren und den Göttern erscheinen. Sich von den Menschen zu entfernen und sie zu beherrschen, sich den Göttern zu nähern und sie sich botmäßig zu machen sind vielleicht nur zwei *simultane* Aspekte *eines einzigen* Prozesses, in welchem der Weg, der zu den Klassengesellschaften und zum Staat führt, seinen Ausgangspunkt nimmt. An diesem Weg erheben sich die gewaltigen Gestalten Assurs, Gott-König seiner Stadt, oder des Inka-Shinti, des Sonnensohnes, der über das *tahuantinsuyu* regiert, das «Reich der vier Himmelsrichtungen».[17]

Aber was mit einer gewaltlosen Beherrschung begonnen hatte, ist jetzt zur ideologischen Unterdrückung und zur ökonomischen Ausbeutung geworden, aufrechterhalten und fortgesetzt mit bewaffneter Gewalt. Vielleicht ist also gar nicht danach zu fragen, ob es die Politik ist, die eine religiöse Form annimmt oder umgekehrt, handelt es sich hier doch um zwei Formen ein und desselben Prozesses, um zwei Elemente eines einzigen Inhalts, der *simultan* auf mehreren Ebenen existiert. Es ist jedoch für die Entwicklung der Kasten- und/oder Klassenverhältnisse nicht gleichgültig, ob das religiöse Element das politische dominiert oder umgekehrt. Wenn der Marxismus in dieser Richtung arbeitet, wird er Erklärungen liefern können, die Einwänden entgegenzutreten fähig sind, wie sie der Hypothese von der in letzter Instanz bestimmenden Kausalität der Produktionsweise von Spezialisten wie Louis Dumont entgegengehalten werden, der zu Recht betont hat, daß es in Indien z. B. die Religion ist, die seit Jahrtausenden die soziale Organisation beherrscht.

Hier sind wir am Ende unserer Einführung angelangt, die von noch nicht vollendeten Analysen abhängt und auf Schattenzonen gerichtet ist, auf weiße Stellen oder auf einen Lichtschimmer im trügerischen Schein. Wir hoffen, daß der Leser diese theoretischen Märsche, die ständig von der Anthropologie zur Geschichte, von Lévi-Strauss oder

Firth zu Marx oder umgekehrt verlaufen, von nun an weniger ungewohnt und verwirrend finden wird und daß er nie als wahr akzeptiert, was nicht vorher in Frage gestellt und durch Beweise erhärtet wurde.

Es wird dem Leser leicht klarwerden, daß all diese theoretischen Umwege und Streifzüge die nähere Weiterführung einer Antwort auf die Hintergrundproblematik des Begriffs der ökonomischen Rationalität sind. Dazu kommt noch eine andere Fragestellung, die gleich zweimal in diesem Buch auftaucht, und zwar in den Texten, die den Baruya gewidmet sind, einer Gesellschaft im Innern Neuguineas, bei denen wir von 1967 bis 1969 unsere Lehrzeit in der praktischen Arbeit an Feldstudien gemacht haben. Während eines Zeitraums von über zwei Jahren lebten und arbeiteten wir in dieser Gesellschaft, die ihren ersten Weißen im Jahre 1951 zu Gesicht bekam und erst 1960 unter die Kontrolle der australischen Verwaltung gestellt wurde. Als wir 1967 dort ankamen, hatte ein Kolonialverhältnis im Geburtszustand sozusagen gerade den Abstand beseitigt, der zeitlich und räumlich zwei extreme Formen der proteischen Entwicklung der Geschichte voneinander getrennt hatte. Eine klassenlose Gesellschaft, die kaum die Tür des Neolithikums hinter sich geschlossen hatte, indem sie sich auf dem Tauschweg Werkzeuge aus Stahl von Stämmen verschaffte, die mit den Weißen in Kontakt standen, fand sich plötzlich Fremden gegenüber, die im Namen der «Überlegenheit» ihres eigenen ökonomischen und sozialen Systems das «Recht» geltend machten und durchsetzten, diese Gesellschaft militärisch zu «befreien», sie zu «zivilisieren» und sie anschließend in die Hand der Anthropologen oder anderer «Männer der Wissenschaft» zu legen; kurz, das Recht, sie der Ordnung und dem Profit einer Klassengesellschaft zu unterwerfen, die nicht mehr die Gesellschaft Herodots für die Skythen oder die von Cortes für Montezuma ist, sondern die des Kapitalismus und seines «Friedens», den er den kolonisierten Völkern auferlegt.

Hier wurde aufs neue, an Ort und Stelle, am greifbaren und schmerzhaften Zusammentreffen zweier Produktionsweisen und zweier verschiedener, gegensätzlicher sozialer Systeme, die Frage nach den Gesellschaften und ihrer Geschichte gestellt: die Frage nach den Gründen, warum sie so sind, wie sie sind, und warum sie tun, was sie tun. Eine in dieser Weise gestellte Frage erfordert nicht nur – das ist leicht einzusehen – das Vorantreiben der wissenschaftlichen Analyse dieser Gründe und dieser Widersprüche. Immer muß die Aktion hinzukommen, die Aktivität der praktischen Vernunft, die gegen die Geschichte für die Geschichte kämpft und es ablehnt, sie zum Schicksal werden zu lassen.

Paris, Januar 1973

Anmerkungen

1 Der Artikel wurde veröffentlicht in den *Annali*, Zeitschrift des Istituto Giangiacomo Feltrinelli, Milano 1971. Sondernummer mit dem Titel ‹*Ricerca dei presupposti e dei fondamenti del discorso scientifico in Marx*›, S. 7–21.

2 Wir haben diesen Weg erläutert am Anfang unseres Buches ‹*Rationalité et irrationalité en économie*›. Paris 1966 (deutsche Übersetzung: ‹*Rationalität und Irrationalität in der Ökonomie*›, Frankfurt/M. 1972).

3 Im Artikel ‹*Objet et méthode de l'anthropologie économique*›. In: *L'Homme*, n° 2, 1965 (abgedruckt in: ‹*Rationalität und Irrationalität* ...›, op. cit., S. 288–368).

4 Vgl. weiter unten ‹*Anthropologie und Ökonomie*›, S. 23. Wir verweisen auf unsere kurze Analyse der Ökonomie und der Gesellschaft der Mbuti-Pygmäen, wo wir versuchten, dieses System der simultanen Wirkungen der der Produktionsweise immanenten Zwänge auf die Verwandtschaftsverhältnisse, auf ihre politischen, ihre symbolischen und rituellen Beziehungen mit der Außenwelt und mit sich selbst zu entdecken. Eine entwickeltere Analyse der Ökonomie und Gesellschaft der Mbuti wird in dem Buch ‹*Anthropologie und Ökonomie*› erscheinen, das wir für die collection SUP bei den Presses universitaires de France, geleitet von Georges Balandier, vorbereiten

5 Vgl. die immer noch aktuellen Worte, die Friedrich Engels an Joseph Bloch schrieb (21./22. September 1890): «Nach materialistischer Geschichtsauffassung ist das in *letzter Instanz* bestimmende Moment in der Geschichte die Produktion und Reproduktion des materiellen Lebens. Mehr hat weder Marx noch ich je behauptet. Wenn nun jemand das dahin verdreht, das ökonomische Moment sei das *einzig* bestimmende, so verwandelt er jenen Satz in eine nichtssagende, abstrakte, absurde Phrase. (...) Es ist leider nur zu häufig, daß man glaubt, eine neue Theorie vollkommen verstanden zu haben und ohne weiteres handhaben zu können, sobald man die Hauptsätze sich angeeignet hat, und das auch nicht immer richtig. Und diesen Vorwurf kann ich manchem der neueren «Marxisten» nicht ersparen, und es ist da dann auch wunderbares Zeug geleistet worden.» In: *Marx-Engels-Werke*. Bd. 37, S. 463 (zitiert wird im folgenden nach dieser Ausgabe [NEW]), Berlin/DDR 1956 ff.

6 Vgl. Symmes C. Oliver, ‹*Ecology and Cultural Continuity as Contributing Factors in the Social Organization of the Plains Indians*›. University of California Press, 1962, p. 1–5, 66–68.

7 Vgl. Preston Holder, ‹*The Hoe and the Horse on the Plains. A Study of Cultural Development among North American Indians*›. University of Nebraska, 1970, p. 23–28.

8 Zur Vertiefung dieses Problemtyps haben wir zwei Texte der Untersuchung der Materialien von John Murra zur Ökonomie und Gesellschaft der Inka gewidmet. Wir wollten die Elemente der alten Produktions- und der sozialen Organisationsweise auffinden und erklären, die die neue staatliche Produktionsweise zur Anpassung an ihren eigenen Reproduktionsprozeß aufrechterhielt und transformierte. Vgl. in diesem Band S. 92 ff. und S. 281 ff.

9 Die Unterscheidung – die wir für grundlegend halten – zwischen diesen beiden Typen von Widersprüchen, den zwischen Strukturen und den strukturinternen, haben wir in dem Artikel ‹Système, structure et contradiction dans Le Capital de Marx› entwickelt. In: Sondernummer der Temps modernes, 1966, mit dem Thema ‹Probleme des Strukturalismus›. Dieser Aufsatz (in diesem Band S. 138 ff.) rief heftige Attacken von Lucien Sève hervor, auf die wir hier geantwortet haben (siehe vorl. Band S. 173 ff.).

10 Søren Kierkegaard, ‹Der Begriff der Angst›, 1844.

11 K. Marx, ‹Grundrisse der Kritik der politischen Ökonomie› (Rohentwurf), 1857–1858. Berlin 1953 und Frankfurt o. J. (im folgenden hier zitiert).

12 Vgl. die Einführung von M. Godelier zu: Marx, Engels, ‹Sur les sociétés précapitalistes›. Éd. sociales, Paris 1970, p. 14–142.

13 Wir übernehmen die schöne Formulierung von Jean T. Desanti aus seinem Artikel ‹Sur la production des concepts en mathématiques›. In: Les Études philosophiques, Okt.–Dez. 1969, S. 475–497. Wohlgemerkt, die Äußerungen von Marx zu primitiven Gesellschaften «im Zusammenhang ihrer Kontexte verstehen» setzt zunächst voraus, daß man sich nicht damit begnügt, den kleinen Zitatenschatz zu diesem Gegenstand zu repetieren, den man aus dem Werk von Engels ‹Der Ursprung der Familie, des Privateigentums und des Staats› entnimmt. Was im Gegenteil in der Haltung von Marx und Engels diesem Gegenstand gegenüber auffällt, ist ihre permanente Aufnahmebereitschaft, mit der sie begierig die neuen Ideen aus den Arbeiten von Maurer, Kovalevski, Morgan, Maine, Taylor usw. verarbeiteten.

14 K. Marx, Grundrisse, op. cit., S. 377.

15 Vgl. im vorliegenden Band (S. 241 ff.) den Text, um den uns J.-B. Pontalis gebeten hatte für die Sondernummer der Nouvelle revue de psychanalyse, n° 2, 1970, die den ‹Objekten des Fetischismus› gewidmet ist.

16 Wir haben das Beispiel der Mbuti aus zwei Gründen gewählt. Einmal, weil ihre Ökonomie, die auf der Jagd und der Sammeltätigkeit in einem einheitlichen Ökosystem beruht, dem kongolesischen Urwald, relativ einfach ist, zum anderen vor allem deshalb, weil, im Gegensatz zu zahlreichen anderen ethnographischen Arbeiten, die nur vage Angaben über die Ökonomie und die Gesellschaften, die sie behandeln, machen, die Arbeiten von Turnbull von außerordentlicher Qualität und Reichhaltigkeit sind und glücklicherweise durch die bemerkenswerten Entdeckungen von Richard Lee, Lorna Marshall, Julian Steward bei anderen Jäger- und Sammlergesellschaften, den Buschmännern, den Schoschonen usw. ergänzt werden. Außerdem möchten wir an dieser Stelle Colin Turnbull danken, der mit der größten Selbstverständlichkeit und Herzlichkeit so freundlich war, auf unsere zahlreichen Fragen zu antworten und die Interpretationen zu kritisieren, die wir auf Grund seiner Materialien und seiner Arbeiten versuchten.

17 Es wäre interessant, aus dem schon alten, aber immer noch wichtigen Buch von H. Frankfort und Th. Jacobsen ‹Before Philosophy› (Pelican Books, 1949) die imaginären und realen Funktionen aufzulisten, die der Staat und sein lebender Repräsentant im Ägypten und im Mesopotamien der Antike innehat-

ten. In den von den Autoren aufgezählten Mythen kann man die bemerkenswerte Entdeckung machen, daß dort der Kosmos selbst in der *Form* eines Staates vorgestellt wird und daß die Formen des Staates das soziologische Schema abgeben, das die Vorstellung vom Universum organisiert. Im Gegensatz dazu spielen in den Mythen der Indianer, die zu staatslosen Gesellschaften gehören, die Verwandtschaftsverhältnisse die Rolle des soziologischen Schemas. Es ist ebenfalls festzuhalten, daß das, was außergewöhnliche, *zusätzliche* Arbeit in Form der außergewöhnlichen Jagden bei den Mbuti, die anschließend die Ausbeute ihrer Jagd verbrauchen, ist, in Ägypten oder bei den Inkas zur *Surplus-Arbeit*, zur Fron wird, zum Zwecke des Götterkultes und für den Unterhalt ihrer irdischen Repräsentanten, der Könige und der Priester.

Anthropologie und Ökonomie*
Ist eine ökonomische Anthropologie möglich?

> «Die politische Ökonomie als die Wissen-
> schaft von den Bedingungen und Formen,
> unter denen die verschiedenen menschli-
> chen Gesellschaften produziert und aus-
> getauscht und unter denen sich demgemäß
> jedesmal die Produkte verteilt haben –
> die politische Ökonomie in dieser Ausdeh-
> nung soll jedoch erst geschaffen werden.»
> Friedrich Engels, *Anti-Dühring*, 1877. In:
> MEW, Bd. 20, S. 139.

Ist eine ökonomische Anthropologie möglich? Auf den ersten Blick erscheint diese Frage sinnlos, denn die ökonomische Anthropologie gehört zu den Tatsachen, sie wird praktiziert und ist nicht nur theoretische Möglichkeit. Man braucht nur daran zu erinnern, daß ein zu Beginn dieses Jahrhunderts geschriebenes Werk die gesamte moderne Anthropologie umorientieren und bestimmen sollte, nämlich ‹The Argo-
nauts of the Western Pacific›[1] (1922), das erste große Buch Malinowskis; dieses Werk war ganz der Analyse der ökonomischen Beziehungen,
der Formen des Wettbewerbs und des Tauschs innerhalb der Bevölkerung der Trobriand-Inseln gewidmet. Und wenn wir noch weiter zurückgehen, zu den Begründern der Anthropologie, stoßen wir bald auf
das gewaltige Werk der Historiker des vergleichenden Rechts, die, von
Maurer[2] bis Maine[3] oder Kowalewski[4], um nur die bedeutendsten zu
nennen, die vielfältigsten Informationen über die verschiedenen Eigen-
tums- und Arbeitsformen zusammengetragen haben, die über die antiken und mittelalterlichen Gesellschaften des Orients und des Abend-
landes bekannt waren; diese Informationen verglichen sie dann mit
den Fakten, die in den vielen verschiedenen zeitgenössischen Gesellschaften Asiens, Amerikas, Afrikas oder Ozeaniens gesammelt worden
waren, Gesellschaften, die Europa im Zuge seiner kolonialen und impe-
rialistischen Expansion nach und nach entdeckt hatte. Diese Fakten
sollten ihrer Meinung nach das Material für eine Theorie der Entwicklung der Menschheit liefern, und es steht außer Zweifel, daß, obwohl
die Enge und die Irrtümer dieser Theorie zu kritisieren waren, heute
eine Theorie der vielsträngigen Entwicklung der Menschheit von neuem aufgearbeitet werden muß.

* Vortrag in dem Kolloquium: ‹*Die Einheit des Menschen. Biologische Konstanten und kulturelle Gesamtkonzeptionen.*› [L'unité de l'homme. Invarian-
tes biologiques et universaux culturels.] Internationales Seminar unter der
Schirmherrschaft des Centre international d'études bio-anthropologiques et
d'anthropologie fondamentale (C.I.E.B.A.F.), Abbaye de Royaumont (6.–9.
September 1972).

Um die *Realität* und die theoretische Bedeutsamkeit der ökonomischen Anthropologie in der Entwicklung der modernen Anthropologie wirklich überzeugend zu demonstrieren, beschränken wir uns darauf, daran zu erinnern, daß den ‹Argonauten› von Malinowski so berühmte Werke folgten wie ‹Primitive Polynesian Economy› (1939) von Raymond Firth, ‹The Nuer› (1940) von Evans-Pritchard oder wichtigere, aber weniger renommierte Werke wie ‹The Economics of the Central Chin Tribes› (1943) von Stevenson und ‹The Economic Organization of the Inca State› (1957) von John Murra oder ‹Kapauku Papuan Economy› (1963) von Leopold Pospisil usw.

Es geht also nicht um die Frage, ob die ökonomische Anthropologie existiert, sondern um die Frage nach ihrer Berechtigung. Und die Frage nach ihrer Berechtigung ist zugleich die Frage *nach ihrer tatsächlichen Rolle, nach der jeweiligen Bedeutung der ökonomischen Beziehungen in der inneren Logik der Funktionsweise und der Entwicklung der menschlichen Gesellschaften*, also nach dem Verhältnis von Ökonomie, Gesellschaft und Geschichte. Diese theoretische Frage impliziert eine andere, epistemologische Frage, nämlich die nach den Bedingungen und Modalitäten der theoretischen Praxis, die die wissenschaftliche Kenntnis ökonomischer Strukturen der anthropologisch untersuchten Gesellschaften liefern kann.

Doch muß gleichzeitig gesagt werden, daß, wenn auch diese zweite Frage eher den Anthropologen und seine Arbeit betrifft, die erste – grundlegende – Frage sich *in gar keiner Weise auf die Anthropologie allein bezieht und auch nicht erst im 20. Jahrhundert zum ersten Mal gestellt worden ist*. Keine Humanwissenschaft, sei dies die Archäologie oder die Geschichte, die Anthropologie oder die Soziologie, die Demographie oder die Sozialpsychologie, kommt darum herum, die Frage nach den Beziehungen zwischen Ökonomie, Gesellschaft und Geschichte zu stellen und Antworten darauf zu geben, die wohlgemerkt jeweils spezifisch sein müssen. Wieviel Historiker vom Schlage eines Fernand Braudel, eines Ernest Labrousse, eines Éric Will oder eines Cyril Postan würden wohl – trotz all ihrer Gegensätzlichkeiten – folgende Erklärung von R. Firth nicht unterschreiben, die eine Art theoretischer Bilanz eines Gelehrten darstellt, der dreißig Jahre lang die Funktionsweise und die Entwicklung der polynesischen Gesellschaft der Insel Tikopia verfolgt und analysiert hat:

«Nach der Veröffentlichung einer Analyse der Sozialstruktur, insbesondere der Verwandtschaftsstruktur (in: ‹We, The Tikopia›, London 1936), habe ich die ökonomische Struktur der Gesellschaft analysiert, denn es gab eine Menge sozialer Beziehungen, die erst durch die Analyse ihres ökonomischen Inhalts *einigermaßen handgreiflich* wurden. In der Tat *hing die soziale und besonders die politische Struktur eindeutig von den spezifischen ökonomischen Beziehungen ab, die aus dem Sy-*

stem der Kontrolle der Ressourcen entstanden. Und an diese Beziehungen wiederum waren die religiösen Aktivitäten und Institutionen der Gesellschaft gebunden.»[5]

Diese theoretische Position deckt sich ziemlich genau mit der von André Leroi-Gourhan, der beklagt, daß in den Arbeiten der Archäologen und Soziologen «der technisch-ökonomische Unterbau zumeist nur in dem Maße miteinbezogen (wird), wie er in geradezu aufdringlicher Weise die Suprastruktur der Ehepraxis und der Riten bestimmt. Der Zusammenhang zwischen diesen beiden Seiten der Existenz von Gruppen ist von den besten Soziologen scharfsinnig ausgedrückt worden, jedoch eher im Sinne eines Fließens vom Sozialen ins Materielle denn als ein Strom, der in doppelter Richtung fließt, wobei *der Hauptimpuls vom Materiellen ausgeht.* Daher kennt man den prestige-besetzten Tausch besser als den alltäglichen, die rituellen Abgaben besser als die banalen Dienste, die Zirkulation der Mitgiftgelder besser als die des Gemüses, und man kennt das Denken der Gesellschaften bei weitem besser als ihren Körper.»[6]

Beim Lesen dieser Formulierungen könnte man sich vorstellen, daß die Frage des Zusammenhangs zwischen Ökonomie und Geschichte im Geist der bedeutendsten Forscher bereits geregelt wäre, und zwar in einer Weise, die stark an die berühmten Marxschen Thesen in der ‹Einleitung zur Kritik der politischen Ökonomie› (1859) erinnert: «Die Produktionsweise des materiellen Lebens bedingt den sozialen, politischen und geistigen Lebensprozeß überhaupt. Es ist nicht das Bewußtsein der Menschen, das ihr Sein, sondern umgekehrt ihr gesellschaftliches Sein, das ihr Bewußtsein bestimmt.»[7]

In Wirklichkeit ist dem nicht so, und unter den Marxisten selbst gibt es mehrere Auffassungen darüber, was unter ökonomischen «Bedingungen» des sozialen Lebens, unter «Bestimmung» des Gesellschaftlichen durch das Ökonomische verstanden werden muß. Um auf die knappste, wenn auch nicht exakteste Weise die verschiedenen theoretischen Ansätze vorzustellen, die die Anthropologen in so viele verschiedene Strömungen gruppieren, die teilweise in Hinblick auf die Beziehung Ökonomie – Gesellschaft – Geschichte in Gegensatz zueinander stehen, beschränken wir uns auf die Hauptdifferenzen, die zwischen dem funktionalistischen, dem strukturalistischen und dem marxistischen Ansatz bestehen. Halten wir noch einmal fest, daß diese Strömungen nicht nur auf dem Gebiet der Anthropologie existieren, sondern in allen Disziplinen der Humanwissenschaften.

Insbesondere stehen drei Punkte im Zentrum der Debatten um die ökonomische Anthropologie:

– Was versteht man unter ökonomischer Wirklichkeit? Worauf zielt man ab, wenn man die Ökonomie einer Gesellschaft analysieren will?

– Wo liegen die Grenzen der Anthropologie? Welche Gesellschaften untersucht die Anthropologie, und gibt es eine theoretische Begründung, die diesen Gegenstand und diese Grenzen rechtfertigt?
– Was ist der Kausalzusammenhang der ökonomischen Strukturen, und wie wirken diese Strukturen auf Organisation und Entwicklung der vom Anthropologen untersuchten Gesellschaften?
Diese drei Punkte hängen miteinander zusammen, aber wir werden sie zur Vereinfachung der Darstellung nacheinander behandeln. Wir denken, daß die dann folgende kritische Synthese der wichtigsten Ergebnisse eine Veränderung der Basis der theoretischen Analyse dieser Fragen und der Anthropologie überhaupt nahelegen müßte.

I. Zur Definition des Ökonomischen

Bei den Anthropologen stehen sich drei Thesen hinsichtlich der Definition des Ökonomischen gegenüber, und genau die gleiche Lage herrscht bei den Ökonomen seit mehr als einem Jahrhundert.[8] Für Herskovits, Leclair, Burling, Salisbury, Schneider und für alle diejenigen, die sich selbst als «Formalisten» bezeichnen, befaßt sich die Ökonomie mit dem Studium des «menschlichen Verhaltens als Beziehung zwischen Zwekken und begrenzten Mitteln mit alternativen Verwendungsmöglichkeiten».[9]
Dies ist die Definition des Marginalismus, auf die sich die meisten nichtmarxistischen Ökonomen des Westens berufen.[10] Karl Polanyi, George Dalton [11] und andere, die sich als Anhänger einer «substantivistischen» und nicht formellen Definition der Ökonomie bezeichnen, verstehen unter der Ökonomie einer Gesellschaft die Formen und die sozialen Strukturen der Produktion, der Verteilung und der Zirkulation der materiellen Güter, die diese Gesellschaft zu einem bestimmten Zeitpunkt ihres Bestehens kennzeichnen. Man erkennt hier die «klassische» Definition der Ökonomie wieder, die von Adam Smith und Ricardo stammt und die heute wieder von solchen Ökonomen aufgegriffen wird, die vom Marginalismus abweichen, wie z. B. Piero Sraffa [12].
Andere Anthropologen schließlich wie Marshall Sahlins, Jonathan Friedman, Maurice Godelier, Emmanuel Terray [13] und andere weisen, wie die Substantivisten, die formelle Definition der Ökonomie zurück, halten jedoch auch die «substantivistische» Definition für wenn auch nicht falsch, so doch für absolut ungenügend. Sie schlagen vor, die Formen und Strukturen der materiellen Lebensprozesse der Gesellschaften zu analysieren und zu erklären mit Hilfe der von Marx – übrigens unvollständig – erarbeiteten Begriffe der «Produktionsweise» und der «ökonomischen Gesellschaftsformation».[14] Als Produktionsweise (im

engeren Sinn des Wortes) bezeichnen sie die zur Selbstreproduktion fähige Verbindung der Produktivkräfte und der spezifischen gesellschaftlichen Produktionsverhältnisse, die die Struktur und die Form des Produktionsprozesses und die Zirkulation der materiellen Güter innerhalb einer historisch bestimmten Gesellschaft determinieren. Sie gehen davon aus, daß einer bestimmten Produktionsweise (im engen Sinn des Wortes) verschiedene bestimmte Formen politischer, ideologischer usw. Verhältnisse entsprechen, und dies in einem strukturell zugleich harmonischen und kausalen Verhältnis; und sie bezeichnen die Gesamtheit dieser in ihrer spezifischen Verbindung analysierten ökonomischen und gesellschaftlichen Beziehungen mit dem gleichen Begriff «Produktionsweise» (hier im weiten Sinn des Wortes); so spricht man z. B. von der Produktionsweise der Sklavenhaltergesellschaft der griechischen Stadtstaaten und des antiken Rom oder von der feudalistischen Produktionsweise im Frankreich und England des Mittelalters. Da eine konkrete Gesellschaft häufig auf der Grundlage mehrerer auf spezifische Weise ineinander verzahnter Produktionsweisen organisiert ist, wobei eine davon dominiert, greift man nun, um solche kombinierten Komplexe von Produktionsweisen zu bezeichnen, auf den Begriff der «ökonomischen Gesellschaftsformation» zurück. So bestehen im Frankreich des 19. Jahrhunderts neben der kapitalistischen Produktionsweise, die sich langsam der gesamten industriellen und teilweise der landwirtschaftlichen Produktion bemächtigt und die nationale Ökonomie beherrscht, in der Landwirtschaft, im Handwerk und im Kleinhandel vorkapitalistische Produktionsverhältnisse, die sich auf das private kleine Parzelleneigentum gründen oder gar auf Produktionsverhältnisse feudalistischen oder gemeinwirtschaftlichen Typs, und dies trotz der durch die Revolution von 1789 hervorgerufenen tiefgreifenden Umwälzungen.

Dies nun sind die drei gegenwärtigen Strömungen. Kommen wir wieder auf ihre Gegensätze zu sprechen. Die formalistische These – und darin liegt ihre fundamentale Schwäche – weist der ökonomischen Anthropologie das Studium der Vielfältigkeit der menschlichen Verhaltensweisen zu, die darin bestehen, bestimmte und begrenzte Mittel zur Erreichung spezifischer Ziele optimal zu kombinieren. Dadurch verliert die Ökonomie jegliches Forschungsobjekt, denn sie müßte, im Zweifelsfall, jede beliebige zielgerichtete menschliche Aktivität behandeln, sei deren Ziel nun die Akkumulation materieller Reichtümer, politischer Macht oder die Erlangung eines übernatürlichen Heils. Die Ökonomie löst sich auf, um sich mit der Praxeologie zu vermischen, einer neuen Disziplin, die bislang außer trivialen Bemerkungen über das intentionale Verhalten des Menschen noch nichts hervorgebracht hat.[15] Darüber hinaus geht die wissenschaftliche Analyse von Zielen und Wertsystemen aus, deren Ursprung und Grundlage sie nicht erklären kann, und die gleichsam als zufällige Gegebenheiten einer mehr oder minder akzidentellen sozialen oder individuellen Geschichte erscheinen. Obwohl die Analyse des intentionalen ökonomischen Verhaltens von Individuen oder sozialen Gruppen, wie z. B. die Analyse ihrer Entscheidungen und Aktionsformen, ein realer Gegenstand der Ökonomie ist, versagt es sich die formalistische Definition der Ökonomie, indem sie den Bereich der Ökonomie auf diesen einzigen Gegenstand reduziert, die Analyse zu Ende zu führen, schließt sie doch aus ihrem Forschungsgebiet die Besonderheiten der ökonomischen und sozialen Systeme aus, die von den handelnden Individuen und Gruppen weder beabsichtigt noch häufig überhaupt erkannt werden, die Besonderheiten also, die objektiv, aber nichtintentional sind, und die letztlich die grundlegende Logik der Entwicklung bestimmen. Abgeschnitten vom *Inhalt* der sozialen *Beziehungen*, unfähig, deren Geschichte nachzuzeichnen und zu begreifen, bläht sich die «formelle» Definition der Ökonomie gleichzeitig auf mit der ganzen alten Mythologie vom *homo oeconomicus*; diese Mythologie bezeichnet und legitimiert die «bürgerliche» Auffassung von Gesellschaft und ökonomischer «Rationalität», die begriffen wird als Profitmaximierung des einzelnen oder gesellschaftlicher Gruppen, die sich als Konkurrenten begegnen innerhalb einer Gesellschaft, die reduziert ist auf einen Markt (von Gütern, von Macht, von Werten usw.). Genau diese «Krämer»-Ideologie der formalistischen Definition der Ökonomie, die implizit oder explizit sein kann, hat Karl Polanyi, der theoretische Kopf der Substantivisten, in aller Schärfe angeprangert; er griff damit ein Thema auf, das sich durch das Werk des jungen wie auch des alten Marx zieht.

Nun ist es in der Tat nicht besonders schwierig zu zeigen, daß die Formalisten *in der Praxis* ihre eigene Definition aufgeben und tatsächlich den eigentlichen Gegenstand der Ökonomie im Sinne der klassischen Ökonomen und der Substantivisten untersuchen. Ohne nun besonders auf das berühmte Handbuch von Samuelson einzugehen, das auf den ersten Seiten andeutet, daß die Ökonomie das Studium des optimalen «Wirtschaftens» mit begrenzten Mitteln ist, dann aber, nach dieser allgemeinen und formalistischen Feststellung, unmittelbar zur Analyse der Funktionsweise kapitalistischer Firmen und einer kapitalistischen Volkswirtschaft, also *bestimmter* gesellschaftlicher Produktionsverhältnisse, übergeht, stellen wir den Fall des «formalistischen» Anthropologen Harold Schneider dar, der kürzlich ein Werk über die Ökonomie einer Viehzüchtergesellschaft Tansanias geschrieben hat: ‹The *Wahi-Wanyaturu; Economics in an African Society*›[16] (1970). In der Einleitung des Buches erklärt sich der Autor zum entschiedenen Anhänger der formellen Definition der Ökonomie, begriffen als das Studium der Aufteilung begrenzter Mittel auf alternative Ziele; die Begründung dafür gibt er in der Form eines Syllogismus: Eine solche Untersuchung ist immer die Untersuchung eines gesellschaftlichen Wettbe-werbsprozesses. Nun gibt es bei den Wahi Wettbewerb, und zwar um die Kontrolle über Herden und Menschen. Folglich ist die formelle Definition der Ökonomie durch die Tatsachen gerechtfertigt, ja von diesen verlangt. Schneider zieht gegen diejenigen Anthropologen zu Felde, die die gemeinwirtschaftlichen Traditionen innerhalb der traditionellen ökonomischen Systeme Afrikas überschätzen und dabei die Tatsache verschleiern, daß der einzelne privaten Reichtum akkumulieren kann, und zwar in einem weit beträchtlicheren Umfang, als man dies zuzugeben wagt. Es lohnt sich, einige der Naivitäten und Pseudo-Entdeckungen aufzuzeigen, die von diesen theoretischen Positionen und Oppositionen verdeckt werden.

Spätestens seit Anfang des 19. Jahrhunderts weiß jeder, daß bei den Hirtenvölkern die Kooperation in der Produktion weit weniger notwendig ist als bei den Ackerbauern. Das Vieh – ihr dominierendes Produktionsmittel – ist ein nahezu unmittelbar mobiler Reichtum und zirkuliert, in Warenform oder Nicht-Warenform, mit einer Geschwindigkeit und in Größenordnungen, die in gar keiner Weise mit denen von Grund und Boden in den Agrikulturgesellschaften verglichen werden können. Es ist ferner bekannt, daß von daher bei den Viehzüchtern Formen des Warentausches bedeutend leichter übernommen werden und daß diese Verhältnisse gleichzeitig das Auftreten von schneller und ungeheurer Akkumulation von Reichtum in den Händen einzelner oder irgendwelcher Sippen und von Phänomenen sozialer Ungleichheit möglich machen, die bei den Ackerbauern erst dann auftreten, wenn die privaten, feudalen oder staatlichen Eigentumsformen an Grund und Boden voll entfaltet sind. Unter diesen Bedingungen ist es, wissenschaftlich betrachtet, naiv und absurd, die Sachverhalte der Konkurrenz und des Warenaustauschs innerhalb einer Viehzüchtergesellschaft zu verschleiern, um damit um jeden Preis die Vorstellung aufrechtzuerhalten, die gesellschaftlichen Beziehungen seien dort egalitär und gemeinschaftlich; diese Anschauung bringt nämlich die Ideologie ihrer Vertreter zum Ausdruck und verwandelt eine Hypothese, die in gewissen Fällen brauchbar ist, in ein dogmatisches Postulat. Dieser große «Sieg» Schneiders über törichte Gegner, diese Entdeckung, daß es Konkurrenz gibt, sobald eine Sache rar ist (Frauen, Weideland, Macht usw.), und daß es, sobald Warenaustausch stattfindet, auch das Spiel von Angebot und Nachfrage gibt, kurz: alles, was die ungeteilte Zustimmung zur traditionellen formalistischen Strömung in der Ökonomie zu bestätigen scheint, führt in Wirklichkeit zu einer theoretischen Praxis und zu einer Schlußfolgerung, die diese Zustimmung grundlegend «nuanciert»:

«Wenn man den traditionellen formellen ökonomischen Ansatz verwendet, muß man ihn gleichzeitig ausdehnen. Die traditionelle Ökonomie ist *normativen, kulturellen und ökologischen Zwängen gegenüber, die das Spiel des Marktes bedingen, taub*. Anthropologen wie ich selbst sind der Existenz dieser Zwänge gegenüber besonders wachsam; deshalb mußte ich, um sie in die Untersuchung einzubringen, den formellen Ansatz *modifizieren*, um so die Art und Weise der Marktentscheidungen der Turus *verständlicher* zu machen.»[17]

Diese grundsätzliche theoretische «Nuance» entspricht den Schlußfolgerungen, auf die Schneider hingeführt wurde, nachdem er detailliert und im übrigen ausgezeichnet die ökologischen und technologischen Zwänge sowie die verwandtschaftlichen und politischen Verhältnisse der Wahi-Hirten analysiert hatte, was ihm erlaubte, das Studium der Warenbeziehungen aus einer angemesseneren Perspektive in Angriff zu nehmen, wobei er *in praxi* das realisierte, was die Substantivisten fordern. Sicherlich ist es naiv zu glauben, daß soziale Ungleichheit und Wettbewerb in den meisten nichtokzidentalen vorkapitalistischen Gesellschaften nicht oder fast nicht existieren; aber es ist geradezu absurd zu behaupten, daß man sich, um sich Wettbewerb und Ungleichheit vorzustellen, auf eine formale Theorie der Ökonomie berufen müßte, die in der Tat nicht die Ökonomie, sondern die Form jedes beliebigen zielgerichteten Verhaltens definiert; es ist indessen beruhigend zu sehen, daß diese verschiedenen Voraussetzungen und theoretischen «Schlußfolgerungen» in der Praxis nicht bis zu Ende verfolgt werden und auch nicht bestätigt werden können.

Diese Konvergenz in praxi von Substantivisten und Formalisten, hervorgerufen durch das Aufgeben, Modifizieren und Abschwächen der formalistischen Thesen durch ihre Vertreter, läßt uns bereits ahnen, daß der Streit um die Definition der Ökonomie, der seit zwanzig Jahren im *American Anthropologist* und in *Current Anthropology* usw. wütet, eine viel geringere Tragweite hat, als die Protagonisten ihm zuschreiben. Das rührt daher, daß die beiden Strömungen zwei Varianten des funktionalistischen Empirismus sind, der in der angelsächsischen Ökonomie und Anthropologie vorherrscht. Sobald man die Warenbeziehungen vorkapitalistischen und kapitalistischen Typs zu analysieren beginnt, erhält man den Beweis für die tiefgreifende Konvergenz dieser beiden Strömungen, denn R. Firth, Salisbury, Schneider und die Formalisten auf der einen, Dalton, Polanyi und die Substantivisten auf der anderen Seite sind sich, als Empiristen, in der Feststellung einig, daß die Dinge genauso sind, wie sie sich darbieten, daß der Lohn der Preis für die Arbeit ist, daß die Arbeit *ein* Produktionsfaktor unter anderen ist, daß der Warenwert nicht nur aus der Verausgabung gesellschaftlicher Arbeit entspringt usw. Die beiden Strömungen sind sich also einig über die wesentlichen Thesen der nichtmarxistischen Ökonomie und über die «empirischen» Definitionen der Kategorien des Werts, des Preises, des Lohns, des Profits, der Rente, des Zinses, der Akkumulation usw. Der Unterschied indessen besteht darin, daß die Substantivisten es ablehnen, für die Analyse *aller* ökonomischen Systeme diese theoretischen empirischen Kategorien anzuwenden, deren Gebrauch sie ausschließlich auf die Analyse von Warenwirtschaften beschränken. Aus diesem Grunde beruft sich Karl Polanyi auf den jungen Marx und kritisiert diejenigen Ökonomen, die auf sämtliche Gesellschaften eine «Krämer»-Sicht der Ökonomie und der sozialen Beziehungen projizieren. Um der Vielfältigkeit der vorkapitalistischen ökonomischen Systeme Rechnung zu tragen, schlug Polanyi eine allgemeine Typologie ökonomischer Systeme vor.

Diese Systeme teilt er in drei Gattungen ein, wobei er allerdings hervorhebt, daß innerhalb einer konkreten Gesellschaft die drei Gattungen in verschiedenen Proportionen gleichzeitig vorhanden sein können und daß seine Typologie nicht genau drei Phasen eines linearen Evolutionsschemas entspricht. Er unterscheidet dabei folgendermaßen: Ökonomien, die durch Mechanismen der «Gegenseitigkeit» geregelt sind, die Verwandtschaftsbeziehungen oder andere Einrichtungen repräsentieren und von ihnen abhängen, vor allem also klassenlose Gesellschaften; Ökonomien, die geregelt werden durch Mechanismen der «Distribution», durchgeführt durch eine zentrale Autorität, und zwar der Distribution von Gütern, die von den lokalen Produktionseinheiten als Tribut oder als andere Abgaben angeliefert werden; diese Distribution ist in zahlreichen Gesellschaften anzutreffen, die in Stände, Kasten oder Klassen gegliedert und einem Häuptlingsbezirk [chefferie] oder einem Staat unterstellt sind; schließlich diejenigen Ökonomien, die «integriert» sind durch das Funktionieren einer Institution, die von da an «losgelöst» (*disembedded*) ist von den sozialen, politischen, religiösen oder verwandtschaftlichen Beziehungen, der Institution «Markt».[18]

Diese Typologie beschränkt sich also auf die Registrierung und Unterteilung der sichtbaren Aspekte der Funktionsweise der verschiedenen ökonomischen und sozialen Systeme in Kategorien, die ebenso oberflächlich wie konfus sind. So haben Praxis und Begriffe der Gegenseitigkeit bei den Pygmäen des Kongo, die gemeinschaftlich mit dem Netz jagen und in Horden mit fließender Zusammensetzung ohne Sippenorganisation [organisation lignagère] und ohne Häuptling leben, einen anderen Inhalt als bei den Ackerbauern der Anden in der präkolonialen und sogar in der Vorinkaepoche, die in dörflichen Gemeinwesen auf der Basis einer Sippenorganisation lebten und die periodische Neuaufteilung ihres Ackerlandes auf die Familieneinheiten vornahmen. Diese letzteren schlossen sich für die Ackerbestellung in verschiedenen Formen der gegenseitigen Hilfe zusammen unter der Autorität eines Oberhaupts, das in der Regel das ihm vom Gemeinwesen zugeteilte Land nicht selbst bestellte. Ebenso bestanden Warenmechanismen in der griechisch-latei-

nischen Antike, im Mittelalter und im modernen Kapitalismus, aber
was jeweils für das Verständnis der Funktionen und der Form dieser
Warenverhältnisse entscheidend ist, ist der Blick über diese Verhältnisse hinaus, um ihre spezifische Verknüpfung mit der jeweiligen Produktionsweise zu erfassen, der sklavenhalterischen, der feudalistischen und
der kapitalistischen. In jedem Fall sind – trotz der offenbaren Ähnlichkeit der Warenformen der Güterzirkulation – die eigentlichen Mechanismen dieser Zirkulation, der Preisbildung, der Realisierung eines
Handelsgewinns verschieden, und dieser Unterschied basiert darauf,
daß die verschiedenen Formen der Güterzirkulation – die warenförmig
oder nichtwarenförmig sein können – notwendig funktionell und strukturell mit den vorherrschenden Produktions- und Reproduktionsbedingungen dieser Produktionsweisen *kompatibel* sein müssen. Dabei wird
ein methodologisches Prinzip erkennbar: Die Analyse muß von der
Produktion und nicht von der Zirkulation der Güter ausgehen, wenn
die wirkliche Logik eines ökonomischen Systems erfaßt werden soll.
Ein zweites Prinzip – auf dem jegliche Kritik am empiristischen Ansatz in den Humanwissenschaften basiert – ist dies, daß die Analyse eines ökonomischen Systems nicht mit der Beobachtung seiner sichtbaren
Aspekte durcheinandergebracht wird noch mit der Interpretation der
spontanen Vorstellungen, die sich die ökonomischen Agenten dieses Systems, das sie durch ihre Tätigkeit reproduzieren, eben davon machen.
Es ist eine Tatsache, die sich täglich feststellen läßt, daß sich die Kapitalisten die Arbeitskraft der Arbeiter gegen die Bezahlung von Lohn an-
eignen und daß sie an anderer Stelle Geld aufwenden, um sich weitere
Produktionsmittel, Maschinen, Rohstoffe usw., anzueignen. Alles
spielt sich so ab, *als ob* der Lohn die Arbeit bezahlen würde, *als ob* am
Ende des Produktionsprozesses in den Wert der produzierten Waren
noch andere Elemente als die menschliche Arbeit eingehen würden. Der
kapitalistische Profit hat also scheinbar nichts zu tun mit einem Mechanismus der Ausbeutung der Arbeitskraft der Produzenten, beziehen
diese doch einen Lohn, der das Äquivalent desjenigen Wertteils zu sein
scheint, den die Arbeit darstellt.
Es ist also leicht ersichtlich, wie ein Anthropologe oder ein empiristischer Ökonom die innere, unsichtbare Logik der kapitalistischen Produktionsweise nicht analysieren kann, wenn er von den «Fakten» und
den spontanen Vorstellungen über die gesellschaftlichen Verhältnisse
im Kopfe der Agenten, die in die Produktion – als Arbeiter oder als
Kapitalisten – eingreifen, ausgeht. Er wird notwendig (mehr oder minder abstrakt und mehr oder minder komplex) die äußeren Aspekte dieser Verhältnisse «reproduzieren», und notwendig wird er ebenso –
wenn man annimmt, daß der Mehrwert ein Teil des Warenwerts ist,
der dem Produzenten nicht bezahlt wird – eine mystifizierende, ideologische Rolle spielen, die, auf theoretischer Ebene, nur die spontane

Mystifikation reproduziert, die durch den Schein der kapitalistischen Produktionsweise erzeugt wird. Deshalb hat Marx die mächtigen Anstrengungen der «klassischen» Ökonomen hervorgehoben, die sich als erste von den äußeren Aspekten der ökonomischen Verhältnisse losgemacht haben und nicht mehr – wie noch die Physiokraten – landwirtschaftliche Arbeit der industriellen gegenüberstellen, also eine konkrete Produktion einer anderen; erst so konnten sie sehen, daß beide die Äußerung ein und derselben Realität darstellen: die Verausgabung von Arbeitskraft, über die eine Gesellschaft zu einem bestimmten Zeitpunkt verfügt. Im Unterschied zu Aristoteles, der keine Erklärung fand für die Kommensurabilität des Werts von Waren vollkommen verschiedenen Gebrauchswerts, hatten Adam Smith und Ricardo begonnen, in der Arbeit die gemeinsame Substanz des Tauschwerts der von einer Gesellschaft produzierten Güter zu erblicken, und zwar in dem Maße, wie die produzierten Güter die Form von Waren annehmen.

Marx ging weiter als die klassischen Ökonomen, und er mußte zeigen, daß die Arbeit als solche keinen Preis hat, sondern daß *allein* die Arbeitskraft einen Preis hat, der das Äquivalent ihrer gesellschaftlich notwendigen Reproduktionskosten ist. Von hier aus konnte er die Kritik der empirischen Kategorien der politischen Ökonomie bis zu Ende durchführen und zeigen, daß, wenn der Lohn nicht das Äquivalent des durch den Gebrauch der Arbeitskraft geschaffenen Wertes, sondern die Reproduktionskosten dieser Arbeitskraft darstellt, der Mehrwert nichts Mysteriöseres mehr ist als die Differenz zwischen dem durch den Gebrauch der Arbeitskraft geschaffenen Gesamtwert und dem Teil dieses Wertes, der dem Produzenten in Form des Lohnes zurückgegeben wird. Die «Fakten», oder wenigstens ihr Erscheinungsbild und die Vorstellungen und Ideen, die ihnen entsprechen, sind weit davon entfernt, die Wirklichkeit zu erklären, im Gegenteil, sie *verschleiern* die tiefere, unsichtbare Wirklichkeit, indem sie genau das *Gegenteil* zeigen. Man sieht, warum der Streit zwischen Formalisten und Substantivisten und die bis zu einem gewissen Punkt brauchbare Kritik der letzteren an den formalistischen Thesen der neomarginalistischen politischen Ökonomie nicht die Voraussetzungen schaffen für einen wirklichen Fortschritt in der wissenschaftlichen Erkenntnis der von den Anthropologen studierten Ökonomien und auch nicht für eine echte epistemologische Kritik der ökonomischen Anthropologie. Ausgehend von dieser kritischen Analyse des Problems der Definition der Ökonomie und des Problems des formalistischen und des substantivistischen Ansatzes, die beide letztlich, trotz ihrer Opposition und der realen Differenz ihrer Reichweite, in dieselbe empiristische Epistemologie eingebettet sind, können wir bereits zwei Bedingungen für die wissenschaftliche Erkenntnis der von den Anthropologen untersuchten ökonomischen

Systeme angeben. Die Analyse der verschiedenen Produktionsweisen und der Güterzirkulation muß in folgender Weise durchgeführt werden:

1. Jenseits der äußerlich sichtbaren Logik muß eine unsichtbare zugrunde liegende Logik gesucht und entdeckt werden.

2. Die strukturellen und historischen Bedingungen ihres Auftretens, ihrer Reproduktion und ihres Verschwindens in der Geschichte müssen gesucht und entdeckt werden.

Dies ist die Problematik des modernen wissenschaftlichen Denkens, und zwar die Problematik von Marx im *Kapital*. Eine Produktionsweise ist eine Realität, die sich nicht direkt «ergibt» aus der spontanen und unmittelbaren Erfahrung der Agenten, die sie durch ihre Praxis (ihr praktisches Handeln und ihre «eingeborenen» Vorstellungen) reproduzieren, und ebensowenig aus der Untersuchung an Ort und Stelle oder aus gelehrter und äußerlicher Beobachtung durch Berufsanthropologen. Eine Produktionsweise ist eine Realität, die man rekonstruieren, d. h. im Denken, im eigentlichen Prozeß des wissenschaftlichen Erkennens, neu bilden muß. Eine Realität existiert als wissenschaftliches Faktum erst, wenn sie auf der Ebene einer wissenschaftlichen Theorie und einer ihr entsprechenden Praxis rekonstruiert ist. Diese Schlußfolgerung ist die der modernen Praxis der Naturwissenschaften, und Gaston Bachelard hat dies zum Kern seines «rationalen Materialismus» gemacht. Ebenso ist dies die Verfahrensweise oder zumindest die theoretische Intention derjenigen Anthropologen, die sich auf den Marxismus in der Anthropologie berufen. In der Praxis jedoch stellt sich ihre Verfahrensweise als höchst kompliziert heraus, und zwar in dem Maße, wie sie sich Zwängen unterwerfen, um das Fundament der epistemologischen wissenschaftlichen Strenge dieser Praxis zu legen. Es genügt in der Tat nicht, ein genaues Wörterbuch der marxistischen Begriffe Produktivkraft, Produktionsverhältnisse, Produktionsweise usw. zu erstellen oder herzusagen, um diese oder jene Produktionsweise wissenschaftlich zu *erfassen*. Darüber hinaus kann eine Produktionsweise nicht *im voraus* mit Hilfe einiger Grundzüge definiert werden, die in der Regel aus der Gestaltung der konkreten Elemente der Arbeitsprozesse gewonnen werden, und ein Marxist darf nicht vorschnell urteilen weder über die *Beschaffenheit* noch über die *Anzahl* der verschiedenen Produktionsweisen, die sich im Laufe der Geschichte zu entwickeln vermochten und die, als einzelne oder kombiniert, innerhalb einer konkreten Gesellschaft anzutreffen sind.

Der unter Marxisten geläufigste Irrtum besteht darin, daß sie die Untersuchung des Produktionsprozesses in einer Gesellschaft mit der des Arbeitsprozesses verwechseln und dabei ebenso viele Produktionsweisen erfinden, wie es Arbeitsprozesse gibt.[19] Aus diesem Grund kann man nicht von landwirtschaftlicher «Produktionsweise» sprechen und ebensowenig von einer Hirten-, Jäger- usw. «Produktionsweise». Sonst unterscheidet sich die Analyse kaum noch von der der angelsächsischen Funktionalisten wie z. B. R. Firth oder Evans-Pritchard, die sie hervorragend praktiziert haben, ohne sich auf den Marxismus zu berufen und sogar in Opposition zu ihm. Der einzige Unterschied besteht darin, daß man marxistische Kategorien über die «Fakten» stülpt und sie damit nur in ein neues theoretisches Vokabular übersetzt und einordnet. Ein Produktionsprozeß besteht in der Tat nicht nur aus einem oder mehreren Arbeitsprozessen (Beziehungen der Menschen untereinander in ihren materiellen Beziehungen zu einer bestimmten Umwelt auf der Basis einer bestimmten Technologie), sondern in einem gesellschaftlichen Verhältnis von Menschen – Produzenten oder Nichtproduzenten – in der Aneignung der Produktionsmittel und in der Kontrolle über sie (Grund und Boden, Arbeitsgeräte, Rohstoffe, Arbeitskraft) und über die Arbeitsprodukte (Produkte des Sammelns, der Jagd, des Fischfangs, der Agrikultur, der Viehzucht, des Handwerks usw.). Diese Produktionsverhältnisse können sich darstellen in Form von Verwandtschaftsverhältnissen oder in Form politischer oder religiöser Unterordnungsverhältnisse, und die Reproduktion dieser Produktionsverhältnisse wird sich jeweils über die Verwandtschaftsverhältnisse oder über die der politischen oder ideologischen Unterordnung vollziehen.

Wir werden auf diesen Punkt ausführlicher zurückkommen, stellen aber jetzt schon fest, daß ein Anthropologe kaum die Auffassung akzeptieren kann, daß die ökonomischen Verhältnisse ein autonomer, von der sozialen Organisation losgelöster Bereich seien, wobei die anderen gesellschaftlichen Verhältnisse dann «exogene Variablen» in bezug auf die ökonomischen Verhältnisse würden, ein «institutioneller Rahmen»; diese Ansicht wird von den nichtmarxistischen Ökonomen in ihren Analysen der kapitalistischen Wirtschaft oder der Ökonomie «unterentwickelter» Länder usw. vertreten. Eine wissenschaftliche Theorie der Gesellschaft und der Geschichte muß sich also bemühen, die Verhältnisse der strukturellen Korrespondenz und Kausalität zwischen den Ebenen und Instanzen, aus denen eine bestimmte Gesellschaft besteht, aufzudecken, ohne dabei die *relative Autonomie* und die *Irreduzibilität* dieser Instanzen zu negieren. Andernfalls wird die politische Ökonomie zu einem fetischisierten Theoriebereich, in dem Sinne, daß man sich einbildet, die Analyse der ökonomischen Verhältnisse könne sich auf das beschränken, was ökonomische Verhältnisse sind oder was als solche erscheint. Worauf es also ankommt, ist die Analyse von Funktionen und von den ihnen entsprechenden gesellschaftlichen Beziehungen und nicht die Analyse von Objekten; weiter muß man in der Lage sein, das aufzudecken, was in einer bestimmten Gesellschaft *als* Produktionsverhältnisse *funktioniert* und warum das so ist. Andernfalls fetischisiert und projiziert man auf alle Gesellschaften das, was in unserer eigenen Gesellschaft *als* Ökonomie, Verwandtschaft oder Religion erscheint; diesen Ethnozentrismus hat Marx wiederholt ebenso gebrandmarkt wie Evans-Pritchard oder Karl Polanyi. Aber nun ergibt sich folgendes Problem: Gibt es objektive Kriterien, die die Feststellung erlauben, daß die Untersuchung dieser oder jener Gesellschaft in den Bereich der Anthropologie fällt und nicht in den einer anderen Disziplin? Es ist das Problem des Inhalts und der Grenzen der Anthropologie, und auch hier sind die Differenzen zwischen den Anthropologen gravierend.

II. Über Gebiet und Grenzen der Anthropologie

Sagen wir es ganz offen: Es gibt überhaupt kein theoretisches Prinzip oder Axiom, mit Hilfe dessen man der Anthropologie einen nur ihr zukommenden Inhalt zuordnen, sie als vollkommen definiertes Forschungsgebiet konstituieren könnte, das in sich abgeschlossen, weil auf die Analyse spezifischer, nur sie betreffender Realitäten gerichtet wäre.[20] Oder besser gesagt, es gibt schon ein Prinzip zur Konstituierung des Gebietes der Anthropologie, aber es ist in erster Linie negativ und beruht auf praktischen Begründungen und nicht auf einer theoretischen Notwendigkeit. Praktisch ist die Anthropologie entstanden aus der Entdeckung der nichtwestlichen Welt durch Europa und aus der Entwicklung der verschiedenen Formen der Kolonialherrschaft des Westens über die Welt, angefangen bei ihren ersten Formen zur Zeit der Geburt des Kapitalismus bis zum Weltimperialismus des 20. Jahrhunderts.[21] Mit der Zeit hat sich ein Forschungsfeld herausgebildet, das aus all den nichtwestlichen Gesellschaften besteht, die der Westen im Zuge seiner Expansion über die ganze Welt entdeckt hatte und die die Historiker an die Anthropologen abtraten, sobald sie sich nicht mehr auf schriftliche archivierte Überlieferungen stützen konnten, mit deren Hilfe sich die Zeugnisse und materiellen Spuren einer Vergangenheit datieren ließen, und sobald man auf die direkte Beobachtung und die mündliche Überlieferung zurückgreifen mußte.

Gleichzeitig und aus denselben Gründen wurden ganze Sektoren der westlichen Geschichte, sowohl der alten wie der zeitgenössischen, der Ethnologie oder der ländlichen Soziologie überlassen, wobei die eine mit der anderen häufig verwechselt wurde. So überließ man der Anthropologie das Studium all der Aspekte des regionalen und ländlichen Lebens, die als Überrest vorkapitalistischer und vorindustrieller Produktionsweisen und sozialer Organisationen erschienen oder auf sehr alte ethnische und kulturelle Besonderheiten verwiesen, wie z. B. die serbische Zadruga, die südslawische Familienorganisation, oder die

baskischen und albanischen Bräuche usw., kurz, Tatbestände, die in
den schriftlichen Dokumenten kaum auftauchten und die die Historiker
auswerten, sondern vielmehr eine direkte Untersuchung an Ort und
Stelle verlangten und das Sammeln von Bräuchen erforderten, die zumeist in mündlichen Überlieferungen, in der Folklore und in tradierten
herkömmlichen Regeln ihren exemplarischen, sichtbaren Niederschlag
fanden.[22] Darüber hinaus hat die im 19. Jahrhundert geläufige evolu-
tionistische Vorstellung, daß die europäischen Bräuche Überreste alter
Entwicklungsstadien, die überdauert haben, seien – Überreste, die bei
den nichtwestlichen Völkern noch lebendig und besser erhalten sind –,
in gewisser Weise die beiden historischen Bereiche, die den Anthropologen überlassen worden waren, zusammengeschmiedet. Nur die Anthropologen konnten die fehlenden Teile des europäischen Brauchtums
ergänzen mit Hilfe der Teile, die bei den exotischen Völkern noch präsent waren (bzw., je nach Gelegenheit oder Notwendigkeit, umgekehrt), und so konnten sie ihre theoretische Aufgabe und ihre Pflicht
erfüllen, die darin bestand, ein möglichst vollständiges und getreues
Bild der ersten Etappen der Menschheit nachzuzeichnen, zumindest ein
Bild derjenigen ihrer Vertreter, die keine geschriebene Geschichte hin-
terlassen hatten.[23]
Aber wenn sich die Anthropologie auch durch die Konvergenz zweier
Materialkomplexe konstituiert hat, die von Historikern als Abfall beiseite gelegt worden waren, so heißt das nicht, daß die Geschichte als
wissenschaftliche Disziplin auf theoretisch strenge Prinzipien gegründet wäre. In Wirklichkeit stößt man in der Konstituierung des For-
schungsgebietes der Geschichte auf dasselbe Fehlen einer exakten Begründung. Auf der einen Seite war die Geschichtswissenschaft aus rein
praktischen Gründen lange Zeit ausschließlich auf den Westen ausgerichtet. Andererseits hatten die Historiker, in dem Maße, wie zahlreiche Aspekte des Lebens des einfachen Volkes oder regionaler Gruppen
in den schriftlichen Dokumenten, die sie studierten, nicht oder fast
nicht auftauchten, kaum eine andere Wahl, als diese westlichen Realitäten durch das Filter der Zeugnisse derer zu betrachten, die – im Westen wie anderswo – immer den Gebrauch der Schrift ausnutzten und
kontrollierten, das heißt durch das Filter der gebildeten herrschenden
Klassen und der verschiedenen staatlichen Verwaltungen.[24] Es gibt
also überhaupt keine prinzipielle Unterordnung der Anthropologie unter die Geschichtswissenschaft (oder umgekehrt), nichts, was nach einer
Hierarchie von mehr oder weniger großen wissenschaftlichen Objekti-
vitätsgraden aussehen würde, und jeder Versuch, sie zueinander in Gegensatz zu bringen, jede Vernachlässigung der Art und Weise ihrer
Konstituierung und ihres jeweiligen Inhalts macht sie zwangsläufig zu
fetischisierten Bereichen, zu theoretischen Fetischen, in denen sich die
wissenschaftliche Praxis entfremdet.

Es war notwendig, die Entstehungs- und Konstituierungsbedingungen der jeweiligen Gebiete der Geschichtswissenschaft und der Anthropologie ins Gedächtnis zurückzurufen, um die beiden folgenden wesentlichen Punkte zu verstehen: Der erste ist die ungeheure Vielfalt der Produktionsweisen in den von der Anthropologie untersuchten Gesellschaften, eine Vielfalt, die sich von den letzten Buschmann-Horden, Jägern und Sammlern der Kalahari-Wüste, bis zu den Hortikulturstämmen der Hochebene von Neuguinea erstreckt, von den Opium anbauenden Agrikulturstämmen, die heute im südostasiatischen Krieg Söldnerdienste tun, bis zu den Kasten und Unterkasten Indiens, von den traditionellen afrikanischen oder indonesischen Königreichen oder Staaten, die heute in die entstehenden jungen Nationen integriert sind, bis zu den verschwundenen präkolumbianischen Reichen, die heutige Ethnohistoriker und Archäologen zu interpretieren versuchen, von den Bauerngemeinschaften Mexikos bis zu denen der Türkei, Mazedoniens und von Wales. So groß ist die Bandbreite der von der Anthropologie analysierten Realitäten. Sie haben offenbar wenig Gemeinsames und erscheinen als Resultate der historischen Entwicklung verschiedener ökonomischer und sozialer Systeme mit ungleichem Entwicklungsrhythmus, Systeme, die quer durch die Transformationsprozesse gehen, in denen nach und nach archaische Produktionsweisen beinahe vollständig zugunsten von anderen, dynamischeren und aggressiveren, verdrängt wurden, wobei die kapitalistische Produktionsweise eines der letzten, aber verheerendsten Beispiele ist. Erinnern wir daran, daß seit dem Beginn des Neolithikums (9000 v. Chr.) die Jäger- und Sammler-Ökonomien und -Gesellschaften schrittweise eliminiert oder in Zonen abgedrängt wurden, die ökologisch für Agrikultur und Viehzucht wenig günstig waren; heute sind sie nahezu endgültig verschwunden.[25] Erinnern wir ferner daran, daß die Formen der extensiven Landwirtschaft in Konkurrenz stehen zu den intensiveren Formen, die durch das Bevölkerungswachstum und die Bedürfnisse der Warenproduktion usw. notwendig geworden waren.

Der zweite Punkt ist der, daß die Geschichte gerade durch die Logik ihrer Entwicklungsbedingungen als die Kenntnis und die Wissenschaft von der Kultur erschien (die mit wenigen Ausnahmen, wie z. B. China, mit dem Westen identifiziert wurde), während die Anthropologie als das Studium der Barbaren, der Wilden und der auf einer niedrigeren Zivilisationsstufe stehengebliebenen ländlichen europäischen Bevölkerungsgruppen galt. Das Verhältnis von Anthropologie und Geschichte bot sich spontan als bevorzugtes Feld und Mittel zur Äußerung und Rechtfertigung ideologischer Vorurteile an, die die westliche Gesellschaft und ihre herrschenden Klassen in bezug auf sich und diejenigen Gesellschaften hegten, die nach und nach unter ihre Herrschaft und Ausbeutung gerieten, eingeschlossen die westliche ländliche Bevölkerung, die heute städtisches Industrieproletariat geworden ist oder die sich gezwungen sah, ihre alten Lebensformen aufzugeben und ökonomische und gesellschaftliche Organisationsformen anzunehmen, die es ihnen ermöglichten, unter besseren Bedingungen für einen Markt zu produzieren und dort der organisierten Konkurrenz zu trotzen, gemäß den Kriterien der kapitalistischen ökonomischen «Rationalität».

Jetzt versteht man, warum die Anthropologie immer eine der Schaltstellen innerhalb der Humanwissenschaften innehatte: Auf theoretischer Ebene für die Produktion und Anhäufung von Doppeldeutigkeit und ideologischen Fetischen, von Unbequemlichkeit auf praktischem Gebiet. Fetischisierung und Doppeldeutigkeit sind im übrigen die komplementären Produkte eines der Anthropologie als Fach inhärenten Widerspruchs, und zwar deshalb, weil sich die Anthropologie der Untersuchung und der gedanklichen Rekonstruktion von gesellschaftlichen Lebensweisen widmet, die von ihrer eigenen Gesellschaft transformiert und zerstört werden, und weil sie nicht umhinkann, diese Zerstörung zu billigen oder anzuprangern. Dieser Widerspruch macht deutlich, daß der Anthropologe paradoxerweise enger und dramatischer in die Widersprüche der laufenden, der lebendigen Geschichte verwickelt ist als der Historiker, der eine abgeschlossene Vergangenheit studiert, deren Ergebnis man immer schon im voraus weiß und die weniger beunruhigt, da sie schon überholt ist. Der Anthropologe ist also unausweichlich engagiert und dazu verpflichtet, in der Geschichte Partei zu ergreifen, die Transformationen der Gesellschaften, die er studiert, zu rechtfertigen oder zu kritisieren und über diese Gesellschaften *seine* eigene Gesellschaft, die im wesentlichen diese Transformationen aufzwingt, zu rechtfertigen oder zu kritisieren. Meistens beschränkt sich der Anthropologe darauf, diese Transformationen mit Vorbehalten als Fortschritt zu billigen oder sie als unheilbare Dekadenz anzuprangern. Diese beiden Haltungen setzen jedoch ein gemeinsames ideologisches Postulat voraus, das Postulat der Existenz eines «wahren» Wesens des Menschen, der dabei ist, entweder sich für ewig zugrunde zu richten (die Haltung Rousseauscher Prägung) oder sich schließlich für immer selbst zu gewinnen (die Haltung der Aufklärer und der viktorianischen Philosophen). Nun gibt es aber kein *wahres* Wesen des Menschen, das man beliebig in der Vergangenheit, der Zukunft oder der Gegenwart ansiedeln könnte, je nach ideologischem Engagement des einzelnen oder jeder einzelnen Epoche, was notwendig die Geringschätzung *der* Gesellschaften und Menschheitsepochen zur Folge hätte, die bei der einen oder anderen Auswahl nicht als privilegierter Ort der Manifestation und als hervorragender Augenblick der Existenz dieses «wahren» menschlichen Wesens festgehalten würden. Und da es nun einmal keine «*wahre* menschliche Natur» gibt, ist auch die Anthropologie nicht zu der privilegierten und erhabenen Aufgabe berufen, deren Geheimnis zu ergründen. Ein Indianer vom Amazonas, ein Opfer des Völkermords und des weißen Friedens, ist nicht näher am wahren Wesen des Menschen als ein Renault-Arbeiter oder ein vietnamesischer Bauer im Krieg gegen den Imperialismus. Das bedeutet, daß man nicht mit Hilfe einer normativen Ideologie vom Wesen des Menschen die Gründe für die historische Situation und für die Ausbeutung dieser Gruppen von Menschen analysieren darf, sondern daß man sie entweder ihrem Schicksal überlassen oder Mittel vorschlagen muß, dem ein Ende zu setzen. Dazu bedarf es der Konstituierung nicht einer Ideologie, sondern einer echten «Wissenschaft» der Geschichte und ihrer Notwendigkeiten; diese Notwendigkeiten sind weder «natürlich» noch «ewig», denn die Geschichte hat ihrem Ausgangspunkt den Menschen, so wie ihn die Entwicklung der Materie hervorgebracht hatte, als neue Natur hinzugefügt, die nicht fix und fertig präfabriziert in der Natur als solcher enthalten war.

Diese «Wissenschaft» der Geschichte erfordert zu ihrer Entstehung und ihrer Entwicklung – denn diese Wissenschaft ist angelaufen – neben anderen Bedingungen die neue Kombination und Verbindung der Anthropologie mit der Geschichte, eine Kombination, die nicht ohne die radikale Kritik ihres ideologischen Inhalts und nicht ohne eine neue Entwicklung und ohne eine originale Bereicherung ihres wissenschaftlichen Inhalts realisierbar ist. Wir haben bereits angedeutet, daß der Marxismus die Mittel für eine solche radikale Kritik liefern kann, und wir müssen jetzt genauer zeigen, wie er auch die Mittel für eine neue Entwicklung des wissenschaftlichen Inhalts der Anthropologie und der Geschichte bereitstellen kann, denn aus unserer Sicht besteht das Zentralproblem einer Wissenschaft der Geschichte darin, die Entstehungsbedingungen von verschiedenen sozialen Strukturen, die auf eine bestimmte Weise ineinander verzahnt sind, sowie die Bedingungen der Reproduktion, der Transformation und des Verschwindens dieser Strukturen und ihrer Verzahnung zu erklären. Dieses Problem ist zugleich das Problem der Analyse des spezifischen Kausalzusammenhangs zwischen den verschiedenen Strukturen, also der Analyse ihrer spezifischen Rolle und ihrer jeweiligen Bedeutung im Prozeß ihres Auftauchens, der Reproduktion und des schließlichen Verschwindens der verschiedenen ineinander verzahnten Komplexe gesellschaftlicher Beziehungen, die den Inhalt der Geschichte ausmachen und letztlich den Menschen konstituieren.

Um diese Probleme zu lösen, ist also eine Methode erforderlich, die eine Analyse der Strukturen und die Aufdeckung ihrer Gesetze der gegenseitigen Kompatibilität oder Inkompatibilität und ihrer konkreten historischen Wirksamkeit erlaubt. Marx scheint als erster eine solche Methode ausgearbeitet und angewandt zu haben, als er sich bemühte, die kapitalistische Produktionsweise und die bürgerliche Gesellschaft zu analysieren, und Marx' Antwort auf das Problem der differentiellen Kausalität der verschiedenen Instanzen des gesellschaftlichen Lebens, d. h., daß «die Produktionsweise des materiellen Lebens letztlich den sozialen, politischen und geistigen Lebensprozeß überhaupt (bedingt)», muß, wie uns scheint, die wesentliche Hypothese werden, die wiederaufgenommen und systematisch erforscht werden muß, um den wissenschaftlichen Inhalt der Geschichte und der Anthropologie neu zu bestimmen.

Für den Marxisten stellt diese Methode und diese allgemeine Hypothese die *einzige* theoretische Problematik dar, und zwar sowohl für das Studium der sogenannten primitiven Gesellschaften wie auch für das der anderen Gesellschaftsformen, seien sie historisch oder zeitgenössisch; auch gibt es im Marxismus keine Privilegierung der Anthropologie vor der Geschichte oder umgekehrt, und solche Vorrangstellungen haben in ihm keinen Platz. Eine Wissenschaft steht von da an auf der Tagesordnung,[26] eine Wissenschaft, die gleichzeitig *vergleichende Theorie der gesellschaftlichen Verhältnisse* und Erklärung der *konkreten Gesellschaften*, die in der *irreversiblen* Zeit der Geschichte aufgetaucht sind, sein wird; diese Wissenschaft, die Geschichte, Anthropologie, politische Ökonomie, Soziologie und Psychologie miteinander verbindet, wird ebenso das sein, was die Historiker unter Universalgeschichte verstehen, wie das, was die Anthropologen unter dem Begriff der allgemeinen Anthropologie im Auge haben und anstreben.[27]

Wir glauben, nach dieser Analyse in der Lage zu sein, das grundsätzliche Paradoxon der marxistischen Praxis in der Anthropologie zu erklären und aufzulösen – einer komplexen Praxis, die systematisch die Analyse der Produktionsweisen der den Anthropologen überlassenen Gesellschaften zu entwickeln und zu vertiefen sucht, mit dem Ziel einer verbesserten Theoriebildung in bezug auf Verwandtschaft, Politik, Religion –, kurz, das Paradoxon einer Praxis, die den Marxisten als Spezialisten der ökonomischen Anthropologie erscheinen läßt, wo er doch im selben Moment die Möglichkeit und den Sinn eines solchen in sich abgeschlossenen Spezialgebietes bestreitet und sich in der Tat darum bemüht, die Bedingungen für eine allgemeine Erneuerung der verschiedenen Gebiete der wissenschaftlichen Anthropologie zu schaffen, wobei diese Gebiete neu analysiert und in ihrer gegenseitigen Verknüpfung mit der der Strukturen der verschiedenen Produktionsweisen, deren Theorie er aufstellen muß, rekonstruiert werden. Eben diese komplexe theoretische Situation bestimmt das kritische Verhältnis des marxistischen Ansatzes auf dem Gebiet der Anthropologie zu den beiden Strömungen, die wie er die Bedingungen für eine allgemeine Erneuerung dieser wissenschaftlichen Disziplin herstellen wollen, d. h. zum Neo-Funktionalismus der «Kulturökologie» und zum strukturalistischen Ansatz von Claude Lévi-Strauss. Diese beiden Ansätze verstehen sich als materialistisch. Der erste will das Studium der Gesellschaften erneuern, indem er sie als Teile einer umfassenderen Totalität begreift, als verschiedene Ökosysteme, die man in der Natur findet. Wie der Marxismus legt er besondere Aufmerksamkeit auf die materiellen Grundlagen des Funktionierens der Gesellschaften. Wie der Marxismus lehnt auch der zweite Ansatz die positivistischen Methoden des Empirismus ab und strebt danach, die soziale Wirklichkeit mit Hilfe von Strukturbegriffen in den Griff zu bekommen. Diese doppelte Konfrontation wird es uns erlauben, in der Ausarbeitung des Begriffs der strukturellen Kausalität der Ökonomie einen Schritt weiterzugehen.

Aber werfen wir vorher einen Blick auf den Inhalt und die Grenzen des der Anthropologie praktisch reservierten Gebietes, eines Gebietes, das aus zwei Bruchstücken der Menschheitsgeschichte besteht: der Geschichte der nichtwestlichen Gesellschaften, denen die Schrift unbekannt ist und die von Europa kolonisiert wurden, und der Geschichte der westlichen Landbevölkerung, die auf vorkapitalistischen und vorindustriellen Produktionsweisen und sozialen Organisationsformen stehengeblieben ist. Man versteht jetzt besser, daß man den Anthropologen als den Spezialisten für primitive oder bäuerliche Gesellschaften angesehen hat, obwohl diese beiden Begriffe völlig defizient sind. Wir erinnern an das bemerkenswerte *Memorandum* über den Gebrauch des Wortes «primitiv» in der Anthropologie, wie es von Lois Mednick im Jahre 1960 verfaßt und dann von Francis Hsu (1964) in *Current Anthropology*[28] kommentiert wurde. Zwei Komplexe von Merkmalen – positiven und negativen – werden mit dem Begriff «primitiv» bezeichnet. Die negativen Merkmale bestehen entweder im Nichtvorhandensein positiver Merkmale, die in den westlichen Gesellschaften zu finden sind (*schriftunkundig, nicht zivilisiert, in der Entwicklung stehengeblieben, geldlos, nicht industrialisiert, nicht urbanisiert, ohne wirtschaftliche Spezialisierung*) oder im Vorhandensein dieser Züge, dies jedoch auf einer niedrigeren Stufe (*weniger zivilisiert, niedrigeres technisches Niveau, traditionelles, einfaches Werkzeug, geringe Differenzierung*). In beiden Fällen werden die «primitiven» Gesellschaften als «minderwertig» begriffen. Im Gegensatz dazu werden solche Merkmale als positiv gewertet, die in zivilisierten Gesellschaften nicht anzutreffen sind (*Gesellschaften, in denen soziale Beziehungen primär auf Verwandtschaftsbeziehungen gegründet sind, mit einer alles durchdringenden Religion, Gesellschaften, in denen Kooperation für gemeinsame Ziele häufig ist [...] usw.*). Das Nichtvorhandensein dieser Merkmale in den modernen westlichen kapitalistischen Gesellschaften wird dabei nicht etwa als Zeichen der Minderwertigkeit der westlichen Gesellschaften gedeutet, sondern meistens – in der herrschenden westlichen Ideologie – als ein zusätzlicher Beweis für ihre Überlegenheit gewertet. Doch stehen wir jetzt hier nicht mehr ideologischen Einbildungen gegenüber, sondern Realitäten, die zum Problem werden, weil die Anthropologie erklären müssen wird, was sie unter beherrschender Rolle der Verwandtschaft versteht und was sie als die Gründe für das Auftauchen oder das Verschwinden dieser beherrschenden Rolle ansieht. Anthropologen wie Marshall Sahlins, Morton Fried und Eric Wolf haben sich verstärkt um die Definition primitiver und bäuerlicher Gesellschaften bemüht und versucht, dabei den üblichen ideologischen Ballast dieser Begriffe abzuwerfen. Für sie sind primitive Gesellschaften solche, die keine exploitierende Klasse kennen und in den sozialen Formen der Horde oder des Stammes organisiert sind. Demgegenüber sind sogenannte «bäuerliche» Gesellschaften Klassengesellschaften, in denen die Bauernschaft eine exploitierte Klasse darstellt, ökonomisch, politisch und kulturell beherrscht von einer Klasse, die nicht mehr unmittelbar an der Produktion beteiligt ist.

«In der primitiven Gesellschaft kontrollieren die Produzenten die Produktionsmittel, inklusive ihrer eigenen Arbeit, und sie tauschen ihre eigene Arbeit und ihre Produkte gegen Güter und Dienstleistungen, die kulturell als Äquivalente definiert sind und von anderen Produzenten stammen (. . .). Die Bauern dagegen sind ländliche Kultivatoren, deren Surplus an eine herrschende Führergruppe abgeführt wird, die dieses Mehrprodukt benützt, um gleichzeitig den eigenen Lebensstandard zu garantieren und den Rest an die sozialen Gruppen zu verteilen, die selbst kein Land bestellen, jedoch um ihrer spezifischen Dienste und Güter willen ebenso ernährt werden müssen.»[29]

Die Bauern bilden also weder eine «Gesellschaft» noch eine «Sub-Gesellschaft», noch gar eine «Sub-Kultur» nach den Worten von Redfield, sondern sie sind eine «beherrschte Klasse», und die Natur und die Rolle dieser Klasse ist jeweils verschieden entsprechend den spezifischen Produktionsverhältnissen, die sie von der herrschenden Klasse abhängig machen. Es müssen also jedesmal diese Produktionsverhältnisse charakterisiert werden, und das ist es, was Eric Wolf versuchte, als er – in der Nachfolge von Maine, Max Weber und Polanyi – unterschied zwischen feudalem Bereich und pfründischem Bereich (das ist der Bereich, der von einem zentralisierten Staat, wie in China oder in Persien der Sassaniden, an seine Beamten vergeben wird, die für ihre Dienste, die sie dem Staat leisten, ein Einkommen beziehen) und dem «merkantilen» Bereich, der auf dem Privateigentum an Grund und Boden beruht, unterteilt in Parzellen, die man auf einem Markt kaufen und verkaufen kann. Diese Unterscheidungen entsprechen ganz entfernt dem, was Marx mit folgenden Begriffen bezeichnet: «feudalistische Produktionsweise», «asiatische Produktionsweise» und «Produktionsweise, die auf dem privaten Parzelleneigentum des Bodens und auf dem Eigentum an Produktionsmitteln beruht». Eric Wolf unterscheidet noch den «administrativen Bereich»[30], der im 20. Jahrhun-

dert auftritt: die russischen *Kolchosen* und *Sowchosen*, die chinesischen Kommunen und die nach der mexikanischen Revolution gegründeten *ejidos*, die alle dem «pfründischen» Bereich ähneln, jedoch nicht zum Zwecke der Abschöpfung einer Grundrente eingerichtet sind. Sie stellen Organisationsformen des landwirtschaftlichen Produktionsprozesses dar, die unmittelbar vom Staat unterhalten werden. Man sieht leicht, daß Eric Wolf sich, zum Teil, die Marxschen Analysen der verschiedenen vorkapitalistischen und kapitalistischen Formen der Grundrente und der kleinen Parzellenproduktion zu eigen gemacht hat, aber der marxistische Begriff der «Produktionsweise» fällt bei ihm ebenso heraus wie der theoretische Versuch, die Struktur der Produktionsweisen zu entdecken und zu rekonstruieren, innerhalb deren die Bauernschaft eine exploitierte Klasse ist. Die Analyse greift noch kürzer bei George Dalton[31] und vor allem bei Daniel Thorner[32], der versucht hat, einen Begriff der «bäuerlichen Ökonomie» zu definieren, jedoch nicht über einige Bestimmungen hinauskam, die all den Gesellschaften gemeinsam sind, deren Produktion auf der Agrikultur beruht, Gesellschaften, die einen Gegensatz zwischen Stadt und Land kennen und einer «organisierten politischen Macht» unterworfen sind. Solche «allgemeinen» Bestimmungen stellen keine wirkliche Erkenntnis dar; sie sind allenfalls, wie Marx in bezug auf die allgemeinen Kategorien der politischen Ökonomie hervorhob, Abstraktionen, die die Wiederholung ersparen.[33] Ebenso ist die Gefahr hervorzuheben, die Marshall Sahlins und Eric Wolf – letzterer allerdings in weit geringerem Maße – vermeiden, die Gefahr nämlich, daß man die Produzenten in den klassenlosen Gesellschaften gleichzeitig als Herren über die Produktionsmittel präsentiert. Engels machte 1877 seinen Standpunkt denen gegenüber, die in den alten Gemeinwesen das Urbild der sozialen Freiheit schlechthin sehen wollten, nachdrücklich deutlich: «In den ältesten, naturwüchsigen Gemeinwesen konnte von Gleichberechtigung höchstens unter den Gemeindemitgliedern die Rede sein; Weiber, Sklaven, Fremde waren von selbst davon ausgeschlossen.»[34]
Die ganze moderne Ethnologie hat diesen Gesichtspunkt bestätigt und die Informationen über die ökonomischen und politischen Ungleichheiten vervielfacht, die es innerhalb der klassenlosen Gesellschaften gibt, und zwar zwischen Älteren und Jüngeren, zwischen Männern und Frauen, zwischen «big men» und gewöhnlichen Leuten[35], zwischen Gründersippen und solchen, die zugewandert waren und nachträglich aufgenommen wurden, usw. So kann man den Umfang der theoretischen Aufgabe ermessen, die sich der Anthropologie stellt; die Anthropologie hat im Laufe der Zeit wertvolle Informationen über die vielfältigen Formen gesellschaftlicher Verhältnisse zusammengetragen und muß nun aus dieser Vielfalt die Theorie erstellen und die Ursachen dieser sich ausdifferenzierenden Entwicklung erklären. Im Arbeitsgebiet

der Anthropologie findet sich daher das ungeheure Problem der graduellen Abstufungsformen und deren Bedingungen, in den klassenlosen wie in den Klassengesellschaften, das Problem des Ursprungs der Stände, der Kasten und der Klassen sowie der verschiedenen Ausprägungen des Staats. Somit versteht man, daß die Anthropologie häufig in der Lage ist, der Geschichte Analysen zu liefern, ohne die diese nicht auskommt und die sie selbst nicht leisten kann.[36] Und es wird auch klar, daß die Lösung solcher Probleme eine radikale Neubestimmung der Methoden und Begriffe der Anthropologie erfordert, vor allem die wissenschaftlich exakte Ausarbeitung des Begriffs der strukturellen Kausalität und der strukturellen Korrespondenz und – dies vor allem in der von uns definierten marxistischen Perspektive – die Ausarbeitung des Begriffs der Kausalität der Ökonomie und der sozialen Bestimmungen, wie sie durch das Funktionieren einer Produktionsweise hervorgebracht werden. Dieser Ausarbeitung widmen wir den letzten Teil dieses Vortrags, der vor allem den epistemologischen Problemen bei der Untersuchung der Ökonomien und der Gesellschaften, die die Anthropologie studiert, gewidmet ist.

III. Ökonomien und Gesellschaften:
funktionalischer, strukturalistischer und marxistischer Ansatz

Wie soll man die Entwicklungsbedingungen der Verhältnisse, die die Menschen in der Produktion ihres materiellen Lebens untereinander eingehen, und die Wirkungen dieser Verhältnisse auf die innere Logik des Funktionierens und der Entwicklung der Gesellschaften analysieren? Hier stehen wir wieder beim Zentralthema des ersten Teils dieser Darlegungen, doch wissen wir jetzt, auf welchem Gebiet der theoretischen Analyse sich das Problem stellt, nämlich auf dem Gebiet der Anthropologie, so wie sie sich historisch konstituiert hat als ein Bereich, der aus zwei schlecht verbundenen und schlecht abgegrenzten Bruchstücken der menschlichen Geschichte besteht, den klassenlosen und den «bäuerlichen» Gesellschaften. Wir haben gesehen, daß der Begriff der strukturellen Kausalität im Zentrum der Debatte steht. Wir werden sie kurz wiederaufnehmen und werden andeuten, in welcher Weise sie von den Funktionalisten, den Strukturalisten und den Marxisten geführt wird.

Obwohl Malinowski, Firth, Evans-Pritchard und Nadel eine eindrucksvolle Pionierarbeit auf dem Gebiet des Studiums der Ökonomie ozeanischer und afrikanischer Gesellschaften geleistet haben, folgten die meisten Funktionalisten nicht der Empfehlung von Firth, der unaufhörlich daran erinnerte, daß man mit wissenschaftlicher Strenge die ökonomische Basis dieser Gesellschaften analysieren müsse, weil «die soziale Struktur (...) eng von den spezifischen ökonomischen Verhältnissen abhängt, die aus der Kontrolle über die Ressourcen entspringen», und daß so ein «tieferes Verständnis der sozialen Strukturen, die in den vom Anthropologen untersuchten Gesellschaften existieren»,[37] möglich würde. Das Gegenteil war bei den Funktionalisten der Fall, wie Robert McNetting mit Nachdruck feststellt:

«Man machte sich die Vorstellung zu eigen, daß der Schlüssel für die imposante und komplexe Einheit der Gesellschaft in ihrer Struktur zu finden sei und daß diese Struktur auf den Beziehungen der Verwandtschaft, der Heirat oder auf den politischen Verhältnissen beruhe. (...) Dort sollten sich verborgene, aber der Entdeckung harrende subtile Symmetrien und komplexe Netzwerke auftun, während die Tätigkeiten zur Beschaffung der Subsistenzmittel als simple und undifferenzierte Fakten betrachtet wurden, die sich angeblich immer in gleicher und langweiliger Weise wiederholten, ganz gleich, an welchem Ort man sie antrifft.»[38]

Eine solche theoretische Attitüde hatte in der Praxis den Effekt, daß minuziöse und oft tiefschürfende Analysen der Verwandtschaftsbeziehungen oder der politisch-ideologischen Verhältnisse angefertigt wurden, während die Ökonomie zahlreicher Gesellschaften auf «eklektische»[39] Weise untersucht wurde. Dies wird perfekt illustriert in dem Buch ‹The Economic Life of Primitive Peoples›[40] (1940) von Melville Herskovits, das mehr eine Kompilation als eine Synthese ist. Man muß jedoch einräumen, daß diese Überheblichkeit oder dieser Eklektizismus mit ihren theoretischen Konsequenzen in gewissem Maß durch die Gegebenheiten gerechtfertigt erscheinen konnten, denn es ist eine Tatsache, daß in zahlreichen vorkapitalistischen Gesellschaften die Verwandtschaftsbeziehungen oder die politisch-religiösen Beziehungen die Reproduktion ihrer Produktionsweise zu kontrollieren scheinen, ob es sich nun um die Verwandtschaft bei den Nuer oder um das politisch-religiöse Moment bei den Azteken oder den Inkas handelt.

Es gab viele, die in der Tatsache dieser «Beherrschung» den Beweis dafür sahen, daß die Ökonomie das Funktionieren und die Entwicklung der nichtwestlichen vorkapitalistischen Gesellschaften kaum bestimmt hat und daß sie folglich eine nur geringe Rolle in der Geschichte der Menschheit gespielt hat. Einige, die diese Anschauung überspitzten, behaupteten, wie Warner es im Hinblick auf die australischen Murngin formulierte, daß diese Gesellschaft wie auch andere einer ökonomischen Struktur vollständig zu entbehren schien, denn sie konnten keine finden, die losgelöst von den Verwandtschaftsverhältnissen bestanden hätte; diese letzteren hätten folglich die Funktion einer «allgemeinen Institution» – nach einem glücklichen Ausdruck von Evans-Pritchard. In Wirklichkeit besteht das ganze Problem darin, daß sich die funktionalistischen Anthropologen und häufig auch die, die sich für Marxisten halten, auf spontane und nichtwissenschaftliche Weise vorstellen, daß die Produktionsverhältnisse nur in einer von anderen gesellschaftlichen Verhältnissen *losgelösten* Form existieren können, wie es bei den Produktionsverhältnissen der kapitalistischen Produktionsweise der Fall ist.

Es ist nicht mehr verwunderlich, daß viele Anthropologen, geleitet von einem solchen nichtwissenschaftlichen und *aprioristischen* Verständnis der Produktionsverhältnisse, eine wacklige und unzureichende Analyse der ökonomischen Grundlagen der untersuchten Gesellschaften erstellen. In der Tat reduziert sich die Ökonomie in ihren Augen auf das, was unmittelbar als solche sichtbar ist. Da sich nun einmal ein Teil der Produktionsverhältnisse häufig hinter dem Funktionieren der politisch-religiösen und der Verwandtschaftsverhältnisse verbirgt, reduziert sich die Untersuchung der Ökonomie zwangsläufig auf die Untersuchung der Arbeitsorganisation in der Produktion der Subsistenzmittel und auf die Eigentumsregelungen, wobei man manchmal großzügigerweise die Untersuchung der Technologie hinzufügt, obwohl diese, *stricto sensu*, nicht zur Ökonomie gehört.

Die fehlenden Teile der Produktionsweise, ihre unsichtbaren Teile, können dann nur mehr indirekt untersucht werden, sobald der Anthropologe die verschiedenen Funktionen der politisch-religiösen und der Verwandtschaftsverhältnisse analysiert, zumindest wenn seine Analyse der Verwandtschaft sich nicht beschränkt auf die Untersuchung der Terminologie der Verwandtschaft und der Heiratsregeln, auf die Untersuchung des Wohnens und der Filiation. Eben dies zeigt, daß die ideologische und empiristische Konzeption der Produktionsverhältnisse auf der einen Seite die ökonomische Analyse verarmen läßt, sie zerstückelt und verfälscht, und auf der anderen Seite zwangsläufig und aus denselben Gründen die Analyse der Verwandtschaft, der Politik und der Religion verfälscht. Diese theoretische Praxis ist es, die in ihrer Gesamtheit wie auf jeder ihrer Ebenen mit den Auswirkungen ihrer ideologischen, empiristischen Voraussetzungen behaftet ist und von ihnen umgedreht wird. Insofern die Ökonomie mit der Verwandtschaft, der Religion oder mit den Formen der Macht oder mit soundso viel Variablen, die ihr selbst grundsätzlich äußerlich sind, konfrontiert wurde, braucht man sich kaum mehr darüber zu wundern, daß die statistische Untersuchung der positiven Korrelationen zwischen Ökonomie und sozialen Strukturen oder zwischen der Entwicklung der Produktionsweise und der Entwicklung der Gesellschaft zu einem Fehlschlag führte und zu der Versicherung von G. P. Murdock «an die Adresse der Evolutionisten, daß es keine unausweichliche Abfolge der gesellschaftlichen Formen gibt, keine notwendige Beziehung zwischen den besonderen Regeln des Wohnens oder der Abstammung, zwischen den besonderen Gruppentypen oder Verwandtschaftsterminologien und besonderen Kulturniveaus, zwischen ökonomischen Typen, Regierungsformen oder Klassenstrukturen».[41]

Obwohl heute einige Schüler von Murdock, ausgehend von einem breiteren Typenmuster von 577 statt 250 Gesellschaften und dank einer multifaktoriellen Analyse, signifikante Korrelationen zwischen der Entwicklung der Produktionsweisen und dem Auftreten bestimmter Verwandtschaftssysteme[42] entdecken, hat die empiristische Praxis der Anthropologen die vom Anfang des 20. Jahrhunderts bis heute gängige Vorstellung konsolidiert, daß nämlich die Geschichte nichts anderes sei als «die Abfolge *zufälliger* Ereignisse, die eine Gesellschaft zu dem gemacht haben, was sie ist», eine These, deren Überspitztheit Leute wie Evans-Pritchard, die jedoch das Wesentliche der funktionalistischen Thesen akzeptieren, auf die Barrikaden gehen ließ.[43]

In der Tat ist der Funktionalismus im Begriff, den Empirismus zu vervollkommnen; er widerspricht ihm jedoch auch bis zu einem gewissen Grade, denn wenn sich für den Empirismus die sozialen Strukturen mit den sichtbaren sozialen Verhältnissen decken und wenn diese sichtbaren Verhältnisse als gegenseitig austauschbare Variablen, die keine statistisch signifikante Verbindung aufweisen, begriffen werden, wie kann dann eine Gesellschaft existieren, und zwar als ein Ganzes, das existiert und das sich als solches reproduziert? Der Funktionalismus nimmt also an, daß die verschiedenen sichtbaren sozialen Beziehungen innerhalb einer Gesellschaft ein System bilden, d. h., daß zwischen ihnen eine funktionelle Interdependenz besteht, die ihnen erlaubt, als ein «integriertes» Ganzes mit der Tendenz zur Selbstreproduktion als Gesellschaft zu existieren. Und weil *bestimmte* Teile dieses Ganzen die Funktion haben, die anderen Teile zu einem Ganzen zu «integrieren», spielen die besonderen Subsysteme (Verwandtschaft, Religion, Ökonomie) in den Gesellschaften eine jeweils entsprechende Rolle als «allgemeine Institution».

Niemand wird bestreiten, daß es gegenüber dem abstrakten, assoziativen Empirismus einen Fortschritt bedeutet, die gesellschaftlichen Verhältnisse nicht mehr eins nach dem andern für sich zu untersuchen, sondern sie im Gegenteil in ihrer Gesamtheit und in ihren wechselseitigen Beziehungen zu erfassen, d. h. davon auszugehen, daß sie ein System von Beziehungen bilden. Aber jenseits dieses Prinzips, das zu einer notwendigen Bedingung für das wissenschaftliche Vorgehen geworden ist, weist der Funktionalismus grundlegende theoretische Mängel auf. Wir haben bereits gezeigt, daß sich die funktionalistische Analyse durch die Identifizierung von sozialer Struktur und sichtbaren sozialen Verhältnissen dazu verurteilt, die Gefangene der Erscheinungsformen der von ihr untersuchten sozialen Systeme zu bleiben, und daß sie sich versagt, die diesen Systemen unsichtbar zugrunde liegende Logik zu entdecken, ganz zu schweigen von den strukturellen und faktischen Bedingungen ihres Auftauchens und Verschwindens in der Geschichte. Wir müssen jetzt einen Schritt weitergehen.

Wenn man sagt, daß die Verwandtschaft oder die politisch-religiöse Instanz in dieser oder jener Gesellschaft eine dominierende Rolle spielt, weil sie alle anderen gesellschaftlichen Verhältnisse «integriert», so ist dies eine «Erklärung», die zu kurz greift und Gefahr läuft, die Tatbestände eher zu verdunkeln als zu erhellen. Denn eine soziale Instanz kann die anderen nur dann «integrieren», wenn sie in ihrem *Innern mehrere* verschiedene Funktionen ausübt, die in einem bestimmten *hierarchischen* Verhältnis miteinander verbunden sind, Funktionen, die in der kapitalistischen Gesellschaft von verschiedenen sozialen Verhältnissen übernommen werden, die als soundso viele spezifische Subsysteme innerhalb des sozialen Systems erscheinen. Die Verwandtschaft dominiert die soziale Organisation, wenn sie nicht nur die Abstammungs- und Verschwägerungsverhältnisse, die zwischen den Gruppen und den Individuen bestehen, sondern auch die jeweiligen Verfügungsrechte über Produktionsmittel und Arbeitsprodukte regelt, wenn sie die Verhältnisse der Herrschaft und der Unterordnung innerhalb oder zwischen den Gruppen bestimmt und wenn sie womöglich als Code dient, als Symbolsprache, die sowohl die Verhältnisse der Menschen untereinander als auch die zur Natur ausdrückt. Dies ist nicht der Fall bei den Mbuti, Jägern und Sammlern des Kongo, bei denen die Beziehungen innerhalb derselben Generation wichtiger sind als die Beziehungen innerhalb der Verwandtschaft, und dies war auch nicht der Fall bei den Inkas, bei denen die politisch-religiöse Instanz als Produktionsverhältnis fungierte, da die indianischen Stämme einen Teil ihrer Arbeitskraft wohl oder übel für den Unterhalt der Götter, der toten und der lebenden Mitglieder der herrschenden Klasse – personifiziert im Inka Shinti, dem Sonnensohn – aufwandten. Es muß also erklärt werden, unter welchen Bedingungen und aus welchen Gründen diese oder jene soziale Instanz diese oder jene Funktion übernimmt und welche Modifikationen in der Form oder im inneren Mechanismus diese Funktionsänderungen nach sich ziehen. Unserer Meinung nach ist dies heute das Hauptproblem der Sozialwissenschaften, sei es nun die Anthropologie, die Soziologie oder die Geschichte. Aber inwiefern, wird man einwenden, soll die Lösung dieses Problems im einzelnen davon abhängen, ob die Analyse der strukturellen Kausalität möglich ist, wo doch letztlich – auch wenn man sie nicht erklären kann – die einfache Tatsache der Dominanz der Verwandtschaft oder des Politisch-Ideologischen an sich bereits der von Marx aufgestellten Hypothese widerspricht und sie ausschaltet, der Hypothese von der letztlich bestimmenden Rolle der Ökonomie in der Geschichte. Dieser Einwand wird häufig von den Funktionalisten erhoben, und er zieht sich als roter Faden durch das jüngste und wichtigste Werk von Louis Dumont über die soziale Organisation des alten Indien, eines Autors, der sich eigentlich eher auf den Strukturalismus beruft.

Doch wird in der Tat dieser Einwand hinfällig, sobald man feststellt, daß es nicht genügt, daß eine soziale Instanz *mehrere* und *beliebige* Funktionen übernimmt, um dominierend zu sein, sondern daß sie unbedingt die Funktion der Produktionsverhältnisse übernehmen muß, das heißt genauer: nicht ihre Rolle als ein Organisationsschema dieses oder jenes Arbeitsprozesses, sondern die Kontrolle über den Zugang zu den Produktionsmitteln und zu den gesellschaftlichen Arbeitsprodukten ist entscheidend; und diese Kontrolle bedeutet gleichzeitig gesellschaftliche Autorität und Sanktionsgewalt, also politische Verhältnisse. Es sind die Produktionsverhältnisse, die für die Dominanz dieser oder jener Instanz ausschlaggebend sind. Sie haben folglich eine allgemeine, determinierende Wirkung auf die Organisation einer Gesellschaft, denn sie determinieren sowohl diese Dominanz als auch, gerade durch diese Dominanz, die allgemeine Organisation einer Gesellschaft.

So genügt es also nicht zu sagen, daß die gesellschaftlichen Verhältnisse funktionell interdependent sein müssen, damit eine Gesellschaft existiert, und es genügt nicht einmal, daß diese Interdependenz mehrere notwendige, also komplementäre Funktionen aufweist. Der springende Punkt jedoch liegt jenseits dieser Themen, die schnell in Banalität umschlagen: Es handelt sich um die Kausalität und folglich um die spezifische Wirkung jeder Funktion (also der gesellschaftlichen Verhältnisse, die sie ausübt), die Wirkung auf Form und Inhalt der sozialen Organisationen. Wenn nun die verschiedenen sozialen Instanzen nach ihren Funktionen hierarchisch abgestuft sind, und wenn die Produktionsverhältnisse das erste Hierarchisierungsprinzip dieser Funktionen sind, dann wird die exakte Formulierung der Problematik der Sozialwissenschaften folgendermaßen lauten:

Unter welchen Bedingungen und aus welchen Gründen übernimmt irgendeine Instanz die Funktionen der Produktionsverhältnisse und kontrolliert die Reproduktion dieser Verhältnisse und damit die Reproduktion der sozialen Verhältnisse in ihrer Gesamtheit?

Man sieht sogleich, daß diese Problematik mit der von Marx identisch ist und seine Hypothese von der letztlichen Bestimmung des sozialen und geistigen Lebensprozesses durch die Produktionsweise des materiellen Lebensprozesses wiederaufnimmt. Man sieht gleichzeitig, daß diese Hypothese nicht im Widerspruch steht zur Analyse der klassenlosen oder der nichtkapitalistischen Klassengesellschaften und daß es folglich keinerlei Grund für eine Opposition von Anthropologie und Geschichte gibt. Aber man sieht vor allem, daß die Beantwortung einer solchen Frage nicht nur die Berücksichtigung der Ökonomie einer Gesellschaft, sondern ihrer gesamten sozialen Strukturen erfordert, und daß dieses Unterfangen nicht zur Entwicklung einer ökonomischen

Anthropologie als fetischisierter und autonomer Disziplin führt, sondern zur allgemeinen und methodisch exakten Wiederaufnahme des theoretischen Feldes der Anthropologie.

Dies sind die wesentlichen Punkte unserer Kritik am klassischen empiristischen Funktionalismus. Doch bleibt die Kritik hier nicht stehen. Die Hypothese von der funktionellen Interdependenz der Teile eines sozialen Systems und die ergänzende Hypothese, daß jedes soziale System sich im Gleichgewicht befindet oder es tendenziell beibehalten möchte, haben es den Funktionalisten häufig erschwert oder unmöglich gemacht, innerhalb des Systems, das sie untersuchen, das Vorhandensein von Widersprüchen in einer sozialen Struktur selbst oder zwischen verschiedenen Strukturen zuzugeben oder festzustellen; diese Hypothesen haben sie dazu veranlaßt, die Gründe für die Entwicklung und für das Verschwinden der Systeme außerhalb derselben zu suchen. Diese Entwicklung schien keine systeminternen Gründe zu haben, und sie schien das Produkt von Umständen zu sein, die hinsichtlich der internen Logik dieser Systeme als zufällig galten. Die gesamte Geschichte der Menschheit erschien als die zufällige Summe all dieser Ereignisse.

Es geht wohlgemerkt nicht darum, die Existenz externer Ursachen für die Transformation und die Entwicklung ökonomischer und sozialer Systeme zu leugnen, noch darum, zu bestreiten, daß jedes System in seinem Funktionieren die Reproduktion der sozialen Verhältnisse, die das System ausmachen, impliziert, aber man muß betonen, daß Gründe – externe oder interne – nur wirksam sind, weil sie die strukturellen Eigenschaften der Systeme ins Spiel bringen (d. h. sie als letztliche Ursachen zur Wirkung kommen lassen) und weil diese Eigenschaften letztlich immer dem System immanent sind und den nichtintentionalen Aspekt seines Funktionierens erklären. Ebenso muß betont werden, daß die Feststellung einer Opposition zwischen zwei Elementen oder zwischen zwei Beziehungen von Elementen oder zwischen zwei Strukturen nicht heißt, ihre Komplementarität zu leugnen, sondern einfach festzustellen bedeutet, daß diese Komplementarität innerhalb bestimmter Grenzen besteht und daß jenseits dieser Grenzen die Weiterentwicklung der Opposition eine Aufrechterhaltung der Komplementarität nicht mehr zuläßt. Dies ist zu einer nahezu banalen Evidenz geworden, seit die Kybernetik und die Systemtheorie sie mathematisch formuliert und operationalisierbar gemacht haben. Indessen handelt es sich nur um eine andere Formulierung des Prinzips der Einheit der Gegensätze, das in der Dialektik von Marx und Hegel zu finden ist. Nun gibt es jedoch keinen Grund, dieses Prinzip der Einheit der Gegensätze, ein wissenschaftliches Prinzip, mit dem grundlegenden Prinzip der Hegelianischen Dialektik zu verwechseln, dem Prinzip der Identität der Gegensätze, einem Prinzip, das jeglicher wissenschaftlicher Begründung entbehrt. Das Prinzip der Identität der Gegensätze ist genaugenommen nichts anderes als die notwendige Bedingung für die Erstellung eines geschlossenen metaphysischen Systems, des Systems des absoluten Idealismus, der von dem unbewiesenen Postulat ausgeht, daß der «Geist» die einzig existente Wirklichkeit ist, die sich selbst in sich widerspricht und durch diese Widersprüche hindurch ihre Identität bewahrt, denn die Materie ist Denken an sich, das sich selbst nicht denkt und sich als Denken widerspricht, und daß der Begriff das Denken für sich ist, welches sich dem Denken an sich, der Materie, entgegenstellt, und daß die Einheit des Denkens an sich und des Denkens für sich in ihrer Identität als Formen des Absoluten Geistes liegt.

Man muß betonen, daß, wenn das Prinzip der Identität der Gegensätze *a fortiori* das Prinzip der Einheit der Gegensätze impliziert, die Umkehrung davon nicht richtig ist. Es gibt folglich keinen Anlaß, sich am ersten Prinzip zu stoßen oder es zu verteidigen, wenn man das zweite verteidigt und übernimmt. Die häufige Verwechslung dieser beiden Prinzipien bei den Marxisten verbreitet und verstärkt unglücklicherweise die Weigerung der Funktionalisten, Widersprüche innerhalb der Systeme, die sie untersuchen, aufzusuchen und festzustellen. Ist dies bei den Neo-Funktionalisten ebenso, die sich als Anhänger eines kybernetischen Ansatzes zur Erklärung der sozialen Gegebenheiten bezeichnen? In Opposition zur traditionellen amerikanischen «Kulturanthropologie», deren Idealismus und Psychologismus sie kritisierten, bezeichneten sich in den fünfziger Jahren einige Anthropologen und Archäologen in den Vereinigten Staaten als Anhänger eines neuen theoretischen Ansatzes, den sie kontrastiv «Kulturökologie» nannten. Sie beriefen sich dabei auf die frühesten Arbeiten von Leslie White und vor allem auf Julian Steward und betonten, wie notwendig und dringlich es sei, sorgfältig die materiellen Grundlagen der Gesellschaften zu untersuchen und alle Menschheitskulturen neu zu interpretieren als spezifische Adaptionsprozesse an eine je bestimmte Umwelt. Auf methodologischer Ebene versicherten sie aufs neue, daß jede einzelne Gesellschaft gewiß als eine Totalität analysiert werden müsse, jedoch gleichzeitig als ein Subsystem im Rahmen einer breiteren Totalität, als ein bestimmtes Ökosystem, in dem menschliche, tierische und pflanzliche Bevölkerung in einem System biologischer und energetischer Interrelationen koexistieren. Um die Bedingungen des Funktionierens und der Reproduktion dieses Ökosystems zu analysieren und die Strukturen der Energieflüsse, der Mechanismen der Selbstregulierung, des Feedback usw. zu rekonstituieren, griffen sie auf die Systemtheorie und auf die Kommunikationstheorie zurück. Der gesamte Funktionalismus scheint hiermit eine ganz neue Richtung einzuschlagen – jetzt explizit materialistisch und nicht bloß empiristisch –, sowohl in seinen Methoden – durch die Anwendung der Systemtheorie – als auch in seinen theoretischen Möglichkeiten, die, wie es scheint, erlauben, das Problem des

Vergleichs der Gesellschaften mit größerer Sicherheit wiederaufzunehmen (ein Problem, das die Funktionalisten bislang nur mit Unbehagen oder mit Geringschätzung angingen) und sogar noch weiter zu gehen und den Versuch zu machen, ein neues – jetzt multilineares – Evolutionsschema der Gesellschaften zu entwerfen (ein Problem, das seit den Bannsprüchen von Boas, Goldenweiser und Malinowski gegen den Evolutionismus vollständig vernachlässigt worden war). Sind wir hier nicht im theoretischen Universum, wenn auch nicht von Marx, so doch des Marxismus, so wie er in der Regel verstanden und praktiziert wird?

Wir sind es nicht, und wir werden dies zeigen, aber vorher wollen wir versuchen, die Ergiebigkeit der vorläufigen Bilanz dieser Versuche darzustellen, deren Beschaffenheit und Bedeutung wir jedoch nur andeuten wollen. Dabei sind die Grenzen dieser Neuorientierung schon vollkommen sichtbar; sie hängen zusammen mit der Begrenztheit des Materialismus dieser Forscher und insbesondere – denn dies ist der Schwerpunkt ihrer Bemühungen – mit den gravierenden Mängeln, die ihre Auffassung von der Beschaffenheit der ökonomischen Verhältnisse und folglich der Wirkungen der Ökonomie auf die Organisation der Gesellschaft aufweist. Meistens hat man es hierbei mit einem «reduzierenden» Materialismus zu tun, in dem Sinne, daß er die Ökonomie auf die Technologie und auf den biologischen und energetischen Stoffwechsel der Menschen mit der sie umgebenden Natur reduziert und die Bedeutung der politisch-ideologischen und der Verwandtschaftsverhältnisse auf ihre Bedeutung als für diese biologisch-ökologische Adaption funktionell notwendige Mittel beschränkt, die dabei verschiedene Vorteile der Selektion aufweisen. Wir werden auf diese Punkte zurückkommen, wollen aber vorher kurz die positiven Entdeckungen aufzählen, die *schnell* gemacht wurden, sobald man sich systematisch an die *detaillierte* Untersuchung der *wesentlichen* Aspekte des Funktionierens der primitiven oder antiken Gesellschaften machte, Aspekte, die dogmatisch vernachlässigt oder mißhandelt worden waren, wenn man von den brillanten Ausnahmen Malinowski, Firth oder Evans-Pritchard einmal absieht.

Man bemühte sich um die genaue Untersuchung der ökologischen Umgebung, um die konkreten Produktionsbedingungen, die Ernährungsregelungen und das energetische Gleichgewicht bei bestimmten Jäger- und Sammlergesellschaften (so Richard Lee, De Vore, Steward), bei den Indianern der Nordwestküste (Suttles), den Hirtenvölkern Ostafrikas (Gulliver, Deshler, Dyson-Hudson) und bei den ozeanischen und südwestasiatischen Brandkultur-Gesellschaften (Roy Rappaport, Vayda, Geertz).[44] Allmählich häuften sich die Entdeckungen, und im selben Maße wurden die klassischen Thesen der Kulturanthropologie hinfällig, die bislang einen gewichtigen Platz in den Konversationslexika für Studenten und gebildetes Publikum innehatten. Man stellte fest, daß bei den Jäger- und Sammlergesellschaften der Kalahari-Wüste oder des kongolesischen Waldes die produktiven Mitglieder dieser Gesellschaften nur ungefähr vier Arbeitsstunden pro Tag benötigten, um alle innerhalb ihrer Gruppe gesellschaftlich als solche anerkannten Bedürfnisse zu befriedigen. Angesichts dieser Tatsachen wurde die Vorstellung vom primitiven Jäger, der am Rande des Elends dahinvegetiert und über keine freie Zeit verfügt, eine komplexe Kultur zu erfinden und sich in Richtung auf die Zivilisation zu bewegen, bald obsolet, und Marshall Sahlins mußte die alten Vorstellungen umkehren und das Gegenteil verkünden, daß nämlich hier die einzige jemals realisierte «Überflußgesellschaft» zu finden sei, weil alle gesellschaftlichen Bedürfnisse befriedigt seien und es an Mitteln zu ihrer Befriedigung nicht mangelte. Damit war ein hartnäckiges Vorurteil «entlarvt», das bis aufs Neolithikum zurückgeht und aus der Notwendigkeit entstanden ist, die Expansion der Agrikulturvölker zuungunsten der Jäger- und Sammlergesellschaften zu rechtfertigen.

Anstatt den Potlatch der Indianer der Nordwestküste nur als «exzessive» Form des Wettbewerbs aufzufassen, der aus einem allgemein-kulturellen Hang zur «Megalomanie»[45] entstanden ist und der durch die Vielfalt der von einer verschwenderischen Umwelt angebotenen Ressourcen begünstigt wurde, hat Suttles gezeigt, daß diese Umwelt höchst ungleichmäßig aussieht und daß folglich die Ressourcen äußerst ungleich zwischen den Gruppen verteilt sind. Ebenso hat er gezeigt, daß, je weiter man nach Norden kommt, diese Ungleichheit um so stärker ausgeprägt ist und die lokalen Gruppen um so stärker dazu neigen, ihr Eigentumsrecht auf die produktiven Landstriche zu betonen und den Potlatch zu praktizieren. Suttles betonte zugleich die Tatsache, daß dort, wo die Ressourcen am stärksten konzentriert sind, wie bei den Haida, den Tsimshian und den Tlingit, die ökonomische Kooperation innerhalb der Gruppen am intensivsten ist, die Häuptlinge den Produktionsprozeß und die Verteilung der Produkte unmittelbarer dirigieren und ihre Autorität auf rigidere Weise an die Funktionsweise der Verwandtschaftsgruppen gebunden ist, in denen die Bindungen der Abstammung in weit stärkerem Maß monolinear sind als anderswo.

Die Analyse des Potlatch ist noch längst nicht abgeschlossen, und man hat Suttles dafür kritisiert, daß er seine Hypothese nicht wirklich bewiesen hat, die Hypothese, daß die latente Funktion des Potlatch darin besteht, daß die Subsistenzmittel einer Gruppe in exzessiver Weise auf die Untergruppen verteilt wird, denen es in bedenklichem Maße daran fehlt. Der Potlatch «reduziert» sich nicht auf einen komplizierten und verschleierten Versicherungsmechanismus gegen die Risiken einer Subsistenzkrise, die aus außergewöhnlichen Schwankungen der Produktion der natürlichen Ressourcen entstehen kann, an sich ganz normalen

Schwankungen, die jedoch bei Jäger-, Sammler- und Fischergesell-schaften, die ihre Ressourcen nicht selbst produzieren, katastrophale Folgen haben kann. Die durch die Thesen von Suttles und von Vayda ausgelösten Diskussionen haben neue Arbeiten entstehen lassen, die alle Informationen berücksichtigen, die seit Boas, von Barnett, Murdock, Helen Codere, Piddocke usw. zusammengetragen worden waren, und haben zur Entstehung so wertvoller Arbeiten verholfen wie ‹Making my Name Good› von Drucker und Heizer, und ‹Feasting with my Ene-my› von Rosman und Rubel. Es ist seither vollkommen klar, daß die Wettbewerbe des Potlatch mit ihren berühmten Praktiken der osten-tativen Zerstörung nicht bloß der Ausdruck einer ursprünglichen «Kultur» mit einer sehr hohen Einstufung der Werte des Ehren- und Prestigeverhaltens sind. Sie sind ebensosehr der öffentliche Ausdruck einer gut administrierten Ökonomie, die in der Lage ist, ein reichliches und regelmäßiges Surplus zu produzieren, als auch zugleich Ausdruck einer politisch-ideologischen Praxis, die dazu dient, durch die zeremo-nielle Redistribution dieses Surplus die benachbarten und verbündeten, potentiell feindlichen Gruppen auf die öffentliche und friedliche Aner-kennung der Legitimität – also der Aufrechterhaltung – der jeweiligen Gruppenrechte auf ihr Territorium und ihre Ressourcen zu verpflich-ten. Die Tatbestände des Potlatch sind also, wie Piddocke betont, mul-tifunktional, «totale soziale Tatbestände» in den Worten von Mauss, Tatbestände der «politischen Ökonomie» im Vollsinn des Wortes, d. h. Tatbestände, die, um wissenschaftlich erklärt werden zu können, die Anerkennung der ökonomischen Funktionen der politisch-religiösen und der Verwandtschaftsverhältnisse erfordern, folglich die gedankli-che Rekonstruktion der exakten Ausformung der Produktionsweise, die die Produktion und die Kontrolle eines erheblichen Mehrprodukts an Subsistenzmitteln und Prestigegütern erlaubt. Die Chance ist groß, daß eine solche Rekonstruktion nicht nur jegliche «kulturologische» und idealistische Interpretation des Potlatch ausräumt, sondern daß sie darüber hinaus die Hypothese, daß die latente Bedeutung, die verbor-gene Rationalität des Potlatch darin bestehe, die Vorteile der Selektion für die ihn praktizierenden Gruppen zu sichern, nicht erhärtet. Au-ßerdem ist es schwierig, die seit Herskovits berühmt gewordene Idee weiter aufrechtzuerhalten, daß die afrikanischen Viehzüchter mit ei-nem «Viehkomplex» geschlagen seien, der vor allem eine «kulturelle Wahl» und weniger ökologisch-ökonomische Zwänge ausdrücke. Die Anthropologie muß in der Tat eine komplexe Fülle wohlbekannter Tatsachen erklären, die Europäern oft zutiefst irrational erscheinen. Das Vieh scheint ein Reichtum zu sein, der eher zum Zwecke der Pre-stigegewinnung und der Erlangung eines sozialen Status akkumuliert wird als zur Sicherung der Subsistenz seiner Besitzer oder zu deren fi-nanzieller Bereicherung durch den Warentausch. Wenn dieser Reichtum getauscht wird, dann häufig außerhalb des Marktes, um einen Ehebund und Rechte auf eine Erbfolge zu besiegeln. Gewöhnlich werden riesige Herden akkumuliert, deren Fleisch bei bestimmten zeremoniellen Anlässen verzehrt wird, und die Tiere werden nicht als Lasttiere verwendet und liefern eine allenfalls bescheidene Milchproduktion. Das Tier wäre dann, weit davon entfernt, ein Nutztier zu sein, für den Menschen in erster Linie ein Wesen, das eng mit den Riten verflochten ist, die seine Geburt, seine Heirat und seinen Tod begleiten und mit dem er nur emotional, ja sogar mystisch verbunden ist.

Nach den Arbeiten von Gulliver, Deshler, Dyson-Hudson, Jacobs und anderen treten diese «Züge» nach und nach in ein anderes Licht. Man bemerkte nämlich schnell, daß man ein wenig zu voreilig erklärt hatte, das Vieh sei nur ein Prestigegegenstand, und man registrierte vielfältige Gelegenheiten, wo das Vieh unzeremoniell gegen landwirtschaftliche und Handwerksprodukte der seßhaften Völker getauscht wurde. Man stellte außerdem fest, daß es sehr praktische Gründe dafür gab, daß die Schlachtung des Viehs und sein Verzehr sich in zeremonieller Form vollzog. Die Tatsache nämlich, daß es für eine häusliche Produktionseinheit unmöglich ist, das Quantum Fleisch, das ein einziges Stück Vieh darstellt, allein aufzubewahren und zu verzehren, verlangt, daß mit den anderen Einheiten geteilt wird, und diese Teilung schafft oder verstärkt ein Netzwerk gegenseitiger Verpflichtungen, was der Schlachtung des Viehs und seinem Verzehr einen zeremoniellen Charakter und einen hohen Symbolwert verleiht, der aus diesen sozialen Funktionen entsteht. Außerdem bedeutet die Tatsache, daß diese Viehschlachtungen für die einzelnen Produktionseinheiten außergewöhnliche Ereignisse bleiben, nicht, daß die Gesamtgruppe keinen regelmäßigen Fleischkonsum hat, wenn man weiß, daß sich die zeremoniellen Anlässe für die Tötung der Tiere und die Aufteilung des Fleisches regelmäßig in allen Familien wiederholen. Auch die Tatsache, daß die Herden häufig – trotz der Gefahr der Überweidung und der Schädigung der Vegetation und des Bodens – ungeheuer groß sind, ist nicht nur die Manifestation des Stolzes der Besitzer oder ihrer emotionalen Verbundenheit mit den alten Tieren, die zu opfern sie sich nicht entschließen können.

Wenn man weiß, daß der Verlust an Stückzahlen auf Grund von Wasserknappheit im Jahr 10 bis 15 % der Herde ausmachen kann – wie bei den Dodoth Ugandas –, daß die Sterblichkeit vor allem die Jungtiere trifft und daß diese sechs oder sieben Jahre brauchen, bis sie ausgewachsen sind, und dann zwanzigmal weniger Milch geben als eine europäische Milchkuh, dann wundert man sich nicht mehr über den hohen Wert, der der Stückzahl des Viehs beigemessen wird, und über die komplexe und knauserige Strategie des Fleisch-, Milch- und gerade des Tierblutverbrauchs, die bei den Hirten angewandt wird. Der Besitzer von sechzig Kühen hat weit größere Chancen, Seuchen und außergewöhnliche Dürreperioden zu überstehen und seine sozialen Bedingungen zu reproduzieren, als einer, der nur über eine Herde von sechs Kühen verfügt.

Es würde zu weit führen, all die bemerkenswerten Arbeiten von Geertz, Conklin und Rappaport zusammenzufassen, die der Funktionsweise der Brandkultur-Gesellschaften Südwestasiens oder Ozeaniens gewidmet sind, ebenso all die außergewöhnlichen Entdeckungen der Archäologen Flannery, McNeish usw., die sich, in der Nachfolge von Braidwood und Adams, seit den fünfziger Jahren um die minuziöse Rekonstruktion der ökologischen und ökonomischen Existenzbedingungen der Bevölkerung Mesopotamiens, Anatoliens, Mittelamerikas und der Anden bemüht haben. Die Völker dieser Gegenden haben Pflanzen und Tiere gezüchtet und die fundamentalen materiellen und sozialen Bedingungen in Gang gesetzt, die zur Entstehung neuer, auf neue Produktionsweisen gegründeter Gesellschaften geführt haben und die schließlich auf der einen Seite in das fortschreitende Verschwinden der paläolithischen Jäger- und Sammlergesellschaften und auf der anderen in die Entstehung von Klassen- und Staatsgesellschaften mündeten. Auch hier sollten die Entdeckungen dazu zwingen, so glorreiche Ideen wie die der «neolithischen Revolution» von Childe in Frage zu stellen und grundlegend zu revidieren. Wir müssen indessen die Grenzen der Bilanz der Arbeiten der Neo-Funktionalisten, die sich auf die «Kulturökologie» berufen, feststellen und ihren Ursprung aufzeigen. Dieser liegt nirgendwo anders als in der grundsätzlichen Unzulänglichkeit des Materialismus der Neo-Funktionalisten, der sie die komplexen Beziehungen zwischen Ökonomie und Gesellschaft in «reduzierender» Weise begreifen läßt. Die Mannigfaltigkeit der Verwandtschaftsbeziehungen, die Komplexität der ideologischen und rituellen Praktiken werden in ihrer Bedeutung nie völlig erkannt.[46] So erklären R. und N. Dyson-Hudson, Autoren brauchbarer Arbeiten über die Karimonjong-Hirten Ugandas, zum Initiationsritus der Knaben und zu deren Identifikation mit dem Tier, das ihnen zu diesem Anlaß gegeben wird:

«Es handelt sich hier um kulturelle Verarbeitungen eines zentralen Tatbestandes: das Vieh ist die Hauptquelle ihrer Subsistenz. In erster wie in letzter Linie besteht die Rolle des Viehs im Leben der Karimonjong stets darin, die in der Weide und im Buschwerk des Stammesterritoriums aufgelagerte Energie in eine für den Menschen leicht disponible Energieform umzuwandeln.»

Damit treffen sie sich mit den polemischen Äußerungen von Marvin Harris, der sich bereitwillig als aggressiver Führer dieses «kulturellen Neo-Materialismus» anbietet und der in der Absicht, die heiligen Kühe Indiens zu «entheiligen», erklärte:

«Ich habe diesen Text geschrieben, weil ich glaube, daß die exotischen, irrationalen und nichtökonomischen Aspekte des Viehkomplexes in Indien in vollkommen übertriebener Weise und zuungunsten rationaler, ökonomischer und gewöhnlicher Interpretationen herausgestellt worden sind (...); wie das Tabu des Rinderkonsums auf der einen Seite zum Sinken des Wachstums der Rinderproduktion beiträgt, so ist es auf der anderen Seite ein Teil der ökologischen Abstimmung, die das Kalorien- und Proteinergebnis der Produktion viel eher maximiert als verkleinert.»

Wir erkennen hier den vulgären Materialismus, den «Ökonomismus» wieder, der alle gesellschaftlichen Verhältnisse auf den Status von Epiphänomenen reduziert, die die ökonomischen Verhältnisse, die ihrerseits auf eine Technik der Anpassung an eine natürliche und biologische Umgebung reduziert sind, begleiten. Die verborgene Rationalität der gesellschaftlichen Verhältnisse reduziert sich auf ihre Adaptionsvorteile, deren Inhalt sich oft, wie schon Lévi-Strauss in bezug auf den Funktionalismus Malinowskis andeutete, in simple Binsenweisheiten auflöst.[47] Sobald eine Gesellschaft existiert, funktioniert sie, und es ist eine Banalität zu sagen, daß eine Variable adaptiv ist, weil sie eine notwendige Funktion in einem System hat. Das liest sich in Marshall Sahlins' Worten folgendermaßen:

«Der Beweis, daß ein bestimmter Zug oder eine bestimmte kulturelle Einrichtung einen positiven ökonomischen Wert hat, ist keine adäquate Erklärung für ihre Existenz noch für ihr aktuelles Vorhandensein. Die Problematik des Adaptionsvorteils ermöglicht keine eindeutige, spezifische und konkrete Antwort. Als allgemeines Kausalitätsprinzip und als besondere ökonomische Leistung ist der Begriff ‹Adaptionsvorteil› unbestimmt: Er legt grob fest, was möglich ist, macht aber alles, was möglich ist, annehmbar.»[48]

Aus dieser Perspektive bleiben die Gründe für die Dominanz der politisch-religiösen und der Verwandtschaftsverhältnisse und die Ursachen der spezifischen Verknüpfung von sozialen Strukturen für die Analyse unzugänglich. Die strukturelle Kausalität der Ökonomie ist auf eine Wahrscheinlichkeitsrelation zurückgeschraubt und die Geschichte, in empiristischer Manier, auf eine Reihe von Ereignissen, die mit geringerer oder größerer Häufigkeit eintreten.[49]

Der empiristische Skeptizismus tritt wieder in seine Rechte, und die Schwächen gewisser neomaterialistischer Analysen, die Verwandtschaft, Religion usw. betreffen, erhalten die von den Anhängern der «Kulturökologie» kritisierten und bekämpften idealistischen Theorien über die Gesellschaft und die Geschichte am Leben und stärken ihnen den Rücken. Empiristischer Materialismus und simplifizierender Funktionalismus laufen entschieden auf die Unfähigkeit hinaus, die Ursachen dessen zu erklären, was ist, nämlich Geschichte und Inhalt von

Gesellschaften, die nie vollständig «integrierte» Totalitäten sind, sondern Totalitäten, deren Einheit die *zeitweilig stabile* Wirkung einer strukturellen Kompatibilität ist, die den verschiedenen Strukturen erlaubt, sich so lange zu reproduzieren, bis es die interne oder externe Dynamik dieser Systeme diesen Totalitäten unmöglich macht, weiter als solche zu existieren.[50] Dieses Scheitern bedeutet jedoch nicht, daß die Bilanz der Arbeiten jener Anthropologen und Archäologen, die einen ökologischen und materialistischen Ansatz für sich in Anspruch nehmen, nicht weitgehend positiv ist. Die Kenntnis der Funktionsmechanismen von Ökonomien, die auf der Jagd, der Sammeltätigkeit, der extensiven Viehzucht oder der Brandkultur beruhen, hat sich enorm erweitert und vertieft von dem Moment an, wo man das systematische und sorgfältige Studium der *Zwänge* aufnahm, die Umwelt und Techniken auf das materielle und gesellschaftliche Leben dieser Gesellschaften ausüben ober ausgeübt haben, und wo man anfing, die wirklichen Beziehungen zu *messen*, die innerhalb dieser Gesellschaften zwischen sozialen Bedürfnissen und Mitteln zu ihrer Befriedigung bestanden. Eine Anzahl falscher Evidenzen, die die Unkenntnis dieser realen Bedingungen und gleichzeitig die ideologischen Vorurteile, deren bewußte oder unbewußte Träger Anthropologen und Ökonomen sind, zum Ausdruck brachten, wurden als solche erkannt, und ihr Ausschluß aus dem Felde der wissenschaftlichen Erkenntnis wird nunmehr aktiv vorangetrieben. Dieser kritische Prozeß rührt – jenseits der Anthropologie – an das ideologische Postulat, das das gesamte bürgerliche ökonomische Denken an der Wurzel verdirbt und permanent die wissenschaftliche Reichweite seiner Forschungen und Entdeckungen beschränkt, an das metaphysische Postulat, daß nämlich die Menschen von Natur aus zur Nichtbefriedigung ihrer Bedürfnisse verdammt und folglich gezwungen sind, den optimalen Gebrauch ihrer Mittel zu kalkulieren; dies sei der Gegenstand und die Grundlage der Ökonomie. Hören wir H. Guitton, der mit voller Überzeugung dieses Postulat ausspricht:
«Der Mensch trägt in sich ein Bedürfnis nach Unendlichkeit, und er stolpert ständig über die Endlichkeit der Schöpfung. Diese Antithese drückt sich vorab in der Idee der Knappheit aus. Die Bedürfnisse erscheinen als zahllose, und die Mittel zu ihrer Befriedigung sind begrenzt. Es kann auch vorkommen, daß die Mittel ausreichen, manchmal sogar im Überfluß da sind. Dann tritt ein anderer Begriff auf den Plan: die Nichtadaption. Die Güter sind nicht unbedingt am rechten Ort und zur rechten Zeit verfügbar. Sie müssen verringert werden, wenn der Überfluß zu groß ist, und müssen produziert werden, wenn sie nicht ausreichen.»
Wir werden uns nicht bei der Unlogik einer These aufhalten, die die unüberwindbare Begrenztheit der Mittel postuliert und gleichzeitig anerkennt, daß sie manchmal überreichlich vorhanden sind. Man braucht

nur hervorzuheben, wieviel konkrete und minuziöse Analysen diesen ideologischen Phantasien den Todesstoß versetzten, Phantasien, die als Realität theoretische Marionetten ausgeben, deren Fäden nicht zu ziehen man vorgibt, die Marionette des *homo oeconomicus*, das Opfer eines ontologischen Schicksals, das ihm nur die Wahl läßt zwischen Nichtbefriedigung seiner unbegrenzten Bedürfnisse und der Nichtadaption, entstanden aus gelegentlicher Überfülle seiner Mittel.

Doch langsam definieren und ordnen sich vor unseren Augen die epistemologischen Bedingungen einer wissenschaftlichen Analyse der verschiedenen Produktionsweisen und der Verhältnisse zwischen Ökonomie und Gesellschaft. Wir wissen jetzt, daß eine solche Analyse nur möglich ist unter der Bedingung, daß die Strukturen der Realität berücksichtigt werden, jedoch ohne, wie der Empirismus, das Wirkliche und das Sichtbare durcheinanderzubringen, sowie unter der Bedingung, materialistisch vorzugehen, jedoch ohne die verschiedenen Strukturen und Instanzen der sozialen Wirklichkeit auf Epiphänomene der materiellen Beziehungen der Menschen zu ihrer Umwelt zu reduzieren. Wenn die Anthropologie, um im vollen Sinn des Wortes wissenschaftlich zu sein, struktural und materialistisch sein muß, muß sie sich dann nicht entschieden vom Werk von Claude Lévi-Strauss und, wenn nicht noch stärker, vom Werk von Marx leiten lassen? Auch scheint es uns, daß, obwohl Lévi-Strauss in seinem Werk dem Studium der Ökonomie nur wenig Raum gewidmet hat, eine genaue Analyse seiner Hauptthesen über die Methode der strukturalen Analyse und über die Beziehungen zwischen Ökonomie und Gesellschaft auf der einen und zwischen Gesellschaft und Geschichte auf der anderen Seite unabdingbar ist, um die Bedeutung und die Grenzen seines materialistischen Strukturalismus abschätzen zu können und den Unterschied zwischen seinem und dem Marxschen Denken in den Griff zu bekommen.

Zunächst muß daran erinnert werden, daß es zwei methodologische Prinzipien gibt, die vom Funktionalismus, vom Strukturalismus und vom Marxismus gleichermaßen als notwendige Bedingungen für die wissenschaftliche Untersuchung gesellschaftlicher Tatbestände anerkannt werden. Das erste Prinzip verlangt, daß die sozialen Verhältnisse nicht getrennt eines nach dem andern analysiert, sondern in ihren reziproken Beziehungen als «Systeme» bildende Totalitäten betrachtet werden. Das zweite bestimmt, daß diese Systeme in ihrer internen Logik analysiert werden, bevor man ihre Genesis und ihre Entwicklung untersucht. In gewisser Weise stellen diese beiden Prinzipien das moderne wissenschaftliche Denken dem Evolutionismus ebenso wie dem Historizismus und der Diffusionstheorie des 19. Jahrhunderts entgegen, und zwar insofern, als sich diese Doktrinen, trotz ihrer gegensätzlichen Auffassungen von der Entwicklung der Gesellschaften, oft mit einer oberflächlichen Analyse des wirklichen Funktionierens dieser oder jener Bräuche und Institutionen innerhalb der Gesellschaften, in denen man sie vorfand, begnügten und insofern, als sie ihr Hauptaugenmerk auf die Untersuchung der Entstehung und auf die Beschreibung der Geschichte dieser Bräuche und Institutionen richteten, wobei diese Geschichte in vorausgegangene Stadien einer rein mutmaßlichen Menschheitsgeschichte eingeteilt wurde. Aber jenseits dieser Übereinstimmung, die sich nur auf die abstrakte Formulierung dieser beiden Prinzipien und nicht auf die konkreten Modalitäten ihrer praktischen Anwendung erstreckt, besteht ein totaler Gegensatz zwischen Funktionalismus auf der einen Seite und Strukturalismus und Marxismus auf der anderen in bezug darauf, was unter «sozialer Struktur» verstanden werden soll. Für Radcliffe-Brown und für Nadel ist eine soziale Struktur die «Anordnung», die «Disposition» der sichtbaren Beziehungen der Menschen untereinander, eine Disposition, die aus der gegenseitigen Komplementarität dieser sichtbaren Beziehungen hervorgeht.[51] Für die Funktionalisten ist also eine «Struktur» ein «Aspekt» der Wirklichkeit, wobei sie bejahen, daß eine Struktur außerhalb der Köpfe der Menschen existiert, ganz im Gegensatz zu Leach, für den eine Struktur eine Idealordnung darstellt, die der Geist in die Dinge hineinträgt, wobei dieser den vielgestaltigen Fluß der Wirklichkeit auf vereinfachte Vorstellungen zurückführt, die die Wirklichkeit greifbar machen und einen pragmatischen Wert besitzen insofern, als sie Aktion und soziale Praxis ermöglichen.[52]

Für Lévi-Strauss sind die Strukturen Teil der Wirklichkeit, sind sie die Wirklichkeit selbst; hierin ist er sich einig mit Radcliffe-Brown und setzt er sich vom idealistischen Empirismus von Leach ab. Hingegen sind die Strukturen für Lévi-Strauss wie für Marx keine unmittelbar sichtbaren und beobachtbaren Wirklichkeiten, sondern Ebenen der Wirklichkeit, die jenseits der sichtbaren Beziehungen der Menschen untereinander existieren und deren Funktionieren die innere Logik eines sozialen Systems ausmacht, die darunterliegende Ordnung, von der aus die sichtbare Ordnung des Systems erklärt werden muß. Dies ist der Sinn der berühmten Formel von Lévi-Strauss, die Leach und einige Strukturalisten in einem idealistischen und formalistischen Sinn interpretieren wollten, indem sie den Nachdruck auf den ersten Satz zuungunsten des zweiten legten:

«Das Grundprinzip ist, daß der Begriff der sozialen Struktur sich nicht auf die empirische Wirklichkeit, sondern auf die nach jener Wirklichkeit konstruierten Modelle bezieht. [...] Die sozialen Beziehungen sind das Rohmaterial, das zum Bau der Modelle verwendet wird, die dann die soziale Struktur *erkennen lassen*.»*

---

* C. Lévi-Strauss, ‹*Strukturale Anthropologie*›. Frankfurt/M. 1971, S. 301. (Anm. d. Übers.)

Bereits in seiner Antwort an Maybury-Lewis insistierte Lévi-Strauss auf die Tatsache, daß «der letzte Beweis für die Molekularstruktur durch das Elektronenmikroskop geliefert wird, durch das wir *wirkliche* Moleküle sehen können. Diese hervorragende Leistung ändert aber nichts an der Tatsache, daß dadurch das Molekül in Zukunft für das bloße Auge auch nicht sichtbarer wird. Entsprechend ist es zwecklos, von einer strukturellen Analyse zu erwarten, daß sie *die Wahrnehmung* der konkreten sozialen Beziehungen verändert. Sie wird sie nur besser erklären.» Und in der Einführung zum ersten Band der ‹*Mythologica*› versicherte er noch einmal kategorisch:

«Wir zeigen damit auf, daß es, wenn im Geist des Publikums häufig eine Verwirrung in bezug auf Strukturalismus, Idealismus und Formalismus entsteht, genügt, wenn der Strukturalismus auf seinem Weg einem wahrhaften Idealismus und Formalismus begegnet, damit seine *eigene deterministische und realistische* Inspiration ans Tageslicht tritt.»*

Um diese Strukturen, von denen er feststellt, daß sie außerhalb der Köpfe der Menschen realiter existieren, zu analysieren, stellt Lévi-Strauss drei methodologische Prinzipien auf:

a) Jede Struktur ist ein bestimmter Komplex von Beziehungen, die nach inneren Transformationsgesetzen, die es zu entdecken gilt, miteinander verbunden sind.

b) Jede Struktur kombiniert spezifische Elemente, die die eigenen Komponenten dieser Struktur darstellen; es ist deshalb zwecklos, eine Struktur auf eine andere «zurückführen» oder eine Struktur aus einer anderen «deduzieren» zu wollen.

c) Zwischen den Strukturen, die zum gleichen System gehören, bestehen Kompatibilitätsverhältnisse, deren Gesetzmäßigkeiten zu suchen sind. Diese Kompatibilität darf aber nicht verstanden werden als Wirkung der Selektionsmechanismen, die für den Erfolg eines biologischen Adaptionsprozesses an die Umwelt notwendig sind.

Man kann leicht deutlich machen, daß Marx einen parallelen Weg einschlägt, wenn er zeigt, daß die ökonomischen Kategorien des Lohns, des Profits und der Grundrente, so wie sie in der täglichen Praxis der Agenten der kapitalistischen Produktionsweise definiert und gehandhabt werden, sichtbare Verhältnisse zwischen den Besitzern der Arbeitskraft, den Besitzern des Kapitals und den Besitzern des Bodens ausdrücken und in diesem Sinne einen pragmatischen Wert haben – wie Leach sagen würde –, da sie die Organisation und die Durchführung dieser sichtbaren Verhältnisse ermöglichen, wenn er weiter zeigt, daß diese Kategorien *so* keinen wissenschaftlichen Wert haben, weil sie die

* C. Lévi-Strauss, ‹*Mythologica I. Das Rohe und das Gekochte*›. Frankfurt/M. 1971, S. 46. Hervorhebungen von M. G. (Anm. d. Übers.)

fundamentale Tatsache verbergen, daß der Profit und die Rente der einen nichtbezahlte Arbeit der anderen ist, und wenn Marx dann folgert:

«Die *fertige Gestalt* der ökonomischen Verhältnisse, wie sie sich *auf der Oberfläche* zeigt, in ihrer konkreten Existenz, und daher auch in den *Vorstellungen*, worin die Träger und Agenten dieser Verhältnisse sich über dieselben klarzuwerden suchen, sind sehr verschieden von, und in der Tat verkehrt, gegensätzlich zu ihrer *innern*, wesentlichen, aber verhüllten *Kerngestalt* und dem *ihr entsprechenden Begriff*.»⁵³

Ebenso muß man daran erinnern, daß die theoretische Größe von Marx darin bestand zu zeigen, daß der industrielle Profit, der Handelsgewinn, der Bankzins und die Grundrente, die alle aus total verschiedenen Quellen und Aktivitäten zu entspringen scheinen, ebenso viele *verschiedene*, aber *abgewandelte* Formen des Mehrwerts darstellen, Formen seiner Verteilung auf die verschiedenen sozialen Gruppen, aus denen sich die Kapitalistenklasse zusammensetzt, verschiedene Formen des allumfassenden Prozesses der kapitalistischen Ausbeutung der Lohnarbeiter.

Schließlich ist bekannt, daß Marx als erster die Hypothese der Existenz notwendiger Wechselbeziehungen und der strukturellen Kompatibilität zwischen Produktivkräften und Produktionsverhältnissen sowie zwischen Produktionsweise und Überbau formuliert hat, ohne damit jedoch diesen Überbau auf ein schlichtes Epiphänomen der Produktionsweise reduzieren zu wollen. Mischt sich nun der Strukturalismus von Lévi-Strauss mit dem historischen Materialismus von Marx? Es könnte so aussehen, aber der wesentliche Punkt – um auf diese Frage zu antworten – besteht darin, einerseits genau herauszuschälen, was Lévi-Strauss unter Geschichte versteht und welche Vorstellung er sich von der Kausalität der Ökonomie macht, und zum andern, wie er dies in seiner theoretischen Praxis anwendet.

Für Claude Lévi-Strauss ist es «ebenso unerquicklich wie nutzlos, die Argumente zu häufen, um zu beweisen, daß jede Gesellschaft in der Geschichte steht und daß sie sich wandelt: das liegt auf der Hand.»⁵⁴ Die Geschichte ist nicht nur eine «kalte» Geschichte, in der «Gesellschaften, die äußerst wenig Unordnung produzieren (...), die Tendenz haben, sich unbegrenzt lange in ihrem Anfangszustand zu halten.»⁵⁵ Sie besteht auch aus «diese(n) nicht-rückläufigen Ereignisketten, deren Wirkungen kumulativ sind und wirtschaftliche und soziale Umwälzungen mit sich bringen».⁵⁶ Zur Erklärung dieser Transformationen akzeptiert Claude Lévi-Strauss als «ein Ordnungsgesetz» den «unbestreitbaren Primat der Basis».⁵⁷

«Wir vertreten aber keineswegs die Ansicht, daß ideologische Wandlungen soziale Wandlungen erzeugen. *Einzig die umgekehrte Reihenfolge ist wahr*: die Auffassung, die die Menschen sich von den Beziehungen zwischen Natur und Kultur machen, hängt von der Art und Weise ab, wie sich ihre eigenen sozialen Beziehungen verändern. (...) (Wir) untersuchen (...) nur die Schatten, die sich an der Höhlenwand abzeichnen.»[58] Und Lévi-Strauss versichert selbst, daß er mit seinen Arbeiten über die Mythen und das wilde Denken «gerade zu dieser Theorie des Überbaus, die von Marx kaum skizziert worden war, (...) einen Beitrag leisten»[59] wollte. Dann muß man jedoch feststellen, daß Lévi-Strauss diesen theoretischen Prinzipien widerspricht, wenn er am Schluß seines Buches ‹Vom Honig zur Asche› in bezug auf die fundamentale historische Umwälzung in der antiken griechischen Gesellschaft, an deren Ende «die Mythologie zugunsten einer Philosophie abdankt, die als die Vorbedingung einer wissenschaftlichen Reflexion zum Vorschein kommt», schreibt, daß er darin «einen historischen Zufall» sieht, «der nichts bedeutet, nur daß er an diesem Ort und in diesem Augenblick stattgefunden hat.»[60] Die Geschichte, die doch jenem Ordnungsgesetz unterworfen ist, das jede Gesellschaft organisiert, bleibt also frei von jeglicher Notwendigkeit, und die Geburt der abendländischen Philosophie und Wissenschaft ist nur noch ein gewöhnlicher Zufall. «Weder hier noch dort (war) der Übergang notwendig», und wenn die Geschichte einen vorrangigen Platz behält, dann «denjenigen, der zu Recht der irreduziblen Kontingenz zukommt».[61]

Lévi-Strauss, der seinen ‹Structures élémentaires de la parenté› als Epigraph folgenden Satz von Taylor (1871) vorangestellt hatte: «Die moderne Wissenschaft tendiert mehr und mehr zu der Schlußfolgerung: wenn es mancherorts Gesetze gibt, muß es überall Gesetze geben», befindet sich also letztlich in Übereinstimmung mit dem Empirismus, der in der Geschichte eine Abfolge zufälliger Ereignisse sieht.

«Um wieder auf die Ethnologie zurückzukommen: es war einer der Unsrigen, E. R. Leach, der irgendwo bemerkt hat, daß ‹die Evolutionisten niemals im Detail diskutiert, geschweige denn beobachtet haben, was beim Übergang einer Gesellschaft vom Stadium A in das Stadium B wirklich passiert ist; sie begnügten sich mit der Feststellung, daß alle Gesellschaften im Stadium B sich irgendwie aus Gesellschaften im Stadium A entwickelt haben mußten›.»[62]

Hiermit sind wir wieder genau bei den Positionen des funktionalistischen Empirismus angekommen:[63] «dem Historiker die Veränderungen; dem Ethnologen die Strukturen», und dies deshalb, weil die Veränderungen, «die Prozesse, keine analytischen Gegenstände sind, sondern die besondere Art und Weise, in der eine geschichtliche Zeit von einem Subjekt erlebt wird»[64]; diese These steht in radikalem Gegensatz zu der des Ordnungsgesetzes der sozialen Strukturen und deren Transformationen, die Claude Lévi-Strauss bei Marx aufgegriffen hatte. Wie konnte es soweit kommen, daß er in seiner Praxis die theoretischen

Prinzipien auslöscht, *annulliert*, Prinzipien, auf die er sich zwar ausdrücklich bezieht, die aber anscheinend weitgehend wirkungslos geblieben sind? Wir werden hier keine immanente Analyse des Lévi-Straussschen Werkes vornehmen, und wir behaupten nicht, dessen wissenschaftliches Fazit zu ziehen. Halten wir jedoch fest, daß sein Werk zwei Bereiche revolutioniert hat, nämlich die Theorie der Verwandtschaft und die Theorie der Ideologien, und daß jeder Fortschritt in diesen Bereichen auf seinen Ergebnissen wie auf seinen Mißerfolgen fußen wird. Grundlegende Probleme wie das des Inzestverbots, der Exogamie und der Endogamie, der Heirat von Kreuzvettern, der dualistischen Organisationen, die alle getrennt voneinander und ohne Erfolg behandelt wurden, werden von Lévi-Strauss in einen Zusammenhang gebracht und von dem grundlegenden Tatbestand aus analysiert, daß nämlich die Heirat ein Tausch, der Tausch von Frauen ist, und daß die Verwandtschaftsbeziehungen Gruppenbeziehungen und erst in zweiter Linie individuelle Beziehungen sind. Durch die Unterscheidung von zwei möglichen Austauschmechanismen, dem uneingeschränkten und dem verallgemeinerten Tausch, entdeckte Lévi-Strauss in einem breiten Fächer von Verwandtschaftssystemen, die nur wenig miteinander gemeinsam zu haben schienen und die zu Gesellschaften gehörten, die meist nicht den geringsten Kontakt miteinander hatten, *eine Ordnung*. Diese Ordnung ist eine Ordnung von Transformationen. Nach und nach wurde ein breites Mendelejewsches Spektrum der «Formen» der Verwandtschaftssysteme ausgebreitet, das nur bis zu den «komplexen» Verwandtschaftsstrukturen reichte, die sich auf die Abgrenzung des Verwandtschaftskreises beschränken und die es anderen, ökonomischen oder psychologischen, Mechanismen überlassen, sich um den nächsten Schritt, die Bestimmung des Gatten, zu kümmern.[65] Dennoch kann die strukturale Analyse – obwohl sie die Geschichte nicht leugnet – nicht mit der Geschichte zusammentreffen, da sie von Anfang an die Analyse der «Form» der Verwandtschaftsverhältnisse von der Analyse ihrer «Funktionen» trennte. Nicht daß diese Funktionen ignoriert oder bestritten würden, aber sie sind nie als solche erforscht worden. Daher wurde nie das Problem der *wirklichen Verknüpfung* der Verwandtschaftsverhältnisse mit den anderen sozialen Strukturen, die die konkreten, historisch bestimmten Gesellschaften charakterisieren, analysiert: Lévi-Strauss beschränkt sich darauf, diesen konkreten Gegebenheiten das «formale System» der Verwandtschaftsverhältnisse zu entnehmen, dessen innere Logik er dann untersucht, und das er dann mit ähnlichen oder entgegengesetzten «Formen» vergleicht, die sich letztlich, gerade durch ihre Unterschiede, als der gleichen Gruppe von Transformationen zugehörig erweisen.

In diesem Sinne kann man sagen, daß Lévi-Strauss im Gegensatz zu den Funktionalisten niemals reale Gesellschaften untersucht und niemals versucht, ihrer Vielfalt und ihrer inneren Komplexität Rechnung zu tragen. Er verkennt diese Probleme freilich nicht, hat sie aber niemals systematisch behandelt. So erklärte Lévi-Strauss in bezug auf die von Murdock untersuchte Korrelation zwischen patrilinearen Institutionen und den «höchsten Kulturstufen»: «Es stimmt, daß man in Gesellschaften, in denen sich die politische Macht *in den Vordergrund drängt*, die Dualität nicht bestehen lassen kann, die aus dem maskulinen Charakter der politischen Macht und dem femininen Charakter der Filiation resultieren würde. Gesellschaften, die *das Stadium* der politischen Organisation erreichen, tendieren also zur Generalisierung des Vaterrechts.»[66]

Trotz der Verschwommenheit des Begriffs «Stadium der politischen Organisation» sehen wir hier Lévi-Strauss vor dem Problem des geschichtlichen Auftauchens von Gesellschaften, in denen die Verwandtschaftsverhältnisse keine beherrschende Rolle spielen, in denen vielmehr politisch-ideologische Verhältnisse diese Rolle einzunehmen beginnen. Warum und unter welchen Bedingungen geschieht das? Warum ist das Vaterrecht «kompatibler» mit dieser neuen sozialen Struktur? Lévi-Strauss antwortet nicht auf diese Fragen. Ebensowenig erklärt er, unter welchen Bedingungen Gesellschaften auftauchten, in denen die Form der Verwandtschaftssysteme und die Heiratsregeln nichts oder wenig über die Natur der Person, die man heiraten kann, aussagen. Es wird angedeutet, daß in diesen Gesellschaften der Reichtum, das Geld, die Mitgift, die soziale Hierarchie eine bestimmende Rolle für die Wahl des Gatten spielen; aber wie kommt es dazu, wozu die Geschichte? Nicht daß die Geschichte für einen Marxisten eine erklärende Kategorie wäre, sie ist im Gegenteil eine Kategorie, die erklärt wird. Der historische Materialismus ist kein zusätzliches «Modell» der Geschichte, keine andere «Philosophie» der Geschichte. Er ist vor allem eine Theorie der Gesellschaft, eine Hypothese über die Verbindung ihrer inneren Ebenen und über die spezifische und hierarchische Kausalität dieser verschiedenen Ebenen. Und gerade dadurch, daß er die Entdekkung der Formen und der Mechanismen dieser Kausalität und dieser Verbindung ermöglicht, wird der Marxismus seine Tauglichkeit als Instrument einer echten Geschichtswissenschaft beweisen.[67]

Um die Erkenntnis bis zu diesem Punkt voranzutreiben, muß man über die strukturelle Analyse der Formen der Verwandtschaft und über die formale Grammatik und den formalen Code der Mythen der Indianer hinausgehen. Nicht daß diese strukturellen Analysen nicht unentbehrlich wären, aber sie genügen nicht. Und Lévi-Strauss anerkennt das selbst, wenn er zu Recht das Prinzip kritisiert, ausschließlich in den Zufällen der Geschichte, in der Ausstrahlung [diffusion] einer exogenen Ursache die Gründe für die Existenz eines Verwandtschaftssystems zu suchen:

«Ein *funktionelles* System – und ein Verwandtschaftssystem ist ein solches – kann niemals mit diffusionistischen Hypothesen vollständig interpretiert werden. Es ist an die *gesamte Struktur* der Gesellschaft, die es anwendet, gebunden und erhält infolgedessen seine Natur weit stärker von den *inneren* Charakteristika dieser Gesellschaft als von den kulturellen Kontakten und von den Wanderungen.»[68]

Über die strukturelle Analyse der Formen der gesellschaftlichen Verhältnisse und der Denkweisen hinauszugehen bedeutet in der Tat die Durchführung dieser morphologischen Analyse in der Weise, daß man die inneren Zusammenhänge zwischen der *Form*, den *Funktionen*, der *Verbindungsweise* und den Entstehungs- und Transformations*bedingungen* dieser gesellschaftlichen Verhältnisse und Denkweisen innerhalb dieser vom Historiker und vom Anthropologen untersuchten konkreten Gesellschaften aufdeckt. Wir meinen, daß man entschieden diesen Weg verfolgen muß, um hoffen zu können, die wissenschaftliche Analyse eines Bereiches voranzutreiben, der in der Regel von den Materialisten vernachlässigt oder mißhandelt wurde und in dem sich aus eben diesem Grunde der Idealismus, ob er sich nun auf den Funktionalismus oder auf den Strukturalismus beruft, vorrangig eingerichtet hat: Wir meinen den Bereich der Ideologie, und darüber hinaus den der symbolischen Formen der gesellschaftlichen Verhältnisse und der symbolischen Praxis.

Wir haben an anderer Stelle gezeigt,[69] wie Lévi-Strauss einen großen Schritt in Richtung auf die Theorie der Ideologien, die er im Marxschen Sinne entwickeln wollte, getan hat, als er für die Mythen der Indianer auf der einen Seite mit minuziöser Genauigkeit alle Elemente der ökologischen, wirtschaftlichen und sozialen Wirklichkeit offenlegte, die in diesen Mythen *umgesetzt* sind und die aus diesen Mythen das Denken von lebendigen Menschen machen, die in bestimmten materiellen und sozialen Verhältnissen leben, und als er auf der anderen Seite im Zentrum dieser gesellschaftlichen Denkweise die Existenz und das Funktionieren einer formalen Logik der Analogie evident machte, d. h. die Tätigkeit des menschlichen Denkens, das über die Welt nachdenkt und den Inhalt der Erfahrung über Natur und Gesellschaft in den symbolischen Formen der Metapher und der Metonymie organisiert. In der Tat hat Lévi-Strauss – obwohl er diese Interpretation zurückweisen würde – in dem einzigen Ausdruck «Wildes Denken» einen doppelten Inhalt gefaßt, dessen eine Seite auf die Natur verweist, d. h. auf die formale Fähigkeit des menschlichen Geistes, in Analogien und, allgemeiner, in Äquivalenzen zu denken, auf das «Denken im wilden Zustand», das «direkter Ausdruck der Struktur des Geistes und hinter dem Geist zweifellos der des Gehirns»[70] ist, und dessen andere Seite auf «das Denken der Wilden» verweist, also auf das Denken von Menschen, die in Gesellschaften leben, die Jagd und Fischfang ausüben,

Honig sammeln, Maniok oder Mais anbauen und in Horden oder Stämmen organisiert sind. Aber was dabei noch fehlt, was auch am Ende dieses gewaltigen theoretischen Aufwandes ungedacht bleibt, das ist die Analyse der Verbindung zwischen der Form und dem Inhalt, dem Denken im wilden Zustand und dem Denken der Wilden, das sind die sozialen Funktionen dieser Vorstellungen und der sie begleitenden symbolischen Praktiken, das sind die Transformationen dieser Funktionen und dieses Inhalts, das sind die Voraussetzungen dieser Transformationen. Was schließlich als eine *Leerstelle* im Denken dasteht, d. h. als ein noch zu denkender Gegenstand, der aus dem Gedachten bislang ausgeschlossen wurde, ist die Analyse der Formen und der Grundlagen der «Fetischisierung» der sozialen Verhältnisse, eine Analyse, die von nur wenigen Marxisten je versucht wurde, von der jedoch nicht nur die wissenschaftliche Erklärung der politischen und religiösen Instanzen im allgemeinen abhängt, sondern vor allem die Erklärung der Bedingungen und Erscheinungsformen der Standes-, Kasten- oder Klassengesellschaften, kurz, eben die Erklärung für das geschichtliche Verschwinden der alten klassenlosen Gesellschaften. Und um genau diese komplexe Aufgabe zu realisieren, die die Verbindung vielfältiger theoretischer Praktiken voraussetzt, muß die Marxsche Hypothese von der letztlichen Bestimmung der Formen und der Entwicklung der Gesellschaften und der Denkweisen durch die Bedingungen der Produktion und Reproduktion des materiellen Lebens als zentrale Hypothese dienen:

«Selbst alle Religionsgeschichte, die von dieser materiellen Basis abstrahiert, ist – unkritisch. Es ist in der Tat viel leichter, durch Analyse den irdischen Kern der religiösen Nebelbildung zu finden, als umgekehrt, aus den jedesmaligen wirklichen Lebensverhältnissen ihre verhimmelten Formen zu entwickeln.»[71]

Wir hoffen gezeigt zu haben, daß der Funktionalismus und der Strukturalismus, obwohl der Anschein und die eigenen Versicherungen dem widersprechen, zu eben dieser zentralen Hypothese hinführen, wenn sie sich bemühen, tiefer in die Logik der Gesellschaften, die sie analysieren, einzudringen.[72]

Hier sind wir am Ende dieser kritischen Durchsicht angelangt, und vor uns wird ein Weg erkennbar, der anderswohin führt und der jenseits oder diesseits des Funktionalismus, jedenfalls außerhalb seiner Grenzen, entspringt; anderswohin, das heißt in Richtung auf die Möglichkeit, die gegenseitige «Wirkung der sozialen Strukturen» ans Licht zu bringen und zu untersuchen, zu der Möglichkeit also, die strukturellen Kausalitätsverhältnisse zwischen den verschiedenen in der Geschichte aufgetretenen Produktionsweisen und den verschiedenen Formen sozialer Organisation dem Denken zugänglich zu machen. Wir werden uns zum Abschluß nicht darauf beschränken, diesen Weg nur zu bezeichnen und abzustecken, sondern wir wollen eine klarere Vorstellung von der Art der Resultate geben, die dieser Weg ermöglicht. Zu diesem Zwecke werden wir einige Punkte einer umfangreichen, noch unveröffentlichten Studie zusammenfassen, die wir der Produktionsweise und der sozialen Organisation der Mbuti-Pygmäen des Kongo gewidmet haben und die auf den hervorragenden und außergewöhnlich dichten Arbeiten von Colin Turnbull fußt. Diese Zusammenfassung wird der Fülle und der Komplexität der Tatbestände nicht gerecht, aber es genügt für unser Vorhaben, daß sie eine Vorstellung von den Resultaten vermittelt, zu denen wir gelangt sind. Diese Resultate haben wir in jeder Etappe Colin Turnbull unterbreitet, und er hat sich mit ihnen vollständig einverstanden erklärt.[73]

Die Mbuti-Pygmäen leben in einem allgemeinen Ökosystem einfachen Typs[74], dem äquatorialen Wald des Kongo, und sind Jäger und Sammler. Sie jagen mit Bogen und Netz, und ihre Beute besteht hauptsächlich aus verschiedenen Arten von Antilopen, manchmal auch Elefanten. Die Frauen sammeln Pilze, Wurzelknollen und andere wildwachsende Pflanzen sowie Weichtiere und tragen damit mehr als die Hälfte der Nahrungsmittel bei. Einmal im Jahr wird Honig geerntet, und diese Ernte ist der Anlaß zu einer Aufspaltung jeder Horde in kleinere Gruppen, die sich am Ende der Honigsaison wieder vereinigen. Die Jagd wird kollektiv durchgeführt. Dabei bilden die verheirateten Männer einen Halbkreis, indem sie ihre einzelnen, etwa dreißig Meter langen Netze aneinanderspannen, und die Frauen und die unverheirateten Jünglinge treiben das Wild in diese Netze. Dies wiederholt sich jeden oder beinahe jeden Tag; abends wird die Ausbeute der Jagd und des Sammelns unter alle Mitglieder des Lagers verteilt und gemeinsam verzehrt. Jeden Monat, wenn das Wild um das Lager herum seltener wird, bricht die Horde in eine andere Gegend auf, die jedoch innerhalb desselben Territoriums liegt, das bekannt ist und von den benachbarten Gruppen respektiert wird. Die Verwandtschaftsbeziehungen und die Familie als solche spielen eine untergeordnete Rolle in der Produktion, denn die Arbeit ist aufgeteilt zwischen den Geschlechtern und den Generationen. Die einzelnen verlassen häufig die Horden, in denen sie geboren sind, und leben dann in den benachbarten Horden, manchmal für immer. Frauentausch wird praktiziert, und man sucht eine Frau vorzugsweise in den weit entfernten Horden und niemals in der, aus der die eigene Mutter oder die Mutter des Vaters stammt. Die Horden haben keinen Häuptling, und die Autorität wird, je nach den Umständen, zwischen den Generationen und den Geschlechtern geteilt; die Alten und die großen Jäger genießen jedoch eine größere Autorität als die übrigen Mitglieder der Horde. Zwischen den Horden gibt es keinen Krieg, und innerhalb der einzelnen Horde sind Morde und gewaltsame Strafverfolgung äußerst selten. Die Pubertät der Mädchen und der Tod der erwachsenen Männer oder Frauen sind begleitet von Ritualen und Festlichkeiten, von *elima* aus Anlaß des ersteren, von *molimo* aus Anlaß des zweiten, Festlichkeiten, bei denen der Wald Gegenstand eines intensiven Kultes ist und durch heilige Flöten «seine Stimme vernehmen läßt». Die Mitgliederzahl der Horden schwankt zwischen sieben und dreißig Jägern und ihren Familien, denn mit weniger als sieben Netzen ist die Jagd wirkungslos, und bei mehr als dreißig Jägern reicht das Wild für die regelmäßige Versorgung einer solchen Gruppe nicht aus, und die Organisation der Jagd mit der Schlinge, die ohne wirklichen Führer durchgeführt wird, müßte geändert werden, um wirksam zu bleiben.

Wenn man diese ökonomischen und sozialen Verhältnisse genau analysiert, erkennt man, daß eben diese Produktionsbedingungen von drei dieser Produktionsweise immanenten Zwängen determiniert werden und daß diese Zwänge die Bedingungen für die *Reproduktion* dieser Produktionsweise zum Ausdruck bringen, die Grenzen der Möglichkeiten dieser Reproduktion.

– Der Zwang Nr. 1 ist ein Zwang zur «Zerstreuung» der Jägergruppen und zur minimalen und maximalen Begrenzung ihrer Kopfzahl.

– Der Zwang Nr. 2 ist ein Zwang zur «Kooperation» der Individuen im Produktionsprozeß und bei der Durchführung der Jagd mit der Schlinge, und zwar nach Maßgabe von Alter und Geschlecht.

– Der Zwang Nr. 3 ist ein Zwang zur «Fluktuation», zur «Nichtgeschlossenheit», oder, mit einem Ausdruck von Turnbull, ein Zwang, einen permanenten Zustand des «Fließens» der Horden aufrechtzuerhalten, ein Fließen, das sich im raschen und häufigen Wechsel ihrer Kopfzahlen und ihrer sozialen Zusammensetzung ausdrückt.

Diese drei Zwänge bringen die *sozialen* Bedingungen des Reproduktionsprozesses der Produktion zum Ausdruck, bei gegebener Beschaffenheit der eingesetzten Produktivkräfte (spezifische Techniken der Jagd und des Sammelns) und bei gegebener Beschaffenheit der biologischen Reproduktionsbedingungen der Pflanzen- und Tierarten, aus denen das allgemeine Ökosystem des kongolesischen äquatorialen Waldes besteht. Diese Zwänge bilden ein System, d. h. jeder Zwang greift in die anderen ein. Der Zwang Nr. 2 beispielsweise, der Zwang zur Kooperation der Individuen nach Maßgabe ihres Geschlechts und ihres Alters zur Sicherung ihrer eigenen Existenz und Reproduktion und der ihrer Horde, nimmt eine bestimmte Form an ebenso durch die Wirkung des Zwanges Nr. 1 – denn die Größe einer Horde muß in bestimmten Grenzen gehalten werden – wie auch durch den Zwang Nr. 3, verändert doch die Notwendigkeit, die Horden in einem Zustand des Fließens zu halten, dauernd die Größe der Gruppen und ihre soziale Zusammensetzung und somit die Bedingungen der Verwandtschaft, der Verschwägerung oder der Freundschaft derer, die jeden Tag im Produktions- und Verteilungsprozeß der Ausbeute der Jagd und des Sammelns kooperieren sollen. Man könnte ebenso – und man müßte es – die Wirkungen der Zwänge 1 und 2 auf Zwang 3 und der Zwänge 2 und 3 auf Zwang 1 zeigen. Halten wir außerdem fest, daß diese Zwänge dergestalt sind (besonders der Zwang zur Zerstreuung und zur Fluktuation), daß die sozialen Reproduktionsbedingungen der einzelnen und einer Horde zugleich und unmittelbar die Reproduktionsbedingungen für die Mbuti-*Gesellschaft* als Ganzes sind und insgesamt in allen ihren Teilen gegenwärtig sind. Diese Zwänge sind also Bedingungen *innerhalb* jeder einzelnen Horde und gleichzeitig Bedingungen, die *allen* Horden *gemeinsam* sind und die Reproduktion des ökonomisch-sozialen Gesamtsystems als einer *Einheit* ermöglichen.

Diese drei Zwänge bilden also ein System. Dieses System ist entstanden aus dem Produktionsprozeß selbst, dessen materielle und soziale Reproduktionsbedingungen es ausdrückt. Und aus diesem System selbst entspringt wiederum eine gewisse Anzahl struktureller Wirkungen, die sich *simultan* auf *alle* anderen Instanzen der sozialen Organisation der Mbuti niederschlagen. Wir werden uns hier auf die Aufzählung dieser Wirkungen beschränken, da ihre ausführliche Darlegung zu weit führen würde. Sie bestehen alle in der Determinierung der *Elemente des Inhalts und der Form* dieser Instanzen, die mit diesen Zwängen *kompatibel* sind, die also eben die Reproduktion der Produktionsweise der Mbuti sichern. So sind diese Zwänge, die der Produktionsweise *immanent* sind, gleichzeitig die Kanäle, durch welche die Produktionsweise die Natur der verschiedenen Instanzen der Mbuti-Gesellschaft letztlich bestimmt, denn die Zwänge wirken sich *simultan* auf alle Instanzen aus: Über dieses System von Zwängen bestimmt die Produktionsweise das *Verhältnis* und die *Verbindung* aller dieser Instanzen untereinander und das Verhältnis dieser in bezug auf sich selbst, das heißt die Produktionsweise bestimmt die allgemeine *Struktur* der Gesellschaft als solcher, die spezifische Form und Funktion jeder einzelnen Instanz, die zusammen die Gesellschaft ausmachen. Das System von Zwängen, die durch einen gesellschaftlichen Produktionsprozeß bestimmt sind und die sozialen Bedingungen seiner Reproduktion darstellen, zu suchen und zu entdecken bedeutet, epistemologisch so vorzugehen, daß man die strukturelle Kausalität der Ökonomie in bezug auf die Gesellschaft und gleichzeitig die allgemeine spezifische Struktur dieser Gesellschaft, ihre umfassende Logik, sichtbar machen kann, obwohl diese Kausalität der Ökonomie, diese allgemeine Struktur der Gesellschaft und diese spezifische umfassende Logik niemals unmittelbar als solche beobachtbare Phänomene sind, sondern Tatbestände, die über das Denken und die wissenschaftliche Praxis rekonstruiert werden müssen. Der Beweis für die «Wahrheit» dieser Rekonstruktion kann nur darin bestehen, daß diese Rekonstruktion zur Erklärung *aller* beobachteten

Fakten sowie zum Stellen neuer Fragen an den Forscher auf diesem Terrain taugt,[75] neuer Fragen, die, um Antworten zu finden, neue Untersuchungen und neue Verfahren erfordern, und eben darin besteht die Bewegung des wissenschaftlichen Erkenntnisprozesses und des wissenschaftlichen Fortschritts.

Wir sind nun wohl imstande, ausgehend von der Offenlegung und der Analyse dieses Systems von Zwängen, alle beobachteten und in den Werken von Schebesta und von Turnbull aufgeführten *Haupt*tatbestände darzulegen und ihre *Notwendigkeit* aufzuzeigen.

Ausgehend vom Zwang zur Zerstreuung erklärt sich die Bildung *unterschiedener*[76] Territorien, und ausgehend vom Zwang zur Fluktuation, zur «Nichtgeschlossenheit» der Horden, erklärt sich das Fehlen von *Exklusiv*rechten der Horden über ihr Territorium.[77] Das, was sich nicht verändert, ist nicht die innere Zusammensetzung der Horden, sondern das Bestehen eines *stabilen* Verhältnisses *zwischen* den Horden, also eines Verhältnisses, das sich reproduziert und die Reproduktion jeder einzelnen Horde ermöglicht. Was wir also hier erklären können, ist die Ursache der *Form* und des *Inhalts* der sozialen Eigentumsverhältnisse und die Nutzung jener fundamentalen Ressource, die das Jagd- und Sammelterritorium darstellt, jenes Stück Natur, das als «natürlicher Reichtum an Lebensmitteln» und als «Laboratorium der Arbeitsmittel» (Marx) dient. Was wir hier sichtbar machen, bildet, im Produktionsprozeß selbst, das Fundament der Gewohnheitsregeln und -gesetze der Aneignung und der Nutzung der Natur. Nun ist das Sichtbarmachen des außerhalb des Bewußtseins liegenden Fundaments des Systems der bewußten Normen in der gesellschaftlichen Praxis der Agenten der Produktion, die im Rahmen einer bestimmten Produktionsweise tätig sind, gerade die grundlegende Verfahrensweise in der Methode von Marx, die jedoch von den Marxisten in der Regel vollkommen vernachlässigt oder entstellt wird. In diesem Punkt können wir mit einigen kritischen Analysen Ch. Bettelheims übereinstimmen, in denen er die Vermischung von juristischem Aspekt und realem Inhalt der Produktionsverhältnisse in Theorie und Praxis der Ökonomen und der Führer der sozialistischen Länder untersucht.[78]

Die «juristische» Sphäre geht weit über den Bereich der Handlungsnormen der Individuen und der Gruppen in bezug auf ihr Jagd- und Sammelterritorium und ihre Produktionsmittel hinaus, aber wir können uns an diesem Punkt nicht aufhalten und werden kurz die strukturellen Wirkungen der Produktionsweise auf die Verwandtschaftsverhältnisse der Mbuti analysieren. Auch hier finden sich die Tatbestände und die Normen in Übereinstimmung mit der Struktur der Produktionsweise und mit den Zwängen, die sie auferlegt, insbesondere mit dem Zwang 3 zur «Nichtgeschlossenheit» der Horden, zur Aufrechterhaltung einer Struktur der Fluktuation zwischen den einzelnen Horden. Die Verwandtschaftsterminologie hebt vor allem auf die Unterscheidung zwischen den Generationen und auf die Unterscheidung zwischen den Geschlechtern ab und reproduziert damit die Form der Kooperation im Produktionsprozeß (Zwang 2). Bei der Analyse der Aspekte der Heirat fällt vor allem auf, daß die vorzugsweise Heirat von Partnern aus weit entfernten Horden und das Verbot der Einheirat in die Horde, aus der die Mutter oder die Mutter des Vaters stammen, positive und negative Normen sind, die mit Zwang 3 in Einklang stehen, denn sie verbieten die «Schließung» der Gruppen und ihre Konstituierung als *geschlossene* Einheiten, die *regelmäßig* und *gezielt* Frauen austauschen, denn wenn ich eine Frau aus der Horde nähme, aus der meine Mutter oder Vatermutter stammt, würde ich die Ehe meines Vaters und/oder meines Großvaters und damit frühere oder alte Beziehungen *reproduzieren*, würde also die Beziehungen zwischen den Horden *permanent* machen, die in jeder Generation beim Frauentausch, der für die Reproduktion der Gesellschaft und jeder einzelnen Horde als solcher notwendig ist, neu geknüpft werden.

Darüber hinaus wird durch das *gleichzeitige* Verbot der Einheirat in benachbarte Horden der angrenzenden Territorien die Konstituierung in sich abgeschlossener Horden noch wirksamer unterbunden (Zwang 3).

Die Zwänge 1 und 3 beeinflussen also die Heiratsmodalitäten und erklären gleichzeitig die Tatsache, daß die Heirat in erster Linie eine Angelegenheit des Tauschs zwischen Kernfamilien und Individuen ist,[79] was die fließende Struktur der Horden aufrechterhält; das erklärt zugleich, warum die Horde als solche nur bei der Regelung des Wohnplatzes des neuen Paares eingreift, was von großer Bedeutung ist, denn erst bei seiner Hochzeit erhält der junge Mann ein von seiner Mutter und von seinem Onkel mütterlicherseits angefertigtes Netz und nimmt als vollberechtigter Jäger, also als vollgültiger Agent der Produktion, an der Reproduktion einer Horde [80] (Zwang 2) teil. Zugleich erklärt die relative Schwäche der kollektiven Kontrolle über den einzelnen (Zwang 3) und über das Paar die relative *Widerruflichkeit* der Ehe bei den Mbuti.[81]

Die strukturellen Auswirkungen der Produktionsweise auf die Blutsverwandtschaft sind vollkommen komplementär zu den Auswirkungen auf die Heirat. Die Mbuti haben, wie Turnbull bewundernswert gezeigt hat, keine wirklich gentile [lignagère] Organisation, und es ist falsch oder ungeschickt, von lineagen «Segmenten» zu sprechen, um Geschwistergruppen, die in derselben Gruppe zusammenleben, zu bezeichnen. Die Tatsache, daß es keinen regelmäßigen und gezielten matrimonialen Tausch zwischen den Gruppen in der Weise gibt, daß jede Generation die von den Vorfahren eingeschlagene Richtung verfolgt und reproduziert, unterbindet jede Kontinuität und verhindert die Bildung blutsverwandter Gruppen mit weit zurückreichender Genealogie, die um die Steuerung ihrer Kontinuität quer durch ihre notwendigen Aufspaltungen besorgt sind. Halten wir gleichzeitig fest, daß zur Reproduktion der Gesellschaft mittels des matrimonialen Tausches mindestens vier Horden notwendig sind, damit es diese matrimonialen Verhältnisse geben kann: Die Horde A des Ego, die Horde B, aus der seine Mutter stammt, die Horde C, aus der die Mutter seines Vaters stammt, und die Horde X, in der er seine Frau finden wird und von der wir wissen, daß sie keine angrenzende Horde sein darf.

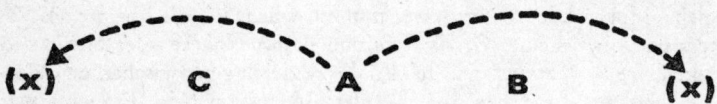

Auf methodologischer Ebene stellt man leicht fest, wie irrig es wäre anzunehmen, die Untersuchung einer Gesellschaft könne auf der Basis einer Felduntersuchung in einer einzigen Horde oder einer einzigen lokalen Einheit erschöpfend durchgeführt werden.

Andere Auswirkungen der durch die Produktionsweise bestimmten Zwänge werden sichtbar, sobald man die politischen Verhältnisse analysiert, die zwischen den Gruppen oder innerhalb derselben bestehen. Diese Auswirkungen sind inhaltlich *andere*, weil sie auf eine andere Instanz, die nicht auf die Elemente des Produktionsprozesses zurückführbar ist, Einfluß nehmen, aber sie sind den Auswirkungen auf die anderen Instanzen der Mbuti-Gesellschaft *isomorph*. Diese Isomorphie rührt daher, daß alle diese Auswirkungen *dieselbe* Ursache haben, die simultan auf alle Ebenen der Gesellschaft einwirkt. Diese Art der strukturellen Analyse im Rahmen des Marxismus *reduziert* also nicht – im Unterschied zum vulgären Kulturmaterialismus oder zum Pseudomarxismus gewisser Leute – die verschiedenen Instanzen einer Gesellschaft auf die Ökonomie bzw. stellt die Ökonomie nicht als die einzige relevante Realität und alle anderen Instanzen als bloß diverse eingebildete Auswirkungen derselben dar. Diese Art der Anwendung des Marxismus berücksichtigt voll und ganz, d. h. wissenschaftlich exakt, die Eigenart aller Instanzen, also ihre relative Autonomie.

Zwei Züge kennzeichnen die politischen Regeln und die politische Praxis der Mbuti-Pygmäen: a) Die geringe Ungleichheit zwischen den Individuen, Männern und Frauen, und zwischen den Generationen, Alten, Erwachsenen und Jungen, in bezug auf politischen Status und politische Autorität. Es gibt Ungleichheit, und zwar auf seiten der erwachsenen Männer gegenüber den Frauen und auf seiten der alten Männer gegenüber den Männern und Frauen der jüngeren Generation.

b) Der systematische Verzicht auf Gewalt, auf kollektive Strafverfolgung zur Regelung von Konflikten zwischen Individuen und zwischen Horden.

Zu a): Sobald Ungleichheit sich zu entwickeln droht – wenn z. B. ein großer Elefantenjäger sein Jagdprestige in eine Autorität über die Gruppe verwandeln will –, ist die institutionelle Reaktion darauf die Praxis der öffentlichen Verspottung und Bloßstellung, kurz, eine Praxis der systematischen Untergrabung aller Versuche, Ungleichheit über gewisse Grenzen hinaus zu schaffen, die mit der freiwilligen Kooperation der Individuen innerhalb einer Gruppe (Zwang 2), die immer provisorisch ist (Zwang 3), noch vereinbar sind. Zu b): Die Reaktion auf jeden Konflikt, der *ernstlich* die Einheit der Horde oder die Beziehungen zwischen den Horden bedroht, ist ein systematisches Ausweichen auf den Kompromiß oder auf die Ablenkung. In jeder Horde gibt es einen, der die Rolle des Narren spielt (Colin Turnbull spielte diese Rolle, ohne es zu wissen, in den ersten Monaten seines Aufenthaltes bei den Mbuti), dessen Aufgabe darin besteht, die ernsten Konflikte zu entschärfen, die zum Drama, zum Mord führen können, also zur Spaltung der Horde, und die das gute interne Einvernehmen gefährden, das für die Kooperation und die Reproduktion notwendig ist (Zwang 2). Um die Konflikte zu entschärfen, betreibt der Narr systematische Ablenkung, die er bis zum Äußersten eskaliert. Wenn zwei Individuen, A und B, aneinandergeraten, weil der eine mit der Frau des anderen Ehebruch begangen hat, und wenn ihr Streit in physische Gewaltanwendung und Mord auszuarten droht, dann übertreibt der Narr oder die Närrin künstlich die Wichtigkeit eines geringfügigeren Konflikts zwischen zwei anderen Individuen, C und D beispielsweise, und nach ein paar Stunden Geschrei und Wortgefecht befinden sich A und B im selben Lager gegen D. Dadurch kann die Schärfe ihres eigenen Konflikts gemildert werden. Nur in zwei Fällen wendet die Horde repressive Gewalt an: einmal, wenn ein Jäger heimlich sein eigenes Netz vor die Reihe der Netze der übrigen Jäger gespannt hat und sich so ungerechtfertigterweise einen größeren Teil der Beute aneignet, also die gemeinsame Mühe der Horde, der Jäger und Treiber (Frauen und Kinder) in seinen individuellen Vorteil verwandelt; zum zweiten, wenn bei einem *molimo*-Fest zur Ehre des Waldes ein Mann einschläft und es versäumt, in die heiligen Gesänge einzustimmen, wenn der Wald auf den Anruf der Menschen antwortet und seine Stimme durch die heiligen Flöten, die, von jungen Leuten getragen, ins Lager tönen, vernehmen läßt.

Beide, der Dieb und der Eingeschlafene, haben die innere Solidarität der Gruppe gebrochen und gefährden deren Reproduktionsbedingungen, die realen wie die imaginären (Zwang 2). In beiden Fällen wird der Schuldige allein und ohne Waffen im Wald zurückgelassen, wo er bald stirbt, es sei denn, die Horde, die ihn ausgestoßen hat, holt ihn wieder zurück. Dem Walde also ist die Aufgabe anvertraut, die schwerwiegendsten Verstöße gegen die Regeln der sozialen Reproduktion der Horde als solcher in endgültiger Weise zu bestrafen. Während es in Wirklichkeit die Horde ist, die praktisch den Schuldigen hinrichtet, geschieht alles so, als wäre es der Wald, der ihn bestraft. Wir sehen uns hier dem Prozeß der Fetischisierung der gesellschaftlichen Verhältnisse gegenüber, d. h. der Umkehrung der Richtung von Ursachen und Wirkungen, ein Prozeß, auf den wir bei der Analyse der religiösen Praxis des Waldkultes der Mbuti zurückkommen werden.

Auch in den Konflikten zwischen den Horden wird Gewaltanwendung vermieden, und alle Beobachter haben das Fehlen des Krieges bei den Pygmäen als eine bemerkenswerte Tatsache verzeichnet. Wenn eine Horde auf dem Territorium einer anderen jagt, schickt sie einen Teil des erlegten Wildes an die Mitglieder der fremden Horde, der dieses Territorium gehört, und der Konflikt ist durch diesen Kompromiß, durch diese Teilung beigelegt. Warum ist der Krieg aus der politischen Praxis der Mbuti ausgeschlossen? Weil er Gegensätze zur Folge hätte, die dazu tendieren, die Gruppen in rigiden Grenzen erstarren zu lassen, andere Gruppen von der Nutzung eines Territoriums und dessen Ressourcen auszuschließen, die Sieger- oder die Verlierergruppe anschwellen zu lassen bzw. zu entvölkern und das labile Gleichgewicht zu zerstören, das zur Reproduktion jeder einzelnen Horde sowie der gesamten Gesellschaft notwendig ist. Der Krieg ist also inkompatibel mit den Zwängen 1, 2 und 3 der Produktionsweise, mit jedem Zwang für sich genommen und gleichzeitig mit allen dreien in ihren reziproken Relationen. Aus den gleichen Gründen erklärt sich das Fehlen des Hexenwesens bei den Mbuti, denn das Hexenwesen setzt Beziehungen des Verdachts, der Angst und des Hasses zwischen den Individuen und zwischen den Gruppen voraus und verhindert das gute Einvernehmen, die fortwährende kollektive Kooperation der Hordenmitglieder. Eigentlich müßte man die Mbuti-Jäger mit den Bantu-Ackerbauern, ihren Nachbarn, vergleichen, die dagegen das Hexenwesen intensiv praktizieren. Aber das würde uns hier zu weit führen.

Man könnte diese verschiedenen Analysen noch viel weiter vertiefen. Man könnte z. B. *alle* Ursachen aufzudecken suchen, die bewirken, daß die Anwesenheit von «big men», die eine große persönliche Autorität über die Horde genießen, oder eine permanente und zentralisierte politische Hierarchie mit den Reproduktionsbedingungen der Produktionsweise inkompatibel sind. Die Möglichkeit für die einzelnen Mitglieder, jederzeit die Horde zu verlassen und sich einer anderen anzuschließen, das Fehlen gentiler Verwandtschaftsbeziehungen und einer Kontinuität der Heiraten, all diese Faktoren laufen auf die Verhinderung der Akkumulation von Autorität bei einem einzelnen Individuum hinaus, das diese Autorität eventuell auf seine Nachkommen übertragen würde, was zur Bildung einer Hierarchie der politischen Kräfte zugunsten einer geschlossenen verwandtschaftlichen, gentilen oder anderen Gruppe führen würde. In dieser Etappe des theoretischen Vorgehens ist angestrebt, die spezifische Wirkung jeder Instanz, die sich mit der Wirkung der der Produktionsweise immanenten Zwänge kombiniert, sichtbar zu machen, also z. B. die Auswirkung des Inhalts und der Form der nichtgentilen Verwandtschaftsverhältnisse der Mbuti auf die gesellschaftlichen Formen der Autorität, die sich wiederum mit den unmittelbaren Auswirkungen kombiniert, die die Produktionsweise auf die politischen Verhältnisse haben (Fehlen von Krieg, Fluktuation in der Zugehörigkeit zu den Horden usw.). Wir stehen hier vor dem komplexen epistemologischen Problem der Analyse *reziproker* Wirkungen konvergenter oder divergenter Natur, die sich addieren oder gegenseitig beschränken, gegenseitiger Wirkungen aller Instanzen auf der Basis ihres spezifischen Verhältnisses und ihrer *allgemeinen* Verknüpfung, die beide letztlich durch die Produktionsweise determiniert sind. Und diese Analyse ist absolut notwendig, sobald man den Inhalt, die Form und die Funktion der Religion der Mbuti, die ihre Ideologie und ihre symbolische Praxis beherrscht, erklären will.

In diesem Bereich müssen wir uns mit Andeutungen begnügen, die hart an der Grenze des Entzifferbaren liegen. Bei den Mbuti vollzieht sich die religiöse Praxis in Form eines Waldkultes. Sie geschieht täglich und ist in allen ihren Handlungen gegenwärtig: morgens beim Aufbruch zur Jagd, abends bei der Rückkehr vor dem Augenblick der Verteilung der Beute usw. Außergewöhnlichere Umstände im Leben der einzelnen oder der Horden, Geburt, Pubertät der Mädchen, Tod, geben Anlaß zu Ritualen, deren wichtigste das *elima*-Fest anläßlich der Pubertät der Mädchen und das große *molimo*-Fest beim Tod eines angesehenen Erwachsenen sind. Im Falle einer Epidemie, bei wiederholt schlechter Jagd oder bei schweren Unfällen veranstaltet die Horde ein «kleines *molimo*». Bei all diesen alltäglichen oder außergewöhnlichen Ereignissen des individuellen oder kollektiven Lebens wendet sich der Mbuti dem Wald zu und bringt ihm eine Kultfeier dar, d. h. er tanzt, er singt vor allem, zu seiner Verehrung.

Der Wald ist für die Mbuti «Alles»[82], er ist die Gesamtheit aller belebten und unbelebten Wesen, die sich dort aufhalten, und diese über den lokalen Horden und den Individuen stehende Wirklichkeit existiert als Person, als Gottheit, an die man sich mit denselben Begriffen wendet, die den Vater, die Mutter, den Freund und sogar den Geliebten bezeichnen. Der Wald trennt von den Bantu-Dörfern und beschützt vor ihnen, er spendet verschwenderisch von seinen Gaben, Wild und Honig, vertreibt die Krankheit, bestraft die Schuldigen. Er ist das Leben. Der Tod kommt über Menschen und Lebewesen, weil der Wald eingeschlafen ist, und man muß ihn wecken,[83] damit er den Mbuti, gleich welcher Horde sie angehören, weiter Nahrung, Gesundheit und gutes Einvernehmen spendet. Die Versicherung der Mbuti, daß sie vom Wald abhängen und ihr Vertrauen in ihn setzen, findet ihren höchsten Ausdruck im großen *molimo*-Ritual, das beim Tod eines besonders geschätzten Erwachsenen abgehalten wird. Die Horde jagt, manchmal bis zu einem Monat lang, jeden Tag intensiver als gewöhnlich. Man fängt mehr Wild, das man bei einem Festschmaus verteilt und verzehrt, dem Tänze und Gesänge folgen, die fast bis zum Morgengrauen dauern, und am Morgen ruft die Stimme des Waldes die Mbuti zu neuer Jagd und zu neuem Tanz. Wehe dem, den die Anstrengung der Nacht nicht aufwachen läßt, wenn diese Stimme ruft und wenn die heiligen Hörner auf den Schultern kraftstrotzender und ungestümer junger Männer ins Lager hereingetragen werden. Der Schuldige, der die Kommunikation, den Gleichklang mit dem Wald gebrochen hat, kann sofort getötet oder allein im Wald ausgesetzt werden, der ihn bestrafen und sterben lassen wird. Man begegnet hier der Isomorphie zweier Verstöße, die repressiv geahndet werden: Nicht mit allen zu jagen und nicht mit allen zu singen, das ist der Bruch der Kooperation und der Einheit, die für die Horde zur Reproduktion ihrer wirklichen und ihrer imaginären Existenzbedingungen notwendig sind (Zwang 2).

Was also der Wald darstellt, ist einmal die supralokale Realität, das natürliche Ökosystem, in dem die Pygmäen sich als Gesellschaft reproduzieren, und zum anderen ist er die Gesamtheit der Bedingungen für die materielle und soziale Reproduktion ihrer Gesellschaft. (Der Wald als Gottheit, die das Wild, die Gesundheit, die soziale Harmonie usw. spendet.) Die Religion der Mbuti ist also die ideologische Instanz, in der die Reproduktionsbedingungen ihrer Produktionsweise und ihrer Gesellschaft repräsentiert sind, und zwar *umgekehrt*, in «fetischisierter», «mythischer» Form. Nicht die Jäger sind es, die das Wild fangen, es ist der Wald, der ihnen eine bestimmte Menge Wild zum Geschenk macht, damit sie es fangen und sich ernähren, sich reproduzieren können. Alles spielt sich so ab, als handelte es sich um ein reziprokes Verhältnis zwischen Personen, die mit unterschiedlicher Macht und mit unterschiedlichem Status ausgestattet sind, denn im Gegensatz zu den Menschen ist der Wald allgegenwärtig, allwissend und allmächtig. Und dem Wald gegenüber nehmen die Menschen eine Haltung der Dankbarkeit, der Liebe, der ehrerbietigen Freundschaft ein, ihn respektieren sie, wenn sie sich die mutwillige Tötung von Tieren und die grundlose Vernichtung von Pflanzen- und Tierarten verbieten (Vorstellung [représentation] von Zwang 1 und von den Bedingungen des Erneuerungsprozesses für die Jagd und das Sammeln von bestimmten natürlichen Arten auf der Ebene des Bewußtseins).

Aber die Religion der Mbuti ist nicht nur ein System von Vorstellungen, sie ist zugleich eine soziale Praxis, die eine fundamentale Rolle in der Gesellschaftsreproduktion selbst spielt.

Bietet unsere Methode die Möglichkeit, die Theorie der Prozesse der Fetischisierung der gesellschaftlichen Verhältnisse und darüber hinaus ein Bild der Spielarten des ideologischen, religiösen oder politischen Fetischismus zu erstellen, den Bereich der religiösen Praxis wissenschaftlich anzugehen?

Bislang sind diese verschiedenen Tatbestände von den Materialisten grob mißhandelt worden, ob sie sich nun auf die Kulturökologie [84] oder auf den Marxismus [85] berufen; manchmal wurden sie gar stillschweigend übergangen.[86] Ihre Untersuchung ist gewöhnlich von einer idealistischen Perspektive aus durchgeführt worden, ob sie sich nun auf den Funktionalismus, wie die Arbeiten von Turner, oder auf den Strukturalismus berufen. Mit dieser Perspektive können die Beziehungen zwischen der symbolischen Praxis einer Gesellschaft und ihrer Produktionsweise praktisch nie erforscht werden, denn der Idealismus ist unfähig, diese Beziehungen herauszuarbeiten, sofern er sie nicht überhaupt dogmatisch leugnet. Nun liegt jedoch hier eines der theoretischen Hauptprobleme, dessen Lösung die teilweise Erklärung der Bedingungen und der Ursachen für die Entstehung einer Klassengesellschaft und des Staates, also die Erklärung der Bewegung der Geschichte, die zum Verschwinden der meisten klassenlosen Gesellschaften geführt hat, ermöglichen wird. Wir werden an einem Beispiel zu zeigen versuchen, wie die Analyse des Verhältnisses zwischen der symbolischen Praxis und der Produktionsweise vorgehen müßte, um die Funktion dieser symbolischen Praxis in der Reproduktion der sozialen Verhältnisse als Gesamtheit evident zu machen.

Das Beispiel ist das große *molimo*-Ritual, das anläßlich des Todes eines verehrten Erwachsenen abgehalten wird und bisweilen einen vollen Monat andauert. Während des *molimo* wird die Jagd viel intensiver als gewöhnlich durchgeführt, und die Ausbeute an Wild ist in der Regel viel größer als sonst. Die religiöse Praxis impliziert also eine Intensivierung des Produktionsprozesses, eine zusätzliche Arbeit, die die zur Verteilung kommende Wildmenge vergrößert, was wiederum zu einer Intensivierung der Verteilungstätigkeit führt und in einem außergewöhnlichen Essen gipfelt, bei dem das Abendessen in einen Festschmaus und das gewöhnliche Leben in ein Fest verwandelt wird, das mit Tänzen und gemeinsamen Gesängen endet, durch die die Mbuti mit dem Wald kommunizieren, ihn «aufheitern» und seine Wohltaten auf sich lenken, seine beschützende Gegenwart, der den Überfluß an Wild und die Gesundheit mit sich bringt, der Not und Seuche fernhält, Zwietracht und Tod. Das *molimo*-Ritual stellt also eine *symbolische Arbeit* dar, die zum Ziel hat – um einen Ausdruck von Turnbull zu gebrauchen –, «das Leben und die Gesellschaft *wiederzuerschaffen*, die Kräfte

des Hungers, der Uneinigkeit, der Entzweiung, der Unmoral und der Ungleichheit zu besiegen», eine symbolische Arbeit, die «die Hauptsorge der Mbuti, nämlich nicht Individuen oder Familien fortzupflanzen, sondern die Horden und die *Mbuti als solche*», zum Ausdruck bringt. Durch die intensivere Jagd und die Fülle des zur Verteilung kommenden Wildes wird die Kooperation und die Gegenseitigkeit vertieft und verstärkt, die Spannungen innerhalb der Gruppe sinken auf ihr Minimum oder werden eingeschläfert, ohne freilich ganz zu verschwinden, verlangen doch auch die Tänze und die vielstimmigen Gesänge die Teilnahme und die Einigkeit aller Individuen. Kurz, durch all diese materiellen, politischen, ideologischen, emotionalen und ästhetischen Aspekte erweitert und verstärkt die religiöse Praxis alle positiven Aspekte der sozialen Verhältnisse und erlaubt die maximale Abschwächung, die vorläufige Einschläferung aller Widersprüche (ohne sie zu lösen), die in diesen sozialen Verhältnissen enthalten sind. Die religiöse Praxis stellt also eine wirkliche *Arbeit an den Widersprüchen* dar, die durch die Struktur der Produktionsweise und der anderen sozialen Verhältnisse bestimmt sind, eine Arbeit, die eine wesentliche Bedingung ist für die Reproduktion dieser Verhältnisse, der Produktionsverhältnisse sowie der anderen sozialen Instanzen. Weit entfernt, keinen Zusammenhang mit der materiellen Basis der Produktionsweise zu haben, wie es gewisse Idealisten gerne sähen, ist die religiöse Praxis gleichzeitig eine materielle und eine politische Praxis und steht im Zentrum des Produktionsprozesses dieser Produktionsweise. Aber auch hier wird die gesellschaftliche Praxis «umgekehrt» vorgestellt und auf «fetischisierte» Weise erlebt, denn die wiederhergestellte Harmonie, das außergewöhnlich gute Einvernehmen, der Überfluß und das Glück, die alle die Frucht der intensiveren Kooperation, der breiteren Gegenseitigkeit und der tieferen emotionalen Vereinigung sind, die selbst wiederum den Beziehungen der Menschen untereinander bei diesen außergewöhnlichen Anlässen entspringen, werden vorgestellt und erlebt als Wirksamkeit und Beweis der näheren Anwesenheit, der größeren Freigebigkeit des Waldes, des imaginären Wesens, das die Einheit der Gruppe und ihre Reproduktionsbedingungen selbst personifiziert.
Die Religion der Mbuti ist also kein Bereich phantastischer Schatten, die von einer Realität, die als solche allein, handfest und materiell existierte, in die Tiefen ihres Bewußtseins geworfen werden, nämlich von der Realität ihrer sozialen Verhältnisse in der Produktion der materiellen Mittel ihrer Existenz. Weit entfernt, der phantastische, passive und lächerliche Reflex einer sich anderswo abspielenden Realität zu sein, beziehen diese Vorstellungen und diese religiöse Praxis ihre Substanz, das Gewicht ihrer Existenz und ihrer Wirksamkeit aus ihrer Lage an der Gelenkstelle, an der verborgenen Verbindung der Produktionsweise mit den Instanzen, die dieser Produktionsweise entsprechen. Diese

Vorstellungen und diese religiöse Praxis, die offenkundig auf imaginäre Wesen und Beziehungen gerichtet sind, die über die menschliche Gesellschaft hinausweisen und Phantasiebilder ohne entsprechendes reales Objekt sind, zielen in der Tat auf den tiefsten Kern, auf das geheimste Innere ihrer Gesellschaft, auf die unsichtbare Klammer, die ihre verschiedenen sozialen Verhältnisse zu einem reproduktionsfähigen Ganzen, zu einer Gesellschaft, zusammenschmiedet. Das, was sich unter den Zügen und mit den Attributen des Waldes ihrem Bewußtsein darstellt, ist in der Tat diese unsichtbare Gelenkstelle im «nahen und zugleich fernen Inneren» ihrer Gesellschaft. Und auf diese Gelenkstelle, d. h. auf sich selbst, auf diese politischen und ideologischen Reproduktionsbedingungen ihrer Gesellschaft, wirken sie ein, wenn sie die Widersprüche und Spannungen, die notwendig gerade durch die Struktur ihrer sozialen Verhältnisse verursacht sind, weit wegschieben und weitestgehend abschwächen, indem sie sich zu den rituellen Handlungen vereinigen, zur Jagd, zum Festschmaus, zu den Tänzen und Gesängen, die den Wald preisen, die alle Güter spendende Mutter, den vor allen Übeln schützenden Vater, den Wächter über das Wohlergehen der Pygmäen, über ihre Kinder und über ihre Zukunft.

Die Religion ist zugleich Theorie und Praxis, die auf die Nahtstelle gerichtet ist, an der sich diese sozialen Verhältnisse in ihrer Gesamtheit, die sich als solche reproduzieren muß, verbinden, und so ist die Religion gleichzeitig eine Form der Präsentation und der Präsenz dieser Naht und darüber hinaus eine Form der Einwirkung auf sie, also eine Vorstellung und eine Einwirkung, die so beschaffen sind, daß diese Naht in dem Moment, wo sie sich im Bewußtsein darstellt bzw. wo auf sie praktisch eingewirkt wird, zum Gegenstand der theoretischen Unkenntnis und zum trügerischen Ziel der praktischen Aktion wird. Zugleich anwesend und verborgen in ihrer Präsentationsweise, wird die unsichtbare Verbindung der sozialen Verhältnisse, ihr Kern und ihre innere Form, zum Ort, wo sich der Mensch entfremdet, wo sich die Verhältnisse zwischen den Menschen und zwischen den Dingen umgekehrt darstellen, fetischisiert werden.

Wir beschließen hier, an der Schwelle dessen, was eine marxistische Theorie der Religion und der symbolischen Praxis sein könnte, die Demonstration der theoretischen Möglichkeiten, die der systematische Einsatz der Methode bietet, die wir zur Erforschung der Verhältnisse zwischen Ökonomie, Gesellschaft und Geschichte vorschlagen, um die Fundamente, die Formen und die Kanäle der Kausalität sichtbar zu machen und zu rekonstruieren, Kanäle der letztlichen Determinierung, die von den verschiedenen Produktionsweisen, die sich in der Geschichte entwickelten oder entwickeln – auf dem Weg über die Systeme von Zwängen, die sie erzeugen und die ihre Reproduktion bedingen –, bewirkt wurden oder werden.

Wir sind hier an einem Punkt angekommen, an dem die Unterscheidungen und die Opposition von Anthropologie und Geschichte beseitigt sind, an einem Punkt, an dem es nicht mehr möglich ist, die Analyse der ökonomischen Systeme [87] in sich abzuschließen, sie als autonome, fetischisierte Domänen zu konstituieren. In einer marxistischen Perspektive, wie wir sie einnehmen, kann also das, was man gemeinhin unter ökonomischer Anthropologie versteht, sei sie nun «formalistisch» oder «substantivistisch», keinen Platz finden. Die Aufgabe der Entdeckung und der gedanklichen Rekonstruktion der Produktionsweisen, die sich im Laufe der Geschichte entwickelt haben oder sich noch entwickeln, bedeutet *mehr* und *etwas anderes* als die Konstituierung einer ökonomischen Anthropologie oder irgendeiner anderen Disziplin, die auf einen ähnlichen Namen getauft wird. Diese Aufgabe [88] verlangt, daß man all jene theoretischen Probleme eins nach dem andern wiederaufnimmt, die sich aus der Kenntnis der Gesellschaft und ihrer Geschichte ergeben, d. h. die Probleme der Entdeckung der Gesetze nicht der «Geschichte» im allgemeinen – dies ist ein Begriff, dem kein realer Gegenstand entspricht –, sondern der Gesetze der verschiedenen ökonomischen Gesellschaftsformationen, die vom Historiker, vom Anthropologen, vom Soziologen oder vom Ökonomen analysiert werden. Diese Gesetze existieren und sind Ausdruck der strukturellen, nichtintentionalen Eigenschaften der sozialen Verhältnisse und ihrer jeweiligen Hierarchie und Verknüpfung auf der Basis bestimmter Produktionsweisen. Und weil sie die objektiven Bedingungen der *Reproduktion* und folglich auch der *Nichtreproduktion* dieser Produktionsweisen und ihrer Verknüpfung mit den anderen Instanzen der Gesellschaft ausdrücken, sind diese Gesetze zugleich Gesetze des Funktionierens, der Transformation und der Evolution, und eben deshalb kann der Gegensatz von Synchronie und Diachronie überwunden werden, was der Funktionalismus oder der Strukturalismus bis heute nicht fertiggebracht hat.

Nur eine Theorie und eine Methode, die es ermöglichen, die Form, die Funktionen, die Hierarchie und die Verbindungsweise, die Entstehungs- und Transformationsbedingungen der sozialen Verhältnisse zu denken und zu analysieren, werden die radikale Überwindung der Aporien des Funktionalismus und des Strukturalismus ermöglichen und dem verschwommenen und kraftlosen Zustand, in dem sich die Humanwissenschaften befinden, ein Ende setzen können. Im Unterschied zum Marxismus, wie er gemeinhin praktiziert wird und dabei sehr schnell in einen Vulgärmaterialismus umschlägt, sind wir der Ansicht, daß Marx, als er zwischen Basis und Überbau unterschied und behauptete, daß die innere Logik der Gesellschaften und ihrer Geschichte in letzter Instanz von Transformationen der Basis bedingt seien, nichts anderes getan hat, als zum ersten Male eine Hierarchie funktioneller Unterscheidungen deutlich zu machen, ohne dabei in irgendeiner Weise über die *Beschaffenheit* der Strukturen, die diese Funktionen jeweils übernehmen (Verwandtschaft, Religion, Politik usw.), noch über die *Zahl der Funktionen*, die eine solche Struktur übernehmen kann, vorweg zu urteilen.

Man versteht also, warum ein solches vorurteilsfreies theoretisches Vorgehen das Werkzeug sowohl für eine theoretische wie auch für eine soziale Revolution sein könnte. Und wir werden schließen, wie wir begonnen haben, nämlich mit einem Engels-Zitat, das unter Marxisten, die die Anthropologie verachten, und unter Anthropologen, die Engels verachten, wenig bekannt ist:

«Um diese Kritik der bürgerlichen Ökonomie vollständig durchzuführen, genügte nicht die Bekanntschaft mit der kapitalistischen Form der Produktion, des Austausches und der Verteilung. Die ihr vorhergegangenen oder die noch neben ihr, in weniger entwickelten Ländern bestehenden Formen mußten ebenfalls, wenigstens in ihren Hauptzügen, untersucht und zur Vergleichung gezogen werden.»[89]

Anmerkungen

1 Bevor Malinowski seine Feldforschungen begann, hatte er schon einen Artikel veröffentlicht über *The Economic Aspect of the Intichiuma Ceremonies*. Festskrift tillägnad Eduard Westermarck, Helsingfors 1902; nach seiner Rückkehr veröffentlichte er *Primitive Economics at the Trobriand Islands*. In: *Economic Journal*, XXXI, London, p. 1–16.

2 G. L. von Maurer, *Einleitung zur Geschichte der Mark-, Hof-, Dorf- und Stadtverfassung und der öffentlichen Gewalt*. München 1854.

3 H. S. Maine, *Ancient Law*. John Murray, Albemarle Street, London 1861, chap. 8: *The Early History of Property*, p. 244–303.

4 M. M. Kowalewski, *Tableau des origines et de l'évolution de la famille et de la propriété*. Lorensak Stiftelse, n°2, Stockholm 1890. Natürlich muß ebenso erwähnt werden: Morgan, *Ancient Society*. 1877, Part IV: *Growth of the Idea of Property*, und der Kommentar von Engels dazu in *Der Ursprung der Familie, des Privateigentums und des Staats*. Hottingen-Zürich 1884. Vergleiche zu diesen Punkten unsere Einleitung zu: *Sur les sociétés précapitalistes*. Editions sociales, Paris 1970.

5 R. Firth, *Primitive Polynesian Economy*. Vorwort zur 2. Auflage (1964), p. XI, Routledge-Kegan (Hervorhebungen von M. G.).

6 André Leroi-Gourhan, *Le Geste et la parole*. Albin Michel, 1964, tome I, p. 210 (Hervorhebungen von M. G.).

7 Karl Marx, MEW Bd. 13, S. 8/9.

8 Siehe zu diesem Thema: M. Sahlins, *Economic Anthropology and Anthropological Economics*. In: *Social Science Information*, 8 (5), 1969, p. 13.

9 Lionel Robbins, *The Subject Matter of Economics*. Französische Übersetzung: *Essai sur la nature et la signification de la science économique*. Paris 1947, chap. I. Die formalistischen Thesen sind gesammelt bei: E. Leclair u. H. Schneider, *Economic Anthropology*. Holt Rinehardt, New York 1967.

10 Es ist dieselbe Definition, die das klassische Werk von Samuelson einleitet: ders., *L'Economique*. A. Colin (2 vol.), Paris 1943.

11 K. Polanyi, *The Great Transformation. The Political and Economic Origins of our Time*. Beacon 1957; G. Dalton, *Economic Anthropology and Development. Essays on Tribal and Peasant Economies*. Basic Books, 1971.

12 Piero Sraffa, *De la production des biens de production*. Dunod 1970.

13 M. Godelier, *Rationalité et irrationalité en économie*. Maspero, Paris 1966 [deutsche Übersetzung: ders., *Rationalität und Irrationalität in der Ökonomie*. EVA, Frankfurt/M. 1972]; M. Sahlins, *Stone Age Economics*. Aldine 1972; E. Terray, *Le Marxisme devant les sociétés primitives*. Maspero, Paris 1968.

14 M. Godelier, *Qu'est-ce que définir une ,formation économique et sociale': l'exemple des Incas*. In: *La Pensée* n° 159, oct. 1971, p. 99–106; der

Aufsatz ist in diesem Band abgedruckt unter dem Titel: ‹Der Begriff der ‚ökonomischen Gesellschaftsformation‘: das Beispiel der Inkas›. S. 92 ff.

15 Vergleiche unsere Kritik an Lange und an der Praxeologie von Kotarbinski in: ‹Rationalität und Irrationalität in der Ökonomie›, op. cit., S. 20–36.

16 H. K. Schneider, ‹The Wahi-Wanyaturu: Economics in an African Society›. Aldine Publishing Company, Chicago 1970.

17 Ebd., p. 4.

18 K. Polanyi, ‹The Economy as Instituted Process›. In: ‹Trade and Market in Early Empires›, The Free Press, Glencoe, Illinois, 1957.

19 Dies ist der Fall bei E. Terray, wenn er das Buch von Meillassoux, ‹Anthropologie économique des Gouro de Côte-d'Ivoire›. Mouton, Paris 1964, «rekonstruiert», im zweiten Teil seines Buches: ‹Le Marxisme devant les sociétés primitives›, op. cit., p. 95–173.

20 Dies wird insbesondere illustriert durch eines der neuesten Handbücher der Anthropologie, das in den USA erschienen ist: ‹An Introduction to Cultural and Social Anthropology›. The MacMillan Company, New York 1971, 456 Seiten. Nach einer vagen Definition der Anthropologie als des «Studiums des Menschen» und nach einer Unterteilung gemäß der amerikanischen Methode in physische Anthropologie, Archäologie, soziale und kulturelle Anthropologie, befaßt sich der Autor, Peter B. Hammond, in seinem übrigens sehr gut gemachten Buch mit der üblichen Untersuchung der Jäger-, Agrikultur- und Hirtengesellschaften usw., ohne die westlichen Gesellschaften zu analysieren.

21 Vgl. den äußerst nützlichen Artikel von John Howland Rowe, ‹Ethnography and Ethnology in the Sixteenth Century›. In: The Kroeber Anthropological Papers, n° 30, 1964, p. 1–19, sowie seinen Vortrag vom April 1963 vor der gleichen Gesellschaft: ‹The Renaissance Foundations of Anthropology›. Erst im Jahre 1590 ersann José de Acosta den Begriff «moralische Geschichte» zur Bezeichnung dessen, was Ethnographie heißen sollte, d. h. «die Beschreibung der Sitten, der Riten, der Zeremonien, der Gesetze, der Regierung und der Kriege» der indianischen Völker. Vor ihm hatte Johann Boem im Jahre 1520 ein allgemeines vergleichendes Werk über die Bräuche Europas, Asiens und Afrikas veröffentlicht: ‹Omnium gentium mores, leges et ritus ex multis clarissimis rerum scriptoribus (. . .) super collectos›. Vergleiche auch das postum erschienene und unvollendete Werk von J. S. Slotkin, ‹Readings in Early Anthropology›. Methuen 1965, sowie den Vortrag von James H. Gunnerson, ‹A Survey of Ethnohistoric sources›, gehalten vor der Kroeber Anthropological Society im Jahre 1958.

22 Das Werk von A. Van Gennep illustriert diese Bemühung.

23 Dies taten, jeweils aus ihrer Sicht, die beiden Begründer der Anthropologie, E. B. Taylor im Jahre 1865 in seinen ‹Researches into the Early History of Mankind and the Development of Civilization›. London, sowie L. Morgan im Jahre 1877 mit seiner ‹Ancient Society›, op. cit.

24 Vgl. das Kapitel I der Vorlesung von Georges Lefèbvre, gehalten an der Sorbonne im Studienjahr 1945–1946; neu herausgegeben bei Flammarion, Paris 1971, unter dem Titel: ‹La Naissance de l'historiographie moderne›.

25 Vgl. de Vore und Lee, ‹Man the Hunter›. Aldine, Prentice Hall, 1968.

26 Von dieser neuen Orientierung zeugen die Arbeiten von J. Le Goff, E. Le Roi-Ladurie, J.-P. Vernant, P. Vidal-Naquet, M. Détienne, N. Wachtel, Ch. Parain und anderen.

27 M. Godelier, ‹Rationalität und Irrationalität in der Ökonomie›, op. cit., S. 285–286.

28 Sol Tax, ‹Primitive Peoples›, und Lois Mednick, ‹Memorandum on the Use of Primitive›. In: Current Anthropology, Sept.-Nov. 1960, p. 441–445; Francis L. Hsu, ‹Rethinking the Concept ‚Primitive'›. In: Current Anthropology, vol. 5, n° 3, Juni 1964, p. 169–178.

29 E. Wolf, ‹Peasants›. Prentice Hall, 1966, p. 3 und 4.

30 Ebd., p. 57, 58.

31 George Dalton, ‹Peasantries in Anthropology and History›. In: Current Anthropology, 1971, und: ‹Traditional Tribal and Peasant Economies: an Introduction Survey of Economic Anthropology›. In: A McCaleb Module in Anthropology›, Addison-Wesley Publishing House, 1971.

32 Daniel Thorner, ‹L'Économie paysanne, concept pour l'histoire économique›. In: Annales, Mai–Juni 1964, p. 417–432.

33 K. Marx, ‹Einleitung zur Kritik der Politischen Ökonomie›. In: MEW Bd. 13, S. 617.

34 F. Engels, ‹Herrn Eugen Dührings Umwälzung der Wissenschaft› (Anti-Dühring). In: MEW Bd. 20, S. 96.

35 M. Sahlins, ‹Poor Man, Rich Man, Big Man, Chief: Political Types in Melanesia and Polynesia›. In: Comparative Studies in Society and History, vol. V. n° 3, April 1963, p. 285–303.

36 Die Arbeiten der Afrikanisten Georges Balandier, Luc de Heusch und Marc Augé geben ein Bild davon.

37 R. Firth, ‹Primitive Polynesian Economy›, op. cit., p. 14.

38 Robert McNetting, ‹The Ecological Approach in Cultural Study›. In: ‹A McCaleb Module in Anthropology›, 1971.

39 Die Formulierung stammt von R. Firth, ‹Economics of the New Zealand›. Owen, Wellington 1959, p. 32.

40 M. J. Herskovits, ‹The Economic Life of Primitive Peoples›. A. A. Knopf, New York 1940.

41 G. P. Murdock, ‹Social Structure›. MacMillan Company, 1949, p. 200.

42 Harold E. Driver und Karl F. Schuessler, ‹Correlational Analysis of Murdock's 1957 Ethnographic Sample›. In: American Anthropologist, 1967, vol. 69, n° 3. «In der ganzen Welt hat sich die Erbfolge offenbar öfter von der mütterlichen auf die väterliche Linie verschoben (manchmal mit einer bilinearen Zwischenstufe) als umgekehrt. Die Evolutionisten des 19. Jahrhunderts hatten zum Teil recht in bezug auf die vorherrschende Abfolge der Verände-

rungen, aber ihre Begründungen für diesen Wandel waren falsch. Es ist die Entwicklung der Technologie und der Herrschaftsausübung, die den Übergang vom Matriarchat zum Patriarchat begünstigt, nicht die Einsicht in die biologische Vaterfunktion und nicht die Aufgabe der Promiskuität und der ‹Gruppenehe›. Jedenfalls geht die Tendenz dahin, daß, nachdem die Gesellschaften einen fortgeschrittenen level der Technologie und der politischen Organisation erreicht haben, Gruppen jeder Art mit nur väterlicher oder nur mütterlicher Erbfolge verschwinden, wie es in den meisten europäischen und in ihren Tochterkulturen der Fall war.» Op. cit., p. 345. Die Arbeiten von Driver und Schuessler erweitern die Ergebnisse von David Aberle in bezug auf die ‹Matrilineal Descent in Cross-Cultural Perspective›. In: ‹Matrilineal Kinship›. Schneider und Gough, University of California Press, 1961, p. 655–727.

43 Evans-Pritchard, ‹Anthropologie sociale›. Paris 1971, chap. 3, p. 79.

44 Die Gesamtbibliographie dieser Arbeiten findet man im Artikel von Robert McNetting, ‹The Ecological Approach ...›, op. cit.

45 Ruth Benedict, 1946, p. 169.

46 Mit der bemerkenswerten Ausnahme von Roy Rappaport.

47 Claude Lévi-Strauss, ‹Anthropologie structurale›. Plon, Paris 1958, p. 17 (deutsche Übersetzung: C. Lévi-Strauss, ‹Strukturale Anthropologie›. Frankfurt/M. 1967, S. 25).

48 M. Sahlins, ‹Economic Anthropology and Anthropological Economics›, op. cit., p. 30.

49 Marvin Harris: «Da wir abhängig sind vom natürlichen Ablauf der Geschehnisse, müssen unsere Generalisierungen eingeschränkt werden auf Wahrscheinlichkeiten, die von der Beobachtung der Häufigkeit abgeleitet sind, mit der Vorhersagen auf Folgendes und Rückschlüsse auf Vergangenes bestätigt werden.» (‹The Rise of Anthropological Theory›. T. Y. Cromwell, New York 1968, p. 614)

50 Vgl. M. Sahlins, ‹Economic Anthropology and Anthropological Economics›, op. cit., p. 80. «Der neue Materialismus scheint in analytischer Hinsicht unbekümmert um Widersprüche zu sein – obwohl er sich gelegentlich marxistisch gibt (ausgenommen der dialektische Materialismus). So läßt der neue Materialismus die Barrieren unberücksichtigt, die den Produktivkräften von etablierten gesellschaftlichen Organisationen entgegengestellt werden, die alle wegen ihrer Adaptionsvorteile in einem Zustand partieller Effektivität verharren.»
Wir werden neben diesen Kommentar von Marshall Sahlins einen Auszug aus einem bemerkenswerten Brief stellen, den Engels am 12. November 1875 an Lawrow schrieb. Lawrow hatte Engels gebeten, sein Urteil über einen Artikel abzugeben, der unter dem Titel ‹Der Sozialismus und der Kampf ums Dasein› in der Zeitschrift Wperjod (Vorwärts) vom 15. September 1875 veröffentlicht worden war. Wir heben hervor, daß Engels keine Vorwürfe gegen Darwin selbst erhebt, den er, zusammen mit Marx, für einen der Väter des modernen wissenschaftlichen Denkens hielt, sondern gegen die «bürgerlichen Darwinisten».

«Ich akzeptiere von der Darwinschen Lehre die *Entwicklungstheorie,* nehme aber Darwins Beweismethode (struggle for life, natural selection) nur als ersten, provisorischen, unvollkommenen Ausdruck einer neuentdeckten Tatsache an. Bis auf Darwin betonten grade die Leute, die jetzt überall nur *Kampf* ums Dasein sehn (Vogt, Büchner, Moleschott etc.), grade das *Zusammenwirken* der organischen Natur, wie das Pflanzenreich dem Tierreich Sauerstoff und Nahrung liefert und umgekehrt das Tierreich den Pflanzen Kohlensäure und Dünger, wie dies namentlich von Liebig hervorgehoben worden war. Beide Auffassungen haben ihre gewisse Berechtigung innerhalb gewisser Grenzen, aber die eine ist so einseitig und borniert wie die andre. Die Wechselwirkung der Naturkörper – toter wie lebender – schließt sowohl Harmonie wie Kollision, Kampf wie Zusammenwirken ein. Wenn daher ein angeblicher Naturforscher sich erlaubt, den ganzen mannigfaltigen Reichtum der geschichtlichen Entwicklung unter der einseitigen und magern Phrase ‹Kampf ums Dasein› zu subsumieren, eine Phrase, die selbst auf dem Gebiet der Natur nur cum grano salis akzeptiert werden kann, so verurteilt sich dies Verfahren schon selbst. (...)
Der wesentliche Unterschied ist der, daß die Tiere höchstens *sammeln,* während die Menschen *produzieren.* Dieser einzige, aber kapitale Unterschied allein macht es unmöglich, Gesetze der tierischen Gesellschaften ohne weiteres auf menschliche zu übertragen. (...)» MEW Bd. 34, S. 169 u. 170.

51 Radcliffe-Brown, in: D. Forde und A. R. Radcliffe-Brown (ed.), *‹African Systems of Kinship and Marriage›.* Oxford University Press 1950, § 8: «Die Elemente der sozialen Struktur sind die Menschen», wobei die soziale Struktur selbst «die Anordnung von Personen in bestimmten institutionell geregelten Beziehungen» ist. F. Nadel, *‹The Theory of Social Structure›.* Cohen and West, London 1957, Preliminaries.

52 E. Leach, *‹Political Systems of Highland Burma›.* Harvard University Press 1954; reprinted Bell and Sons, 1964; französische Ausgabe: *‹Les Systèmes Politiques des hautes terres de Birmanie›.* Maspero, Paris 1972. S. 26/27: «Ich behaupte, daß in konkreten Situationen (im Gegensatz zum abstrakten Modell des Soziologen) die soziale Struktur in einer Gesamtheit der Vorstellungen über die Verteilung der Macht zwischen Personen und Personengruppen besteht.» Sich nun nicht mehr an das Modell der Informanten, sondern an das des Anthropologen haltend, erklärt Leach weiter: «... man kann einfach von sozialen Strukturen sprechen in Begriffen von Organisationsprinzipien, die die Teile, aus denen sich das System zusammensetzt, verbinden.» Er schließt mit einer Wendung gegen Radcliffe-Brown: «Die Strukturen, die der Anthropologe beschreibt, sind Modelle, die nur als logische Konstruktionen seines Denkens eine Existenz haben.»

53 *Kapital* III, S. 219 (Hervorhebungen von M. G.); vgl. auch *‹Zur Kritik der politischen Ökonomie›* (Einleitung). In: MEW Bd. 13, S. 8/9: «... Produktionsverhältnisse, die einer bestimmten Entwicklungsstufe ihrer materiellen Produktivkräfte entsprechen. Die Gesamtheit dieser Produktionsverhältnisse bildet die ökonomische Struktur der Gesellschaft, die reale Basis, worauf sich ein juristischer und politischer Überbau erhebt, und welcher bestimmte gesellschaftliche Bewußtseinsformen entsprechen.» Und im *Kapital* I (MEW Bd.

23) heißt es: «Andrerseits hat schon Don Quixote den Irrtum gebüßt, daß er die fahrende Ritterschaft mit allen ökonomischen Formen der Gesellschaft gleich vertraglich wähnte» (S. 96).

54 C. Lévi-Strauss, ‹La Pensée sauvage›. Plon, Paris 1962, p. 310 [deutsche Übersetzung: C. Lévi-Strauss, ‹Das wilde Denken›. Frankfurt/M. 1968, S. 270/271].

55 C. Lévi-Strauss, ‹Entretiens avec Georges Charbonnier›. Plon, Paris 1961, p. 38.

56 C. Lévi-Strauss, ‹Das wilde Denken›, S. 271.

57 Ebd., S. 154.

58 Ebd., S. 139.

59 Ebd., S. 154.

60 C. Lévi-Strauss, ‹Mythologica I. Vom Honig zur Asche›, Frankfurt/M. 1972, S. 522 und 524.

61 Ebd., S. 523 und 524.

62 C. Lévi-Strauss, ‹Les Limites de la notion de structure en ethnologie›. In: Roger Bastide (Hrsg.), ‹Sens et usages du terme structure›, Janua Linguarum, XVI, Paris 1962, p. 45. Die von Lévi-Strauss zitierte Passage von Leach findet sich in: ‹Les Systèmes politique des hautes terres de Birmanie›, op. cit., p. 324.

63 Die Position von Leach, der einsichtigerweise schreibt: «Die britische Anthropologengeneration, aus der ich komme, hat stolz ihre Überzeugung verkündet, daß die Kenntnis der Geschichte für das Verständnis einer sozialen Organisation nicht notwendig sei. (...) Wir anderen funktionalistischen Anthropologen sind eigentlich nicht ‹anti-historisch› aus Prinzip; wir wissen nur ganz einfach nicht, wie man die historischen Gegebenheiten in den Rahmen unserer Konzeption integrieren soll.» (‹Les Systèmes politiques . . .›, op. cit., p. 323.)

64 C. Lévi-Strauss, ‹Les Limites de la notion de structure en ethnologie›, op. cit., p. 44.

65 C. Lévi-Strauss, ‹Les Structures élémentaires de la parenté›. Presses Universitaires de France, Paris 1949, p. IX.

66 Ebd., p. 36. Lévi-Strauss bezieht sich auf den Text von G. P. Murdock, ‹Correlation of Matrilineal and Patrilineal Institutions›. Studies in the Science of Sociology, presented to A. G. Keller, New Haven 1937.

67 K. Marx, Brief an den Herausgeber der Otjetschestwennyje Sapiski (Vaterländische Blätter), November 1877, adressiert an Schukowski, als Antwort auf Michailowski, einen der Führer der sozialistischen Partei der Narodniki: «Aber das ist meinem Kritiker zu wenig. Er muß durchaus meine historische Skizze von der Entstehung des Kapitalismus in Westeuropa in eine geschichtsphilosophische Theorie des allgemeinen Entwicklungsganges verwandeln, der allen Völkern schicksalsmäßig vorgeschrieben ist, was immer die geschichtli-

chen Umstände sein mögen, in denen sie sich befinden, um schließlich zu jener ökonomischen Formation zu gelangen, die mit dem größten Aufschwung der Produktivkräfte der gesellschaftlichen Arbeit die allseitigste Entwicklung des Menschen sichert. Aber ich bitte ihn um Verzeihung. (Das heißt mir zugleich zu viel Ehre und zu viel Schimpf antun.)» In: MEW Bd. 19, S. 111.

68 C. Lévi-Strauss, ‹Les Structures élémentaires de la parenté›, op. cit., p. 144 (Hervorhebungen von M. G.).

69 M. Godelier, ‹Mythe et histoire. Réflexions sur les fondements de la pensée sauvage›. In: ‹Histoire et structure›, Sondernummer von: Les Annales, August 1971, p. 541–568. Im vorliegenden Band S. 293 ff.

70 C. Lévi-Strauss, ‹Le Totémisme aujourd'hui›. P. U. F., Paris 1962, p. 130 [deutsche Übersetzung: C. Lévi-Strauss, ‹Das Ende des Totemismus›. Frankfurt/M. 1965, S. 117].

71 K. Marx, ‹Das Kapital› I, S. 393, Fußnote 89 Forts.

72 Man staunt über die Ungeniertheit, mit der Edmund Leach in seinem Werk ‹Les Systèmes politiques ...› (op. cit., p. 170), nachdem er gezeigt hat, daß die Analyse der Eigentumsverhältnisse für seine allgemeine Beweisführung «of the utmost importance» sei, schreibt: «Letztlich müssen die Machtbeziehungen in welcher Gesellschaft auch immer auf der Kontrolle über die realen Güter und über die Rohstoffquellen basieren, aber diese marxistische Verallgemeinerung führt uns nicht sehr weit.» (!)

73 Wir verweisen hier auf alle Arbeiten, Bücher und Artikel von Colin Turnbull, insbesondere auf: ‹Wayward Servants›. Eire, Spottiswoode, London 1966.

74 D. h. ein Ökosystem, das eine große Zahl pflanzlicher und tierischer Arten umschließt, die wiederum eine begrenzte Anzahl von Individuen umfassen. Vgl. den Vortrag von David S. R. Harris, in: Ucko, P., und Dimbleby, G. (ed.), ‹Domestication and Exploitation of Plants and Animals›. Duckworth 1966.

75 Wir erlauben uns, auf eine laufende Korrespondenz Bezug zu nehmen, die wir seit einem dreiviertel Jahr mit C. Turnbull führen, und der uns gestattete, Probleme zu erhellen, die der Autor in seinen veröffentlichten Werken nicht gestellt oder nicht entfaltet hat, insbesondere was die Verwandtschaftsverhältnisse, die Mobilität zwischen den Horden, die Pfeil-und-Bogen-Jäger u. a. betrifft. Wir sprechen unseren herzlichsten Dank an C. Turnbull aus für seine Geduld und seine Mitarbeit.

76 C. Turnbull, op. cit., p. 149.

77 Ebd., p. 174.

78 Ch. Bettelheim, ‹Ökonomischer Kalkül und Eigentumsformen›. Berlin 1970.

79 C. Turnbull, op. cit., p. 110.

80 Ebd., p. 141.

81 Ebd., p. 132.

82 Ebd., p. 251–253.

83 Ebd., p. 262.

84 Eine bemerkenswerte Ausnahme macht Roy Rappaport mit seinem Buch: ‹Pigs for the Ancestors›. Gale University Press, New Haven and London 1967.

85 Z. B. Claude Meillassoux in seinem Artikel über die Arbeiten von Colin Turnbull.

86 Mit Ausnahme sehr brauchbarer Arbeiten wie z. B.: Pierre Bonnafé, ‹Un aspect religieux de l'idéologie lignagère: le nkira des Kukuya du Congo-Brazzaville›. In: Cahiers des religions africaines, 1969, p. 209–296; ebenso sind die französischen Arbeiten von Marc Augé und von P. Althabe hervorzuheben.

87 Das Werk von C. Meillassoux, ‹Anthropologie économique des Gouro de Côte-d'Ivoire›, op. cit., ist ein Beispiel für diese Versuche, die eine vertiefte Analyse der Verwandtschaftsverhältnisse und der religiösen Praktiken und Vorstellungen beiseite lassen.

88 Diese Wiederaufnahme wird nur geleistet werden können, indem man Schritt für Schritt vorgeht und neue Fragen stellt, die von den auf jeder Etappe erzielten Resultaten ausgehen. Ausgehend von unserer Analyse der politischen und der Verwandtschaftsverhältnisse innerhalb der Mbuti-Horden, stellt sich beispielsweise das Problem, herauszufinden, unter welchen Bedingungen sich Verwandtschaftsgruppen herausbilden, die geschlossene Konturen aufweisen und regelmäßigen und gezielten Frauentausch praktizieren, wie es der Fall ist im Hälften-System, im Sektions- oder Untersektions-System der australischen Ureinwohner, die wie die Mbuti Jäger und Sammler sind. Unter welchen Bedingungen tauchen wirklich segmentierte Gesellschaften auf, bei denen an Stelle der Diskontinuität der Generationen und der Fluktuation der sozialen Beziehungen – Charakteristika der Mbuti oder der Buschmänner – in sich abgeschlossene Gruppen erscheinen, Gruppen, die auf der Kontinuität der Generationen und der Permanenz der sozialen Beziehungen beruhen.
Man kann feststellen, daß, wenn man an Stelle eines unregelmäßigen Frauentausches zwischen vier nichtgeschlossenen Gruppen einen regelmäßigen Tausch zwischen vier geschlossenen Gruppen hätte, man anscheinend ein Verwandtschaftssystem vom Typ des australischen Sektions-Systems bekäme. Die Methode einer allgemeinen Wiederaufnahme der Probleme der Anthropologie kann keine andere sein als die der Erstellung von Transformationsmatrizen.

89 F. Engels, Anti-Dühring, MEW Bd. 20, S. 140.

Der Begriff der «ökonomischen Gesellschaftsformation»: Das Beispiel der Inka*

Der Begriff der «ökonomischen Gesellschaftsformation» ist, wie es scheint, ein angemessener Begriff für die Analyse besonderer, *konkreter* historischer Realitäten, die in einem realen, irreversiblen Zeitraum *einer* bestimmten geschichtlichen Epoche erfaßt werden. Man kann z. B. versuchen, die spezifische «ökonomische Gesellschaftsformation» des Inka-Reiches im 16. Jahrhundert am Vorabend der spanischen Eroberung zu bestimmen. Eine ökonomische Gesellschaftsformation zu definieren bedeutet, eine *synthetische Definition* der genauen Beschaffenheit der Vielfalt und der spezifischen Einheit der ökonomischen und sozialen Verhältnisse, durch die eine Gesellschaft in einer bestimmten Epoche charakterisiert wird, zu erstellen. Eine solche synthetische Definition verlangt, aus marxistischer Perspektive, die Durchführung einer gewissen Anzahl wissenschaftlicher Schritte. Man muß:

1. die Anzahl und die Eigenart der verschiedenen Produktionsweisen feststellen, die in besonderer Weise innerhalb einer bestimmten Gesellschaft kombiniert sind und die in einer bestimmten Epoche deren ökonomische Basis darstellen;

2. die verschiedenen Elemente des gesellschaftlichen und ideologischen Überbaus festlegen, die von ihrer Entstehung und ihrer Funktionsweise her diesen verschiedenen Produktionsweisen entsprechen;

3. die genaue Form und den genauen Inhalt der Verbindung der Kombination dieser verschiedenen Produktionsweisen definieren, die untereinander in einem hierarchischen Verhältnis stehen, und zwar insofern, als eine der Produktionsweisen über die anderen dominiert und sie in gewisser Weise den Notwendigkeiten und der Logik ihres eigenen Funktionierens unterwirft, sie also mehr oder weniger dem Mechanismus ihrer eigenen Reproduktion einverleibt;

4. schließlich die Funktionen aller Elemente des Überbaus und der Ideologie definieren, die, trotz ihrer unterschiedlichen Entstehung, die jeweils unterschiedlichen Produktionsweisen entspricht, auf spezifische Art und Weise kombiniert sind, und zwar entsprechend der Verbindungsweise der verschiedenen Produktionsweisen; diese Elemente des Überbaus werden – was immer auch ihr Ursprung war – gewissermaßen neu definiert, mit einem neuen Inhalt gefüllt.

Wir wählen das Beispiel der Inka, ohne jedoch in die Details zu gehen.

Es ist bekannt, daß in zahlreichen Stämmen, die um die Mitte des 15. Jahrhunderts von den Inka unterworfen und in ihr Reich und ihre

* Dieser Text ist erschienen in der Zeitschrift *La Pensée*, Nr. 159, Oktober 1971, unter dem Titel: ‹*Qu'est-ce que définir une ‚formation économique et sociale': l'exemple des Incas*›.

Wirtschaft eingegliedert wurden, die Produktion auf dem Funktionieren der *ayllu* beruhte, lokaler ländlicher Gemeinwesen, in denen Verwandtschaftsgruppen gentilen Typs saßen. Der Grundbesitz war gemeinschaftlich, und der Boden wurde im Turnus an die wenigen Familien verteilt, ohne daß sie dieses Nutzungsrecht zu einem vererbbaren Rechtstitel hätten machen können, also zu irgendeiner Form von privatem, aus dem Gemeinschaftsbesitz herausgelöstem Eigentum. Auch die Arbeit vollzog sich gemeinschaftlich, auf der Basis gegenseitiger Hilfe der Dorfbewohner bei der Ausführung der verschiedenen Produktionsaufgaben. Der Dorfhäuptling, der *curaca*, war der Hauptnutznießer dieser gegenseitigen Hilfe der Dorfbewohner, und speziell für die Pflege der Gräber, den Unterhalt der örtlichen Gottheiten und des Dorfhäuptlings wurde gemeinschaftliches Land bebaut. Wir haben also hier eine Produktionsweise, die auf der Kooperation der unmittelbaren Produzenten beruht, die untereinander durch das, was der spanische Chronist Blas Valera «das Gesetz der Brüderlichkeit» nannte, verbunden sind, d. h. durch die gegenseitigen Verpflichtungen zwischen Nachbarn und Verwandten. Soziale Ungleichheit bestand zwischen den Dorfhäuptlingen und den gewöhnlichen Leuten, aber sie trat nicht kraß hervor. Als diese Gemeinwesen oder wenigstens die in Gemeinwesen dieses Typs organisierten ethnischen Gruppen und Stämme unter die Herrschaft des Inka-Staates gerieten, vollzog sich für sie eine tiefe Wandlung. Ein Teil ihrer Felder wurde enteignet und damit Staats- oder Kirchendomäne. Auch auf den Feldern, die sie behielten, verloren die Gemeinwesen einen Teil ihrer alten Gemeinschaftsrechte, denn der Inka-Staat forderte nun ein Vorrecht über das gesamte Ackerland des Reiches, ein Kontrollrecht über die Nutzung dieses Ackerlandes; dadurch wurde die alte Autonomie der Gemeinwesen beseitigt; auf den Feldern, die sie behielten, blieben die Formen der Bodennutzung dieselben wie vor der Eroberung durch die Inka, und die Produktion vollzog sich immer noch in gemeinschaftlicher Form. Indessen hatte sich eine neue Produktionsweise breitgemacht.

Auf den vom Staat eingezogenen Feldern wurde nun *in die Tasche* des Staates gewirtschaftet, und die Bauern waren jetzt der Fronherrschaft unterworfen. Der Frondienst war nicht individuell; vielmehr war das ganze Dorf familienweise beteiligt, und der Inka-Staat lieferte Essen und Trinken, genauso wie es früher, im traditionellen *ayllu*, der Nutznießer der gemeinschaftlichen Hilfe für seine Helfer gemacht hatte. Der Staat lieferte Werkzeuge und Saatgut und bestand darauf, daß die Leute in Festtagskleidern, mit Musik und Gesang, zur Arbeit kamen. So dienten die alten Formen der gegenseitigen Wirtschaftshilfe und die ihnen entsprechenden alten rituellen und ideologischen Formen jetzt dem Funktionieren direkter ökonomischer Ausbeutungs- und Knechtschaftsverhältnisse, die für eine neue Produktionsweise kennzeichnend waren, die, wie es scheint, zum Typ der «asiatischen Produktionsweise» gehört.

Bei einer etwas genaueren Analyse entdeckt man, daß der Inka-Staat, um seine eigene ökonomische Basis so zu organisieren, daß sie in stabiler Weise reproduktionsfähig war, zugleich das Ackerland, die Bevölkerung, das Tierinventar und die Produktionsweise kontrollieren und eine Verwaltungsmaschinerie aufbauen mußte, die die gesamte Bevölkerung erfaßte und sie direkt oder indirekt kontrollierte, daß der Staat den Kult des Inka, des Gottessohnes, allgemein durchsetzen und eine Armee zur Unterdrückung von Aufständen unterhalten mußte usw. Dieser Komplex an Institutionen entsprach einer neuen Produktionsweise, und es ist bekannt, daß diese Produktionsweise im Jahre 1532 gerade mitten in ihrer Entwicklung stand, denn der Staat sah sich gezwungen, ganze Bevölkerungen umzusiedeln, um Militärkolonien einzurichten, die die aufrührerischen lokalen Bevölkerungen kontrollieren sollten. Die traditionellen Stammesbindungen und ihre Verbundenheit mit dem Boden wurden so zum Teil zerstört, und die Entwicklung einer Art Sklaverei, *yanacona* genannt, hatte eine neue soziale Schicht hervorgebracht, die *yana*, Individuen, die von ihrem angestammten Gemeinwesen vollständig abgeschnitten und an die *Person* eines Herrn gebunden waren. So beruhte dieser dritte Typ von Produktionsverhältnissen nicht mehr auf der allgemeinen Abhängigkeit der lokalen Gemeinwesen von einem übergeordneten Gemeinwesen, das mit dem Staat zusammenfiel, sondern auf persönlichen Bindungen zwischen aristokratischen und Bauernfamilien oder Familien unterjochter Viehzüchter. Ein neuer Entwicklungsweg stand offen, der an die Entwicklung dieser neuen Eigentums- und Ausbeutungsformen geknüpft war, die sich immer weiter von den alten gemeinschaftlichen Verhältnissen entfernten.

Von diesen drei Typen von Produktionsverhältnissen, die auf verschiedene Entwicklungsperioden der indianischen Gesellschaften der Anden verweisen, spielte die zweite im 16. Jahrhundert eine *dominierende* Rolle in der ökonomischen Gesellschaftsformation, die das Inka-Reich konstituierte. Diese ökonomische Gesellschaftsformation barg also ihre eigenen Widersprüche, die sie in eine bestimmte Richtung bewegten (Entwicklung der *yana*, der *mitma* usw.). Dieser Vorgang wurde durch die spanische Eroberung jäh unterbrochen. Diese Eroberung zerstörte die spezifischen ökonomischen, politischen und ideologischen Institutionen der «asiatischen Produktionsweise», der die ökonomische Gesellschaftsformation des Inka-Reiches beherrschenden Produktionsweise. Riesige Ländereien, darunter die ertragreichsten, wurden von den spanischen Kolonisten beschlagnahmt, und die indianischen Gemeinwesen wurden *einem neuen Typ* von Ausbeutung unterworfen, der *encomienda*, die vor allem entweder auf der *persönlichen* Abhängigkeit der Indianer und ihrer Gemeinwesen von den spanischen Herren, die sie christianisieren sollten, oder auf der Abhängigkeit von der spanischen Krone beruhte.

Diese Formen der Abhängigkeit feudalen Typs entwickelten sich im historischen Kontext der Geburt des Kapitalismus im feudalen Europa und standen vor allem im Dienste der sogenannten ursprünglichen Akkumulation des Kapitals (Ausweitung der Produktion von Gold, Silber, exotischen Produkten usw.)

Ihrer traditionellen sozialen Hierarchie beraubt, enteignet, verarmt und von Herren unterjocht, die eine fremde Sprache und eine fremde Kultur besaßen, verschwanden die indianischen Gemeinwesen oder schlossen sich völlig von der Außenwelt ab. Die Folge dieser von den Fremden aufgezwungenen Ausbeutung, die *das reine Überleben* und nicht mehr *nur* die mehr oder weniger wirksame Milderung einer Unterjochung zum Hauptproblem der Indianer machte, war, daß die Gemeinwesen ihre *Reproduktion* und das *gemeinsame* Überleben ihrer Mitglieder nur noch sicherstellen konnten, wenn sie die ökonomischen Ungleichheiten und die soziale Konkurrenz *in bestimmten Grenzen* beibehielten, die sich spontan und unvermeidlich in ihrer Mitte herausgebildet hatten und ihre Vernichtung zugunsten einer indianischen Minderheit hätte nach sich ziehen können. Zugleich mußten, in Anbetracht des Inhalts und der Formen der von den ausbeutenden Klassen der neuen Kolonialgesellschaft ausgeübten Herrschaft, diese Wettbewerbs- und Distributionsmechanismen *in eine Form gebracht* werden, die der katholischen Ideologie der neuen herrschenden Klassen entsprach, mußten sie sich in Formen einpassen, die von diesen herrschenden Klassen *toleriert* wurden. So kam es zu der sogenannten «Ökonomie des Prestige», dem Kampf um die Ämter, um die Verwaltungsposten und die religiösen Pfründen (*los cargos*) des Gemeinwesens.

Manche wollten in diesen Institutionen einfach ein Weiterleben «archaischer», präkolonialer Formen der Gegenseitigkeit und des Wettbewerbs sehen, einen dem Potlatch der Kwakiutl-Indianer nahestehenden Brauch, während es sich in Wirklichkeit um Formen handelt, die den neuen sozialen Verhältnissen entsprachen, den Verhältnissen einer Kolonialgesellschaft im Zeitalter des im Entstehen begriffenen Kapitalismus.

Diese «skeletthafte» Darstellung der Geschichte der Andengesellschaften seit dem Ende des 15. bis zum Beginn des 17. Jahrhunderts verfolgte nur den Zweck, die Produktionsweisen und die Elemente des Überbaus zu markieren, die sich im Laufe dieser Periode abgelöst haben. (Theoretische Schritte 1 und 2.) Diese Darstellung läßt die Existenz und die Abfolge *zweier* ökonomischer Gesellschaftsformationen erkennen, die eine präkolonial, dominiert von einer Produktionsweise, die auf der asiatischen Produktionsweise (APW) beruht, die andere dominiert von einer Produktionsweise, die nach der spanischen Eroberung einsetzte und in ihrer inneren Struktur und in ihren Funktionen abhing von der Produktionsweise des feudalistischen Spanien in der Epoche des entstehenden Kapitalismus, einer Epoche, die die klassischen Ökonomen die «ursprüngliche Akkumulation des Kapitals» nannten.

Es kann also festgestellt werden, daß die *Abfolge* dieser beiden ökonomischen Gesellschaftsformationen nicht das Produkt einer *internen* Entwicklung der indianischen Gesellschaften der Anden ist. Bereits die Eroberung durch die Inka hatte die innere Entwicklung der Stämme und Gemeinwesen der Anden umgekrempelt. Später dann sollte die spanische Eroberung diese durch die Inka-Eroberung erzwungene neue Entwicklung noch einmal verändern. Freilich waren seit über einem Jahrtausend mehrere Staaten und Reiche auf den Hochebenen und in den Küstentälern Perus entstanden und nach einer gewissen Zeit wieder versunken. Der Inka-Staat war dabei nur der letztgeborene dieser Staaten, und Blüte und Verfall dieser Reiche bezeugen also, daß in dieser ökologischen und kulturellen Zone entscheidende ökonomische Transformationen, die an die allgemeine Verbreitung und Perfektionierung der Produktion von Mais und Baumwolle an den Küsten und von Kartoffeln und anderen Knollengewächsen auf den Hochebenen gebunden waren, starke soziale Ungleichheiten hervorriefen und Stämme und herrschende Klassen sowie zentralisierte Formen der Macht zur Ausübung dieser Herrschaft entstehen ließen. Für die Stämme jedoch, die dieses ökonomische und soziale Entwicklungsstadium nicht erreicht hatten – dies scheint für zahlreiche Stämme im Gebiet von Cuzco der Fall gewesen zu sein –, hatte ihre gewaltsame Integration in ein eroberndes und zentralisiertes Reich eine von außen aufgezwungene Umwälzung hervorgerufen. Dies gilt in noch stärkerem Maße für die Auswirkungen der spanischen Eroberung.

Um also die außergewöhnliche Geschichte der Andengesellschaften zu erklären, muß das Zusammenspiel von internen und externen Ursachen ihrer Geschichte analysiert werden. Was sich auf einer ersten Ebene als eine Folge von Zufällen, die die Entwicklung der indianischen Gemeinwesen erschütterten, darstellte, entpuppt sich als historische Notwendigkeit, die erklärt werden muß; dazu ist es erforderlich, das Verhältnis zwischen Ereignissen und sozialen Strukturen und vor allem die Kausalitätsverhältnisse zwischen den Strukturen in den Griff zu bekommen. Dies führt uns zu den Problemstellungen vom Typ 3 und 4, die die Verbindung der Produktionsweisen mit den Elementen des Überbaus innerhalb der ökonomischen Gesellschaftsformation betreffen.

In einem indianischen Gemeinwesen beruhte vor der Eroberung durch die Inka die Produktion auf dem gemeinschaftlichen Eigentum an Grund und Boden und vollzog sich in genossenschaftlicher Form auf der Basis der Kooperation der Verwandten und (oder) der Nachbarn. Diese Kooperation drückte eine technische Notwendigkeit und zugleich die Verpflichtung zur gegenseitigen Hilfe aus, die den einzelnen von ihren Verwandtschafts- und Nachbarschaftsverhältnissen vorgeschrieben waren. Auch wenn bereits eine tiefe soziale Ungleichheit zwischen den Sippen bestand, wenn auch einige unter ihnen die anderen beherrschten und Häuptlinge auf erblicher Grundlage stellten, so gehörte die Produktionsweise im wesentlichen noch zu dem, was Marx die «unmittelbar vergesellschaftete Arbeit (...), welche uns an der Geschichtsschwelle aller Kulturvölker begegnet»,[1] nannte.

Innerhalb der Familien, an die die Felder des Gemeinwesens im Turnus verteilt wurden, bestand Arbeitsteilung nach Geschlecht und Alter. Für zahlreiche Arbeiten «agierte» das gesamte Gemeinwesen als eine einzige «gesellschaftliche» Arbeitskraft.[2] Im Jahre 1571 betonte der Chronist Polo de Ondegardo, daß die Indianer, «wenn sie vor einer Aufgabe stehen, niemals beginnen, ohne einzuschätzen und zu messen, welcher Teil jedem einzelnen dabei zukommt», vielmehr jeder einzelnen Familie.

Man erkennt leicht, daß man sich, um eine angemessene Analyse dieses Typs gesellschaftlicher Verhältnisse der Produktion, die der alten prästaatlichen Produktionsweise der Andengesellschaften entsprechen, erstellen zu können, von den Doktrinen befreien muß, die in den Verwandtschafts- und (oder) Nachbarschaftsverhältnissen zahlreicher primitiver Gesellschaften in abstrakter und dogmatischer Weise nur Elemente des Überbaus dieser Gesellschaften sehen, die in einem mehr oder weniger äußerlichen Entsprechungsverhältnis zu ihrer ökonomischen Basis stehen. Arbeit als *einfach* und ausschließlich ökonomische Aktivität existiert nicht in den ältesten Produktionsweisen, wie Marx vollkommen erkannt hat. Die Verwandtschaftsverhältnisse, die politische Funktionen der Autorität innerhalb der Gemeinwesen sowie auch ideologische Funktionen sowohl der Erziehung und der Weitervermittlung der Traditionen und Werte wie des religiösen Ahnenkults übernehmen, fungieren gleichzeitig als Elemente der Produktionsverhältnisse, also als Elemente der Basis. Die Verwandtschaftsverhältnisse sind somit plurifunktional, pluridetermaniert, und eben diese Pluralität der Funktionen verleiht ihnen die dominierende Rolle im sozialen Leben. Zugleich herrscht eine innige Einheit in dieser Pluralität der Funktionen, eine innige Verschmelzung, jedoch kein Durcheinander.

Man vermag nun zu ermessen, daß jede Theorie der Basis-Überbau-Verhältnisse scheitern müßte, die die Aufgabe, deren innige Einheit zu berücksichtigen und zu analysieren, nicht ernst nähme und sich mit verschwommenen metaphorischen Andeutungen über die Verhältnisse zwischen oben und unten zufriedengäbe, die damit zu einem Verhältnis zwischen einem Fundament und einem sich darüber erhebenden Bauwerk würde, um schließlich zu einem Verhältnis von Fundament zu Fundiertem zu werden.

Eine rasche Prüfung der beiden letzten dominierenden Produktionsweisen, der asiatischen Produktionsweise und der kolonialen Produktionsweise, bietet außerdem die Gelegenheit zu einigen theoretischen Bemerkungen.

Was auffällt im Hinblick auf die Produktionsweise, die dem Inka-Staat als ökonomische Basis dient, ist, daß sie auf einem vom Eroberer-Staat aufgezwungenen Fronsystem basiert, daß wir hier also Produktionsverhältnisse vor uns haben, die *nicht mehr unmittelbar aus den Verwandtschaftsverhältnissen oder der gemeinschaftlichen Nachbarschaft hervorgehen*. Nach dem Chronisten Gobo «waren die Männer erst vom Tage ihrer Hochzeit an besteuerbar und nahmen an den öffentlichen Arbeiten teil».

Die *alten* Verwandtschaftsverhältnisse hatten also eine neue Funktion übernommen. Nach einer schönen Formulierung von John Murra hatte sich die Heirat von einem Ritus des Überwechselns innerhalb der lokalen Gemeinwesen in ein Mittel zur Erlangung eines neuen Status und in ein Symbol dieses Status verwandelt, nämlich des Status eines fronfähigen Untertanen des Inka-Staates, also eines Mitglieds eines Gemeinwesens, das viel größer und vom *ayllu* oder den lokalen Stämmen wesentlich verschieden war.

Wir stehen hier vor einer der vielfältigen Transformationen der alten sozialen Verhältnisse, die durch die gewaltsame Integration der indianischen Gesellschaften in den Rahmen einer neuen Produktionsweise erzwungen wurden und die darauf abzielten, diese Produktionsweise *automatisch zu reproduzieren*. Wir wollen versuchen, das Wesen dieser Transformationen zu definieren.

Mit der Verpflichtung der Bauern, in Festtagskleidung zur Arbeit auf den Äckern des Staates und der Sonne zu kommen, und mit der Bereitstellung des Essens und Trinkens benutzten die Inka die alte Form der Produktion, die auf gegenseitiger Verpflichtung der Mitglieder der lokalen Gemeinwesen beruhte – «allen vertraute und von allen verstandene» Form und Verpflichtung (John Murra, p. 32) –, um neue Produktionsverhältnisse zu organisieren, die auf Unterdrückung und Beherrschung gegründet waren; denn hier haben die Produzenten die Kontrolle über ihre Arbeit, die jetzt in der Form der Fron verausgabt wird, und über das Arbeitsprodukt verloren.

Die Inka haben überdies den Kult der lokalen Gottheiten aufrechterhalten und außerdem den Kult des Sonnengottes und seines Sohnes, des Großen Inka, eingeführt, zu dessen Verehrung die Bauern Arbeitsleistungen erbringen mußten, wie es bereits die traditionellen Gottheiten verlangten.

Die neue Produktionsweise *stützte* sich also generell auf die bereits bestehenden Produktionsverhältnisse, auf die bestehende soziale und ideologische Organisation, um diese umzuwälzen. Es liegt hier also ein Mechanismus der *Ausweitung* dieser Verhältnisse über ihre ursprüngliche Sphäre, über ihr anfängliches Funktionieren vor.

Aber das Charakteristikum dieses Mechanismus besteht darin, daß die Produktionsweise einen Teil der alten gemeinschaftlichen Verhältnisse aktiv *aufrechterhält*, sich auf sie stützt und sie für ihr *eigenes* Funktionieren ausnützt, was nebenbei zur teilweisen Zerstörung dieser alten gemeinschaftlichen Verhältnisse führt.

Das heißt also: In der ökonomischen und politischen Praxis *führt* die asiatische Produktionsweise die alten gemeinschaftlichen **Verhältnisse** *weiter und widerspricht* ihnen zugleich. Auf ideologischer Ebene *verschleiert* diese geringfügige Deformation der alten gemeinschaftlichen Verhältnisse die Unterdrückung und Beherrschung, die der asiatischen Produktionsweise inhärent ist, denn die alten ideologischen Formen, die für neue Zwecke eingesetzt wurden, entsprachen alten Produktionsverhältnissen, die viel egalitärer waren.

In dem Maße, wie Herrscher und Beherrschte eben diese Ideologie teilten (die politisch-ökonomische Gegenseitigkeit und die religiösen Vorstellungen), blieb die Unterdrückung für die einen und für die anderen *verborgen*, war sie also völlig gerechtfertigt in den Augen der einen *und* passiv erduldet, wenn nicht akzeptiert, von den anderen.

Genauso könnte man die nach der spanischen Eroberung einsetzende Produktionsweise analysieren. Dabei würde man feststellen, daß die Indianer nur dann eine Überlebenschance hatten, wenn sie die sozialen Ungleichheiten, die unter ihnen entstanden waren und die Einheit und die Solidarität ihres Gemeinwesens bedrohten, beseitigten, und daß sie das nur erreichen konnten, wenn sie sich zu diesem Zweck der munizipalen und religiösen Institutionen bedienten, die die Spanier in das Gefüge ihrer Gemeinwesen hineingepreßt hatten. So kam es zu der Ökonomie des Prestiges und der Konkurrenz um die *cargos*, einer Ökonomie, die von den herrschenden Spaniern toleriert wurde, denn sie war von vornherein gerechtfertigt durch ihre eigene politische und katholische Ideologie und bestätigte zugleich diese letztere. Die Ausbeutung der Indianer hatte in der Tat in den Augen der Spanier *offiziell* nur die eine Rechtfertigung, daß es ihre Pflicht war, sie zunächst zu christianisieren und dann zu zivilisieren.[3]

Die eingangs gemachten theoretischen Bemerkungen hatten nur zum Ziel, zu illustrieren, was wir unter dem «Definieren einer ökonomischen Gesellschaftsformation» verstehen, und mittels einiger Umrisse die Schritte erkennen zu lassen, mit deren Hilfe eine *synthetische* Definition der genauen Beschaffenheit der Vielfalt und der spezifischen Einheit der ökonomischen und sozialen Verhältnisse, die eine konkrete Gesellschaft in einer bestimmten Epoche charakterisieren, erstellt werden kann. Es versteht sich von selbst, daß diese synthetische Erkenntnis gewinnen nichts anderes heißt, als die Geschichte und die Anthropologie als komplementäre Bereiche des historischen Materialismus zu entwickeln.[4]

Anmerkungen

1 Karl Marx, ‹Das Kapital› I, S. 92.

2 Vgl. ebd., S. 92: «Stellen wir uns (...) einen Verein freier Menschen vor, die mit gemeinschaftlichen Produktionsmitteln arbeiten und ihre vielen individuellen Arbeitskräfte selbstbewußt als eine gesellschaftliche Arbeitskraft verausgaben.»

3 Selbst Las Casas, ein wütender Gegner der *encomienda* und pathetischer Verteidiger der geknechteten Indianer, versicherte immer wieder gegen seine Widersacher, Anhänger der Versklavung und selbst der Massakrierung der Indianer, daß die Evangelisation der Unterwerfung vorausgehen müsse und daß diese die einzige Rechtfertigung der Oberhoheit des Königs von Spanien über die Indianer sei: «Dies, Seigneur, ist die Schwelle und die Durchfahrt, die zu benutzen sich ziemt, um in diese Länder zu dringen: Diese Völker mögen zuerst unseren Gott als ihren Gott anerkennen, indem sie den Glauben empfangen, und dann erst den König als Souverän. Denn der letzte Grund, das absolute Fundament für den Einmarsch Seiner Majestät in diese Länder als König von Kastilien und für die Rechte, die er über sie hat, ist kein anderer als die Verkündigung des Glaubens.» (Brief an eine Persönlichkeit am Hof, 15. Oktober 1535, BAE T. 110, p. 67 a.)

4 Unsere Bezugnahmen auf die Inka stammen, im wesentlichen, aus dem hervorragenden Werk von Professor John Murra: ‹The Economic Organization of the Inca State›. Diss. phil., vorgetragen 1956 vor der Universität von Chicago (gedr. Chicago 1971); der Autor hat uns freundlicherweise einen Mikrofilm seiner Arbeit zur Verfügung gestellt. Es sei uns gestattet, ihm an dieser Stelle unseren herzlichsten Dank auszusprechen.

Der Begriff des Stammes:
Krise eines Begriffs oder
Krise der empirischen Grundlagen der Anthropologie?

«(...) die analytische Methode, womit die Kritik und das Begreifen anfangen muß, (...) hat nicht das Interesse, die verschiednen Formen genetisch zu entwickeln, sondern sie durch Analyse auf ihre Einheit zurückzuführen, weil sie von ihnen als gegebnen Voraussetzungen ausgeht. Die Analyse aber die notwendige Voraussetzung der genetischen Darstellung, des Begreifens des wirklichen Gestaltungsprozesses in seinen verschiedenen Phasen.»
Karl Marx, *Theorien über den Mehrwert* (MEW Bd. 26,3; S. 491)

I. Zwei von einem einzigen Begriff gedeckte Sachverhalte

Die Anthropologen bezeichnen mit dem Begriff *Tribus* gewöhnlich zwei Sachverhalte, zwei Bereiche von verschiedenen, aber verbundenen Fakten. Einerseits bedienen sich seiner nahezu alle, um damit einen bestimmten *Typus von Gesellschaft* von anderen zu unterscheiden, eine Form der sozialen Organisation, die sie mit anderen Organisationsformen von Gesellschaft vergleichen («Horden», «Staaten» usw.). Dieser Aspekt führt jedoch zu keiner Einhelligkeit, und zwar auf Grund der Ungenauigkeit und Verschwommenheit der zum Vergleich und zur Isolierung dieser verschiedenen Gesellschaftstypen gewählten Kriterien. Größer noch ist die Nichtübereinstimmung jedoch in Hinsicht auf die zweite Wortbedeutung des Begriffs *Tribus*, dann nämlich, wenn er zur Charakterisierung eines *Stadiums der Entwicklung* der menschlichen Gesellschaft benutzt wird.

Die Verbindung zwischen diesen beiden Bedeutungen des Begriffs – verstanden als Gesellschaftstypus und als Entwicklungsstadium – ist ohnedies sehr eng, weil in der Sicht der Evolutionisten jedes Entwicklungsstadium durch einen besonderen Typus sozialer Organisation gekennzeichnet wird. Aber die Mehrzahl der Anthropologen weigert sich, von der Existenz einer bestimmten Form sozialer Organisation auf die Existenz eines notwendigen Entwicklungsstadiums der Menschheit zu schließen, und bestreitet selbst die theoretische Möglichkeit einer wissenschaftlichen Analyse der Evolution menschlicher Gesellschaften (Leach) oder leugnet jegliches Interesse an deren Geschichte. Das ist – mit der bemerkenswerten Ausnahme von Evans-Pritchard oder Raymond Firth – der Fall bei den meisten Anthropologen, die sich auf den Funktionalismus oder eine bestimmte Art von Strukturalismus berufen. Der Sachverhalt kompliziert sich noch auf Grund der Tatsache, daß – selbst bei den Verteidigern eines Entwurfs einer wissenschaftlichen Theorie sozialer Evolution – einige wie Herbert Lewis in der Form der tribalen Organisation der Gesellschaft kein *notwendiges* und *allgemeines* Stadium dieser Entwicklung sehen, und daß andere – wie Morton Fried – noch weiter gehen und darin zugleich eine Nebenerscheinung des Aufkommens etatistischer Gesellschaften und eine veritable Sackgasse der Entwicklung der Menschheit sehen.

Unbehagen, Anfechtung und Krise eines Begriffes

Obwohl also der Begriff *Tribus* die Arbeiten und Diskurse der Anthropologen buchstäblich überschwemmt und durchaus nicht in den Zentren der schärfsten theoretischen Auseinandersetzungen aufzutauchen scheint, haben sich einem Jahrzehnt Zweifel, Unruhe, Kritik und manchmal sogar entschiedene Ablehnung bemerkbar gemacht und heute zu einer offenen Krise geführt. Neiva, im Gefolge von Leach, beklagt die «skandalöse Ungenauigkeit» des Begriffes, Julian Steward, selbst Evolutionist, ruft zu größter Behutsamkeit angesichts von etwas auf, was er einen «Rumpelkammerbegriff» nennt, und andere – wie Swartz, Turner oder Toden – verfallen auf den Ausweg, ihn systematisch zu ignorieren und totzuschweigen, obwohl sie einen Bereich untersuchen – nämlich die politische Anthropologie –, innerhalb dessen der Begriff *Tribus* traditionellerweise die Rolle eines Schlüsselwortes gespielt hat. Aber da liegt nur die eine Hälfte der Schwierigkeit, denn zu diesen Einwänden von eher theoretischem Zuschnitt addieren sich Unbehagen und heftige Angriffe angesichts des ideologischen Mißbrauchs, der mit ihm unter der von seinem Nachbarbegriff Tribalismus abgeleiteten Form getrieben wird. Die Existenz tribaler Organisationen in Afrika, Amerika, Ozeanien und Asien scheint tatsächlich für die Komplikationen verantwortlich zu sein, denen sich junge «Entwicklungsländer» in ihrer ökonomischen und politischen Entfaltung und bei der Eroberung ihrer Unabhängigkeit gegenübersehen. Die Existenz mehr oder weniger langlebiger Spuren von präkolonialen tribalen Organisationen scheint die Gründe für so dramatische Ereignisse wie den Biafra-Krieg zu liefern, für die Mau-Mau-Revolte, die Spaltung der Tuaregs und der «animistischen» Stämme im Südsudan oder den Untergang der südamerikanischen Indianer.

Der Einsatz, um den es hier geht, besteht – wie Jomo Kenyatta in seinem berühmten Buch ‹Facing Mount Kenya› gezeigt hat – nicht nur darin, die Welt zu interpretieren, sondern auf ihre Widersprüche einzuwirken und sie von einer exakten Analyse aus zu transformieren. Aber die Anthropologen und Politiker sind zahlreich, die den Gebrauch der Begriffe Tribus und Tribalismus als theoretisch falsch und politisch schädlich ablehnen, wenn die modernen Widersprüche «unterentwickelter» Länder in Frage stehen. Sie sehen im Gegenteil in diesen dem Tribalismus zugeschriebenen Widersprüchen weniger einen Bruch, der von präkolonialen Strukturen herrührt, von tribalen Organisationen, die man zerstört glaubte und die mit Gewalt wieder zutage träten, als vielmehr das Vermächtnis der Kolonialperiode und neuer kolonialistischer Herrschaftsverhältnisse. Eliott Skinner, Anthropologe und 1967 Botschafter der Vereinigten Staaten in Obervolta, schrieb: «Es ist bedauerlich, daß der Begriff Tribalismus mit all seinen Nebenbedeutungen von Primitivismus und Traditionalismus den einheitlichen Bestrebungen als Name dient, die im heutigen Afrika die Gruppen verbindet, die im Wettstreit um Macht und Prestige stehen. Einige der heute als Symbole der Einheit von bestimmten dieser Gruppen gebrauchten Bezeichnungen beziehen sich auf verschiedene kulturelle Entitäten der Vergangenheit. Dagegen waren viele dieser sogenannten ‹Stammes›-Gruppen Schöpfungen der Kolonialperiode, und selbst diejenigen dieser Gruppen, die Anspruch auf eine Kontinuität mit der Vergangenheit erheben konnten, haben so viele ihrer traditionellen Charakteristika verloren, daß man sie tatsächlich als neue Einheiten betrachten kann.»

Der Begriff des Stammes ist also in einer «Krise», und es ist doppelt dringlich – theoretisch wie praktisch –, zu den Wurzeln des ihm anhaftenden Übels zurückzugehen und ihn neu zu definieren, kritisch zu befragen und sein wirkliches Gewicht abzuschätzen. Der gangbarste Weg scheint darin zu bestehen, seine Geschichte in Kürze zurückzuverfolgen – von Morgan, dem Begründer der Anthropologie, bis heute, und vor allem bis hin zu Marshall Sahlins, dem Autor, der neuerdings die wohl ausdauerndsten und brillantesten Anstrengungen unternommen hat, um diesen Begriff randscharf neu zu definieren und die seit einem Jahrhundert aufgehäuften neuen ethnographischen Materialien umzuinterpretieren. Möglicherweise entdecken wir gegen Ende dieses Durchlaufs, daß das Übel nicht nur einem isolierten Begriff anhaftet und daß seine Krise die der Grundlagen und empirischen Methoden der Anthropologie und der Sozialwissenschaften ist.

II. Kurze Rekapitulation der indoeuropäischen Ursprünge des Begriffs

Das französische *tribu*, das englische *tribe* gehen auf das lateinische *tribus*, auf das umbrische *trifú* oder auf dessen griechisches Äquivalent φυλή zurück, Ausdrücke, die zum ältesten Vokabular indoeuropäischer Institutionen gehören. Man erinnere sich in diesem Zusammenhang der vorzüglichen etymologischen und semantischen Analysen, die Emile Benveniste für dieses Vokabular vorgelegt hat. Ursprünglich waren also diese Begriffe empirische Begriffe, die im Verlauf der Geschichte dieser Populationen zwangsläufig einem Bedeutungswandel unterlagen; in ihrer ältesten Schicht beschreiben sie jedoch eine spezifische Form sozialer und politischer Organisation, die in allen diesen Gesellschaften existierte. Ein indoeuropäischer Tribus war die umfassendste Form politischer und sozialer Organisation im Bereich dieser Populationen vor dem Aufkommen des Stadtstaates. Er versammelte elementare soziale Einheiten von kleinstem Zuschnitt, das γένος und die φράτρα bei den Griechen, die *gens* und die *curia* bei den Römern. Wichtig bleibt hier festzuhalten, daß alle diese Ausdrücke (mit Ausnahme von *curia*) zugleich dem politischen und dem Vokabular der Verwandtschaft angehörten, was auf eine innere (reale oder vorausgesetzte) Beziehung zwischen Verwandtschaft und politischer Organisation schließen läßt. Tatsächlich stimmen – wie Benveniste hervorhebt – «die wichtigsten indoeuropäischen Sprachen darin überein, gemeinsame Herkunftsverhältnisse als Grundlage einer sozialen Gruppe anzunehmen»[1]. In diesem Sinne war, was der Begriff des Stammes dem Denken und der Sprache der Indo-Europäer lieferte, eine Gegebenheit ihrer Erfahrung, ein Beobachtungsdatum.

Was sich jedoch nach dem Verschwinden der Institutionen des indoeuropäischen Altertums im Laufe der Jahrhunderte mehr oder weniger verdunkelte, ist die innere Beziehung zwischen Verwandtschaft und politischer Organisation und mithin das Verständnis für das eigentliche Wesen sozialer Gruppen, die mit Begriffen wie Clan, Phratrie oder Tribus bezeichnet wurden. Wie Morgan anmerkt, waren diese Begriffe im Laufe des 19. Jahrhunderts, als die Anthropologie als wissenschaftliche Disziplin sich etablierte, seit langem unterschiedslos von Missionaren, Verwaltern, Geographen und aufgeklärten Reisenden gebraucht worden, und das war zugleich die Ausgangslage, als Morgan selbst die wissenschaftliche Analyse der sozialen Organisationsformen der Irokesen in Angriff nahm, der nach und nach die zahlreicher anderer indianischer Populationen von Nord- und Südamerika folgte.

Der Ausgangspunkt: Morgan (1877)

Zum Verständnis der Morganschen Thesen zu «tribalen» Formen sozialer Organisation muß zuvor in aller Kürze an seine große Entdeckung erinnert werden, wie sie in seinen ‹*Systems of Consanguinity and Affinity of the Human Family*› (Washington 1871) beschrieben ist. Morgan wies dort zunächst nach, daß die bei der Organisation der Mehrzahl der primitiven Gesellschaften vorherrschenden sozialen Beziehungen Ver-

wandtschaftsbeziehungen waren. Er zeigte dann, daß diese Verwandtschaftsbeziehungen eine innere Logik aufwiesen, die im genauen Studium der Heiratsregeln und Verwandtschaftsterminologien aufgesucht
werden mußte – Regeln und Begriffen, die zumeist jeder Logik bar zu
sein schienen in den Augen von Europäern, die diesen «klassifikatori-
schen» Verwandtschaftssystemen, wie sie sich in Afrika, Asien, Ozeani-
en oder Amerika fanden, fassungslos gegenüberstanden. Er vermutete
darüber hinaus, daß diese Verwandtschaftssysteme eine Geschichte
hatten und in einer notwendigen Ordnung aufeinandergefolgt waren,
seitdem der Mensch die Animalität und die sexuelle Promiskuität der
primitiven Horden hinter sich gelassen hatte, und daß sich weiterhin
allmählich das Inzestverbot und das Verbot der Heirat zwischen Kategorien immer weiter entfernter Verwandter entwickelt hatten. Die
«menschliche Familie» hatte sich seither von einer primitiven Form
von «Gruppenheirat», die heute vollkommen verschwunden ist, bis hin
zur Monogamie der europäischen Kernfamilie entfaltet. Morgan stellte
schließlich die Hypothese auf, daß die matrilinearen Verwandtschaftssysteme in der historischen Entwicklung den patrilinearen vorangegan-
gen seien.

Von diesem kurzen Abriß aus wird die Morgansche Definition der tribalen Organisation in ‹Ancient Society› verständlich. Ein Stamm ist
eine «*vollständig* organisierte Gesellschaft» [S. 102 der dt. Ausgabe;
vgl. die Bibliographie], mithin also eine soziale Organisationsform, die
sich selbst zu *reproduzieren* in der Lage ist. «Er illustriert den Zustand
der Menschheit auf der Vorstufe der Barbarei», d. h. einer Menschheit,
die zwar die primitive Wildheit hinter sich gelassen, aber noch nicht das
Stadium der Zivilisation, der «politischen» Gesellschaft und des Staates erreicht hat. Wenn jedoch ein Stamm eine «vollständig organisierte
Gesellschaft» ist, kann seine Funktionsweise nicht ohne das vorherge-
hende Verständnis der «Strukturen und Funktionen» der ihn bildenden
elementaren Gruppen verstanden werden – der Clans. Ein Clan ist
«eine Gesamtheit von Blutsverwandten, die alle von einem gemeinsamen Urahnen abstammen, durch einen Gentil-Namen bezeichnet sind
und durch Bande des Blutes zusammengehalten werden» [S 53]. Nachdem er die «Identität der Strukturen und Funktionen» der Clans der
amerikanischen Indianer und des γένος und der *gens* der Griechen und
Römer entdeckt hatte, zog Morgan den Terminus *gens* dem des Clans
vor und sprach lieber von einer «Gentil»- als von einer tribalen Gesellschaft. «Jeder Stamm war bezeichnet durch einen eigenen Namen,
einen besonderen Dialekt, eine oberste Verwaltung und den Besitz eines eigenen Gebiets, welches er innehatte und als sein Eigentum verteidigte.» Unter «oberster Verwaltung» versteht Morgan einen von
den *gentes* gewählten Rat von Sachems und Häuptlingen und – in
bestimmten Fällen – einen «obersten Stammeshäuptling». Zwei weitere

«Funktionen und Attribute» der tribalen Organisation müssen noch erwähnt werden: die Auszeichnung durch einen «eigenen religiösen Glauben und einen gemeinsamen Kult» und die Tatsache, daß – wie es seine Polemik gegen die Thesen von McLennan in dessen *Primitive Marriage* deutlich hervorhebt – der Stamm eine endogame Gruppe ist, während der Clan exogam ist [S. 435 ff]. Clans und Stämme haben sich infolge der Wanderungen vervielfacht und ausdifferenziert, die auf das Wachstum der Populationen und die Beschränktheit der Subsistenzmittel zurückzuführen sind. «Im Lauf der Zeit mußten die Interessen der Auswanderer von denen des Mutterstammes sich sondern; eine Entfremdung trat ein und zuletzt auch eine Verschiedenheit der Sprache. Trennung und Unabhängigkeit waren die Folge, obwohl die Landgebiete aneinander grenzten. So wurde ein neuer Stamm geschaffen [durch] einen Vorgang (...), (d)er als ein sowohl natürliches, wie auch unvermeidliches Resultat der Gentilorganisation und der materiellen Verhältnisse, unter denen sie existierte, betrachtet werden (muß)» [S. 88].

Die Ausdifferenzierung der Lebensweisen und des linguistischen Bestandes verdankt sich also dieser «ständigen Tendenz zur Desintegration mit vollständiger Spaltung als Folge» [S. 88], die die tribale Organisation charakterisiert. Diese Vervielfachung der Stämme geht mit einem permanenten Kriegszustand zwischen ihnen einher, weil jeder Stamm sich als im Kriegszustand mit all denen betrachtete, mit denen er keinen formalen – und sei es befristeten – Friedenspakt unterzeichnet hatte. Spaltung und unaufhörliche Kriege waren ein «bedeutendes Hindernis für den Fortschritt der wilden und barbarischen Stämme».

Dennoch führten gerade einige dieser tribalen Gesellschaften die Menschheit der Zivilisation entgegen, wenn auch um den Preis der Auflösung und des Verschwindens ihrer clanmäßigen und tribalen Organisation. Für Morgan ist das Phänomen der Zivilisation erst mit dem Aufkommen des Staates gegeben, und der Staat beruht auf der Kontrolle eines Territoriums oder der auf diesem Territorium lebenden Personen, die jedoch nicht mehr in Verwandtschaftsgruppen, sondern vor allem in territorialen Gruppen organisiert sind, z. B. in Städten. Die Reformen von Solon und Clisthenes im antiken Griechenland bezeugten für ihn die radikale Unmöglichkeit, «eine politische Gesellschaft oder einen Staat zu gründen, der die Gentes zur Grundlage hat» [S. 103], und die Notwendigkeit, die alten Verwandtschaftsbeziehungen in territoriale Gruppenbeziehungen zu überführen.

Der oberste Häuptling bestimmter Stämme war nicht ein Monarch, sondern ein auf Zeit gewählter Kriegsführer wie der Basileus bei den Griechen. Für Morgan waren die angeblichen Königreiche der Inka und Azteken letztlich nur «Militärdemokratien» (vgl. seinen berühmten Aufsatz über *Das Bankett des Montezuma*). «Alle Mitglieder einer irokesischen Gens waren persönlich frei und verpflichtet, einer des andern Freiheit zu schützen; sie waren einander gleich in Befugnissen und persönlichen Rechten, denn weder Sachems noch Häuptlinge beanspruchten irgendwelchen Vorrang, und sie waren eine durch Blutbande verknüpfte Brüderschaft. Freiheit, Gleichheit und Brüderlichkeit, obwohl nie formuliert, waren die Grundprinzipien der Gens» [S. 73]. Die Entstehung von Staaten hat eine «vollständige Umformung» erforderlich gemacht und ist das notwendige Produkt der Desintegration der gentilistischen Gesellschaft infolge des Auftretens und der Entwicklung des Privateigentums an Herden und Grund und Boden; und diese ungleichmäßige Akkumulation privater Reichtümer fällt zusammen mit der Konsolidierung der monogamen Familie. Das führt zum letzten und wichtigsten Aspekt der Morganschen Thesen. Die allgemeine Entwicklung der Menschheit, die Bestimmung und die Aufeinanderfolge ihrer Entwicklungsstadien verdankt sich der Tatsache, daß der Mensch sich zur Zivilisation erhoben hat, indem er «sich selbst bearbeitete». Der Mechanismus dieser Transformation hat eine doppelte Voraussetzung. Indem er neue Mittel und Techniken zum Überleben erfand, hat der Mensch die Keime seines Denkens entwickkelt, die Vorstellungen, die keimhaft in seinem Kopf existierten und zum Plan der «Höchsten Intelligenz», zu Gott gehörten. Damit wird verständlich, daß Morgan einerseits behaupten kann, daß die «aufeinanderfolgenden Künste der Gewinnung des Lebensunterhalts, welche nach und nach erstanden, später einmal die geeignetste Grundlage für eine solche Einteilung [der Entwicklung der Menschheit in ethnische Perioden]» liefert, und gleichzeitig seine Arbeit so gliedert, daß er nacheinander die *parallele* Entwicklung dreier Ideenkomplexe analysiert, der der Gesellschaftsordnung, der Familie und des Eigentums, und vorerst die Entwicklung religiöser Vorstellungen – eines schwierigen und wenig erforschten Bereiches von «grotesken und bis zu einem gewissen Grade unverständlichen» Bräuchen [S. 4] – beiseite läßt.

Soweit, aufs Wichtigste verkürzt, der Bedeutungsumfang der Begriffe Clan und Stamm bei Morgan. Es wird deutlich, daß es sich da keineswegs lediglich um Beiläufigkeiten handelt und daß sie über Kernprobleme von Anthropologie und Geschichte Aufschluß geben. Halten wir fest, daß Morgan eine (strukturale, funktionale und historische) Ordnungspriorität zwischen diesen beiden Begriffen setzt, wenn er zeigt, daß der Begriff des Stammes *scharf* nur *nach* und *ausgehend* von einem Begriff definiert werden kann, der eine «primäre Gegebenheit» der tribalen sozialen Organisation bezeichnet, vom Begriff einer Gruppe von segmentierter und lignagerer* Herkunft, vom Begriff des Clans. Selbst

---

* Der in der angelsächsischen Kulturanthropologie gebräuchliche Begriff *lineage* (frz. *lignage,* davon *lignager[ère]*) hat sich als wissenschaftliche Terminus im

als neuere Entdeckungen der Anthropologie die These der Universa-
lität einliniger Verwandtschaftsbeziehungen durch den Nachweis von
nichtlinearen Beziehungen (kognitive Deszendenz) schwächten, hörte
der Begriff des Stammes dennoch nicht im geringsten auf, Realitäten
einer zweiten Ebene zu bezeichnen, auf der in einer umfassenderen sozialen Einheit elementare Teileinheiten (welcher Art auch immer) integriert werden, die – Morgans eigener Formulierung (anläßlich der
Clans) zufolge – «die grundlegende Basis des sozialen und gouverne-
mentalen Systems der archaischen Gesellschaft bilden».
Es wird also verständlich, warum das Werk Morgans, auf Grund dieser
Mischung aus materialistischen und idealistischen Thesen, Anlaß zu so
entgegengesetzten Interpretationen gegeben hat, deren berühmteste –
im materialistischen Sinne – die von Marx und Engels gewesen ist,
während heutzutage Opler eine idealistische Neuinterpretation versucht hat.
Der Hauptgesichtspunkt bei der Einschätzung des Werkes von Morgan
besteht weder darin, es summarisch zu loben und die Kühnheit und
Tiefe seiner Verallgemeinerungen zu akzeptieren (wie Marx und Engels es taten), noch es abzulehnen oder zu verniedlichen, indem man erneut die unbewiesenen Extrapolationen oder eigene Gegenbeweise (wie
Goldenweiser, Murdock u. a.) abhaspelt, sondern den theoretischen
Grund dafür aufzufinden, daß Morgans Methode nicht die Beweise für
seine eigenen Hypothesen hat liefern können. Gerade diese Analyse
der fundamentalen Mängel seiner Methode in Hinsicht auf ihre
Hypothesen fehlt etwa in der Arbeit von E. Terray über Morgan, und
gerade dieses Defizit schwächt das Gewicht des von ihm zwischen
Marx und Morgan gezogenen Vergleiches bedeutend; denn Marx war
in der ‹Deutschen Ideologie› (1845) auf die gleiche allgemeine Hypothese gestoßen wie Morgan in ‹Ancient Society› (1877), nämlich auf
die, daß in letzter Instanz die sozialen Bedingungen der Produktion
des materiellen Lebens den Inhalt, die Form und die Entwicklung von
Gesellschaften bestimmen. Die theoretische Bedeutung von Marx liegt
jedoch darin, daß er, von dieser Hypothese ausgehend, eine tiefgehen-
de Untersuchung *einer* Gesellschaftsform, nämlich der bürgerlichen,
und der *ihr* eigenen materiellen Basis unternommen hat, der «kapitalistischen Produktionsweise». Er hat diese Untersuchung in Angriff genommen, indem er sich von Anfang an vom Empirismus abwandte und
jenseits der Erscheinungsformen des Systems dessen tieferliegende
Strukturen suchte, die seine ebenso versteckte wie augenfällige Logik
zum Ausdruck brachten. Es war seine Absicht, den Mechanismus zu

Deutschen erhalten und wird auch im vorliegenden Band benutzt, obwohl, z. B.
von J. Haekel, Begriffe wie «Sippe» oder «Familienstamm» vorgeschlagen
werden (Anm. d. Übers.).

entschleiern, durch den diese Produktionsweise sich zu reproduzieren fähig war und mittels dessen diese Reproduktion die Transformation der Gesamtgesellschaft nach sich zog. Ein einzigartiger und pionierhafter, aber unvollendet gebliebener Ausgangspunkt, den man jedoch durch die Untersuchung der präkapitalistischen Gesellschaften und Produktionsweisen wieder in Gang zu setzen versuchen muß – eine Aufgabe, die Marx anderen überlassen hat. Und gerade dieses Fehlen einer Analyse des exakten Mechanismus der strukturalen Kausalität der Ökonomie hat der Methode nicht erlaubt, die Beweise für ihre eigenen Hypothesen zu erbringen. «Sehr wahrscheinlich ist es, daß die aufeinanderfolgenden Künste der Gewinnung des Lebensunterhalts, welche nach und nach erstanden, infolge des großen Einflusses, den sie auf den Zustand der Menschheit ausgeübt haben müssen, später einmal die geeignetste Grundlage für eine solche Einteilung [der Menschheitsentwicklung] abgeben werden. Es sind jedoch die Forschungen nach dieser Richtung noch nicht weit genug gediehen, um die hierzu notwendigen Aufschlüsse zu liefern» [S. 8].

Alles, was Morgan von da an zu tun blieb, war die hypothetische und weitgehend spekulative Parallelisierung von Reihen von materiellen Erfindungen und Stadien der sozialen Entwicklung [S. 10 f.], ohne deren *innere Beziehungen* und *Notwendigkeiten* zeigen zu können, und das heißt, ohne den Mechanismus der Kausalität dieser Strukturen rekonstruieren zu können.

Wo stehen wir heute? Was hat sich von diesen Morganschen Analysen des Stammesbegriffs erhalten, was hat sich weiterentwickelt, und was ist verfallen?

Ein Jahrhundert später: Funktionalisten und Neoevolutionisten

Wenn man heute etwa den Artikel ‹*Tribe*› zu Rate zieht, den John J. Honigmann für das 1964 unter der Schirmherrschaft der UNESCO veröffentlichte ‹*Dictionary of the Social Sciences*› geschrieben hat, wird man bemerken, daß die Definition Morgans sich teilweise erhalten hat, soweit sie einen bestimmten *Typus* von Gesellschaft beschreibt, jedoch um die Beziehung auf ein diesem Typus von Gesellschaft entsprechendes *Entwicklungsstadium* verkürzt worden ist.

«Im allgemeinen sind die Anthropologen sich über die Kriterien einig, mittels deren ein Stamm (soweit er soziales Ordnungssystem ist) beschrieben werden kann; gemeinsames Territorium, gemeinsame Herkunftstradition, gemeinsame Sprache und Kultur und ein gemeinsamer Name – alle diese Kriterien bilden die Grundlage der Einheit kleinerer Gruppen wie Dörfer, Banden, Distrikte und lineages.»[2]

Diese Amputation erklärt sich teilweise aus dem Umsturz der evolutionistischen Theorien des letzten und zu Beginn des 20. Jahrhunderts sowie aus den Hauptprinzipien des gegenwärtigen Funktionalismus, der sich der Anthropologie weitgehend bemächtigt hat. Für die Funktionalisten ist – mit Ausnahme von Evans-Pritchard und einiger anderer hervorragender Forscher – ein soziales System ein Ganzes, dessen Teile notwendig verbunden sind, aber über diese Notwendigkeit kann, ihnen zufolge, gerade die Geschichte dieses Systems nichts aussagen, denn die Geschichte verläuft in der Kategorie des Zufälligen und Akzidentiellen, nicht in der des Notwendigen. Es existieren wohl Funktionsgesetze von Gesellschaften, aber keine notwendigen Entwicklungs- oder Transformationsgesetze.

Dennoch bietet selbst der so verkürzte und von seinem evolutionistischen Inhalt entlastete Begriff des Stammes noch Brüche genug, die auch den aufrechterhaltenen Teilbereich sprengen. Einige sind von geringerer Bedeutung. Man hat gezeigt, daß die linguistische, die kulturelle und die «tribale» Einheit häufig nicht zusammenfallen (vgl. die zitierten Aufsätze von M. Fried und G. Dole und die Arbeiten von Linguisten wie D. Hymes, J. Gumpertz, P. Friedrich oder C. Voegelin oder von Statistikern wie H. Driver und R. Naroll; die Untersuchungen zehren teilweise noch von dem Anstoß, den Boas, der Kritiker Morgans, gegeben hat). Man hat weiter nachgewiesen, daß die Stammesnamen häufig nur Ausdrücke waren, die auf eine bestimmte Gruppe von anderen, fremden Gruppen angewendet wurden und lediglich «die Leute» bedeuten sollten (Leach, Fried). Man hat schließlich gezeigt, daß die Existenz eines Gruppengefühls und einer Zusammengehörigkeitsideologie zumeist nicht den Schluß erlaubte, daß die betreffende ethnische Gemeinschaft ein Stamm war, während darin noch für Linton der Test auf die tribale Einheit bestand (vgl. Moerman anläßlich der Lué von Thailand, mit der Erwiderung von Naroll; vgl. den Aufsatz von Bessac über die Mongour und die Yögur); gründlicher noch hat man herausgearbeitet, daß der chronologische Entwicklungsvorsprung von Gruppen matrilinearer Abstammung gegenüber patrilinearen Gruppen keineswegs bewiesen war, daß die Bandenstruktur von Jägern und Sammlern eine sehr komplexe Realität war, daß wirkliche Aristokratien und erbliche Häuptlingswürden bei primitiven Stämmen existieren, deren theoretische Möglichkeit Morgan noch bestritten hatte [S. 264], daß die Inka- und Azteken-Reiche weder «Militärdemokratien» noch einfache Häuptlingsterritorien waren, sondern wirkliche etatistische Gesellschaften, in denen sich die herrschende Klasse mit dem Staat liierte und die tribale Organisation keineswegs verschwunden war usw. Wahrscheinlich konzentrieren sich gerade da – nämlich um das Problem der politischen Verhältnisse, die die tribale Organisation charakterisieren – die Hauptschwierigkeiten des Stammesbegriffs. Honigmann hebt anderswo mit größter Deutlichkeit hervor:

«Während es in Hinsicht auf die bereits erarbeiteten Charakteristiken dessen, was ein Stamm ist [vgl. die Definition oben], allgemeine Übereinstimmung herrscht, tauchen Sackgassen auf, sobald man die politischen Hauptmerkmale eines Stammes diskutiert.» Honigmann zitiert dann eine bei Anthropologen sehr verbreitete Klassifikation, die drei Typen von Stämmen mit Rücksicht auf ihre politische Organisationsform unterscheidet: führungslose nichtsegmentierte Stämme, führungslose segmentierte Stämme und zentralisierte Stämme. Er sieht sich schließlich veranlaßt, als *Tribus* sowohl die Eskimo-Jäger und Fischer, die ackerbauenden Ibo in Afrika (ein einfacher nichtsegmentierter Stamm), die Nuer-Hirten im Sudan und die matrilinearen Fischer und Gartenbebauer der ozeanischen Dobu-Inseln (ein segmentierter, führungsloser Stamm) wie auch die alten polynesischen Häuptlingsterritorien in Hawaii, in Tonga oder die mongolischen Khanats und die afrikanischen Mossi-Königreiche (zentralisierte Stämme) zu bezeichnen.

Man erkennt die Hauptschwierigkeit des Stammesbegriffs – eine Schwierigkeit, die Honigmann durch seine Zurückhaltung beredt ausdrückt, wenn er sich weigert, den bereits «erarbeiteten» Kriterien die politischen hinzuzufügen, die den Begriff definieren: Jede beliebige primitive Gesellschaft – oder wenigstens alle, in deren Umkreis keine scharf charakterisierten Formen von Klassenverhältnissen oder staatlicher Macht vorkommen – kann als tribale Gesellschaft bezeichnet werden. Und selbst diese Einschränkung ist nicht ganz exakt, weil zahlreiche afrikanische Königtümer wirkliche etatistische Gesellschaften sind. Man kann legitimerweise über das Erkenntnisinteresse eines solchen Sammelbegriffs mit sich zu Rate gehen, eines nächtlichen Begriffs im Sinne von Hegel, der – in der ‹Philosophie des Rechts› – von der «Nacht» sprach, «in der alle Katzen grau sind».

Aber gerade diesen von Morgan ererbten, von den Funktionalisten um eine inhaltliche Dimension verkürzten und einer unaufhörlichen kritischen Anstrengung unterworfenen Begriff haben M. Sahlins, E. R. Service und andere randscharf neu zu definieren und in seiner ursprünglichen Bedeutung wiederzuverwenden versucht, um damit sowohl einen Gesellschaftstyp auf dem Felde der vergleichenden Anthropologie als auch ein Stadium der sozialen Entwicklung im Bereich einer Theorie der Geschichte zu charakterisieren.

Sahlins und Service haben 1961 bzw. 1962 ein Schema der sozialen Entwicklung der Menschheit in vier Stadien entworfen: Das Stadium der Banden, das der Stämme, das der Häuptlingsterritorien und schließlich das der etatistischen Gesellschaften, mit denen die Zivilisation in die Geschichte eintritt. «Eine Bande ist lediglich eine Verbindung von Kernfamilien in einem gemeinsamen Wohnbezirk.»[3] Ein Stamm ist der Ordnung nach «eine größere Verbindung von Banden», aber *nicht lediglich* eine solche Verbindung».[4] Ein Häuptlingsterritorium «unterscheidet sich von der tribalen Stufe vor allem durch die Präsenz von Zentren, die die ökonomischen, sozialen und religiösen Aktivitäten koordinieren»[5] und «einen großen Teil der Produktion der lokalen Gemeinwesen umverteilen». Schließlich tritt der Staat in Erscheinung, der diese Zentralisation noch ausweitet und eine politische Struktur ausbildet, die den lokalen sozialen Gruppen endgültig überlegen ist, indem er die sozialen Standesunterschiede in Klassenprivilegien umformt.

Das ist, sehr vergröbert, eine Wiederbelebung des Schemas von Morgan, die sich über die neuen Gegebenheiten der Ethnologie Rechenschaft ablegt. Wir wollen lediglich zwei neue Momente dieser Wiederbelebung aufgreifen. Einerseits hat der Begriff der Bande den Platz der primitiven Horde bei der Beschreibung des «vorherrschenden Typus der paläolithischen Gesellschaft»[6] eingenommen; andererseits die Existenz der Häuptlingsterritorien, die im Werk von Morgan keinen sehr gesicherten und darüber hinaus keinen erkennbaren *theoretischen* Status haben.

Wie sehen die Hypothesen aus, die die Konstruktion eines solchen Schemas stützen? Der gesellschaftliche Fortschritt habe – wie der der lebenden Organismen – im Prinzip im Fortschritt vom Undifferenzierten zum Differenzierten, vom Einfachen zum Komplexen bestanden, und jedes dieser verschiedenen Stadien korrespondiere also mit einer zunehmend komplexeren Ebene von struktureller Differenziation und Integration.[7] Die Voraussetzungen dieser Entwicklung sucht Sahlins in den ökonomischen Wandlungen, in der «neolithischen Revolution», die wenn auch nicht die Entstehung, so doch die allgemeine Ausbreitung und Herrschaft der tribalen Gesellschaften über die Jäger und Sammler des paläolithischen Zeitalters ermöglicht habe. Die Methode von Sahlins und Service hat nun darin bestanden, von diesen Hypothesen aus eine «wahrscheinliche» Darstellung des Ablaufs dieses Prozesses zu konstruieren, indem sie einzelne «Züge» der Funktionsweise einiger realer Gesellschaften auswählte, die jeder dieser Ebenen zu entsprechen schienen, und diese Materialien in den verschiedenen, ihnen vorbehaltenen Feldern des Schemas unterzubringen. Es muß festgehalten werden, daß die Plazierung einiger dieser realen Gesellschaften auf dem oder jenem Feld sie automatisch in «typische» Darstellungen der Organisation der menschlichen Gesellschaft in dem oder jenem Entwicklungsstadium *verwandelte*, und daß ebenso *automatisch* die *reale*, besondere Entwicklung dieser Gesellschaften – ihre Geschichte, *die Ge*schichte – *sich verflüchtigte*. Zugleich erhielten sie, weil sie zur Illustration eines Stadiums dienten, das sie selbst historisch noch nicht überschritten hatten – eine imaginäre Zukunft zugesprochen im selben Augenblick, wo ihre reale Vergangenheit verschwand.

1968 modifizierte Sahlins in seiner Arbeit *Tribesmen* dieses Schema bedeutend, indem er es auf Abfolge dreier Stadien – Bande, Stamm, Staat – an Stelle von vieren reduzierte, und zwar ohne theoretische Rechtfertigung und ohne daß irgendeine die Prinzipien und Voraussetzungen der sozialen Entwicklung betreffende Modifikation diesen Umschwung vorweggenommen oder begleitet hätte. Die Gründe, die 1961 zum Ausschluß der Häuptlingsterritorien aus dem tribalen Sektor führten – nämlich die Präsenz von «erblichen Funktionen» und einer «dauerhaften politischen Struktur» über den verschiedenen Fraktionen der Gesamtgesellschaft –, scheinen sie 1968 nicht mehr auszuschließen. Die tribalen Gesellschaften und die Häuptlingsterritorien werden darüber hinaus als zwei «Weiterentwicklungen» *ein und desselben Typus* von segmentierter Herrschaft gesehen, als zwei Permutationen des gleichen allgemeinen Modells, deren eine zur extremen Dezentralisation dieser segmentierten sozialen Beziehungen führt, während die andere ihre Integration auf höheren Ebenen der sozialen Organisation als der der lokalen Segmente ermöglicht. Die erste Permutation erzeugt «im eigentlichen Sinne segmentierte Stämme»[8], die zweite eben die Häuptlingsterritorien, innerhalb deren die tribale Kultur den Staat und seine Komplexität vorwegnimmt.[9] Zwischen diesen beiden einander entgegengesetzten Typen entfaltet sich eine Vielzahl von vermittelnden Kombinationen, so daß Sahlins im Begriff der «tribalen Gesellschaft» wieder nahezu die Gesamtheit der bekannten primitiven Gesellschaften zusammenfassen kann. Er sieht in dieser extremen Verschiedenheit das Ergebnis vielfacher struktualer Variationen, zu denen die Adaption der «neolithischen Ökonomie» an ebenso extrem verschiedene ökologische Nischen im Verlauf einer weltweiten Expansionsbewegung beisteuerte, die um das Jahr 9000 v. Chr. im Nahen Orient und um 5000 v. Chr. in der Neuen Welt einsetzt, und zwar mit den ersten Formen der Züchtung von Pflanzen und Tieren. Daraus resultierte das fortschreitende Verschwinden von Jägern und Sammlern, die langsam in marginale ökologische Bereiche abgedrängt wurden, die sich als ungeeignet für die neolithischen Techniken von Ackerbau und Viehzucht erwiesen. Unter Begriffe wie neolithische Ökonomie und tribale Gesellschaft finden sich, Seite an Seite, die brandrodenden und ackerbauenden Gesellschaften von Amazonien, Ozeanien und Äquatorialafrika, die nomadisierenden Hirten des asiatischen und afrikanischen Trokkengürtels und die Fischer und Jäger der Nordwestküste Nordamerikas rubriziert, die, dank der Ergiebigkeit ihrer Umwelt an Nahrungsmittel-Ressourcen, das tribale Stadium bereits vor dem Aufkommen der neolithischen Ackerbaukultur erreicht hatten; schließlich auch die berittenen Jäger Amerikas, die ihre Gesellschaften rapide umstrukturierten, sobald sie das von den Weißen eingeführte Pferd wieder gezähmt hatten, und Gesellschaften mit intensivem Ackerbau und Bewässerungstechniken wie die Pueblo und die Polynesier von Hawaii usw.

Dieses Inventar zahlloser Gesellschaften und ökonomischer Systeme ist derartig bunt zusammengewürfelt, daß zu seiner Rechtfertigung mit aller Genauigkeit nachgewiesen werden müßte, daß man sich da ebenso vielen Mutationen *ein und desselben* grundlegenden Typus «neolithischer» ökonomischer Verhältnisse gegenübersieht. Sahlins vervollständigt diese erste Hypothese durch eine zweite, wenn er vermutet, daß diese ökonomische und ökologische Verschiedenheit auch die Verschiedenheit der bei tribalen Gesellschaften anzutreffenden gesellschaftlichen Verhältnisse erklärt, namentlich die Verschiedenheit der Verwandtschaftsbeziehungen, seien sie nun kognativ, lignager o. a.

Es wäre absurd, ihm mit dem Vorwurf zu erwidern, er habe «die tiefsten Mysterien der Kulturanthropologie»[10] nicht durchbrochen und keine geschlossene Theorie der sozialen Evolution der Menschheit vorgelegt. Worauf es ankommt, ist die epistemologische Seite des Problems und die Tatsache, daß Sahlins, wie vor ihm schon Morgan, seine Zuflucht zu einer *Methode* nimmt, *die seine eigenen Hypothesen nicht zu verifizieren erlaubt* und vor allem darin besteht, verschiedene primitive Gesellschaften ohne staatliche oder Klassenordnung durch Isolierung gemeinsamer Züge zu vergleichen und die Differenzen vorläufig *beiseite zu lassen*. Dieses empirische Verfahren führt zum Gegenteil des gesuchten Resultats, denn um zu zeigen, daß die verschiedenartigen von ihm inventarisierten ökonomischen Systeme und die verschiedenen Typen gesellschaftlicher Verhältnisse notwendige und von sozialen Strukturen geregelte Transformationen sind, die durch das Denken rekonstruiert werden müssen, weil sie keiner direkten Beobachtung zugänglich sind, müßte Sahlins sich einer Methode bedienen, die bei *Anwendung derselben Prinzipien* sowohl über Ähnlichkeiten als auch über Unterschiede zwischen ökonomischen und sozialen Systemen Rechenschaft abzulegen erlaubt, also einer Methode, die die Differenzen nicht annulliert oder sie, jenseits der Ähnlichkeiten, als lästigen Rest wiederfindet. Aber gerade diese Pendelbewegung zwischen Ähnlichkeiten und Differenzen kann man bei Sahlins beobachten.

Der erste von ihm isolierte und allen tribalen Gesellschaften gemeinsame Zug besteht darin, daß die sie bildenden elementaren sozialen Einheiten «multifamiliäre Gruppen» sind, «die eine gemeinsame Nutzungsfläche von Ressourcen während des ganzen Jahres oder doch seines größten Teiles kollektiv ausbeuten». Er nennt diese elementaren Einheiten «primäre Segmente» – daher die Bedeutung des Begriffes «segmentierte Gesellschaften», der unterschiedslos an Stelle von «tribale Gesellschaften» benutzt wird. Sahlins fährt mit einer bewußten Abstraktion von den charakteristischen inneren Merkmalen dieser sozialen Segmente fort, d. h. mit einer Abstraktion von der eigentlichen Natur der Verwandtschaftsbeziehungen, die diese multifamiliären Gruppen organisieren und sie zu entweder patrilinearen (Tiv) oder matrilinearen (Irokesen) oder zu kognativen lineages (die Iban auf Borneo, die Lappen) machen. Was also mittels dieses Verfahrens isoliert wird, ist ein Zug, der eher zur «allgemeinen Form» einer großen Anzahl primitiver Gesellschaften als zu ihrem spezifischen Inhalt gehört. Das zweite von ihm hervorgehobene gemeinsame Element ist der multifunktionale Charakter der diese primären Segmente organisierenden Verwandtschaftsbeziehungen. Er rückt damit die Tatsache ins Blickfeld, daß diese Verwandtschaftsbeziehungen – abgesehen von ihrem patri-, matri-, bilinearen oder nichtlinearen Charakter – *zugleich* als ökonomische, politische und ideologische Beziehungen funktionieren, kurz, die Eigenschaft der – nach der berühmten Formulierung von Evans-Pritchard – «funktionalen Verallgemeinerung» haben. Die Aufdeckung des polyfunktionalen Charakters der Verwandtschaftsbeziehungen hat im theoretischen Bereich großes Gewicht, weil gerade er es unmöglich macht, Verwandtschaftsbeziehungen lediglich als Element der sozialen Superstruktur zu sehen, das von der ökonomischen Infrastruktur, der Produktionsweise, unterschieden und getrennt wäre. Sahlins schließt daraus, daß die verschiedenen ökonomischen Systeme tribaler Gesellschaften ebenso viele Variationen derselben grundlegenden Produktionsweise seien, nämlich der «Familialproduktion». Dieser Begriff ist nicht gleichbedeutend mit dem der Familienproduktion, weil die Produktion im Bereich tribaler Gesellschaften zumeist die Kooperation mehrerer Familien einschließt oder – jenseits der familiären Produktivkräfte – die Kooperation von nicht familiengebundenen sozialen Gruppen (Altersgruppen usw.). Er meint lediglich, daß Produktion und Konsumtion *letztlich* von den Bedürfnissen und Mitteln der Familiengruppen bestimmt, angeregt und begrenzt werden.[11]

Bis jetzt bezeichnet also der Begriff «tribale Gesellschaft» alle primitiven Gesellschaften, die die folgenden beiden sichtbaren Funktionszüge gemeinsam haben: die Existenz elementarer sozialer Einheiten, primärer Segmente, die die *Form* von multilokalen Gruppen und *Plurifunktionalität* der Verwandtschaftsbeziehungen aufweisen, die diese Gruppen organisieren. Sobald man aber diesen gemeinsamen Nenner hinter sich läßt, beginnen gerade die Differenzen zwischen tribalen Gesellschaften die größten Schwierigkeiten hervorzurufen, die inventarisiert und erklärt werden müssen. Während also die Gemeinsamkeiten lediglich zur Unterscheidung von Unterklassen innerhalb der einen Klasse von tribalen Gesellschaften führen, stellen die Differenzen gerade die Einheit dieser Klasse in Frage, und damit tauchen erneut alle die theoretischen Schwierigkeiten auf, die dem vergleichenden empirischen Vorgehen anhaften. Es genügt zum Beweis, die Widersprüche und Verwicklungen von Sahlins bei seinem Versuch zu analysieren, ein drittes Element in die Definition tribaler Gesellschaften einzuführen: das

Vorhandensein eines «strukturalen Gleichgewichts» zwischen sie bildenden primären Segmenten. Wir berühren hier also grundlegende Probleme der Anthropologie.

Als «strukturales Gleichgewicht» der primären Segmente bezeichnet man den Sachverhalt, daß sie funktional gleichwertig sind, d. h. ökonomisch, kulturell und ideologisch identisch und unterschiedslos. Jedes Segment, jedes lokale Gemeinwesen ist wie die anderen, handelt für sich wie alle anderen. Das vollkommenste Beispiel für dieses Prinzip des «strukturalen Gleichgewichts» der Segmente bildet für Sahlins die Gesellschaft der Tiv in Nigeria. Alle lokalen Teilgemeinschaften der Tiv sind lineage-Elemente und bewohnen benachbarte Territorien. Die diese lokalen Teilgemeinschaften überformenden Organisationsebenen beginnen nur in Kraft zu treten, wenn ein Konflikt sie zeitweise einander gegenübertreten läßt. Wenn die Teilgemeinschaft a die Teilgemeinschaft b angreift, solidarisiert sich die lineage I und setzt sich in Bewegung, um der lineage II entgegenzutreten. Wenn das lineage-Segment d die benachbarte lokale Gemeinschaft e angreift, treten alle Abkömmlinge des Ahnen A der Gesamt-lineage B entgegen. Die die

LINEAGES

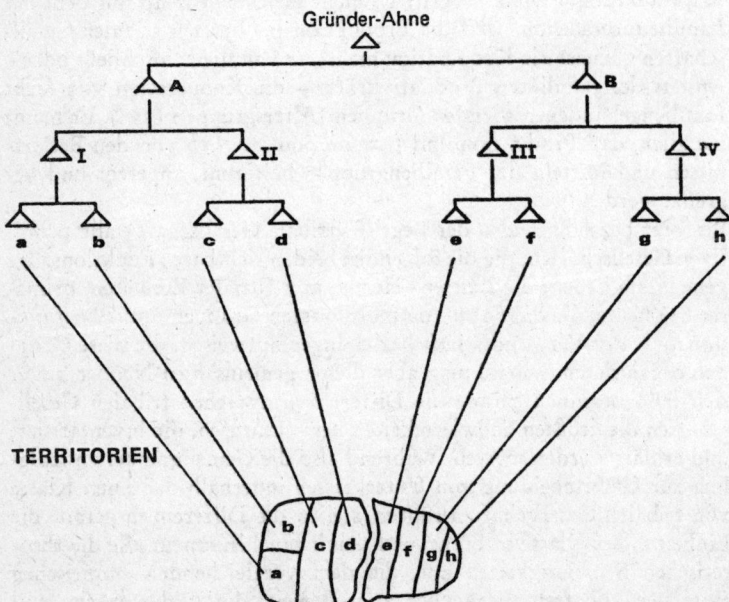

Nach Paul Bohannan, ‹*The Migration and Expansion of the Tiv*›. *Africa* II, 1954, 3.

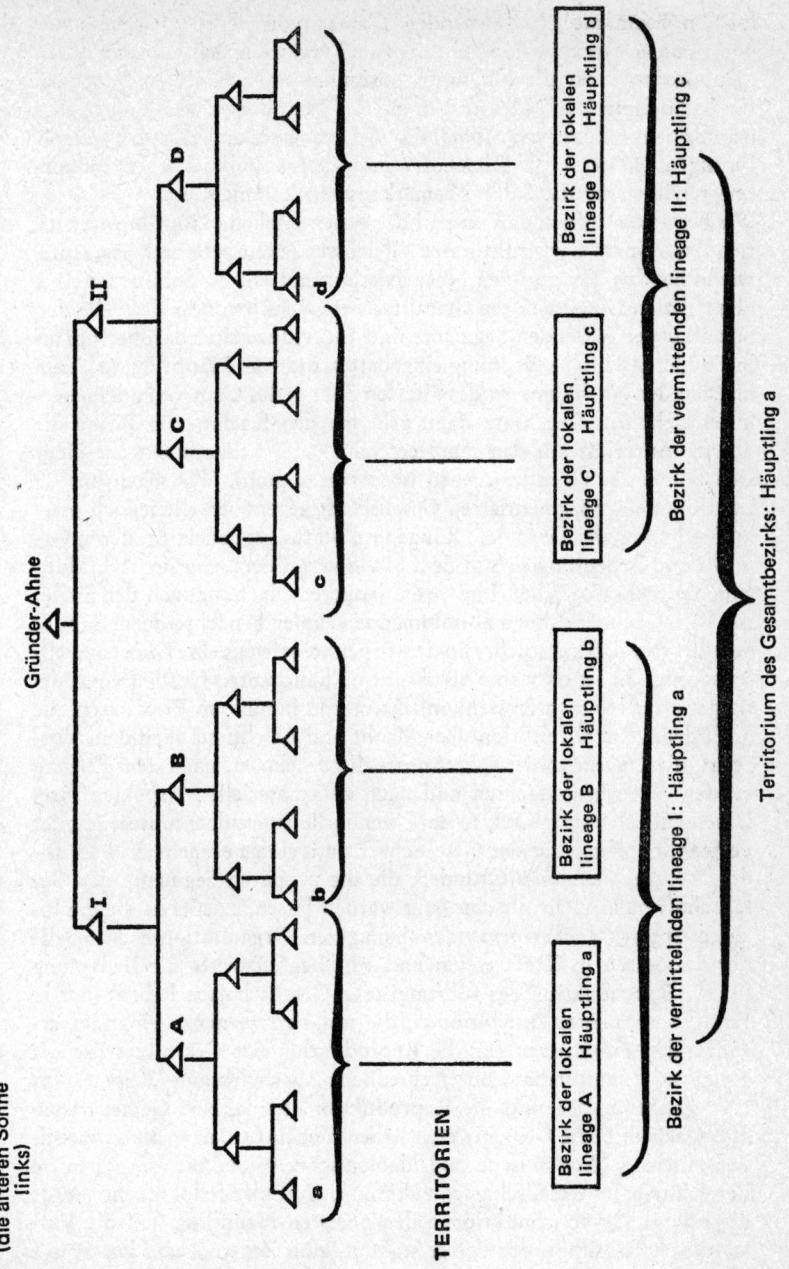

(die älteren Söhne links)

Gründer-Ahne

TERRITORIEN

Bezirk der lokalen lineage A   Häuptling a

Bezirk der lokalen lineage B   Häuptling b

Bezirk der vermittelnden lineage I: Häuptling a

Bezirk der lokalen lineage C   Häuptling c

Bezirk der lokalen lineage D   Häuptling d

Bezirk der vermittelnden lineage II: Häuptling c

Territorium des Gesamtbezirks: Häuptling a

Nach M. Sahlins, ›Tribesmen‹ (S. 25). Geringfügig abgewandelt von M. G.

117

lokalen Segmente überformenden Ebenen von verwandtschaftlicher und sozialer Organisation existieren und ergänzen sich also nur durch «Opposition», um die berühmte Formulierung von Evans-Pritchard für das Beispiel der Nuer zu benutzen.[12] Vergleichen wir dieses Schema mit dem reduzierten Modell des in Form eines umfassenden «kegelförmigen Clans» (vgl. Kirschoff) integrierten polynesischen Häuptlingsterritoriums, das Sahlins bemerkenswert kommentiert.

Wir bemerken sofort, daß im Fall der polynesischen Häuptlingsterritorien das Prinzip der strukturalen Gleichwertigkeit primärer Segmente, wie es bei den Tiv und den Nuer existiert und wie es, Sahlins zufolge, alle tribalen Gesellschaften charakterisiert, verschwunden ist. Alle den Sozialkörper bildenden Segmente und Individuen sind darüber hinaus in eine hierarchische Ordnung eingebettet, die vom Häuptling (a), dem ältesten der Nachkommen des ältesten Sohnes des Clan-Gründers, herunterreicht (im Gegensatz dazu geht bei den Kachin von Birma die oberste Autorität auf den jüngsten Sohn der Nachkommen der jüngsten Söhne des Gründer-Ahnen über; vgl. Leach). Wir sehen uns da zweifellos einer segmentierten Gesellschaft gegenüber, die jedoch hierarchisch in ungleiche soziale Ränge und Status gegliedert ist, deren Gewicht und Bedeutung sich in dem Maße vergrößert, wie sie nach Maßgabe der genealogischen Linien die jüngeren Nachkommen der jüngeren vom Gründer-Ahnen abstammenden Linien benachteiligen. Sahlins hebt hervor, daß ein solcher Sozialkörper keineswegs eine Klassengesellschaft ist: «Er ist eher eine Struktur von bestimmten Graden von Partizipation als von Interessenkonflikten, von familiären Prioritäten, die nach der Kontrollfunktion über Macht und Reichtum, nach dem Vorrecht, die Dienste anderer in Anspruch zu nehmen, nach dem Zugang zu den göttlichen Mächten und nach den materiellen Aspekten ihres Lebensstils abgestuft sind, so daß, wenn alle Individuen untereinander verwandte Mitglieder der Gesellschaft sind, einige es mehr sind als andere.»[13] Aus *denselben* Gründen, die die primären Segmente der Gesellschaft nicht mehr gleichwertig werden lassen, existieren die die lokalen Segmente *überformenden* lignageren Organisationsebenen (die nur episodisch in Kraft treten und sehr begrenzte soziale Bedeutung für die Reproduktion der führungslosen Gesellschaften haben) hier in Form *permanenter Institutionen*, die mit *verschiedenen* einander ergänzenden *Funktionen* für die Reproduktion der Gesamtgesellschaft ausgestattet sind und auf unterschiedliche, aber wirksame Weise das *innere* Funktionieren und die Reproduktion der lokalen Gemeinwesen überwachen. Diese Gemeinwesen haben hier nicht länger die gewichtige politische, ökonomische und ideologische Autonomie, die ihnen im Bereich tribaler Gesellschaften zukommt. Und zweifellos macht gerade die Hierarchie von Funktionen den obersten Häuptling und die Verwandtschaftsgruppe, aus der er stammt, zum Zentrum und zur Spitze der ganzen Gesellschaftspyramide, weil er den gesamten Bereich der reziproken Abhängigkeitsverhältnisse aller diese Gesellschaft bildenden Gruppen und Individuen personifiziert und kontrolliert.

Selbst wenn also eine *formale* Ähnlichkeit zwischen der lignageren Organisation einiger führungsloser Stämme und der bestimmter Häuptlingsterritorien besteht (während doch, Sahlins zufolge, der polynesische Clan eher eine Gruppe mit kognativer Deszendenz, also nichtlinear ist, obwohl mit patrilinearer «Ideologie»), bleibt entscheidend, daß diese lineages auf vollständig verschiedene Weisen *funktionieren*. Zweifellos sind in beiden Fällen die Verwandtschaftsbeziehungen segmentiert und multifunktional; aber die «formalen» Ähnlichkeiten scheinen nur von begrenzter Bedeutung in Hinsicht auf die Folgen zu sein, die die Verschiedenheiten ihrer inneren Strukturen für alle – ökonomischen, politischen und ideologischen – Aspekte des Funktionierens und der Reproduktion dieser Gesellschaften nach sich ziehen. Diese strukturalen Auswirkungen stehen untereinander in einem notwendigen Zusammenhang, den Sahlins selbst sehr genau definiert und nachgewiesen hat. Bei der Auswahl seiner Beispiele aus dem melanesischen Raum hat er hervorgehoben, daß in segmentierten Gesellschaften «im eigentlichen Sinne» (diese Einschränkung selbst ist bezeichnend für eine gewisse theoretische Unentschiedenheit) – und zwar dann, wenn eine sehr große politische *Autonomie* jedes lokalen Gemeinwesens, wenn intensiver *Wettstreit* zwischen ihnen und wenn schließlich die *ökonomische Möglichkeit* gegeben ist, einen wirklichen Mehrwert zu erzeugen und einen Teil davon auszutauschen, um wertvolle Güter zu akkumulieren, die sie (wie z. B. Muscheln) nicht selbst produzieren – einige Individuen sich auszeichnen, die zeitweilig das politische Leben ihres und einiger benachbarter Gemeinwesen beherrschen und ihrem eigenen ein Prestige und eine Überlegenheit über eben diese anderen sichern, seien sie nun Verwandte oder Verbündete, Feinde oder Freunde. Um ein solcher *big man* zu werden, muß man über hervorragende politische und ökonomische Sachkenntnisse verfügen, zahlreiche Heiratsverbindungen anknüpfen, die Produktion von Nahrungsmitteln und Schweinen ausweiten, ein umfassendes Netz von Handelspartnern ausbauen, mit denen man Schweine gegen Muscheln, Federn usw. tauschen kann, und schließlich mehr als jedes andere Mitglied des Gemeinwesens zu den Geschenken und Gegengeschenken bei Hochzeiten, Kriegs- und Friedensschlüssen usw. beitragen. Der *big man* wird so zum «rühmlichen und berühmten» Symbol (Malinowski) des Reichtums und des Ansehens seiner Gruppe, zum aktivsten Vorkämpfer ihrer politischen Überlegenheit, zur Personifikation ihrer gemeinsamen Interessen. Aber der soziale Aufstieg bleibt unsicher aus den gleichen Gründen, die ihn ermöglichen. Der *big man* dient nicht nur seinem Gemeinwesen, er bedient sich auch seiner, wenn er Eifersüchteleien, Gegensätze und Kämpfe auslöst, die seine Autoritäten im Inneren bedrohen, während seine Rivalen in den benachbarten Gemeinwesen ihrerseits weiterhin Güter anhäufen und sich darauf vorbereiten, ihn «sein Gesicht verlieren zu lassen», indem sie ihn so lange mit Geschenken überhäufen, bis er sie nicht mehr erwidern kann. Auf lange Sicht balancieren, wie Strathern [14] gezeigt hat, diese ökonomischen und politischen Mechanismen die Ungleichheiten zwischen lokalen Gemeinwesen aus und wiederbeleben und reproduzieren ihr «strukturales Gleichgewicht». Im Bereich des ökonomischen Warentausches veranlaßt und begünstigt die multizentrierte Anhäufung von materiellen Gütern und politischer Macht den intensiven Tauschhandel zwischen den lokalen Gemeinwesen; sie setzt daneben die Zirkulation verschiedener primitiver Formen von Geld in Gang. Auf ideologischem Gebiet – und besonders im Bereich der religiösen Vorstellungen – sind die lokalen Kulte die intensivsten; sie wenden sich an die Ahnen und an die übernatürlichen Kräfte, die den Menschen und ihrem Wohl und Wehe sehr nahe bleiben, während die obersten Gottheiten – die großen Götter, die letztlich für die Ordnung des Universums verantwortlich zeichnen – sich wenn auch nicht gleichgültig, so doch wenig betroffen vom Leben der Menschen zeigen (vgl. Meggitt für die Religion der Mae Enga, Evans-Pritchard für die Nuer). Abgesehen von seiner Zielsetzung, eine direkte strukturale Entsprechung zwischen der geringen ökonomischen und politischen Bedeutung der die lokalen Segmente überformenden lignageren Organisationsebenen und der kultischen Bedeutungslosigkeit der obersten Gottheiten einiger Eingeborenen-Pantheons nachzuweisen, sind Sahlins Folgerungen hier jedoch zu voreilig und entbehren einer theoretischen Grundlage, die etwa auch erklären können müßte, warum z. B. die Verehrung des Waldes bei den Mbuti, Jägern und Sammlern des Kongo, oder der Kult der Sonne und des Mondes als höchsten Gottheiten bei den Baruya von Neuguinea eine wichtige Rolle auf politischem und ideologischem Gebiet spielen, während ihre sozialen Organisationen weitaus mehr segmentiert sind als die der Nuer oder Mae Enga.

Diese theoretischen Unzulänglichkeiten zum Trotz, die er nicht unterschlägt und humorvoll seiner Methode des «unkontrollierten Vergleichs» [15] zuschreibt, bleibt wesentlich, daß gerade die Analysen von Sahlins die Existenz einer vollkommenen strukturalen Differenz zwischen führungslosen Gesellschaften und etwa einem «idealen» Häuptlingsterritorium des präkolonialen Polynesien zeigen. Bei den letzteren existiert eine Pyramide von öffentlichen Funktionen, von Rechtstiteln und sozialen Status in völliger Unabhängigkeit von den Qualifikationen und Verdiensten der Individuen, die sie lediglich kraft eines Geburtsrechtes einnehmen und ausnutzen, weil Funktionen, Titel und Ämter an Ränge geknüpft sind und weil der Rang eines Individuums von seiner genealogischen Distanz vom Gründer-Ahnen des Territoriums abhängt. Die «allgemeine Form» der sozialen Beziehungen ist also immer noch die von Verwandtschaftsbeziehungen, und diese Verwandtschaftsbeziehungen funktionieren gleichzeitig als politische und ökonomische Beziehungen und ideologische Schemata, während ihr Inhalt sich grundlegend unterscheidet.

Im ökonomischen Bereich nehmen – im Gegensatz zu den melanesischen *big men* – die Häuptlinge, wenigstens die der großen Territorien Hawaii, Tonga, Samoa und Tahiti, nicht mehr direkt am Produktionsprozeß teil. Sie steuern und dirigieren ihn durch Kontrolle der Arbeit, der natürlichen Ressourcen und der Produktion der lokalen Gemeinwesen, und zwar durch Vermittlung lokaler Häuptlinge und durch eine Art von «Verwaltung», die aus mehr oder weniger nahen Verwandten der großen Häuptlinge und ihres Anhangs zusammengesetzt ist. Ein bedeutender Teil der Produkte der lokalen Gemeinwesen wird gewöhnlich im voraus erhoben und dem obersten Häuptling zugesprochen; er liefert ihm die materiellen Subsistenzmittel zur Erhaltung seines Ranges und zum Unterhalt von Verwandten, Freunden und Gefolge. Dank der Menge der in seinen Händen akkumulierten Güter und dank seiner Verfügungsgewalt über die massierte Arbeitskraft der gemeinen Leute ist der Häuptling zugleich der einzige, der die notwendigen Voraussetzungen für weitreichende gemeinschaftliche Unternehmungen von allgemeinem Interesse zu arrangieren in der Lage ist, für Kriege, religiöse Zeremonien, öffentliche Arbeiten an Tempelbauten, Bewässerungsanlagen (wie in Hawaii) – Unternehmungen, die die Möglichkeiten jedes einzelnen Gemeinwesen für sich genommen überschreiten. Die mobilisierten Arbeitsquantitäten und die Menge der umverteilten Produkte sind in diesen Fällen unvergleichlich viel größer als das, was der reichste melanesische *big man* sich erträumen könnte. Andererseits sind, weil ein sehr großer und besonders wertvoller Teil der lokalen Produkte zwischen den Gemeinwesen durch Vermittlung der Häuptlinge zirkuliert, *direkte* Tauschakte zwischen ihnen sehr viel seltener als in führungslosen segmentierten Gesellschaften.

Auf politischem und ideologischem Gebiet ist die Macht des Häuptlings und der großen Würdenträger durch ihre direkte Herkunft vom Gründer-Ahnen des Territoriums legitimiert, der seinerseits direkt von den obersten Gottheiten abstammt. Von göttlichem Wesen, ist die Person des Häuptlings geheiligt und muß durch zahlreiche Tabus und Verbote geschützt werden. Die obersten Gottheiten sind Gegenstand intensiver Kulte und Zeremonien, die alle lokalen Gemeinwesen mobilisieren und zu einer ideologischen, von den Hohenpriestern und dem Häuptling beherrschten Gemeinschaft integrieren, die *allein* Zugang zu den übernatürlichen Mächten haben, die ihrerseits wiederum den materiellen Wohlstand, den Sieg über die Feinde usw. sichern. Schließlich verfügt der Häuptling über das Strafrecht allen denen gegenüber, die seine Entscheidungen anfechten oder ihn bekämpfen, und die von ihm verhängten Strafen bemessen sich je nach dem sozialen Status des Beschuldigten.

Dieser Abriß zeigt deutlich, daß, selbst wenn die allgemeine Form der gesellschaftlichen Verhältnisse hier noch die multifunktionaler Verwandtschaftsbeziehungen ist, wir uns bei den führungslosen segmentierten Gesellschaften und den großen polynesischen Häuptlingsterritorien tatsächlich zwei verschiedenen Produktionsweisen gegenübersehen, *deren Unterschied keineswegs der von zwei Variationen derselben Gattung ist* – der «Familialproduktion» von Sahlins. Denn das besondere und bestimmende Merkmal der Produktionsverhältnisse dieser polynesischen Häuptlingsterritorien sind die Beziehungen zwischen einer *nichtarbeitenden* Aristokratie, die über das *Monopol* an politischer, ideologischer und religiöser Macht verfügt und über Arbeitsleistungen, Produkte und materielle Ressourcen disponiert, und der Masse der gemeinen Leute in den lokalen Gemeinwesen. Es bedürfte allerdings einer Erklärung dafür, daß die Aristokraten und diese gemeinen Leute nahe Verwandte sind oder sich so behandeln und betragen, und es ist gleichfalls – wenn auch nicht in dem Maße – wichtig, daß die Form ihrer Verwandtschaftsbeziehungen patrilinear ist; entscheidend aber bleibt, daß die Produktionsweise und die damit verbundenen politischen und ideologischen Strukturen gänzlich verschieden von denen sind, die man bei lignageren Gesellschaften wie den Nuer oder den Tiv antrifft. Diese Kritik bezieht sich nicht nur auf Sahlins, sondern auch auf Anthropologen wie P. P. Rey und C. Duprey, die sich auf den Marxismus berufen und den Begriff einer «lignageren Produktionsweise» vorgeschlagen haben, um die Produktionsweise der Mehrzahl primitiver Gesellschaften – ob Häuptlingsterritorien oder nicht – zu bezeichnen. Es handelt sich keineswegs darum, den marxistischen Begriff der «Produktionsweise» mit dem der «lineage» zu verklammern, um einen «neuen» marxistischen Begriff hervorzubringen. In dem Maße, wie diese Autoren die Opposition von älteren und jüngeren Gesellschaftsmitgliedern bereits für einen «Klassengegensatz» halten, sieht man sich – über das Erbe des funktionalistischen Empirismus hinaus – mit einigen zusätzlichen Schwierigkeiten belastet. Denn die Entstehung wirklicher sozialer Klassen setzt präzise das Verschwinden nicht der Verwandtschaftsbeziehungen, sondern von deren Fähigkeit voraus, als allgemeine Form der sozialen Beziehungen zu dienen, und es sind ganz spezifische Bedingungen erforderlich, damit die politischen, ideologischen und Produktionsverhältnisse zwischen einer Aristokratie und einer Menge gemeinen Volks sich jenseits von Verwandtschaftsbeziehungen entwickeln. Sahlins hat das grundlegende Problem des Aufkommens von Klassen zweifellos nicht ignoriert, aber er hat es angesprochen, ohne es wirklich in den Griff zu nehmen.

III. Versuch einer Bilanz: Krise eines Begriffs oder Krise der empirischen Grundlagen der Anthropologie?

Gegen Ende einer sehr langen Anstrengung, die die Anthropologie zur Neudefinition und wirksamen Benutzung des Stammesbegriffs investiert hat, kommt man so zu einem weitgehend negativen Resultat. Die Klasse der tribalen Gesellschaft spaltet sich in zwei auf, und in jedem der beiden Teilungssektoren, deren Natur und Ursprung dunkel bleiben, gruppieren sich erneut einerseits die führungslosen segmentierten Gesellschaften und andererseits die Gesellschaften mit Häuptlingsterritorien. Die strukturalen Differenzen wiegen an Zahl und Bedeutung schwerer als die Ähnlichkeiten, und in diesem Sinne ist der Versuch von Sahlins (1968), die beiden 1961 von ihm untersuchten und einander entgegengesetzten Gruppen unter einer einzigen Kategorie zusammenzufassen, fehlgeschlagen. Dieser Mißerfolg bestätigt darüber hinaus die Ergebnisse der statistischen Vergleiche von Cohen und Schlegel, die – unter Benutzung des von Fisher entwickelten mathematischen Verfahrens der regressiven Analyse der Kovarianz multipler Variabler – 1967 den Schluß gezogen hatten, daß es «keinen *gesicherten* Beitrag zur Hypothese der Existenz eines *einheitlichen* sozialen Stadiums zwischen Banden von Jägern und Sammlern und etatistischen Gesellschaften» gebe. Cohen und Schlegel hoben gleichfalls hervor, daß im Innern jeder dieser Gruppen eine sehr weitgehende Verschiedenheit der sozialen Strukturen zu beobachten war und daß diese Verschiedenheit bei den seßhaften, führungslosen Gesellschaften von Ackerbauern am größten war. Das läßt vermuten, daß der Ackerbau sehr viel mehr strukturelle Differentiationen eingeführt hat als etwa die Viehzucht und andere Produktionstechniken (Sammeln, Jagd, Fischfang usw.). Wahrscheinlich ließe eine minuziöse strukturelle Analyse der ökonomischen Systeme aller dieser Gesellschaften die Existenz von mehr als zwei Produktionsweisen hervortreten und rückwirkend diese allzu summarische Klassifikation einstürzen. Das soll nicht bedeuten, daß sich ebenso viele Produktionsweisen entdecken lassen, wie es *technische* Formen von Arbeitsteilung gibt – so Terray und andere «Marxisten», die jedesmal dann eine Produktionsweise zu finden glauben, wenn sie auf unterschiedliche Formen von technischer Arbeitsteilung stoßen: Arbeit, individuelle Arbeit, kooperative Arbeit mit dem Zusammenschluß von 2, 10 oder n Individuen usw. Tatsächlich können sich ähnliche Produktionsverhältnisse in verschiedenen Formen technischer Arbeitsteilung äußern. Das bleibt weiteren Diskussionen und Untersuchungen überlassen; man darf von jetzt an jedoch die Existenz mehrerer verschiedener Produktionsweisen bei verschiedenen Gesellschaften vom Typ der Häuptlingsterritorien annehmen, rubriziert man doch unter diesem Begriff die viehzüchtenden mongolischen und türkischen Nomaden in

Zentralasien, bestimmte brandrodende Ackerbauern in Südostasien, die indianischen Jäger und Sammler der amerikanischen Nordwestküste, die west- und zentralafrikanischen Ackerbauern und eventuell sogar die alten chinesischen und schottischen «Clans», die israelitischen «Stämme» usw. Vielleicht ist das, was bei der Formation eines solchen Häuptlingsterritoriums ins Gewicht fällt, weniger die Art der Produktions*techniken* als vielmehr die Bedeutung des «Mehrwerts», den sie zu produzieren erlauben. Sahlins begnügt sich mit der Versicherung, daß das Aufkommen dieser Häuptlingsterritorien und ihrer typischen ökonomischen Formen in Verbindung mit der Praxis der Konzentration materieller Reichtümer in den Händen eines Häuptlings und ihrer schließlichen Umverteilung ein «klassisches Beispiel für den evolutionistischen Fortschritt bietet – für die Fähigkeit, eine sehr große ökologische und ökonomische Verschiedenheit im Bereich eines einzigen kulturellen Schemas, d. h. einer einzigen politischen Gruppe, zu organisieren».[16] Man hat da ein klassisches Verfahren des funktionalistischen Evolutionismus vor Augen, der die Wirkung für die Ursache und die Ursache für ein funktionalistisches Ziel hält.

In sich selbst gespalten, ist die Klasse der «tribalen» Gesellschaften andererseits kaum durch klare Grenzlinien von den beiden anderen Kategorien von Gesellschaften geschieden, denen man sie gewöhnlich gegenüberstellt, nämlich den Banden von Jägern und Sammlern und den «etatistischen» Gesellschaften. Herbert Lewis und Morton Fried haben zu Recht gezeigt, daß die von Sahlins und Service zur Definition von segmentierten tribalen Gesellschaften aufgestellten Kriterien sie nicht *deutlich* von den sogenannten «Banden»-Gesellschaften *unterschieden*, denen die beiden sie entgegensetzen. Segmentation, Plurifunktionalität der Verwandtschaftsbeziehungen, Alternieren und Komplementarität zwischen unabhängigen Aktivitäten und Formen von reziproker Abhängigkeit für die Reproduktion ihrer Verwandtschaftsbeziehungen und ihrer ideologisch-politischen Einheit charakterisieren ebenso vollständig die Banden von Jägern und Sammlern: die Mbuti-Pygmäen im Kongo (Turnbull), die Kalahari-Buschmänner (Marshall), die australischen Ureinwohner (Elkin, Berndt) und nicht zu vergessen die berühmten Schoschonen des nordamerikanischen Zentralbeckens, die Steward gegen Ende seines Lebens als typische Beispiele für die einfachste Ebene sozialer Integration in Anspruch zu nehmen verzichtet hat – die Ebene der Familie.[17] Es reicht aus, sich die innere Komplexität und die Vielzahl von Erscheinungsformen bei den australischen Murngin, die Existenz von patrilineages bei den Ona auf Feuerland oder den Puelche und Charrua in Patagonien vor Augen zu führen, um uns beim schon bekannten Drama empirischer Klassifikationen wiederzufinden, wo die Ausnahmen ebenso zahlreich sind wie die Regeln und sie keineswegs bestätigen. Es wäre darüber hinaus langweilig, die Fälle aufzuzählen, wo die innere Zusammensetzung der segmentierten Stämme und ihre Grenzen ebenso unstabil sind wie bei den Banden von Jägern und Sammlern. Die Grenze ist gleichfalls – wenn auch vielleicht etwas weniger – flüssig bei den tribalen Gesellschaften, gleich ob Staaten oder Häuptlingsterritorien. Es lassen sich schließlich viele Beispiele für etatistische Gesellschaften in Afrika oder im präkolonialen Amerika aufreihen, die aus zahlreichen lokalen «Stämmen» zusammengesetzt waren, die sich ihrerseits einem herrschenden Stamm unterwarfen, dessen Häuptlinge zugleich den Staat und die herrschende Klasse bildeten.[18] Weit davon entfernt, mit der Existenz tribaler Gesellschaften radikal und vollkommen unvereinbar zu sein, tritt der Staat häufig nur in Erscheinung, indem er die von ihm beherrschten Stämme und Häuptlingsterritorien zusammenfaßt oder sie gelegentlich neu schafft, ohne daß man – wie Fried und Colson – aus diesen Vorgängen, die gestern noch aus der Herrschaftspraxis europäischer Kolonialmächte verifiziert wurden, schließen könnte, daß Stämme und Häuptlingsterritorien ausschließlich *sekundäre* soziale Formationen, Nebenprodukte des Entstehungsprozesses etatistischer Gesellschaften seien.

Tatsächlich scheint der Begriff der «tribalen» Gesellschaft eine kleine Gruppe von sichtbaren Funktionszügen zahlreicher primitiver Gesellschaften zu bezeichnen, nämlich den «segmentierten» Charakter der sie bildenden elementaren sozioökonomischen Einheiten, den wirklichen oder offenbaren Charakter der «Verwandtschaftsgruppen» dieser Einheiten und den «multifunktionalen» Charakter der Verwandtschaftsbeziehungen selbst. Die Verschwommenheit dieser Kriterien ist jedoch so groß, daß der Begriff ebenso auf eine ungeheure Menge von primitiven Gesellschaften angewendet werden könnte, die sich jenseits dieser ungenauen Grenzen locker anreihen. Überhaupt ist an der Geschichte dieses Begriffs erstaunlich, daß er sich seit Morgan (1877) im Grunde wenig gewandelt hat, während zahlreiche seither gemachte Entdeckungen die Schwierigkeiten und Ungenauigkeiten vermehrten und verschärften, ohne daß das zu einer radikalen Kritik oder wenigstens zu seinem Ausschluß aus dem Felde gesicherter theoretischer Begriffe der Anthropologie geführt hätte. Durch eine Art inneren Zusammenbruchs ist aus seinem Bedeutungsumfang alles verschwunden, was direkt mit den spekulativen Begriffen von Morgan verbunden war, z. B. die Vorstellung einer geordneten Aufeinanderfolge von matrilinearen und patrilinearen Verwandtschaftssystemen – Vorstellungen, die in den Augen aller, auch der sich auf Morgan berufenden Neoevolutionisten, verfallen.

Das zeigt *e contratio*, daß der Streit zwischen Anhängern und Gegnern einer evolutionistischen Theorie sozialer Organisationsformen in einem Feld ausgetragen worden ist, das *weitgehend* von empirischen Methoden *beherrscht* wurde, und daß dieser Streit offenbar nie die Validität und die Vorherrschaft dieser Methoden in Frage gestellt hat. Es genügt also nicht, den Stammesbegriff wie Swartz und Turner stillschweigend zu umgehen, an die Vorsicht zu appellieren wie Steward oder – wie Neiva – vehement seine skandalöse Verschwommenheit zu kritisieren, seine Sterilität und seine theoretische Unbrauchbarkeit (Fried) und die ideologischen Manipulation zu beklagen (Colson, Southhall, Vilakazi), zu deren Instrument er in den Händen von Kolonialmächten wird; man muß einfach sehen, daß das Dilemma nicht das eines isolierten Begriffs ist, sondern daß seine Wurzeln in einer übergreifenden Problematik liegen, die, wenn sie die wissenschaftliche Arbeit steuert, dieselben theoretischen Auswirkungen zeitigt. Im Falle von Sahlins ist das die Methode des zeitgenössischen neoevolutionistischen Empirismus, dessen Begrenztheiten durch seine eigenen Unzulänglichkeiten vermehrt werden. Jeder Empirismus neigt dazu, die Analyse von Gesellschaften auf die Hervorhebung ihrer wahrnehmbaren Funktionszüge zu reduzieren und sie dann, je nach der An- oder Abwesenheit dieser zum Vergleich gewählten Züge, unter verschiedenen Oberbegriffen zu rubrizieren. Man erhält so «abstrakte» Begriffe, die deskriptive Übersichten über die Charaktere bieten, die man aus der Gesamtheit, zu der sie gehören, abgezogen hat. Diese Begriffe sind jedoch weder leer noch vollkommen nutzlos (weil sie, wie Marx aus Anlaß der Begriffe «Produktion im Allgemeinen» und «Konsumtion im Allgemeinen» anmerkte [19], unnötige Wiederholungen ersparen). Sie bilden jedoch eben keine wissenschaftlichen Begriffe. Sie sind lediglich das umlaufende Kleingeld des rationalen Denkens. Sie werden erst auf einer anderen Ebene zu wirklich negativen Begriffen, dann nämlich, wenn sie mit einem «explikativen» Wert versehen werden, d. h. mit einem demonstrativen Wert für den Bereich der theoretischen Analyse eines präzisen Problems, z. B. dem der Entwicklung von Gesellschaftsformen. Gerade dann fügt der Neoevolutionismus seine eigenen Unzulänglichkeiten den Begrenztheiten des Empirismus hinzu. Der Neoevolutionismus benutzt tatsächlich die aus den empirischen Operationen von Klassifizierung und Benennung von Gesellschaften gewonnenen abstrakten Resultate und Materialien des Denkens, um ein hypothetisches Entwicklungsschema der menschlichen Gesellschaft zu konstruieren. Dieses Schema fußt jedoch nicht auf den Ergebnissen einer Analyse der *realen* Entwicklung dieser Gesellschaften, die zu seiner Illustration dienen, sondern ist logisch aufgebaut auf aus dem Studium der Entwicklung der Natur abgeleiteten Schlußfolgerungen – namentlich Schlußfolgerungen aus dem Studium lebender Wesen. Diese den Naturwissenschaften entliehenen, und zwar besonders der Biologie entliehenen Schlüsse lassen sich in wenigen Prinzipien zusammenfassen: Tendenz zum Anwachsen der *inneren Komplexität* der Organismen und Differenzierung spezialisierter Organe, um diese Komplexität zu integrieren und zu organisieren usw. Diese Prinzipien werden dann aus dem Bereich der Naturwissenschaft auf die Anthropologie, auf Soziologie und Geschichte übertragen, wo sie dazu dienen, die allgemeine Tendenz, die Richtung und die Hauptetappen der Entwicklung der Gesellschaft im voraus und abstrakt zu definieren.

Es reicht also aus, einige besondere Gesellschaften aus dem von den Anthropologen gelieferten Materialbestand auszuwählen (die sich in ihrer überwältigenden Mehrheit auf den empirischen Funktionalismus berufen und die Analyse der Geschichte der von ihnen beschriebenen Gesellschaften beiseite lassen, ohne die Bedeutung dieser Materialien in Frage zu stellen) – besondere Gesellschaften, die die soziologischen Charaktere einer Phase oder eines Stadiums zu veranschaulichen in der Lage sind, das die Menschheit von den kleinen, segmentierten und wenig differenzierten Gesellschaften von paläolithischen Jägern und Sammlern bis hin zu den großen etatistischen Gesellschaften logischerweise hat durchlaufen müssen. Die ausgewählten Gesellschaften werden automatisch zu Musterbeispielen, die sich in die Felder eines Übergangsschemas vom Einfachen zum Komplexen, vom Undifferenzierten zum Differenzierten einordnen lassen; so erhält ein «deskriptives» Material schließlich eine erklärende Funktion, einfach dadurch, daß es «illustrativ» benutzt wird.

Wir werden die Einwände in Erinnerung rufen, die diese Problematik hervorgebracht hat. Man wirft dem Empirismus in allen seinen Schattierungen seine Tendenz vor, die Funktionsweise einer Gesellschaft auf ein Ensemble von manifesten oder verborgenen Zügen zu reduzieren und sich beim Vergleich verschiedener Gesellschaftsformen im aussichtslosen Dilemma von Ausnahmen und Regeln abzukapseln. Zu diesen allgemeinen Einwänden kommen andere, die sich besonders auf den neoevolutionistischen Empirismus beziehen. Der Neoevolutionismus analysiert niemals ernsthaft Phänomene wie das der Reversibilität, geschweige denn direkte Rückfallphänomene, die in der Entwicklung von Gesellschaften auftauchen können, und sieht deren Entwicklung nahezu ausschließlich als *allgemeine* Bewegung mit dem *einzigen* Sinn eines linearen Vorwärtsstrebens durch allgemeine Stadien hindurch (mit Ausnahme etwa von Julian Steward und anderen, die Entwicklung als multilineares Phänomen auffassen). Zahlreiche südamerikanische Gesellschaften von Jägern und Sammlern bilden jedoch – um eine Formulierung von Lévi-Strauss zu zitieren – «falsche Archaismen», denn weit davon entfernt, als letzte Überbleibsel des Primitiv-Stadiums von Jagd-Ökonomie gelten zu können, handelt es sich hier vielmehr um Spuren sehr fortgeschrittener Agrikulturgesellschaften, die von anderen Ackerbau treibenden Stämmen von den Flußufern weg in das Hinterland verdrängt wurden und die Kenntnis der Ackerbautechniken nahezu vollständig verloren haben. P. Clastres hat den

Nachweis eines solchen Phänomens auf bemerkenswerte Weise bei den Guayaki-Indianern geführt,[20] im selben Augenblick, wo Lathrap diese Hypothese für die Mehrzahl der Jägergesellschaften der amerikanischen Tropen, für die Tukana, die Cashibo, die Siriono usw.[21], verallgemeinerte.

Leach hat seinerseits am Beispiel der Kachin in Birma sehr genau gezeigt, daß eine ständische Gesellschaft unter der Herrschaft eines Häuptlings, der der letztgeborene der direkten Abkömmlinge des jüngsten Sohnes des Gründer-Ahnen seines Dorfes ist oder zu sein behauptet, unter gewissen Umständen wieder eine Gesellschaft vom Typ *gumlao* werden kann, ohne Häuptling und innere Hierarchie, und später erneut ein Häuptlingsterritorium vom Typ *gumsa* usw. Obwohl Leachs Erklärungsversuche für diese umkehrbaren Entwicklungen nicht sehr überzeugen, weil er vor allem einen ideologischen Sachverhalt ins Auge faßt – die Auswirkung der aufeinanderfolgenden Wahl des einen oder anderen der beiden vom Wertsystem der Kachin angebotenen Organisationsmodelle –, hat die Analyse solcher Beispiele umkehrbarer Entwicklungen und selbst direkter Rückfallprozesse eine Schlüsselbedeutung für die Aufdeckung der Transformationsgesetze sozialer Strukturen. Jonathan Friedmann hat sogar zeigen können, daß die sozialen Organisationen der Naga, der Wa und anderer den Kachin benachbarter, von ihnen jedoch sehr verschiedener Populationen solche unter der Einwirkung besonderer ökonomischer Zwänge «zurückgebildete» Formen des Kachin-Systems sind. Man versteht, daß die Demonstration der Existenz eines solchen Systems von Transformationen die einfache Klassifizierung aller dieser Gesellschaften als entweder segmentierte tribale oder Häuptlingsterritorien zur Lächerlichkeit verurteilt. Damit versteinert man wahrscheinlich nur ebenso viele substantielle Differenzen verschiedener Zustände eines einzigen, in Entwicklung begriffenen Systems.

Aber dieses Beispiel zeigt noch anderes und mehr als nur die Tatsache, daß es keine Evolution ohne Rückbildung gibt, keine Evolution in einer ohne Evolution in einer anderen (oder mehreren anderen) Hinsichten; es zeigt vor allem, daß es keine Entwicklung «im allgemeinen», keine wirkliche «allgemeine Entwicklung» der Menschheit gibt. Die Menschheit ist kein Subjekt, die Gesellschaften sind es ebensowenig, und ihre Geschichte, *die* Geschichte, ist nicht die der Entwicklung eines Keims oder eines Organismus. Um eine Formulierung von Marx wiederaufzunehmen: «Weltgeschichte existierte nicht immer; die Geschichte als Weltgeschichte Resultat.»[22] Schließlich wird es schwierig, auf die vergangene Geschichte Vorstellungen anzuwenden, die jüngere Entwicklungsformen bestimmter Gesellschaften und bestimmte Ergebnisse spezieller Entwicklungslinien einfach rückprojizieren. Der Begriff der «neopolitischen Revolution», dem der Archäologe

Gordon Childe soviel Glanz und Gewicht gegeben hat, scheint heute, weil er schnelle, tiefe und einschneidende Diskontinuitäten suggeriert, durch seine impliziten und modernen Nebenbedeutungen den Fortschritt bei der Züchtung von Pflanzen und Tieren eher zu verdunkeln als zu erhellen, die in der Alten und Neuen Welt ganz besondere Bedingungen erfordert hat, um an Bedeutung zu gewinnen. Es bedurfte darüber hinaus mehrerer Jahrtausende zur Ausdifferenzierung der zahlreichen Formen von Hirten-, Ackerbau- und gemischten Produktionsweisen, die das Überleben der überwältigenden Mehrheit der primitiven oder «tribalen» Gesellschaften sicherten.

Angesichts dieses Sachverhalts, der sowohl die Kontinuitäten als auch die Brüche, die formalen Ähnlichkeiten wie die funktionalen und strukturalen Differenzen zu erfassen nahelegt, bedarf es einer Methode, die der Reduktion der beobachteten historischen und sozialen Realitäten auf zunehmend leerere Abstraktionen entkommt und die inneren Strukturen und die Gesetze ihrer Reproduktion bzw. Nichtreproduktion und ihrer Veränderung für das Denken bloßlegt. Die Reproduktionsbedingungen von Strukturen wandeln sich, aber diese Wandlungen treten nach Gesetzen ein, die Eigenschaften der Systeme zum Ausdruck bringen und mithin Konstanten sind. Es bedarf also einer Methode, die diese Strukturen – d. h. die nicht direkt wahrnehmbaren Mechanismen und Funktionsprinzipien – aufzuschließen in der Lage ist. Sie muß die Besonderheiten der Transformation von Strukturen und die Grundlagen und Ursachen dieser Veränderungen festlegen. Zu diesem Zweck muß die Untersuchung bis zur Bestimmung der spezifischen Kausalität jeder Struktur oder jedes strukturalen Niveaus vorangetrieben werden. Um diese Aufgabe abzuschließen, gilt es zunächst die relative Autonomie einer jeden Ebene zu erkennen und den formalen und inhaltlichen Ausdruck dieser Strukturen zu erforschen. In dieser Hinsicht ist die Demonstration des Sachverhalts, daß die lignageren Verwandtschaftsbeziehungen die allgemeine Form der sozialen Beziehungen im Bereich zweier (oder mehrerer) Gesellschaftstypen bilden können, die durch verschiedene Produktionsweisen charakterisiert werden, von äußerster Wichtigkeit, manifestiert sie doch einerseits die relative Autonomie der strukturalen Ebenen und hebt andererseits die Notwendigkeit hervor, die strukturale Analyse der Formen und die strukturale Morphologie, wie sie C. Lévi-Strauss betreibt, in Richtung auf eine strukturale Theorie der Funktionen und der Artikulationsweisen sozialer Strukturen zu überschreiten. Als letztes Problem stellt sich die Frage der Bestimmung der Hierarchie dieser Funktionen im Bereich dieser Gesellschaften und der differentiellen Kausalität jeder Struktur für andere Strukturen und für die Reproduktion ihrer Formen und Verbindungen.

Wenn aber eine *differentielle* Kausalität von Strukturen existiert, liegt das entscheidende Problem einer vergleichenden Theorie der Gesellschaften, ihrer Strukturen und Geschichte darin, den *in letzter Instanz* bestimmenden und also in der Realität bevorzugten, wenn auch nicht einzigen oder ausschließlichen Grund dieser strukturalen Anordnungen und Transformationen aufzufinden. Von Marx bis Morgan, von Morgan bis Firth, von Firth bis Sahlins ist – abgesehen von den Differenzen zwischen diesen Autoren – das Problem der vorrangigen differentiellen Kausalität auf seiten der materiellen Basis dieser Gesellschaften gesucht worden (neolithische Revolution, industrielle Revolution), auf seiten ihrer ökonomischen Organisation. Nur wenn man diese Analysen weitertreibt, wird man den wissenschaftlichen Anteil am Begriff des Stammes und an dem der «tribalen» Gesellschaft scharf eingrenzen können, wohlgemerkt unter der Bedingung des Verzichts auf die Anwendung dieses Verfahrens bei von ihrem Kontext isolierten Gesellschaften und bei Ausdehnung der Arbeit auf begrenzte Ensembles benachbarter Gesellschaften, auf – nach der Formulierung von Herbert S. Lewis – *spezifische und begrenzte Phylogenien.* So werden sich allmählich nicht nur eine Theorie der Entwicklung dieser Gesellschaften, sondern auch eine Theorie der Verwandtschaft, der Religion und der Politik in ihren spezifischen strukturalen Zusammenhängen mit der Logik der verschiedenen Produktionsweisen auf gesicherteren Grundlagen ergeben.

Änderung der Problemstellung

> «Es handelt sich hier nicht um Definitionen, unter welchen die Dinge subsumiert werden. Es handelt sich um bestimmte Funktionen, welche in bestimmten Kategorien ausgedrückt werden.»
> Karl Marx, ‹Das Kapital› II, S. 228

Ist es also verwunderlich, daß man bei der Klärung des Begriffs des Stammes und beim Versuch, seine Geschichte in Kürze zu durchlaufen, vom Boden der Diskurse und Alltagsarbeiten der Anthropologen aus widersprüchlichen theoretischen Hinterwelten, aus stillschweigend reproduzierten, versteinerten und für viele zu Sackgassen gewordenen Denkgewohnheiten auftauchen muß? Und doch hat man es mit einem in den Schriften und im Denken der Anthropologen bis zum Überdruß benutzten Begriff zu tun, der dennoch nicht im Bereich der schärfsten Auseinandersetzungen und der diffizilsten Probleme angesiedelt ist. Die Realität sieht tatsächlich anders aus. Der Begriff bleibt fließend, und das Denken ergreift nur den ziemlich leichtgewichtigen Kern einiger abstrakter Bestimmungen, die einer großen Anzahl von sogenannten «primitiven» Gesellschaften gemeinsam sind. Er ist dennoch nicht ganz inhaltsleer, auch nicht völlig nutzlos, bleibt aber schließlich doch nur ein Sammelbecken für verschiedene, unter dem gleichen Oberbegriff zusammengefaßte abstrakte Bestimmungen und damit das Zeichen für einen beliebigen Komplex, der die Entwicklung der unter ihm zusammengefaßten Gesellschaften betrifft, ein Zeichen, das bestimmte von ihnen durchlaufene Entwicklungs*formen* zur Sprache bringt, aber angesichts der Mechanismen und Gründe für diese Entwicklung stumm bleibt, eine Art von Hieroglyphe einer toten Sprache, die es zu entziffern gilt. Um sie zu entziffern und die kritische Einschätzung des Begriffs des Stammes zu Ende zu führen, ist mehr nötig als die weitere und fortgesetzte Analyse der von ihm bezeichneten Realitäten; man muß vielmehr im Material des Begriffes selbst die verschiedenen Spaltungen zu lesen verstehen, die zwar nicht den Besonderheiten der von ihm vor Auge geführten Realitäten, sondern verschiedenen «Denkauswirkungen» entsprechen, d. h. den Auswirkungen der verschiedenen Weisen des *Sich-ins-Werk-Setzens* des Denkens und seiner Bearbeitung seines Vorstellungsmaterials. Welches Material bietet der Begriff Stamm? Die im Denken und in der Sprache mehr oder weniger ausgearbeitete Vorstellung einer «allgemeinen Form», in der die gesellschaftlichen Verhältnisse einer gewissen – übrigens sehr großen – Anzahl zeitgenössischer oder antiker Gesellschaften in Erscheinung treten. Diese «allgemeine Form» ist, wie E. Benveniste am indoeuropäischen Vokabular gezeigt hat, die der Verwandtschaftsbeziehungen, und ihre «Allgemeinheit» selbst legt nahe, daß die Verwandtschaftsbeziehungen in den Gesellschaften eine beherrschende Rolle spielen oder spielten. In diesem Sinne ist, was der Begriff Stamm im Denken und in der Sprache darstellt, ein spontane, der Erfahrung entnommene Vorstellung, ein Beobachtungsdatum, und bis dahin bietet der Begriff keine Schwierigkeit.

Die Schwierigkeiten des empirischen Stammesbegriffes rühren anderswoher und beruhen offenbar darauf, daß diese «allgemeine Form», in der die typischen gesellschaftlichen Verhältnisse bestimmter Gesellschaften in Erscheinung treten, nur die *äußeren Erscheinungsformen* dieser gesellschaftlichen Verhältnisse *zeigt*, aber zugleich etwas nahelegt, was ihr Wesen, ihre Natur und ihre inneren Beziehungen betrifft. Wenigstens aber verhindert sie, weil sie diese gesellschaftlichen Verhältnisse *nur* als Verwandtschaftsbeziehungen in Erscheinung treten läßt, *anderes* als das von ihr Gezeigte und auf *andere* Weise *wahrzunehmen*. Selbst die Form, in der die sozialen Beziehungen von Gesellschaften auftreten, die einige angelsächsische Anthropologen bezeichnenderweise «Verwandtschaftsgesellschaften» (*kinship societies*) nennen, enthält schon so etwas wie eine unausgesprochene Antwort auf die implizierte Frage nach der eigentlichen Natur dieser sozialen Beziehungen – eine Antwort, die bereits fertig ist, bevor die Frage explizit und abstrakt gestellt wurde. Man greift damit auf, worauf sich das theoretische Denken einläßt, wenn es sich – bewußt oder unbewußt – in der Richtung engagiert, die ihm die Erscheinungs*form* gesellschaftlicher Verhältnisse aufdrängt. Ob es sich aber nun darauf einläßt oder nicht, gerade da entscheidet sich das Schicksal des Stammesbegriffs und sein heuristischer Wert. Wenn es sich, wie es die spezifische Eigenart jedes empirischen Vorgehens ist, in der von äußeren Erscheinungsformen nahegelegten Richtung engagiert, setzt es sich der Gefahr aus, die Tatsachen von dieser nicht gegebenen und nicht erfragten Antwort aus wahrzunehmen, die einen *Vorbehalt* setzt, der es im voraus lenkt und es bereits begrenzt, während es nichts anderes zu tun glaubt als, demütig und vorurteilslos, den Umrissen der Fakten zu folgen. Aber dieser Vorbehalt und dieses Vorurteil drängen dem Denken ganz einfach eine theoretische Schlußfolgerung auf, die wir abstrakt folgendermaßen formulieren: Wenn die «allgemeine Form» der gesellschaftlichen Verhältnisse bei diesen Gesellschaften die von Verwandtschaftsbeziehungen ist und wenn die Verwandtschaftsbeziehungen da eine Hauptrolle spielen, so *bestimmen* sie alle anderen sozialen Beziehungen.

Genau in dem Maße, wie der Begriff des Stammes in diesem Sinne vom theoretischen Denken ausgearbeitet ist, wird er ein ideologischer Begriff, der die Wirklichkeit, die er ausdrückt, verfälscht. Der Begriff selbst ist vollkommen unschuldig an seinen eigenen Auswirkungen, genau wie das spontane Denken, das nur die Art und Weise ausdrückt, in der die Realität ihm erscheint. Das Problem betrifft lediglich das abstrakte Denken und seine Weigerung oder Zustimmung, sich dem spontanen Diskurs der äußeren Erscheinungsformen anzuschließen.

Deshalb stehen die «Schwierigkeiten» des Begriffes Stamm und «tribale Gesellschaft» nicht isoliert und allein da. Man begegnet ihnen wieder, wenn man die benachbarten oder damit eng verbundenen Begriffe der Bande, der etatistischen Gesellschaft aufschlüsselt, d. h. Begriffe, die andere «Formen» bezeichnen, in denen die sozialen Beziehungen anderer Gesellschaften in Erscheinung treten und mit denen einige Autoren allgemeine Schemata der gesellschaftlichen Entwicklung der Menschheit gliedern. Gerade deshalb besteht so lange keine Hoffnung, den Begriff des Stammes isoliert «berichtigen» zu können und ihn von seinen Mängeln zu heilen, wie man nicht zu den angrenzenden Begriffen übergegangen ist und sie nacheinander berichtigt hat. Das Denken muß – und darin liegt eine wirkliche theoretische Revolution – das Terrain der äußeren Erscheinungsformen *verlassen* und die Problemstellung vollkommen verändern, ohne sich darin zu erschöpfen, die Probleme so aufzulösen, wie sie sich *darbieten*. Wenigstens aber muß es Probleme da sehen, wo es Lösungen zu finden hoffte. Die neue Problemstellung müßte also folgendermaßen lauten: Was ist die Ursache dafür, daß in bestimmten Gesellschaften die Verwandtschaftsbeziehungen eine herrschende Rolle spielen und allen sozialen Beziehungen und der Gesamtgesellschaft ihre allgemeine Form geben? Was ist die Ursache dafür, daß in anderen Gesellschaften – etwa den aztekischen oder Inka-Theokratien – die politisch-ideologischen Beziehungen eine beherrschende Rolle spielen, alle anderen Verhältnisse durchdringen und der Gesamtgesellschaft ihre allgemeine Form geben usw. In dieser Richtung haben Sahlins und andere sich engagiert, als sie von den «Formen der neolithischen Ökonomie», von der «Familialproduktion» oder der sie charakterisierenden «lignageren» Produktionsweise aus die Antwort auf das Problem der eigentlichen Natur der «tribalen» Gesellschaft und ihrer Erscheinungsformen gesucht haben. Nicht darin liegt unseres Erachtens ihr Fehler, sondern anderswo; sie haben diese Produktionsweisen nicht wirklich analysiert, sondern sie weiterhin in *denselben Formen* beschrieben, *in denen sie in Erscheinung treten*, und sich damit dazu verurteilt, die besondere strukturale Kausalität, d. h. «die letztlich determinierende Einwirkung» dieser verschiedenen Produktionsweisen auf die anderen Organisationsebenen dieser Gesellschaften und auf ihre Erscheinungsformen oder allgemeinen Formen weder nachweisen noch analysieren zu können.

Aus diesen Gründen kann man sich der Schwierigkeiten, die der Begriff des Stammes bietet, weder entledigen, indem man durch Ukas seinen Tod dekretiert und ihn mit Schweigen umhüllt, noch dadurch, daß man alle, die ihn weiter benutzen, mit dem Stigma des verruchten Empirismus brandmarkt. Solange nicht neue Begriffe zur Lösung dieser Probleme eingeführt werden – nicht für die, die er stellt, sondern für die, die sich angesichts der von ihm bezeichneten Realitäten ihrerseits stellen –, wird sich dieser Begriff in mehr oder weniger raffinierten Formen reproduzieren und auch weiterhin dieselben guten oder schlechten Dienste leisten. Erst wenn er sein *Objekt* verliert, wird er auch seinen *Stellenwert* einbüßen und als Spur einer Denkweise fortbestehen, die dem spontanen Denken immer offensteht, der zu mißtrauen aber das wissenschaftliche Denken gelernt haben sollte, das sich von ihm abwenden muß.

Einen keineswegs dürftigen Grund für die Beschleunigung der Arbeit des wissenschaftlichen Denkens bieten schließlich die regelmäßigen Klagen über die politischen und ideologischen Manipulationen, für die die Begriffe «Stamm» und «tribale Gesellschaft» den Mächten herhalten müssen, die die jungen Nationen der Dritten Welt beherrschen und unterdrücken. Häufig funktionieren diese Mächte Konflikte, die sich auf die Kolonialherrschaft beziehen, in Widersprüche um, die ihren Ursprung angeblich im Funktionieren von präkolonialen Strukturen hätten. Ebensowenig aber, wie man da in die Falle gehen und sich im Namen der Anthropologie an solchen Mystifikationen mitschuldig machen darf, sollte man vergessen, daß sie ihre «Evidenz» und ihre politische Wirksamkeit aus der Rechtfertigung durch die strukturalen Besonderheiten der alten Gesellschaften der Dritten Welt und ihrer Entwicklung beziehen. Die wissenschaftliche Analyse dieser strukturalen Besonderheiten ist also keine leidenschaftslose Übung des reinen, sondern eine dringliche Aufgabe des engagierten Denkens und der praktischen Vernunft.

Bibliographie

Balandier, G., ‹Anthropologie politique›. Paris [P. U. F.] 1967

Benveniste, E., ‹Le Vocabulaire des institutions indo-européennes›. 2 Bde., Paris [Ed. de Minuit] 1969

Berndt, C. H., ‹The Quest for Identity: The Case of the Australian Aborigines›. In: Oceania 30, 1961, S. 81–107

Bessac, F., ‹Cultunit and Ethnic Unit – Processes and Symbolism›. In: ‹Essays on the Problem of Tribe›, hgg. von J. Helm [vgl. unten], 1968, S. 58–72

Bohannan, L., ‹Political Aspects of Tiv Social Organization›. In: ‹Tribes without Rulers›, hgg. von J. Middleton u. D. Taits [vgl. unten], 1958

Clastres, P., ‹Ethnographie des Indiens Guayaki›. In: Journal de la Société des Américanistes, Paris [Plon] 1968, S. 8–61

Cohen, J. und Middleton, J., ‹Comparative Political Systems›, New York [The Natural History Press] 1967

Cohen, J. und Schlegel, A., ‹The Tribe as Socio-Political Unit: A Cross-Cultural Examination›. In: ‹Essays on . . .›, hgg. von J. Helm, 1968, S. 153–169

Colson, E., ‹Contemporary Tribes and the Development of Nationalism›. In: ‹Essays on . . .›, hgg. von J. Helm, 1968, S. 200–208

Dole, G., ‹Tribe as the Autonomous Unit›. In: ‹Essays on . . .›, hgg. von J. Helm, 1968, S. 101–110

Driver, H. und Schuessler, K. F., ‹Correlational Analysis of Murdock's 1957 Ethnographic Sample›. In: American Anthropologist, Vol. 69 (3), 1967, S. 332–352

Edel, M., ‹African Tribalism: Some Reflexion on Uganda›. In: Political Science Quarterly, 80 (3), 1965, S. 367–368

Evans-Pritchard, E., ‹The Nuer›. Oxford [Clarendon Press] 1940

Fisher, R. A., ‹The Use of Multiple Measurement in Taxonomic Problems›. In: Annals of Eugenics, 7, 1936, S. 179–188

Freire-Marreco, B. W. und Myres, J. L., ‹Notes and Queries in Anthropology›, Royal Anthropological Institute, London 41912

Fried, M. H., ‹On the Concepts of ‚Tribe' and ‚Tribal Society'›. In: Transactions of the New York Academy of Science, 28 (4), 1967

ders., ‹The Evolution of Political Society›. New York [Random House] 1967

Friedman, J., ‹System, Structure and Contradiction in the Evolution of ‚Asiatic' Social Formations›. Diss. phil. Columbia University (Mns.), 1972

Friedrich, P., ‹Multilingualism and Socio-Cultural Organization›. In: Anthropological Linguistics, 4 (1), 1962

Godelier, M., ‹Rationalité et irrationalité en économie›. Paris [Maspero] 1966;

dt. ‹Rationalität und Irrationalität in der Ökonomie›. Frankfurt [Europ. Verlagsanst.] 1972

ders., ‹Sur les sociétés précapitalistes›. Paris [Ed. Sociales] 1970; Introduction, S. 1–152

Goldenweiser, A., ‹Early Civilization›. New York [Knopf] 1922

Gluckman, M., ‹Tribalism in Modern British Central Africa›. In: Cahiers d'études africaines, 1, 1960, S. 55–70

ders., ‹Politics, Law and Ritual in Tribal Society›. Chicago [Aldine] 1965

Gumpertz, J. und Ferguson, C. A., ‹Linguistic Diversity in South Asia: Studies in Regional, Social and Functional Variation›. Bloomington [Indiana University Press] 1960

Gutkind, P. C. W., ‹The Passing of Tribal Man in Africa›. Leiden 1970

Hammond, P. B., ‹Anthropology›. New York [The Macmillan Company] 1971

Helm, J. [Hg.], ‹Essays on the Problem of Tribe›. Proceedings of the 1967 Annual Spring Meeting of the American Ethnological Society, Seattle [University of Washington Press] 1968

Honigmann, J., Artikel ‹Tribe›. In: ‹Dictionary of the Social Sciences›, hgg. von J. Gould und W. L. Kolb, The Free Press of Glencoe 1964

Hymes, D., ‹Linguistic Problems in Defining the Concept of ‚Tribe'›. In: ‹Essays on ...›, hgg. von J. Helm, 1968

Lathrap, D. W., ‹The ‚Hunting' Economies of the Tropical Forest Zone of South America: An Attempt at Historical Perspective›. In: ‹Man the Hunter›, hgg. von J. De Vore und H. Lee, Chicago [Aldine] 1968, S. 23–29

Leach, E. R., ‹Political Systems of Highland Burma›. Cambridge [Harvard University Press] 1954; frz. ‹Les systèmes politiques des hautes terres de Birmanie›. Paris [Maspero] 1972

Lévi-Strauss, C., ‹Anthropologie structurale›. Paris [Plon] 1958; dt. ‹Strukturale Anthropologie›. Frankfurt 1967

Lewis, H. S., ‹Typology and Process in Political Evolution›. In: ‹Essays on ...›, hgg. von J. Helm, 1968

Marx, K., ‹Einleitung zur Kritik der politischen Ökonomie›. In: MEW, Bd. 13, S. 615 ff

Middleton, J. und Tait, D., ‹Tribes without Rulers›. London [Routledge & Kegan] 1958

Moerman, M., ‹Being lue: Uses and Abuses of Ethnic Identification›. In: ‹Essays on ...›, hgg. von J. Helm, 1968, S. 153–159

Morgan, L. H., ‹Ancient Society›. New York 1877; dt. ‹Die Urgesellschaft›. Berlin/Stuttgart 1891, ⁴1921, von W. Eichhoff und K. Kautsky

Murdock, G. P., ‹Social Structure›. New York [The Macmillan Company] 1949

Nag, M., ‹The Concept of Tribe in the Contemporary Socio-Political Context of India›. In: ‹Essays on ...›, hgg. von J. Helm, 1968, S. 186–200

Naroll, R., ‹On Ethnic Unit Classification›. In: Current Anthropology, 5, 1964, S. 283–312

Rey, Ph., ‹Colonialisme, néo-colonialisme et transition au capitalisme›. Paris [Maspero] 1971

Sahlins, M., ‹Social Stratification in Polynesia›. Seattle 1958

ders., ‹The Segmentary Lineage: An Organization of Predatory Expansion›.

In: *American Anthropologist*, 63, 1961, S. 322–345

ders., ‹*Poor Man, Rich Man, Big-man, Chief: Political Types in Melanesia and Polynesia*›. In: *Comparative Studies in Society and History*, 5 (3), 1963, S. 285–303

ders., ‹*Tribesmen*›. Prentice Hall 1968

ders., ‹*Stone Age Economics*›. Chicago [Aldine] 1972

Schapera, I., ‹*Government and Politics in Tribal Society*›. London [Watts] 1956

Service, E. R., ‹*Primitive Social Organization*›. New York [Random House] 1962

Service, E. R. und Sahlins, M., ‹*Evolution and Culture*›. Ann Arbor 1960

Skinner, E., ‹*Group Dynamics in the Politics of Changing Societies: The Problem of ‚Tribal‘ Politics in Africa*›. In: ‹*Essays on . . .*›, hgg. von J. Helm, 1968, S. 170–185

Strathern, A., ‹*The Rope of the Moka*›. Cambridge University Press 1971

Terray, E., ‹*Le Marxisme devant des sociétés ‚primitives'*›. Paris [Maspero] 1969

Turnbull, C., ‹*Wayward Servants*›. New York [The Natural History Press] 1965

Ucko, P. und Dimbleby, G. [Hg.], ‹*The Domestication and Exploitation of Plants and Animals*›. Chicago [Aldine] 1969

Vilakazi, A. L., Rezension von ‹*The Passing of Tribal Man*›. In: *American Anthropologist*, 1972, S. 858–859

Vreeland, H. H., ‹*The Concept of Ethnic Groups as Related to Whole Societies*›. In: *Monograph Series on Languages and Linguistics*, 11, 1958, S. 81–88

White, L., ‹*The Evolution of Culture*›. New York [McGraw-Hill] 1959

ders., ‹*The Concept of Evolution in Cultural Anthropology*›. In: ‹*Evolution and Anthropology: A Centennial Appraisal*›. The Anthropological Society of Washington, 1959, S. 106–125

Willey, G. R. und Braidwood, R. J., ‹*Courses Toward Urban Life*›. Chicago [Aldine] 1962

Anmerkungen

1 E. Benveniste, op. cit., Bd. I, S. 258.

2 J. Honigmann, op. cit., S. 729.

3 M. Sahlins, ‹The Segmentary Lineage . . .›, op. cit., S. 324; E. R. Service, op. cit., S. 111.

4 M. Sahlins, ‹The Segmentary Lineage . . .›, op. cit., S. 326.

5 M. Sahlins, ebd., S. 143.

6 M. Sahlins, ebd., S. 324.

7 M. Sahlins, ebd., S. 354.

8 M. Sahlins, ‹Tribesmen›, op. cit., S. 20.

9 M. Sahlins, ebd.

10 M. Sahlins, ebd., S. 48.

11 M. Sahlins, ebd., S. 74 f.

12 E. Evans-Pritchard, ‹The Nuer›, op. cit., S. 144.

13 M. Sahlins, ‹Tribesmen›, op. cit., S. 24.

14 A. Strathern, ‹The Rope of the Moka›, op. cit., 1971.

15 M. Sahlins, ‹Poor Man, Rich Man . . .›, op. cit.

16 M. Sahlins, ‹Tribesmen›, op. cit., S. 26.

17 J. Steward, in Y. Cohen, ‹Man in Adaption›. Chicago [Aldine] 1968, Bd. I, S. 81.

18 Für die Inka vgl. John Murra, op. cit.; für die Azteken vgl. J. Soustelle, ‹La Vie quotidienne des Aztèques à la veille de la conquête espagnole›. Paris [Hachette] 1955.

19 K. Marx, ‹Einleitung zur Kritik der politischen Ökonomie›, op. cit., S. 616 ff.

20 P. Clastres, ‹Ethnographie . . .›, op. cit.

21 D. W. Lathrap, ‹The ‚Hunting' Economies . . .›, op. cit., S. 23–29.

22 K. Marx, op. cit., S. 640.

System, Struktur und Widerspruch im *Kapital**

Ist es möglich, die Beziehungen zwischen einem Ereignis und einer Struktur zu analysieren und der Genese und der Entwicklung dieser Struktur gerecht zu werden, ohne zwangsläufig den Standpunkt des Strukturalismus aufzugeben? Diese beiden Fragen stehen auf der Tagesordnung, und einige Leute meinen, sie sogleich bejahen zu können. Es ist eine neue Situation entstanden, von der ein Aspekt die Wiederaufnahme des Dialogs zwischen Strukturalismus und Marxismus ist. Dies ist nicht erstaunlich, denn Marx beschrieb, vor mehr als einem Jahrhundert, das gesamte gesellschaftliche Leben im Bezugsrahmen von «Strukturen»; er stellte die Hypothese auf, es gäbe notwendige Korrespondenzen zwischen Basis und Überbau, um mit ihrer Hilfe Gesellschafts-«typen» zu charakterisieren, und er behauptete schließlich, daß es möglich sei, die «Entwicklung» dieser Gesellschaftstypen durch das Auftreten und die Entfaltung von «Widersprüchen» zwischen ihren Strukturen zu erklären.

Sobald das Wort «Widerspruch» auftaucht, scheint der Wiederaufnahme des Dialogs ein schnelles Ende gewiß, denn die dialektischen «Wunder» von Hegel und mehr oder weniger bekannten Marxisten sind nur allzu geläufig. Aber ist damit die Sache schon erledigt, ist die Marxsche Dialektik identisch mit der von Hegel? Marxens eigene Äußerungen zu diesem Punkt sind mehrdeutig, denn seiner Meinung nach hätte es genügt, die Hegelsche Dialektik «wieder auf die Füße zu stellen», damit aus ihr ein «wissenschaftlich brauchbares» Instrument und sie aller Mystifikationen entledigt würde, mit denen der Hegelsche Idealismus sie überhäuft hatte.

Wir wollen das Problem wiederaufnehmen, indem wir zum Text des *Kapital* selbst zurückgehen. Wir glauben beweisen zu können, daß die Marxsche Dialektik, was ihre grundlegenden Prinzipien angeht, mit der von Hegel nichts gemein hat, da diese Prinzipien nicht zu demselben Begriff des Widerspruchs führen. Die traditionellen Marx-Exegesen verflüchtigen sich vor unseren Augen, und aus ihren Trümmern ersteht ein Marx, der den Marxisten weithin unbekannt ist und der unerwartete und fruchtbare Elemente zum heutigen wissenschaftlichen Denken beizutragen vermag.

* *Les Temps modernes*, November 1966.

I. Vom sichtbaren Funktionszusammenhang des kapitalistischen Systems zu einer verborgenen inneren «Struktur»

> «Alle Wissenschaft wäre überflüssig, wenn die Erscheinungsform und das Wesen der Dinge unmittelbar zusammenfielen.»
> *Kapital* III, S. 825

Was ist für Marx ein ökonomisches «System»? Es ist eine bestimmte Kombination von spezifischen Produktions-, Zirkulations-, Distributions- und Konsumtionsweisen materieller Güter. In dieser Kombination spielt die Produktionsweise der Güter eine beherrschende Rolle. Eine Produktionsweise ist die Kombination von zwei Strukturen, die nicht aufeinander zurückführbar sind, nämlich der Produktivkräfte und der Produktionsverhältnisse. Der Begriff Produktivkräfte bezeichnet die Gesamtheit der Produktionsfaktoren, Ressourcen, Werkzeuge und Menschen, die eine bestimmte Gesellschaft zu einer bestimmten Epoche charakterisieren und die in einer spezifischen Art und Weise *kombiniert* werden müssen, damit die materiellen Güter produziert werden können, die diese Gesellschaft braucht. Der Begriff Produktionsverhältnisse bezeichnet die Funktionen, die von den Individuen und Gruppen im Produktionsprozeß und im Rahmen der Kontrolle der Produktionsfaktoren wahrgenommen werden. Die kapitalistischen Produktionsverhältnisse beispielsweise sind die Verhältnisse zwischen einer Klasse von Individuen, die das Privateigentum an Produktivkräften und an Kapital haben, und einer anderen Klasse von Individuen, die dieses Eigentum nicht haben und die an jene den Gebrauch ihrer Arbeitskraft gegen Lohn verkaufen müssen. Beide Klassen ergänzen sich und setzen einander voraus.

Die wissenschaftliche Erkenntnis des kapitalistischen Systems besteht nach Marx darin, über seinen sichtbaren Funktionszusammenhang hinaus zu seiner verborgenen inneren Struktur vorzustoßen.

Für Marx fallen also, wie für Claude Lévi-Strauss [1], die «Strukturen» nicht mit den sichtbaren «gesellschaftlichen Beziehungen» zusammen, sondern konstituieren eine unsichtbare, aber jenseits der sichtbaren gesellschaftlichen Beziehungen gegenwärtige *Ebene der Realität*. Die Logik der gesellschaftlichen Beziehungen und, allgemeiner, die Gesetze der gesellschaftlichen Praxis hängen vom Funktionieren dieser verborgenen Strukturen ab, und die Bloßlegung dieser letzteren müßte es ermöglichen, «allen festgelegten Tatsachen Rechnung zu tragen» [2].

Die diesbezügliche These von Marx ließe sich in groben Umrissen folgendermaßen zusammenfassen: Im kapitalistischen System *geschieht* alles *so, als ob* mit dem Lohn die Arbeit des Arbeiters bezahlt würde und als ob ein Kapital von sich aus die Eigenschaft besäße, selbsttätig anzuwachsen und seinem Eigentümer Profit zu bringen. In der alltäglichen Praxis gibt es keinen *direkten* Beweis, daß der kapitalistische Profit aus unbezahlter Arbeit stammt, d. h. es gibt keine *unmittelbare* Erfahrung der Ausbeutung des Arbeiters durch den Kapitalisten.

Für Marx ist der Profit ein Bruchteil des Tauschwerts der Waren, der ihren Eigentümern nach Abzug des Kostpreises verbleibt. Der Tauschwert der Waren unterstellt eine Maßeinheit, mit deren Hilfe diese quantitativ vergleichbar werden. Die Nützlichkeit der Waren kann diese Gemeinsamkeit nicht herstellen, da es nichts Gemeinsames zwischen dem Gebrauchswert von Gemüse und dem eines Kugelschreibers gibt ... Der Tauschwert der Waren kann nur dadurch zustande kommen, daß ihre Gemeinsamkeit darin besteht, Arbeitsprodukte zu sein. Die Substanz des Wertes ist also die gesellschaftlich notwendige Arbeit, die zur Herstellung einer Ware aufgewendet werden muß. Der Profit ist ein Teil des Wertes[3], der durch den Gebrauch der Arbeitskraft der Arbeiter geschaffen und nicht durch Lohn entgolten worden ist. Profit entsteht also aus unbezahlter, umsonst geleisteter Arbeit. Praktisch aber entwickelt sich für die Kapitalisten und die Arbeiter alles so ab, als ob die ganze vom Arbeiter geleistete Arbeit durch den Lohn (Prämien, Stücklöhne, Überstundentarife usw.) entgolten würde. Durch den Lohn erscheint also die nicht bezahlte Arbeit des Arbeiters als bezahlte Arbeit: «Auf dieser Erscheinungsform [des Arbeitslohns], die das wirkliche Verhältnis unsichtbar macht und gerade sein Gegenteil zeigt, beruhen alle Rechtsvorstellungen des Arbeiters wie des Kapitalisten, alle Mystifikationen der kapitalistischen Produktionsweise ...»[4]

Sobald der Lohn als der Preis der Arbeit erscheint, kann der Profit nicht mehr als unbezahlte Arbeit erscheinen. Er erscheint notwendig als das Produkt des Kapitals. Jede Klasse scheint aus der Produktion das Einkommen zu ziehen, das ihr zusteht. Es gibt keine sichtbare Ausbeutung einer Klasse durch eine andere. Die ökonomischen Kategorien Lohn, Profit, Zins usw. drücken also sichtbare alltägliche Beziehungen aus und haben insofern einen *pragmatischen Nutzen*, aber keinen wissenschaftlichen Wert. Wenn die wissenschaftliche Ökonomie von diesen Kategorien ausgeht, beschränkt sie sich in der Tat darauf, «die Vorstellungen der in den bürgerlichen Produktionsverhältnissen befangenen Agenten dieser Produktion doktrinär zu verdolmetschen, zu systematisieren und zu apologetisieren. Es darf uns also nicht wundernehmen (...), wenn gerade hier die Vulgärökonomie sich vollkommen bei sich selbst fühlt, und ihr diese Verhältnisse um so selbstverständlicher erscheinen, je mehr der innere Zusammenhang an ihnen verborgen ist (...)»[5] Das Verständnis und der spezifische Zusammenhang, die mit dieser Systematisierung der geläufigen Vorstellungen der Gesellschaftsmitglieder gegeben sind, können letzten Endes nur zu Mythenbildungen führen. «Vom Preis der Arbeit zu reden ist genauso unsinnig wie ein gelber Logarithmus.» Das Mythische besteht hier in einer zusammenhängenden Theorie der Erscheinungen, also dessen, was praktisch vorzugehen *scheint*. Die wissenschaftliche Darstellung der gesellschaftlichen Wirklichkeit «geht» also nicht davon «aus», daß sie von den spontanen oder auch reflektierten Darstellungen der Individuen «abstrahiert». Sie muß vielmehr das Selbstverständliche an diesen Darstellungen durchbrechen, um die verborgene innere Logik des gesellschaftlichen Lebens *zur Erscheinung zu bringen*. Für Marx entspricht also das wissenschaftlich entworfene Modell einer unter der sichtbaren Wirklichkeit *verhüllten Wirklichkeit*. Er geht aus anderen Gründen noch weiter, denn für ihn ist diese Verhüllung nicht der Unfähigkeit des Bewußtseins zuzuschreiben, die Struktur «wahrzunehmen», sondern der Struktur selber. Wenn das Kapital *keine* Sache, sondern ein *gesellschaftliches Verhältnis*, d. h. keine sinnlich wahrnehmbare Wirklichkeit ist, dann *muß sie verschwinden*, wenn sie sich in den sinnlich wahrnehmbaren Formen der Rohstoffe, der Werkzeuge, des Geldes usw. darstellt. Es ist also nicht das Subjekt, das sich täuscht, sondern die *Wirklichkeit*, von der es *getäuscht wird*, und die Erscheinungen, durch die die Struktur des kapitalistischen Produktionsprozesses verhüllt wird, sind der Ausgangspunkt für die Vorstellungen der Individuen. Für Marx entspricht einer bestimmten Struktur des Wirklichen eine bestimmte *Erscheinungsweise* dieser Struktur, und diese Erscheinungsweise ist der Ausgangspunkt eines Typs *ursprünglichen* Selbstbewußtseins der Struktur, für das weder das Bewußtsein noch das Individuum verantwortlich ist. Daher beseitigt die wissenschaftliche Erkenntnis einer Struktur das Selbstbewußtsein dieser Struktur nicht. Sie verändert seine Rolle und seine Auswirkungen auf das Verhalten der Individuen, aber sie unterdrückt es nicht.[6]

Damit kündigt sich bei Marx mit seiner Voraussetzung, daß die Struktur nicht mit den sichtbaren Beziehungen zusammenfällt, sondern deren verborgene Logik erklärt, die moderne Strömung des Strukturalismus an. Sein Vorgehen läßt sich mit dieser Strömung vollständig vereinbaren, wenn er nämlich dafürhält, daß der Untersuchung der Strukturen gegenüber der Erforschung ihrer Entstehung und ihrer Entwicklung der Vorrang gebührt. Ehe wir uns diesem neuen Thema nähern, wollen wir den angedeuteten Vergleich zwischen den wissenschaftlichen Verfahrensweisen von Marx und Lévi-Strauss genauer ausführen, ohne ihn vollständig zu entwickeln, indem wir uns die wichtigsten Merkmale der berühmten Analyse des Verwandtschaftssystems Murngin, die sich in den ‹*Structures élémentaires de la parenté*›[7] findet, in Erinnerung rufen.

Dieses australische Verwandtschaftssystem wurde von den Spezialisten als «abweichend» bezeichnet, weil es nie genau in die Typologie der sogenannten «klassischen» australischen Systeme eingeordnet werden konnte. Diese gliedern sich nach drei Typen, denen zufolge die Anzahl der matrilinearen Klassen 2, 4 oder 8 ist. Man hatte festgestellt, daß ein zweigeteiltes System die Kreuz-Vetter-Basen-Heirat vorschreibt, aber die Parallel-Vetter-Basen-Heirat verbietet. So verhielt es sich auch mit dem System Kariera, das vier Abteilungen hat. Im Übergang vom zweiklassigen zum vierklassigen matrilinearen System hatte sich also in der Rangfolge der Gebote und Verbote nichts geändert. Im Gegenteil, im System Aranda mit seinen acht Unterabteilungen war die Heirat zwischen allen Vettern ersten Grades, ob kreuzweise oder parallel, verboten.

Das System Murngin nun unterscheidet sich sowohl vom System Kariera wie vom System Aranda. Es hat acht Unterabteilungen wie das System Aranda, aber es läßt trotzdem wie das System Kariera die Heirat mit der matrilinearen Kreuzkusine zu. Aber während das System Kariera die Heirat mit beiden Kreuzkusinen erlaubt, verbietet das System Murngin die Heirat mit der patrilinearen Kreuzkusine und führt damit eine Dichotomie zwischen den Kreuzvettern ein. Es hat noch andere Eigentümlichkeiten: es beruft sich auf sieben Abstammungsreihen, während das System Aranda sich mit vier und das System Kariera sich sogar mit zwei begnügt; seine Verwandtschaftsnomenklatur umfaßt 71 Glieder, während die der Aranda 41 und die der Kariera 21 umfaßt.

Es mußten also noch die Dichotomie der Kreuzvettern, die bevorzugte Heirat mit der matrilinearen Kreuzkusine und die anderen Eigentümlichkeiten des Systems erklärt werden. C. Lévi-Strauss hat gezeigt, daß diese Erklärungen möglich sind, wenn man – unterhalb des expliziten, eingeschränkten Tauschsystems zwischen acht Unterabteilungen, welches das System Murngin nach außen repräsentiert – die Existenz und die Wirksamkeit eines implizierten Systems mit vier völlig anders strukturierten Abteilungen voraussetzt, dessen sich die Murngin selbst nicht bewußt sind, und das die auf Verwandtschaftsbeziehungen spezialisierten Ethnologen noch nicht wirklich identifiziert und theoretisch aufgearbeitet hatten: nämlich eine Struktur, die von Lévi-Strauss als «generalisierte Tauschstruktur» bezeichnet wurde.

Während in einem eingeschränkten Tauschsystem die Heirat sich immer nach derselben Regel richtet – wenn ein Mann von B eine Frau von A heiraten kann, dann kann ein Mann von A eine Frau von B heiraten –, ist es in einem generalisierten Tauschsystem so, daß, wenn ein Mann von A eine Frau von B heiratet, ein Mann von B eine Frau von A heiraten kann und ein Mann von C eine Frau von A. A kann zwar eine Frau von B nehmen, muß aber dafür eine Frau an C «austauschen». Es entsteht hierbei eine Reziprozität zwischen einer beliebigen Anzahl von Partnern, die durch ein Spiel von Beziehungen so ausgerichtet wird, daß sie in einer bestimmten, unumkehrbaren Richtung verlaufen:

A → B → C → A. Man kann also zeigen, daß in einem generali-sierten Tauschsystem mit vier Abteilungen die matrilineare Kreuzkusi-ne immer in der Klasse ist, die unmittelbar auf die Ego-Klasse folgt und in der sich das Ego verheiraten kann, während die patrilineare Kreuzkusine immer in der Klasse ist, die ihrer eigenen vorausliegt, in der die Heirat verboten ist. Die Struktur eines solchen Systems liefert also die theoretische Formel für die Heirat bei den Murngin und liegt dem Gesetz der Dichotomie der Kreuzvettern zugrunde.

Man kann daraufhin leicht zeigen, daß, wenn man einem generalisier-ten Tauschsystem mit vier Abteilungen matrilineare Hälften hinzu-fügt, jede Abteilung sich in zwei Unterabteilungen verdoppelt und man so ein System mit acht Unterabteilungen erhält, das als ein dop-peltes eingeschränktes Tauschsystem vom Typ Aranda *erscheint*. In diesem Augenblick erscheinen alle anderen Besonderheiten des Systems, die Zahl seiner Abstammungsreihen, die gewaltige Ausdehnung seiner Verwandtschaftseinteilung ebensosehr als notwendige Konsequenzen des Funktionszusammenhanges dieser impliziten Struktur wie als kom-plementäre Aspekte seiner inneren Logik.

Von daher läßt sich abschätzen, warum der Analyse von Lévi-Strauss eine so herausragende Bedeutung zukommt. Bei dem Versuch, einem einzigartigen, abweichenden[8] Fall, der innerhalb der Rubriken der traditionellen ethnologischen Typologie nicht klassifizierbar war, Rechnung zu tragen, kam Lévi-Strauss[9] zu der Entdeckung und auch der Erklärung einer neuen Familie von Strukturen, die viel komplexer und vor allem weitaus schwieriger zu identifizieren sind als die bis da-hin bekannten, weil der durch sie bestimmte Tauschzyklus nicht «eben-so unmittelbar einsichtig» ist. Eine neue Klassifizierung der Verwandt-schaftssysteme, worin die alte Typologie der in ihrer Besonderheit nun-mehr manifest gewordenen Systeme mit eingeschränktem Tausch Platz fand, wurde unumgänglich und möglich. Auf der Ebene der Praxis verfügte man jetzt über das notwendige Instrument, an die Erfor-schung bestimmter komplexer Verwandtschaftssysteme in China, In-dien, Südostasien und Sibirien heranzugehen, auf die der Begriff des Tausches nicht zu passen schien.

Auf der Ebene der Erkenntnistheorie waren die methodologischen Prinzipien und Schlußfolgerungen von Lévi-Strauss nicht weniger be-deutend. Ob eine Struktur implizit[10] ist, wie es bei den Murngin der Fall ist, oder explizit wie bei den Kachin, nie ist sie sichtbar und auf der empirischen Ebene ablesbar, sondern sie muß durch eine theoreti-sche Arbeit, aus der Hypothesen und Modelle hervorgehen, freigelegt werden. Mit der strukturalen Analyse von Lévi-Strauss ist auch der funktionalistische Strukturalismus von Radcliffe-Brown[11] und über-haupt die ganze angelsächsische empirische Soziologie, für die die Struk-tur Teil der empirischen Wirklichkeit ist, abzulehnen.[12]

Auch für Lévi-Strauss ist die Struktur Teil der Realität, aber nicht der empirischen. Man kann also eine Struktur nicht mit dem theoretischen Modell, das zum Zweck ihrer Darstellung konstruiert wird, vergleichen. Sie existiert nicht nur im und durch den menschlichen Geist, womit auch der idealistische und formalistische Strukturalismus, der sich auf Lévi-Strauss beruft, zurückzuweisen ist.[13] Die Position von Lévi-Strauss ist viel expliziter noch als in der ‹Strukturalen Anthropologie›, in seiner Antwort auf Maybury-Lewis formuliert, der ihn der Entdeckung von Pseudostrukturen, die den ethnographischen Daten widersprächen, bezichtigt hatte:

«Natürlich hat die experimentelle Forschung das letzte Wort. Aber die gesteuerte und deduktiv ausgerichtete experimentelle Forschung ist nicht mit den einfachen Erfahrungen identisch, mit denen der ganze Prozeß begonnen hat. Der letzte Beweis für die Molekularstruktur der Materie wurde vom Elektronenmikroskop erbracht, mit dem man die wirklichen Moleküle sehen kann. Dieser Fortschritt ändert nichts an der Tatsache, daß das Molekül auch in Zukunft dem bloßen Auge unsichtbar bleibt. Ebensowenig ist von einer strukturalen Analyse zu erwarten, daß durch sie die Wahrnehmung der konkreten gesellschaftlichen Beziehungen geändert wird. Sie werden durch sie nur besser erklärt.»[14]

Eine weitere Konsequenz der strukturalen Methode ist die Kritik jeder Art von Psychologismus und soziologischem Finalismus. Schon in den ‹Structures élémentaires› zeigte Lévi-Strauss, daß die psychologischen Überlegungen von Warner auf das Problem der Existenz von sieben Abstammungsreihen bei den Murngin nur eine illusorische Antwort gaben.[15] Warner wollte diese Tatsache damit erklären, daß die Spannungen gelöst werden müßten, die sich ohne diese Vervielfältigung der Abstammungsreihen in der Gruppe zwischen Ego und dem Bruder der Mutter, d. h. dem Vater der matrilinearen Kreuzkusine, der zukünftigen Gattin, ergäben.[16] Wir haben gesehen, daß die Antwort mit Psychologie überhaupt nichts zu tun hat, sondern in der Logik des generalisierten Tauschsystems zu suchen ist, dessen Möglichkeit Warner noch nicht einmal ahnte.

Von grundsätzlicherer Bedeutung ist aber, daß die Analyse der Logik einer Struktur deren Entwicklungsmöglichkeiten und -fähigkeiten sichtbar zu machen erlaubt. Die Untersuchungen über den Ursprung und die Entstehung einer Struktur werden also in gewisser Weise «geleitet» von der Kenntnis ihres eigenen Mechanismus. Im Falle der Murngin nahm Lévi-Strauss an, daß sie von anderswoher einen Mechanismus von acht Unterabteilungen übernommen und sich bemüht hätten, ihn mit einem ursprünglichen matrimonialen System in Übereinstimmung zu bringen.[17] Er zeigte darauf hin, daß ein solches System «instabil» ist, was auf seine möglichen Entwicklungsformen und -modalitäten von bestimmendem Einfluß ist. Er wies nach, daß diese Instabilität bei allen generalisierten Tauschsystemen, die prinzipiell eine «harmonische» Ordnung haben, zu finden ist, da die Abstammungsregeln hierbei dieselben sind wie die Wohnregeln, wodurch der soziale Status eines Individuums bestimmt wird, während die eingeschränkten Tauschsysteme grundsätzlich «unharmonisch und stabil» sind.[18] Er schloß daraus, daß hierin der Grund für die ungleiche Erscheinungs- und Entwicklungskapazität dieser beiden Familien von Strukturen liegt.[19] Diese Fähigkeiten sind mithin objektive Eigenschaften von Strukturen, die nicht von den Individuen abhängen und ihnen im wesentlichen verborgen bleiben. Wenn beispielsweise das System Murngin das Produkt übernommener Strukturen und der Anpassung an sie ist, dann ist es damit das Produkt einer bewußten und gewollten Aktivität, aber die Logik und die Entwicklungskapazität ihres neuen Systems sind den Murngin im wesentlichen nicht bewußt geworden und hängen auf jeden Fall nicht von ihren Intentionen ab. In dieser Perspektive hört die gesellschaftliche Entwicklung auf, eine Folge von bedeutungslosen Zufällen zu sein.[20]

Diese allzu kurze Analyse einiger Fragmente aus dem frühesten Werk von Lévi-Strauss genügt dennoch, einen Vergleich zwischen Marx und dem modernen Strukturalismus zu legitimieren. Mit ihrer Hilfe wurde es möglich, im praktischen Vorgehen von Lévi-Strauss zwei Prinzipien der strukturalen Analyse zu isolieren: daß eine Struktur Teil der Wirklichkeit, aber nicht der sichtbaren sozialen Beziehungen ist, und daß die Untersuchung des inneren Funktionszusammenhanges einer Struktur der Erforschung ihrer Entstehung und ihrer Entwicklung vorausgehen muß. Wir haben schon gezeigt, daß das erste Prinzip sich bei Marx wiederfindet. Jetzt soll es um den Nachweis gehen, daß man die Architektur des *Kapitals* ohne das zweite nicht verstehen kann.

II. Der Vorrang der Erforschung der Strukturen vor der Untersuchung ihrer Entstehung und Entwicklung

Schon ein erster Blick auf den Aufbau des *Kapitals* läßt diesen Vorrang deutlich hervortreten. Das Werk beginnt nicht mit der Theorie des Kapitals, sondern mit der Darstellung der Werttheorie, d. h. mit der Definition einer Gruppe von Kategorien, die für die Untersuchung aller warenproduzierenden Systeme notwendig sind, gleichgültig ob sie auf der Arbeit freier Bauern, von Sklaven, Leibeigenen oder Lohnarbeitern beruhen. Diese Gruppe von Kategorien wird ausgehend von der Definition des Tauschwerts einer Ware entwickelt. Anschließend taucht die Münze als eine besondere Ware auf; deren Funktion ist es, den Tauschwert anderer Waren auszudrücken und für ihn der Maßstab zu sein.

Das Geld wird als eine Form der Münze definiert. Es hört auf, einfaches Zirkulationsmittel für die Waren zu sein, und wird Kapital, wenn es Geld abwirft, wenn also sein Gebrauch seinem Anfangswert neuen Wert hinzufügt. Die allgemeine Bestimmung des Kapitals, gleichgültig, welche Form es hat – Handelskapital, Finanzkapital oder Industriekapital –, ist, Wert zu sein, der sich in Wert umsetzt und Mehrwert abwirft.

Am Ende des zweiten Abschnitts des ersten Bandes des *Kapital* verfügt Marx also über das notwendige theoretische Instrument für die Entwicklung der spezifischen Struktur des kapitalistischen ökonomischen Systems, das Verhältnis von Lohnarbeit und Kapital zu bestimmen und die Theorie des Kapitals zu entwickeln. Um an diese Theorie herangehen zu können, mußte er über eine genaue Bestimmung des Begriffs der Ware verfügen, weil im Verhältnis Lohnarbeit–Kapital die Arbeitskraft sich selbst als eine Ware darstellt. Auf diese Weise wird die Analyse der inneren Struktur des kapitalistischen Systems, d. h. die Untersuchung des Mechanismus der Mehrwertproduktion durch das Verhältnis Lohnarbeit–Kapital möglich. Im Buch I werden ausführlich die beiden Formen des Mehrwerts analysiert: der absolute Mehrwert (der durch die Verlängerung des Arbeitstages ohne Erhöhung des Lohns entsteht) und der relative Mehrwert (der bei Verminderung der Unterhaltskosten für den Arbeiter durch die Steigerung der Arbeitsproduktivität in den Zweigen abfällt, wo die Subsistenzmittel für die Arbeiter und ihre Familien produziert werden).

Erst am Ende des ersten Buches wendet sich Marx dem Problem der *Entstehung* der kapitalistischen Produktionsverhältnisse zu, indem er die Diskussion des von den klassischen Ökonomen sogenannten «Problems der ursprünglichen Akkumulation» aufnimmt. Das Vorgehen von Marx bricht also mit jeder Art von Historizismus oder empiristisch verkürzter Geschichtsschreibung. Die Untersuchung der Entstehung einer Struktur läßt sich nur durchführen, wenn sie von einer vorgängigen Kenntnis dieser Struktur «geleitet» ist. Geht man an die Untersuchung der Entstehung der besonderen Struktur des kapitalistischen Systems, so sind die besonderen historischen Umstände anzugeben, die dazu geführt haben, daß Individuen in Erscheinung traten, die als Personen frei, aber auch bar aller Produktionsmittel und ohne Geld waren und die daher gezwungen waren, den Gebrauch ihrer Arbeitskraft an andere Individuen zu verkaufen, die zwar Produktionsmittel und Geld besaßen, aber ihrerseits gezwungen waren, die Arbeitskraft von anderen zu kaufen, um ihre Produktionsmittel anwenden und ihr Geld vermehren zu können. Doch wird dieser Entstehungsprozeß von Marx nur flüchtig skizziert, indem er in einer kurzen Zusammenfassung einige Bedingungen, Formen und Phasen der Entstehung des Kapitalismus in Europa aufführt. Er liefert uns damit nicht die wirkliche

Geschichte des Kapitalismus. Unter diesen Etappen seien hier nur die Auflösung der feudalen Gefolgschaften in England, die Expropriation und teilweise Verjagung des Landvolks, die Bewegung der «inclosures», die Verwandlung der Kaufleute in Fabrikanten, der Kolonialhandel und die Entwicklung des Protektionssystems erwähnt. Alle diese Ereignisse des 15., 16. und 17. Jahrhunderts traten hier und dort in Portugal, Spanien, Holland, Frankreich und England auf und führten im allgemeinen zu einer großen Zahl von produktionsmittellosen Produzenten und zu ihrer Verwendung in einer neuen Produktionsstruktur.

«Das Kapitalverhältnis setzt die Scheidung zwischen den Arbeitern und dem Eigentum an den Verwirklichungsbedingungen der Arbeit voraus. Sobald die kapitalistische Produktion einmal auf eignen Füßen steht, erhält sie nicht nur jene Scheidung, sondern reproduziert sie auf stets wachsender Stufenleiter. Der Prozeß, der das Kapitalverhältnis schafft, kann also nichts anderes sein als der Scheidungsprozeß des Arbeiters vom Eigentum an seinen Arbeitsbedingungen, ein Prozeß, der einerseits die gesellschaftlichen Lebens- und Produktionsmittel in Kapital verwandelt, andrerseits die unmittelbaren Produzenten in Lohnarbeiter. Die sogenannte ursprüngliche Akkumulation ist also nicht als der historische Scheidungsprozeß von Produzent und Produktionsmittel. Er erscheint als ‹ursprünglich›, weil er die Vorgeschichte des Kapitals und der ihm entsprechenden Produktionsweise bildet. Die ökonomische Struktur der kapitalistischen Gesellschaft ist hervorgegangen aus der ökonomischen Struktur der feudalen Gesellschaft. Die Auflösung dieser hat die Elemente jener freigesetzt.»[21]

Die historisch-genetische Analyse einer Struktur fällt also mit der Analyse der Bedingungen zusammen, die zur Erscheinung ihrer inneren Elemente geführt haben und sie in Beziehung zueinander haben treten lassen. Für die Geschichte der Ökonomie ist also die Bestimmung dieser Elemente und ihrer Beziehung zueinander, d. h. die ökonomische Theorie, vorauszusetzen. Im Text von Marx ist die Entstehung eines Systems zugleich mit der Auflösung eines anderen beschrieben, und diese beiden Wirkungen hängen von ein und demselben Prozeß ab, nämlich der Entwicklung von Widersprüchen im Innern des alten Systems, dessen Theorie ebenfalls erstellt werden muß.

Diese allgemeine Verfahrensweise von der Identifizierung einer Struktur zur Untersuchung ihrer Entstehung scheint auf ein Hindernis zu stoßen, das Marx selbst aufgebaut hat. Denn wie ist die Hypothese des Auftretens von Widersprüchen im Innern eines Systems mit der These, daß der Funktionszusammenhang dieses Systems die Bedingungen seines Funktionierens notwendig *reproduziert*, zu vereinbaren? Der Funktionsmechanismus des kapitalistischen Systems beispielsweise reproduziert unablässig das Verhältnis von Lohnarbeit und Kapital, auf dem es beruht. Der Mechanismus von Lohn und Profit erlaubt es der Kapitalistenklasse, unaufhörlich neues Kapital zu akkumulieren und sich als herrschende Klasse zu reproduzieren, und umgekehrt wird die Arbeiterklasse gezwungen, ihre Arbeitskraft weiterhin zum Verkauf anzubieten und sich als beherrschte Klasse zu reproduzieren.[22] Das Verhältnis von Kapital und Lohnarbeit stellt sich also als *unveränderliches Element* der ökonomischen Struktur des Kapitalismus dar, das allen Veränderungen dieser Struktur zugrunde liegt: dem Übergang vom liberalen Konkurrenzkapitalismus zum privaten oder staatlichen Monopolkapitalismus, dem Auftreten neuer Produktivkräfte, der Veränderung in der Zusammensetzung der Arbeiterklasse, ihrer gewerkschaftlichen oder politischen Organisationsformen usw. Diese Invariante aufzudecken und zu beschreiben bildet also den notwendigen Ausgangspunkt für die Untersuchung des Systems, seiner Entstehung und seiner Entwicklung. Es ist die Untersuchung jener *Veränderungen*, die sich mit der Reproduktion des unveränderlichen Elements der Systemstruktur *vereinbaren* lassen. Auf dieser Ebene taucht der Übergang von der politischen Ökonomie zu ihrer Geschichte noch einmal auf. Nunmehr können synchronische und diachronische Untersuchungen gemacht werden (d. h. Analysen der verschiedenen *Zustände* einer Struktur, die verschiedenen *Momenten* ihrer Entwicklung entsprechen). Aber die diachronische Analyse der mit der Reproduktion eines unveränderlichen Verhältnisses zu vereinbarenden Veränderungen fördert keine strukturale Unvereinbarkeit und keine Bedingung der strukturellen Veränderung zutage.[23]

Kann es aber strukturell unvereinbare Variationen geben, die *im Innern* des Funktionszusammenhanges eines Systems entstehen, wenn doch der Fortbestand des Systems ganz einfach zeigen würde, daß sie mit seiner Reproduktion vereinbar wären? Bevor wir den Begriff des Widerspruchs bei Marx im einzelnen untersuchen, wollen wir näher auf den der «strukturalen Vereinbarkeit» eingehen: dieser Begriff spielt eine entscheidende Rolle, denn durch ihn wird zugleich die ganze Methode und der Plan des *Kapital* erhellt. Mit ihm wird es Marx möglich, über die sichtbaren Formen des Funktionszusammenhangs des kapitalistischen Systems, über die er zu Anfang hinweggegangen war, Klarheit zu gewinnen. Zugleich kann er damit die neue Rolle und die neuen Formen erklären, die die «antediluvianischen» Formen des Kapitals[24], das Kaufmannskapital und das Finanzkapital, annehmen, wenn sie in den Bezugsrahmen des modernen Kapitalismus eintreten. Wir wollen diese beiden Punkte kurz zusammenfassen, um daraus die methodologischen Konsequenzen zu ziehen. Wie wir gesehen haben, analysierte Marx zunächt den Mechanismus der Mehrwertproduktion, wobei er darlegte, daß er in der Produktion aus unbezahlter Arbeit besteht. Er zeigt weiterhin, daß das innere Band, das den Mehrwert notwendig mit der Arbeit verbindet, verschwindet, sobald man ihn nicht mehr zum bezahlten Lohn in Beziehung setzt, sondern zum gesamten Kapital, das der Kapitalist vorschießt, also sobald der Mehrwert sich als Profit darstellt. Auf Grund der Ergebnisse des II. Bandes kann er im ersten Abschnitt des III. Bandes die komplexen Bedingungen der Realisierung eines Höchstprofits durch den kapitalistischen Unternehmer analysieren. Wir können, ohne unseren Gegenstand zu vernachlässigen, diese Probleme, also die Verhältnisse zwischen Wert und Preis, Preis und Profit, Durchschnittsprofit und Surplusprofit, der Profitrate in den verschiedenen Produktionszweigen und auf der Ebene der Nationalökonomie usw. beiseite lassen. In unserem Fall soll nur die Schlußfolgerung von Marx dargestellt werden. Ein Kapitalist muß von seinem Profit, der letzten Endes mit der wirklichen Ausbeutung seiner eigenen Arbeiter scheinbar wenig zu tun hat, einen Teil als Grundrente für den Eigentümer des Grund und Bodens, auf dem seine Fabrik steht, einen Teil für Zinsen an einen Geldverleiher oder an eine Bank und einen Teil als Steuern an den Staat abzweigen. Der Rest ist sein Unternehmensprofit. Durch den Nachweis, daß der Mechanismus der Mehrwertproduktion der gemeinsame Ursprung der sichtbaren Formen des kapitalistischen Profits ist, obwohl bestimmte Gruppen von Kapitalisten überhaupt nicht unmittelbar mit dem Produktionsprozeß verbunden zu sein scheinen, kann Marx also die Verschränkung der inneren Struktur des Systems mit den sichtbaren Formen, die er am Anfang seiner Untersuchung aus prinzipiellen Gründen übergangen hatte, analysieren.

Marx kommt auf diese sichtbaren Formen zurück, indem er jedesmal ihre wirkliche Funktion im System und ihre innere Vereinbarkeit mit den wesentlichen Strukturen, die vorrangig untersucht wurden, bestimmt. In moderner Sprache würde sein Gedankengang eine Art idealer Genese von verschiedenen Elementen eines Systems auf der Basis der Gesetze seiner inneren Anordnung konstituieren. Im Zusammenhang mit dem Geld wird es von Marx selber definiert.

«Jedermann weiß, wenn er auch sonst nichts weiß, daß die Waren eine mit den bunten Naturalformen ihrer Gebrauchswerte höchst frappant kontrastierende, gemeinsame Wertform besitzen – die Geldform. Hier gilt es jedoch zu leisten, was von der bürgerlichen Ökonomie nicht einmal versucht ward, nämlich die Genesis dieser Geldform nachzuweisen, also die Entwicklung des im Wertverhältnis der Waren enthaltenen Wertausdrucks von seiner einfachsten unscheinbarsten Gestalt bis zur blendenden Geldform zu verfolgen. Damit verschwindet zugleich das Geldrätsel.»[25]

Aber es ist einem Mißverständnis vorzubeugen, das im Zusammenhang mit dem entstehen könnte, was wir die ideale Genese der ökonomischen Kategorien genannt haben. Denn wenn ein Gegenstand, sobald er produziert worden ist, um ausgetauscht zu werden, zur Ware wird, so kann dieser Austausch auch auf dem Wege des Tauschhandels vor sich gehen und braucht die Existenz irgendeiner Art von Geld nicht einzuschließen. Damit der Warenaustausch die Spezialisierung einer Ware für die Funktion, den Tauschwert anderer Waren auszudrücken und Maßstab für ihn zu sein, notwendig macht, müssen bestimmte konkrete Bedingungen gegeben sein (ob diese Geldware Kakao, Muscheln, Vieh oder Gold ist, ändert nichts an ihrer Funktion). Andere, genau bestimmte Bedingungen sind notwendig, damit ein Edelmetall zur allgemeinen Geldform wird. Marx arbeitet also nicht wie Hegel mit der «Deduktion» einer Kategorie aus einer anderen. Er arbeitet vielmehr die Funktionen eines Elements innerhalb einer Struktur oder einer Struktur innerhalb eines Systems heraus und stellt die Ordnung dieser Funktionen dar. Es ist also nicht zu erwarten, daß einem jetzt Auskunft zuteil würde, wo und wie das erste Geld erfunden worden ist, um damit das «Geldrätsel» zu lösen. Der Gegenstand der ökonomischen Theorie besteht in dem Aufweis der Funktionen und ihrer Ordnung in dieser oder jener Struktur und in der daraus folgenden Bestimmung der Kategorien der politischen Ökonomie und ihrer Verbindung untereinander in einer Art logischer, idealer Genese. Aber diese Genese ist nicht die wirkliche Entstehungsgeschichte, wie sie diese auch nicht ersetzen kann. Einmal mehr bildet die ökonomische Theorie, ohne mit der Geschichte der Ökonomie zusammenzufallen, den Leitfaden für die Analysen der letzteren, wobei sie sich in ihrer eigenen Entwicklung ganz auf deren Ergebnisse stützt. Von hier aus begreift man vielleicht Marxens rigorose Ablehnung jeder Art von Historizismus oder jeder Priorität der historischen Forschung gegenüber der strukturalen Forschung – einer Ablehnung, die den Krisen der Soziologie und der Linguistik (die de Saussure und Lowie zur Aufgabe des evolutionistischen Verfahrens führten) um mehr als fünfzig Jahre vorauseilt.

«Die Grundrente kann nicht verstanden werden ohne das Kapital. Das Kapital wohl aber ohne die Grundrente. Das Kapital ist die alles beherrschende ökonomische Macht der bürgerlichen Gesellschaft. Es muß Ausgangspunkt wie Endpunkt bilden und vor dem Grundeigentum entwickelt werden. Nachdem beide besonders betrachtet sind, muß ihre Wechselbeziehung betrachtet werden. Es wäre also untubar und falsch, die ökonomischen Kategorien in der Folge aufeinander folgen zu lassen, in der sie historisch die bestimmenden waren. Vielmehr ist ihre Reihenfolge bestimmt durch die Beziehung, die sie in der modernen bürgerlichen Gesellschaft aufeinander haben, und die genau das Umgekehrte von dem ist, was als ihre naturgemäße erscheint oder der Reihe der historischen Entwicklung entspricht. Es handelt sich nicht um das Verhältnis, das die ökonomischen Verhältnisse in der Aufeinanderfolge verschiedener Gesellschaftsformen historisch einnehmen. Noch weniger um ihre Reihenfolge ‹in der Idee› (Proudhon) (einer verschwimmelten Vorstellung der historischen Bewegung). Sondern um ihre Gliederung innerhalb der modernen bürgerlichen Gesellschaft.»[26]

Daraus geht hervor, daß das Funktionieren einer Struktur mit dem anderer Strukturen vereinbar sein oder werden muß, sollen beide ein und demselben System angehören. Damit wird auch der Platz deutlich, den die Analyse des Handelskapitals und des Finanzkapitals im *Kapital* einnimmt. Die Warenproduktion ist in der Tat kein ausschließliches Merkmal des modernen Kapitalismus. In dem Maße, wie es in Gesellschaften mit so verschiedenen Produktionsverhältnissen wie denen der großen Staaten im antiken Orient, der griechischen und römischen Sklavenhaltergesellschaften und der feudalen Gesellschaften des Mittelalters schon einen bedeutenden Warenaustausch gab, mußte es auch den Handel und in einem gewissen Maße den Kredit geben.

Aber in jedem Falle änderten sich die Formen und die Bedeutung dieser Warenverhältnisse. Marx zeigt beispielsweise, daß die Wucherzinsen im Geldhandel oder die riesigen Gewinne im internationalen Warenhandel, was für viele vorkapitalistische Gesellschaften kennzeichnend war, mit der Entwicklung des Industriekapitalismus unvereinbar waren und daß dieser neue Formen des Kredits geschaffen und einen viel niedrigeren Zinsfuß eingeführt hat. Der Anteil des Warenwerts, der an das Handels- oder das Finanzkapital zurückfloß, änderte sich damit erheblich.

«Die Entwicklung des Kreditwesens vollbringt sich als Reaktion gegen den Wucher. Man muß dies aber nicht mißverstehen (...) Es bedeutet nichts mehr und nichts weniger als die Unterordnung des zinstragenden Kapitals unter die Bedingungen und Bedürfnisse der kapitalistischen Produktionsweise.»[27]

Auf diese Weise werden mit dem Auftreten neuer Strukturen die Existenzbedingungen und die Rolle der älteren Strukturen modifiziert und diese gezwungen, sich zu verändern. Am Ende unserer Analyse erscheint also der Begriff der *Grenze* der funktionellen Vereinbarkeit von verschiedenen Strukturen. Damit kommen wir zum Problem der Entstehung von neuen Strukturen und zum Begriff des Widerspruchs bei Marx zurück.

III. Zwei Begriffe des Widerspruchs im *Kapital*

Zunächst wollen wir den verschiedenen Stellen, wo Marx von Widerspruch spricht, kritisch nachgehen. Zuerst behandelt Marx den Widerspruch zwischen Kapitalisten und Arbeitern. Dann gibt es die ökonomischen «Krisen», durch die die Widersprüche zwischen Produktion und Konsumtion, zwischen den Produktionsbedingungen von Wert und Mehrwert und den Bedingungen ihrer Realisierung auftreten, also der grundsätzliche Widerspruch zwischen Produktivkräften und Produktionsverhältnissen. Schließlich gibt es die Widersprüche zwischen Kapitalismus und kleinem Land- oder Handwerkseigentum, Kapitalismus und Sozialismus usw. Dieser einfache Überblick läßt Differenzen in der Art und der Bedeutung der Widersprüche hervortreten, von denen die einen dem System angehören und die anderen zwischen diesem und anderen Systemen bestehen. Sie müssen also theoretisch analysiert werden.

Der erste Widerspruch, der sich bietet, ist der zwischen Kapital und Arbeit, Kapitalistenklasse und Arbeiterklasse. Die eine verfügt über das Eigentum an Kapital, die andere ist davon ausgeschlossen. Der Profit der einen ist die unbezahlte Arbeit der anderen. Was sind die Kennzeichen dieses ersten Widerspruchs? Er befindet sich innerhalb der kapitalistischen «Produktionsverhältnisse». Es handelt sich also um einen «strukturinternen Widerspruch».

Dieser Widerspruch gilt *spezifisch*[28] für die kapitalistische Produktionsweise. Durch ihn ist sie als solche bestimmt und unterschieden von anderen Produktionsweisen, der auf Sklavenarbeit beruhenden, der feudalen usw. In seiner Besonderheit kennzeichnet er das System *von seinem Ursprung an*, und durch dessen Funktionszusammenhang wird er beständig *reproduziert*. Er ist also in dem Sinne ursprünglich, daß er seit Anbeginn des Systems vorhanden ist und es bis zu seinem Verschwinden bleibt. Er entwickelt sich mit der Entwicklung des Systems und wandelt sich mit dem Übergang vom liberalen Konkurrenzkapitalismus zum Monopolkapitalismus und mit der gewerkschaftlichen und politischen Organisation der Arbeiterklasse. Dieser Widerspruch ist antagonistisch: Die Funktion einer Klasse ist es, die andere auszubeuten. Er manifestiert sich durch den Klassenkampf. Vom Psychologen und Soziologen, vom Wirtschaftswissenschaftler und Historiker wird er sichtbar gemacht und bis zu einem bestimmten Punkt offengelegt, indem Individuen und Gruppen nach ihren verschiedenen Funktionen und ihren Rollen unterschieden werden; schließlich kann ihn der Philosoph zum Gegenstand machen, wenn er über Gerechtigkeit, Ungleichheit usw. reflektiert.

Ist dieser fundamentale Antagonismus, der, allem Anschein nach, den Vordergrund der historischen Szenerie beherrscht, der Grundwiderspruch der kapitalistischen Produktionsweise?

Nein. Dieser besteht für Marx in dem Widerspruch zwischen der Entwicklung und Vergesellschaftung der Produktivkräfte und dem Privateigentum an den Produktionsmitteln.

«Der Widerspruch, ganz allgemein ausgedrückt, besteht darin, daß die kapitalistische Produktionsweise eine Tendenz einschließt nach absoluter Entwicklung der Produktivkräfte, abgesehn vom Wert und dem in ihm eingeschlossnen Mehrwert, auch abgesehn von den gesellschaftlichen Verhältnissen, innerhalb deren die kapitalistische Produktion stattfindet; während sie andrerseits die Erhaltung des existierenden Kapitalwerts und seine Verwertung im höchsten Maß (...) zum Ziel hat.»[29]

Wie wird dieser Widerspruch sichtbar? «*Partiell erscheint* diese Kollision in periodischen Krisen...»[30] In der Krise zeigt sich der Grundwiderspruch durch den Widerspruch zwischen Produktion und Konsumtion, Warenproduktion und -zirkulation. Noch gravierender tritt er im tendenziellen Fall der Profitrate zutage.

Wie sieht dieser Widerspruch aus?

Es ist nicht ein Widerspruch im Innern einer Struktur, sondern *zwischen zwei Strukturen*, also nicht direkt ein Widerspruch zwischen Individuen oder Gruppen, sondern zwischen der Struktur der Produktivkräfte, ihrer immer weiter vorangetriebenen Vergesellschaftung, und der Struktur der Produktionsverhältnisse, dem Privateigentum an den Produktivkräften.

Das Paradoxe daran ist nun, daß dieser Widerspruch, der deshalb grundlegend ist, weil durch ihn die Entwicklung des Kapitalismus und die Notwendigkeit seines Verschwindens erklärbar werden, *nicht ursprünglich ist*. Er besteht nicht schon von Anbeginn des Systems an. Vielmehr tritt er «mit seiner Fortentwicklung auf einer gewissen Stufe»[31], «auf einer gewissen Stufe der Reife»[32] des Systems auf. Diese Stufe ist die der großen Industrie, d. h. eines bestimmten Standes der Produktivkräfte. In einem Brief an Kugelmann sagt Marx genauer: man hätte «gesehen, daß ich die *große Industrie* nicht nur als Mutter des Antagonismus, sondern auch als Erzeugnis der materiellen und geistigen Bedingungen zur Lösung dieser Antagonismen darstelle...»[33]

Ganz im Gegenteil, weit davon entfernt, ursprünglich der Entwicklung der Produktivkräfte zu widersprechen, treiben die kapitalistischen Produktionsverhältnisse sie vielmehr voran und lassen sie von der Organisation der Manufakturen bis zum Auftreten der Maschinerie und der großen Industrie stürmisch voranschreiten. Die mechanisierte Industrie, die die Scheidung zwischen Ackerbau und der der Vernichtung preisgegebenen ländlichen Nebenindustrie vollendet, «erobert (dem Kapital) den ganzen innern Markt» und gibt ihm «die Ausdehnung und den festen Bestand (...), deren die kapitalistische Produktionsweise bedarf», die mit der fortschreitenden industriellen Arbeitsteilung «kombinierte, wissenschaftliche» Produktion geworden ist. Die vor der systematischen Anwendung von Maschinen liegende Manufakturproduktion hat es nicht zu dieser «radikalen Umgestaltung»[34] gebracht.

Ursprünglich gibt es also keinen Widerspruch zwischen dem Kapitalismus und der Entwicklung der Produktivkräfte, sondern es herrscht eine funktionale Korrespondenz und Vereinbarkeit zwischen ihnen als Grundlage der Dynamik des technischen Fortschritts und der Kapitalistenklasse. Aber dieselbe strukturelle Korrespondenz zwischen Kapitalismus und Produktivkräften bedeutet eine Nichtkorrespondenz zwischen diesen Produktivkräften und den feudalen Produktionsverhältnissen. Diese Nichtkorrespondenz ist nach Marx im objektiven Widerspruch zwischen feudalen und kapitalistischen Verhältnissen zwischen der Feudalklasse und der Kapitalistenklasse begründet. Denn, wie wir gesehen haben, die Existenz des Kapitalisten setzt die von Arbeitern als freien Eigentümern ihrer Person voraus, die gezwungen sind, ihre Arbeitskraft zu verkaufen, d. h. nicht über Eigentum an Produktionsmitteln verfügen.[35]

«Der unmittelbare Produzent, der Arbeiter, konnte erst dann über seine Person verfügen, nachdem er aufgehört hatte, an die Scholle gefesselt und einer anderen Person leibeigen oder hörig zu sein (. . .) Somit erscheint die geschichtliche Bewegung, die die Produzenten in Lohnarbeiter verwandelt, einerseits als ihre Befreiung von Dienstbarkeit und Zunftzwang (. . .) Von dieser Seite stellt sich ihr [der industriellen Kapitalisten] Emporkommen dar als Frucht eines siegreichen Kampfes gegen die Feudalmacht und ihre empörenden Vorrechte, sowie gegen die Zünfte und die Fesseln, die diese der freien Ausbeutung des Menschen durch den Menschen angelegt.»[36]

Der Grundwiderspruch der kapitalistischen Produktionsweise ist also aus der Entwicklung dieser Produktionsweise *entstanden,* aber er *ist nicht* die Entwicklung eines Widerspruchs, der *seit Anbeginn* des Systems vorhanden ist. Er erscheint, ohne daß jemand ihn hat zur Erscheinung bringen wollen. Er ist also *nichtintentionaler* Natur. Er ist ein Resultat der Aktionen all derer, die im System agieren, und der Entwicklung des Systems selbst, aber er ist nie der Entwurf irgendeines Bewußtseins oder ein von irgend jemandem verfolgtes Ziel gewesen. Marx legt also klar, daß es *Aspekte der Wirklichkeit* gibt, *die sich nicht auf das Bewußtsein beziehen und sich nicht durch das Bewußtsein erklären lassen.* Die Produktionsweise, der Kapitalverwertungsprozeß schafft «unbewußt»[37] dieses Resultat.

Aber dieser grundlegende, nichtintentionale und nichtursprüngliche Widerspruch ist ein undurchsichtiges und unfreiwilliges Residuum intersubjektiver Tätigkeit. Er ist nichtintentional, also nicht zielgerichtet, aber da er «signifikant» ist, wird er *wissenschaftlich* transparent. Er bezeichnet die Grenzen der Möglichkeiten der auf dem Privateigentum beruhenden kapitalistischen Produktionsverhältnisse, mit der Entwicklung der Produktivkräfte, die sie hervorgebracht haben, Schritt halten zu können.

Diese Grenzen sind den kapitalistischen Produktionsverhältnissen «im-

manent» und von ihnen nicht zu «überwinden»[38], da die Kapitalver-
wertung auf der Ausbeutung der großen Masse der Produzenten beruht; es sind also Schranken, die die *objektiven Eigenschaften* der kapitalistischen Produktionsweise ausdrücken (und nicht Eigenschaften
der Kapitalisten und Arbeiter als Individuen oder als ökonomischer
Agenten).

«... die ganze kapitalistische Produktionsweise ist eben nur eine relative Produktionsweise, deren Schranken nicht absolut, aber für sie, auf
ihrer Basis, absolut sind.»[39]

Diese Schranken ergeben sich aus der Invarianz der Produktionsverhältnisse, der die ungeheuren Veränderungen der Produktivkräfte gegenüberstehen. Sie sind also objektive Eigenschaften des Systems, und
diese Eigenschaften liegen der Notwendigkeit seiner Entwicklung und
seines Verschwindens zugrunde. Sie wirken auf das System selbst, sie
sind *die Kausalität der Struktur* auf sich selbst. «Die *wahre Schranke*
der kapitalistischen Produktion ist *das Kapital selbst* ...»[40]

Die Kausalität der Struktur wirkt also überall, ohne daß sich irgendwo
ihre Wirkung lokalisieren ließe. Sie schiebt sich zwischen verschiedene
Ereignisse und läßt sie bewußt werden oder nicht, d. h. sie rückt jedes
Ereignis in den Bereich seiner möglichen intentionalen Wirkungen. Für
Marx gibt es zwischen einer Ursache und ihren Wirkungen immer die
Gesamtheit der strukturellen Eigenschaften, die der betreffenden Tä-
tigkeit ihre objektiven Dimensionen verleihen.

Mit der unablässigen Entfaltung der Produktivkräfte schafft das Kapital «unbewußt die materiellen Bedingungen einer höhern Produktionsform»[41] und macht die Umwandlung der kapitalistischen, auf Privateigentum beruhenden Bedingungen der großen Produktion in «gemeinschaftliche, gesellschaftliche Produktionsbedingungen»[42] notwendig. Die Entwicklung des Kapitalismus macht also das Erscheinen eines
sozialistischen ökonomischen Systems, einer «höheren» Produktionsweise zugleich möglich und notwendig. Aber was heißt hier «höher»,
welches Kriterium liegt diesem Werturteil zugrunde?

Dieses Kriterium ist die Tatsache, daß die *Struktur* der sozialistischen
Produktionsverhältnisse den Bedingungen der schnellen Entwicklung
gewaltiger neuer, immer mehr vergesellschafteter Produktivkräfte, die
durch den Kapitalismus geschaffen werden, funktional *korrespondiert.*
Es ist also Ausdruck der Möglichkeiten und der objektiven Eigenschaften einer historisch bestimmten Struktur. Diese Korrespondenz ist völlig *unabhängig* von jeder a priori feststehenden Vorstellung vom Glück,
der «wirklichen» Freiheit, vom Wesen des Menschen usw. *Ohne* also
von einem apriorischen Kriterium von Rationalität *auszugehen*, zeigt
Marx die Notwendigkeit und die Überlegenheit einer neuen Produktionsweise, und darauf stützt sich das Werturteil.[43] Aber dieses Werturteil ist kein Urteil über «Personen», es erbringt nicht den Nachweis

eines «moralischen» Fortschritts oder eines Sieges von «ethischen Grundsätzen» in der sozialistischen Gesellschaft im Verhältnis zur kapitalistischen. Es ist vielmehr ein Urteil über die «Eigenschaften» einer Struktur, über die besonderen Bedingungen für ihr Erscheinen und ihr Funktionieren.

Daß eine neue Produktionsweise notwendigerweise hervortritt, verweist nicht mehr auf eine Finalität, die in den Mysterien des menschlichen Wesens schlummerte und sich nur dem Philosophen, sei er Idealist oder Materialist, offenbaren würde, denn man kann aus dem historisch bestimmten Widerspruch zwischen den kapitalistischen Produktionsverhältnissen und einem bestimmten Stand der Entwicklung der Produktivkräfte nicht mehr das philosophische Drama der Empörung des «wirklichen Menschenwesens» gegen das «menschenunwürdige Dasein», das den Arbeitern von der Bourgeoisie aufgezwungen wird, herauslesen.

Im *Kapital* scheidet sich die Analyse der Widersprüche des kapitalistischen Systems, die ökonomische Wissenschaft, radikal von jeder Ideologie: Marx hat mit dem jungen Marx nichts mehr zu tun. Denn die Ideologie besteht eben darin, die «nur historische, vorübergehende»[44] Notwendigkeit einer Produktionsweise in eine Charaktereigenschaft «des menschlichen Wesens» zu verwandeln. Nach der Analyse von Marx sind also alle «humanistischen» Rechtfertigungen, die man für die Überlegenheit des Sozialismus anführen könnte, abzulehnen. Das heißt nicht, daß Marx die realen Probleme verwarf, die durch eine humanistische Ideologie, auch materialistischer Herkunft, zum Ausdruck gebracht werden können. Aber bei einer theoretischen Analyse dieser Probleme geht es um die Bestimmung der neuen Möglichkeiten der gesellschaftlichen Entwicklung, die kennzeichnend sind für sozialistische Strukturen.[45] Durch die Aufhebung der durch Ausbeutung und Herrschaft bestimmten kapitalistischen Verhältnisse schafft das sozialistische System neue Bedingungen der gesellschaftlichen Entwicklung, wie es durch das kapitalistische System geschehen war, als es die alte feudale Gesellschaft mit ihren Formen der Knechtschaft zerstörte.

Wir haben zwei Begriffe des Widerspruchs im *Kapital* unterschieden und gezeigt, daß der Grundwiderspruch, der zur Erklärung für die Entwicklung eines Systems herangezogen werden muß, der Widerspruch *zwischen* seinen *Strukturen* ist, und daß dieser Widerspruch aus den objektiven *Schranken* der Produktionsverhältnisse, sich unverändert zu erhalten, hervorgeht, während die Produktivkräfte sich in einem bestimmten Ausmaß verändern. Jetzt müssen wir versuchen, die Theorie des Widerspruchs zu rekonstruieren, die bei Marx implizit ist und auf Grund deren, unserer Meinung nach, die Marxsche Dialektik in einem radikalen Gegensatz zur Dialektik von Hegel steht.

IV. Der radikale Gegensatz zwischen der Marxschen und der Hegelschen Dialektik

Der Problembereich, der durch Äußerungen von Marx und Engels noch undurchschaubarer wird, ist bekannt. Einerseits erklärt Marx, daß seine dialektische Methode das «direkte Gegenteil» der Hegelschen sei, und Engels meint, daß die Dialektik «in ihrer Hegelschen Form unbrauchbar» und nur die Dialektik von Marx «rationell» sei. Aber zugleich wird von Marx hinzugefügt, es genüge, die Hegelsche Dialektik wieder «auf die Füße» zu stellen, um ihr eine «vernünftige Gestalt» zu geben, und sie auf die Füße stellen heißt, sie von ihrer «mystifizierenden Seite» zu befreien, die sie durch den absoluten Idealismus Hegels angenommen hatte. Die Sache schien also einfach und ohne Schwierigkeiten. In einer Reihe von jüngst veröffentlichten Artikeln hat Louis Althusser [46] dieses Wortgespinst zerrissen und drastisch auf den unbefriedigenden, ja absurden Charakter der Hypothese von der «Umstülpung Hegels» hingewiesen.

«... es (ist) unvorstellbar ..., daß die Hegelsche Ideologie nicht das Wesen der Hegelschen Dialektik selbst angesteckt haben sollte ..., daß die Hegelsche Dialektik aufhören könnte, hegelisch zu sein, und durch das einfache Wunder einer ‹Extraktion› marxistisch würde.» [46a]

Nach Louis Althusser soll die spezifische Differenz der Marxschen Dialektik darin zu suchen sein, daß bei ihm der Widerspruch prinzipiell «überdeterminiert» sei. Obwohl diese Ansicht positive Elemente liefert, die auf einer anderen Ebene gültig sind, so scheint sie uns doch nicht zum wesentlichen Aspekt vorzustoßen. Wir wollen das Problem noch einmal aufgreifen. Marx beschreibt zwei Typen des Widerspruchs. Der eine, der innerhalb der Struktur der Produktionsverhältnisse vorhanden ist, erscheint vor dem anderen, der sich allmählich zwischen *den beiden Strukturen* der kapitalistischen Produktionsweise, nämlich den Produktionsverhältnissen und den Produktivkräften, entwickelt. Der erste Widerspruch tritt mit dem System auf und verschwindet mit ihm. Der zweite Widerspruch tritt mit der Entwicklung des Systems und vermittels der Wirkungen des Funktionszusammenhanges des ersten Widerspruchs auf, aber er ist es, der die materiellen Bedingungen für das Verschwinden des Systems produziert, und er ist mithin der Grundwiderspruch. Das Verhältnis zwischen diesen beiden Widersprüchen zeigt also, daß der *erste* Widerspruch, der sich innerhalb der Produktionsverhältnisse befindet, *nicht alle Bedingungen zu seiner Lösung in sich enthält*. Die materiellen Bedingungen zu seiner Lösung können nur außerhalb von ihm existieren, da die Produktivkräfte eine von den Produktionsverhältnissen *völlig verschiedene* Realität darstellen und auf diese *nicht reduzierbar* sind, eine Realität, die ihre eigenen inneren Entwicklungsbedingungen und ihre eigene Zeitlichkeit hat.

Die anderen Bedingungen für die Lösung des Widerspruchs innerhalb der Produktionsverhältnisse befinden sich auf der Ebene des politischen, kulturellen usw. Überbaus; auch diese Strukturen sind nicht auf die Produktionsverhältnisse reduzierbar und haben ihre eigenen Entwicklungsgesetze. Bei Marx wird also die Lösung für einen Widerspruch innerhalb der Struktur der Produktionsverhältnisse nicht allein durch die Entwicklung innerhalb dieses Widerspruchs geschaffen. Die meisten Bedingungen für seine Lösung befinden sich außerhalb seiner und sind auf seinen Inhalt nicht reduzierbar.

Im Gegensatz dazu ergibt sich die Möglichkeit, den zweiten Widerspruch, den zwischen den Strukturen des ökonomischen Systems, aus der inneren Entwicklung des Systems zu lösen (wir werden sehen, daß dies für die Bewegung aller Gesellschaftsstrukturen gilt). Die Lösung des zweiten Widerspruchs besteht in der Veränderung der Struktur der Produktionsverhältnisse *zum Zweck ihrer Korrespondenz* mit den Strukturen der Produktivkräfte. Diese Veränderung läuft auf den Ausschluß des Privateigentums an den Produktionsmitteln, also auf die Aufhebung der *Basis des inneren Widerspruchs* der kapitalistischen Produktionsverhältnisse selber hinaus. Aber diese Aufhebung ist nur zu einem bestimmten Zeitpunkt der Entwicklung der Produktionsweise und der Produktivkräfte möglich. Die Klassengegensätze innerhalb der Produktionsverhältnisse können «kochen», aber es folgt aus ihnen nicht notwendigerweise eine Lösung, wenn sich die Produktivkräfte nicht entwickeln (es kann im Gegenteil zu einer zyklischen Wiederholung von sozialen Konflikten, zur Stagnation usw. kommen).

Unsere Analyse schließt also die Hypothese einer Theorie von der «Identität der Gegensätze» bei Marx aus. Eine solche Hypothese wurde von Hegel aufgestellt, um zu zeigen, daß es eine *innere Lösung des inneren Widerspruchs einer Struktur* gibt. Für eine solche Lösung ist vorauszusetzen, daß jedes der innerhalb einer Struktur sich widersprechenden Elemente zugleich sein Gegenteil ist. Die These muß sie selbst und ihr Gegenteil, Antithese, sein, damit die Synthese schon in ihren Widersprüchen enthalten ist. Dergleichen wird bei Marx völlig ausgeschlossen, denn weder die sich innerhalb einer Struktur widersprechenden Elemente noch die in einem System sich widersprechenden Strukturen *sind aufeinander zurückführbar*, d. h. miteinander identisch.

Daraus geht hervor, daß die Identität der Gegensätze, die grundlegende Struktur der Hegelschen Dialektik *nur deshalb notwendig* ist, weil sie «Beweise» für den absoluten Idealismus liefern und *den Hegelianismus* als absolutes Wissen des absoluten Geistes *begründen soll*, als eine Totalität, die sich in sich selbst in der Äußerlichkeit der Natur und der Innerlichkeit des Geistes widerspricht und durch alle ihre Widersprüche hindurch identisch bleibt. Die Identität der Gegensätze ist ein magisches Werkzeug, das Hegel braucht, um den Ideenpalast [47] des absoluten Wissens zu erbauen und dem ideologischen Gewaltstreich, der dem absoluten Idealismus als unbeweisbarer Ausgangspunkt dient, eine rationale Erscheinungsform zu geben. Der Hegelsche philosophische Idealismus bestimmt also den spezifischen inneren Inhalt des Begriffs des Widerspruchs bei Hegel, und diese Struktur, der das Prinzip der Identität der Gegensätze zugrunde liegt, ist das direkte Gegenteil der grundlegenden Struktur bei Marx und macht die Dialektik *«für die Wissenschaft unbrauchbar»*.[48] Mit der Hypothese von der Identität der Gegensätze kann man in der Tat alles und das heißt nichts beweisen.

Damit wird deutlich, was Marx schon in der ‹Kritik der politischen Ökonomie› sagt: «Hiernach für einen Hegelianer nichts einfacher, als Produktion und Konsumtion identisch zu setzen»[49], und er fügt hinzu: «Das Resultat, wozu wir gelangen, ist nicht, daß Produktion, Distribution, Austausch, Konsumtion identisch sind, sondern daß sie alle Glieder einer Totalität bilden, Unterschiede innerhalb einer Einheit.»[50]

Engels verteidigt im *Anti-Dühring* die dialektische Methode von Marx, indem er zeigt, daß sie sich nicht auf «dialektische-krause Verschlingungen und Vorstellungsarabesken, ... die Misch- und Mißvorstellung, derzufolge schließlich alles eins ist», zurückführen läßt, wo die Negation der Negation «die Hebammendienste leistet, durch welche die Zukunft aus dem Schoß der Vergangenheit entbunden wird», und «in der kindischen Beschäftigung besteht, ... von einer Rose abwechselnd zu behaüpten, sie sei eine Rose und sie sei keine Rose».[52]

Hier zeigt sich die wirkliche Tragweite der Analysen von L. Althusser. Das Postulat von der Identität der Gegensätze garantiert Hegel in jedem Augenblick eine innere, imaginäre Lösung der inneren Widersprüche, die er analysiert, und diese Lösung ist in den meisten Fällen nichts weiter als eine magische, ideologische Operation innerhalb einer «einfachen» Dialektik.

Wie erklärt sich in diesem Fall die Unfähigkeit der Marx-Kommentatoren, den radikalen Unterschied zwischen Marx und Hegel genau anzugeben? Die Antwort ist gar nicht so schwierig. *Die theoretische Unterscheidung* der beiden Typen von Widerspruch, innerhalb einer Struktur und zwischen verschiedenen Strukturen, und die Herausarbeitung ihrer gegenseitigen Verschränkung sind von Marx und Engels nicht *explizit geleistet und entwickelt worden.* Unter diesen Bedingungen war der «in die Augen springende» Widerspruch derjenige zwischen Kapitalisten und Arbeitern, während man den zweiten Widerspruch mit jenem, d. h. einem strukturinternen Widerspruch, zusammenfallen ließ. Dadurch geriet man in den Bannkreis der mystifizierten und mystifizierenden Dialektik von Hegel, der faszinierenden Dialektik der Identität der Gegensätze, der inneren Lösung usw. Die zweideutigen Formeln von Marx und Engels waren nicht dazu angetan, diese Faszination, und schon gar nicht die antiwissenschaftliche Einstellung des dogmatischen Marxismus aufzulösen: «Die aus der kapitalistischen Produktionsweise hervorgehende kapitalistische Aneignungsweise, daher das kapitalistische Privateigentum, ist die erste Negation des individuellen, auf eigne Arbeit gegründeten Privateigentums. Aber die kapitalistische Produktion erzeugt mit der Notwendigkeit eines Naturprozesses ihre eigne Negation. Es ist Negation der Negation.»[53]

Aber was bei Marx nur eine Metapher und eine Redensart im Hinblick auf die Bewegung des Kapitalismus ist, wird bei Engels «ein äußerst allgemeines und eben deshalb äußerst weitwirkendes und wichtiges Entwicklungsgesetz der Natur, der Geschichte und des Denkens».[54]

Sosehr der spezifische Charakter des Begriffs des Widerspruchs bei Marx ungeklärt blieb, so war tatsächlich der Begriff der Negation der Negation der einzige allgemeine Hegelsche Begriff, der *rational* zu bleiben *schien*, nachdem die Mystifikation der Identität der Gegensätze aufgelöst worden war.

Soweit wir sehen, könnte Marxens Analyse des grundlegenden Begriffs des Widerspruchs zwischen Strukturen durchaus auf den Stand der modernsten wissenschaftlichen Praxis gebracht werden.[55]

Dieser Begriff würde bestimmte objektive Struktureigenschaften erklären, nämlich die objektiven *Grenzen* ihrer Möglichkeit, sich zu reproduzieren, unter Berücksichtigung ihrer inneren und äußeren Funktionsbedingungen *im wesentlichen invariant* zu bleiben, und, *grundsätzlicher noch*, ihr Verhältnis zu und ihren *Zusammenhang* mit anderen Strukturen zu reproduzieren. Das Auftreten eines Widerspruchs wäre tatsächlich das Auftreten einer Grenze, einer Schwelle für die Bedingungen der Invarianz einer Struktur. Jenseits dieser Grenze würde sich ein Strukturwandel vollziehen. Unter dieser Perspektive würde der Begriff des Widerspruchs, den wir hier vorführen, vielleicht die Kybernetik interessieren. Diese untersucht ja die Grenzbedingungen und die inneren Regelzusammenhänge, auf Grund deren sich ein physiologisches, ökonomisches oder irgendein anderes System durch bestimmte Variationsspielräume seiner inneren und äußeren Funktionsbedingungen hindurch erhalten kann. Durch solche Analysen kommen Naturwissenschaften und Humanwissenschaften einander näher. Scherzhaft könnte man sagen, daß, wenn der Dinosaurier durch eine Eiszeit von der Erdoberfläche verschwunden ist, diese Spezies nicht auf Grund ihrer inneren Widersprüche zugrunde gegangen ist, sondern wegen des Widerspruchs zwischen ihrer inneren physiologischen Struktur und der Struktur ihrer äußeren Existenzbedingungen.

Die Theorie des Widerspruchs, die wir hier vorlegen, würde also die Dialektik wieder zu einem wirklichen wissenschaftlichen Instrument machen, und aus demselben Grund könnte diese wissenschaftliche Dialektik nur materialistisch sein. Denn wenn die dialektische Methode nicht mehr von der Hypothese der «Identität der Gegensätze» abhängig ist, wenn die im Funktionszusammenhang einer Struktur entstehenden Widersprüche deren «Grenzen» ausdrücken und die Bedingungen ihres Auftretens und ihrer Lösung zum Teil *außerhalb* dieser Struktur haben, wenn keine Struktur auf eine andere zurückführbar ist, dann gibt es *keine innere Finalität*, durch die die Entwicklung der Natur und der Geschichte geregelt würde.

Auf dieser Grundlage müßte es möglich sein, daß – um die Hypothese einer notwendigen Korrespondenz zwischen Strukturen – ein neuer Dialog zwischen den Wissenschaften und dem Marxismus und zwischen Strukturalismus und Marxismus entsteht. Zum Abschluß wollen wir diese Hypothese einer anderen These von Marx gegenüberstellen, die ihr zu widersprechen oder zumindest ihre Tragweite durch einen ideologischen Gewaltstreich zu vermindern scheint, nämlich die These von der bestimmenden Rolle, die «in letzter Instanz»[56] die ökonomischen Strukturen in der Entwicklung des gesellschaftlichen Lebens spielen sollen.

Die berühmte Passage im Vorwort zur ‹*Kritik der politischen Ökonomie*› ist allgemein bekannt:
Die «Produktionsverhältnisse (entsprechen) einer bestimmten Entwicklungsstufe der materiellen Produktivkräfte.. Die Gesamtheit dieser Produktionsverhältnisse bildet die ökonomische Struktur der Gesellschaft, die reale Basis, worauf sich ein juristischer und politischer Überbau erhebt, und welcher bestimmte gesellschaftliche Bewußtseinsformen entsprechen. Die Produktionsweise des materiellen Lebens bedingt den sozialen, politischen und geistigen Lebensprozeß überhaupt... Mit der Veränderung der ökonomischen Grundlage wälzt sich der ganze ungeheure Überbau langsamer oder rascher um.»[57]
Im allgemeinen ist die besondere Kausalität, die Marx dem Ökonomischen in dem gesamten Prozeß der wechselseitigen Kausalitäten von Unterbau und Überbau einräumt, in umgekehrtem Sinne interpretiert worden. Wir haben gesehen, daß Marx innerhalb des Unterbaus Produktionsverhältnisse und Produktivkräfte unterscheidet und niemals beide Strukturen miteinander vermischt. Die Irreduzibilität der Strukturen kann sich nicht auf die Ökonomie beschränken, und man muß davon ausgehen, daß für Marx jede gesellschaftliche Struktur einen eigenen Inhalt und eine eigene Funktions- und Entwicklungsweise hat. Auf Grund jener Irreduzibilität sind auch unmittelbar zwei Interpretationstypen der bestimmenden Kausalität der Ökonomie ausgeschlossen.
Zum einen können die nichtökonomischen Strukturen nicht aus den

ökonomischen Verhältnissen «hervorgehen», und die Kausalität des Ökonomischen kann sich nicht als die Genesis des Überbaus außerhalb des Unterbaus darstellen. Andererseits sind die nichtökonomischen Strukturen nicht bloße «Erscheinungen», die die ökonomische Aktivität begleiten und nur passiv auf das gesellschaftliche Leben wirken, während allein die ökonomischen Verhältnisse eine aktive Kausalität mit mehr oder weniger «automatischen»[58] Wirkungen hätten. In beiden Fällen wird kaum einsichtig, durch welche merkwürdige Alchimie die Ökonomie zum Beispiel zu Verwandtschaftsverhältnissen werden oder aus welchem mysteriösen Grund sie sich unter diesen verbergen sollte. Wir müssen daher anderswo nach genaueren Bestimmungen des Begriffs der «Korrespondenz» zwischen Strukturen suchen.

Betrachten wir zum Beispiel den Produktionsprozeß in unserer kapitalistischen Gesellschaft. Die Produktionsverhältnisse zwischen Kapitalisten und Arbeitern, die Tatsache, daß diese gezwungen sind, für jene zu arbeiten, scheinen weitgehend unabhängig von den religiösen, politischen, ja familialen Bindungen zu sein, die sie untereinander haben können. Jede gesellschaftliche Struktur scheint weitgehend «autonom» zu sein, und vom ökonomischen Standpunkt aus wird man dazu neigen, die nichtökonomischen Strukturen als «exogene Variablen» zu behandeln und eine ökonomische Rationalität «an sich» zu suchen. Die Korrespondenz zwischen Strukturen wäre also vor allem «äußerer» Art. In einer archaischen Gesellschaft ist die Lage anders. Der marxistische Ökonomist zum Beispiel wird keine Schwierigkeiten haben, die Produktivkräfte dieser Gesellschaften (Jagd, Fischfang, Agrikultur usw.) zu unterscheiden, aber er wird keine «isolierten» Produktionsverhältnisse unterscheiden können. Oder er wird sie zumindest im Funktionszusammenhang der Verwandtschaftsverhältnisse suchen. Durch diese sind die Rechte der Individuen auf den Boden, die Produkte, ihre Verpflichtungen, für andere zu arbeiten, zu nehmen oder abzugeben usw. bestimmt. Sie regeln auch die Autorität der einen über die anderen auf politischem oder religiösem Gebiet. In einer solchen Gesellschaft wird das gesellschaftliche Leben also durch die Verwandtschaftsverhältnisse beherrscht. Wie ist in der Perspektive von Marx zugleich die *beherrschende* Rolle der Verwandtschaftsverhältnisse und die in letzter Instanz *determinierende* Rolle der Ökonomie zu verstehen?

Dies scheint unmöglich, wenn Ökonomie und Verwandtschaftsverhältnisse als Unterbau und Überbau betrachtet werden. Aber in einer archaischen Gesellschaft *fungieren* die Verwandtschaftsverhältnisse als Produktionsverhältnisse, so wie sie auch als politische Verhältnisse fungieren. In den Begriffen von Marx sind die Verwandtschaftsverhältnisse hier also *zugleich* Unterbau und Überbau[59], und man kann annehmen, daß die Komplexität der Verwandtschaftsbeziehungen in den archaischen Gesellschaften in Beziehung steht zu den vielfältigen Funktionen, die sie in einem solchen Gesellschaftstypus übernehmen.[60] Desgleichen ist anzunehmen, daß die beherrschende Rolle und die komplexe Struktur der Verwandtschaftsverhältnisse in den archaischen Gesellschaften in Beziehung stehen zu der allgemeinen Struktur der Produktivkräfte und ihrem geringen Entwicklungsstand, der die Individuen zur Kooperation, also zu einem Leben in der Gruppe zwingt, damit sie in der Lage sind, ihre Subsistenzmittel zu erwerben und sich zu reproduzieren.[61]

Auf dem Hintergrund dieses abstrakten Beispiels stellt sich die Korrespondenz zwischen Ökonomie und Verwandtschaftsverhältnissen nicht mehr als eine äußere Beziehung, sondern als eine innere Korrespondenz dar, ohne daß deshalb die ökonomischen Verwandtschaftsbeziehungen mit den politischen, sexuellen usw. Beziehungen zusammenfallen. In dem Maße also, wie in einem solchen Gesellschaftstypus die Verwandtschaftsverhältnisse tatsächlich als Produktionsverhältnisse fungieren, würde die bestimmende Rolle der Ökonomie der beherrschenden Rolle der Verwandtschaftsverhältnisse nicht widersprechen, sondern sich durch sie ausdrücken.[62]

Aus dieser Perspektive wird ein möglicher Beitrag von Marx zur wissenschaftlichen Untersuchung von Gesellschaftsstrukturen und ihren vielfältigen Entwicklungen erkennbar, der sich sehr gravierend von dem unterscheidet, den die traditionelle Exegese ihm zubilligt oder abspricht. Es ist eine unumstößliche Tatsache, daß es Funktionen und die Entwicklung von Strukturen gibt, deren Differenzierung sich durch den Wandel und die Entwicklung ihrer Funktionen erklären läßt. Man kann zum Beispiel annehmen, daß durch das Auftreten neuer Produktionsbedingungen in archaischen Gesellschaften sich ihre Demographie verändert, neue Formen von Autorität erforderlich werden und neue Produktionsverhältnisse sich herausbilden. Es ist weiterhin anzunehmen, daß jenseits einer bestimmten Grenze die alten Verwandtschaftsverhältnisse diese neuen Funktionen nicht übernehmen können. Diese werden sich dann außerhalb des Verwandtschaftssystems entwickeln und neue, von ihm verschiedene, politische oder religiöse Strukturen hervortreiben, die ihrerseits als Produktionsverhältnisse fungieren. Es würden sich also nicht die Verwandtschaftsverhältnisse in politische Verhältnisse verwandeln, sondern die politische Funktion der alten Verwandtschaftsverhältnisse würde sich auf der Grundlage neuer Problemstellungen entwicklen. Die Verwandtschaftsverhältnisse würden allmählich in eine andere Rolle hineinwachsen, sie bekämen ein anderes gesellschaftliches Gewicht, und die mit neuen Funktionen (die zugleich Unterbau und Überbau sind) ausgestatteten politischen und religiösen Verhältnisse würden die leer gewordene zentrale Stelle einnehmen.

Der Nachweis der bestimmenden Rolle der Ökonomie würde also die

Darstellung der *dominierenden* Rolle von nichtökonomischen Strukturen in diesem oder jenem Gesellschaftstypus einschließen. Raumzeitlich verschiedene Gesellschaften würden zu demselben «Typus» gehören, wenn ihre *gesamte Struktur* vergleichbar ist, d. h. wenn das durch *die Funktionen und die Bedeutung* jeder einzelnen Struktur bestimmte *Verhältnis* zwischen ihren gesellschaftlichen Strukturen vergleichbar ist. Aus dieser Perspektive könnte man von neuem an die üblichen Gegensätze Struktur–Ereignis (Anthropologie–Geschichte) oder Struktur–Individuum (Soziologie und Psychologie) herangehen.

Ein Ereignis – komme es innerhalb einer Struktur oder außerhalb von ihr zum Tragen – wirkt immer auf die ganze Struktur, indem es auf eines ihrer Elemente einwirkt. Zwischen eine Ursache und ihre Wirkung schiebt sich immer das Ganze der bekannten oder unbekannten Eigenschaften einer oder mehrerer Strukturen. Diese Kausalität der Strukturen verleiht einem Ereignis alle seine bewußten oder nicht bewußten Dimensionen und erklärt seine vorhandenen oder nichtvorhandenen intentionalen Wirkungen. Man braucht also den strukturalistischen Standpunkt nicht zu verlassen und *aus der Struktur nicht herauszutreten, um einem einzelnen Ereignis Rechnung zu tragen.* Wenn Menschen durch ihre Tätigkeit die Bedingungen für das Auftreten neuer Strukturen schaffen, so eröffnen sie damit Bereiche von objektiven Möglichkeiten, die ihnen weitgehend unbekannt sind, die sie auf dem Wege über bestimmte Ereignisse entdecken und deren Grenzen sie sich zu unterwerfen haben, wenn die Funktionsbedingungen dieser Strukturen sich ändern und diese nicht mehr dieselbe Rolle spielen, so daß sie sich wandeln. Die intentionale Rationalität des Verhaltens der Mitglieder einer Gesellschaft ist also untrennbar mit der grundlegenden, nichtintentionalen Rationalität der hierarchisch aufgebauten Struktur von gesellschaftlichen Verhältnissen, durch die diese Gesellschaft gekennzeichnet ist, verbunden. Anstatt von den Individuen und der Hierarchie ihrer Präferenzen und Intentionen auszugehen, um die Rolle und das Verhältnis der Strukturen einer Gesellschaft zu erklären, käme es vielmehr darauf an, diese Rolle und dieses Verhältnis in allen ihren Aspekten, seien sie dieser Gesellschaft bekannt oder nicht, zu erklären und in der Hierarchie der Strukturen die Hierarchie der «Werte», d. h. der gesellschaftlichen Normen des vorgeschriebenen Verhaltens zu suchen. Auf dem Hintergrund dieser Hierarchie der «Werte» ließe sich die Hierarchie der Bedürfnisse der Individuen erklären, die diese oder jene Rolle in der Gesellschaft spielen oder diesen bestimmten Status in ihr einnehmen.

Damit würde es unmöglich, die Anthropologie zugunsten der Geschichte zu verwerfen [63] oder umgekehrt, Psychologie und Soziologie oder Soziologie und Geschichte einander abstrakt gegenüberzustellen. Die Möglichkeiten der «Wissenschaften» vom Menschen würde ein für allemal auf der Möglichkeit beruhen, in die Gesetze des Funktionszusammenhanges, der Entwicklung und der wechselseitigen inneren Verbindung von Gesellschaftsstrukturen Einsicht zu gewinnen. Und diese Humanwissenschaften könnten eines Tages Aristoteles Lügen strafen, indem sie auch Wissenschaften vom «Individuellen» würden. Die Möglichkeiten der «Wissenschaften» vom Menschen beruht also auf der Verallgemeinerung der Methode der strukturalen Analyse, die imstande wäre, die Veränderungs- und Entwicklungsbedingungen von Strukturen und ihren Funktionen aufzuzeigen. Diese allgemeine Verbreitung der strukturalen Analyse zeigt gegenwärtig noch große Unterschiede, wenn man sich etwa mit Ökonomie, Verwandtschaftssystemen, Politik oder Religion beschäftigt. Vielleicht könnte ein von seinen Mehrdeutigkeiten und Widersprüchen gereinigtes Werk von Marx dazu beitragen, sie zu beschleunigen.

Anmerkungen

1 C. Lévi-Strauss, ‹Der Strukturbegriff in der Ethnologie›. In: ‹Strukturale Anthropologie›, Frankfurt 1967, S. 301.

2 Ebd., S. 302.

3 Wir vereinfachen hier absichtlich die Darstellung, denn der Profit kann dem in einem Unternehmen wirklich produzierten Mehrwert entsprechen oder auch nicht entsprechen.

4 Kapital I, S. 562 (zitiert nach MEW, Bd. 23–25).

5 Kapital III, S. 825.

6 Auch bei Spinoza wird die Erkenntnis der zweiten Art, die alltägliche Erfahrung, nicht durch die der ersten Gattung, die mathematische Erkenntnis, aufgehoben.

7 ‹Structures élémentaires de la parenté›, Kap. XIV, S. 216–246. Siehe auch die algebraische Studie von A. Weil, Kap. XIV, S. 278–287.

8 Ähnlich verhielt es sich mit den Konsequenzen der Erforschung der Strahlung «des schwarzen Körpers», einer kleinen «Einzelheit» (vgl. Bachelard), durch die alle Perspektiven der Physik des 19. Jahrhunderts, wie sie von Newton kam, umgestoßen wurden.

9 Das ist nicht ganz genau. Lévi-Strauss gesteht Hodson das Verdienst zu, die Korrelation zwischen der Heiratsregel in bezug auf die matrilineare Kreuzkusine und der Existenz einer spezifischen gesellschaftlichen Struktur entdeckt zu haben. Aber Hodson glaubte, daß diese Struktur immer dreiteilig und patrilinear sein müßte, während sie eine beliebige Anzahl von Abteilungen umfassen kann und es ihm nur darauf ankam, zu «harmonisieren». ‹Structures élémentaires›, S. 292 f. A. Hodson, ‹The Primitive Culture of India›, 1922.

10 Seine Entdeckung bietet in diesem Fall noch mehr Schwierigkeiten, weil die Erscheinungsform des Systems die Aufmerksamkeit auf eine andere Struktur lenkt, nämlich die des Systems Aranda. Aber «an Stelle der wirklichen Symmetrie zwischen den Systemen Kariera und Aranda finden wir eine Pseudosymmetrie vor, die sich in Wirklichkeit auf zwei sich überlagernde asymmetrische Strukturen zurückführen läßt». ‹Structures élémentaires›, S. 242.

11 Radcliffe-Brown, ‹Structures and Function in Primitive Societies›. London 1952.

12 Lévi-Strauss, ‹On Manipulated Sociological Models›. Bijdragen, 1960, Nr. 160, S. 52.

13 Daher die vielfachen Kritiken von Lévi-Strauss gegen Idealismus und Formalismus, die in der Tat die Hauptgegner des wissenschaftlichen Strukturalismus geworden sind. Vgl. ‹La structure et la forme›, Cahiers de l'ISEA, und das Vorwort zu ‹Le Cru et le Cuit›, (Mythologiques I).

14 ‹On Manipulated Sociological Models›, S. 53.

15 ‹Structures élémentaires›, S. 235.

16 D. Warner, ‹*Morphology and Function of the Australian Murngin Type of Kinship*›. In: *American Anthropologist*, Bd. 32–33, S. 179–182.

17 Die teilweise oder vollständige Übernahme von Institutionen in ein Verwandtschaftssystem, von Mythen- und Tanzordnungen usw., kommen in Australien häufig vor. Stanner hat einmal einen Fall von Übernahme direkt beobachten können, und zwar die Einführung einer Verwandtschaftsinstitution bei den Nangiomeri. ‹*Structures élémentaires*›, S. 227.

18 Das System Kariera z. B. ist matrilinear und patrilokal.

19 «Dieser Charakter (der harmonischen Ordnung) erklärt, warum die Bildung eines Klassensystems überall da so selten ist, wo die Heirat durch ein Gesetz des verallgemeinerten Tauschs bestimmt ist.» ‹*Structures élémentaires*›, S. 272.

20 Daher die Kritik von Lévi-Strauss gegen die rein assoziativ verfahrenden Evolutionstheorien des 19. Jahrhunderts. ‹*Structures élementaires*›, S. 129, 185.

21 *Kapital* I, S. 742 f.

22 Dies wird nicht nur durch die Phänomene der sozialen Mobilität entkräftet, sei es, daß durch sie bestimmte Arbeiter Kapitalisten werden können, oder sei es, daß sie aus der Konkurrenz entstehen und diesen oder jenen Kapitalisten oder Unternehmenstypus ruinieren.

23 Diese Diachronie scheint sich immer in die synchronische Zuständlichkeit zurückzunehmen oder wenigstens die vielfältigen Existenzweisen ein und derselben Struktur aufzuzeigen, wobei die räumlichen Veränderungen ihrer Funktionsbedingungen zu berücksichtigen sind. Vgl. Marx, *Kapital* III, S. 800: «Dies hindert nicht, daß dieselbe ökonomische Basis – dieselbe den Hauptbedingungen nach – durch zahllose verschiedene empirische Umstände, Naturbedingungen, Racenverhältnisse, von außen wirkende geschichtliche Einflüsse usw., unendliche Variationen und Abstufungen in der Erscheinung zeigen kann, die nur durch die Analyse dieser empirisch gegebenen Umstände zu begreifen sind.»

24 *Kapital* III, S. 607.

25 *Kapital* I, S. 62.

26 ‹*Zur Kritik der politischen Ökonomie*›, Einleitung, MEW 13, S. 638.

27 *Kapital* III, S. 613.

28 Ebd., S. 888.

29 Ebd., S. 259.

30 Ebd., S. 274.

31 Ebd., S. 252.

32 Ebd., S. 891.

33 Brief an Kugelmann vom 17. März 1868, MEW 32, S. 541.

34 *Kapital* I, S. 775 f.

35 Ebd., S. 170 ff.

36 Ebd., S. 743.

37 *Kapital* III, S. 269.

38 Ebd., S. 260.

39 Ebd., S. 267.

40 Ebd., S. 260, Hervorhebungen von Marx.

41 *Kapital* III, S. 269.

42 Ebd., S. 274.

43 Engels schrieb in einem Brief an Lafargue vom 11. August 1884: «Marx
würde gegen ‹das politische und gesellschaftliche Ideal› protestieren, das Sie
ihm unterstellen. Wenn schon von einem ‹Mann der Wissenschaft›, der ökonomischen Wissenschaft die Rede ist, so darf man kein Ideal haben, man erarbeitet wissenschaftliche Ergebnisse, und wenn man darüber hinaus noch ein Mann
der Partei ist, so kämpft man dafür, sie in die Praxis umzusetzen. Wenn man
aber ein Ideal hat, kann man kein Mann der Wissenschaft sein, denn man hat
eine vorgefaßte Meinung.» MEW 36, S. 198.

44 *Kapital* III, S. 252.

45 Vgl. Marxens Diskussion des Gothaer Programms und seine detaillierte
Kritik der humanistischen Erklärungen über das «gleiche Recht», die Gerechtigkeit in der Arbeit usw.

46 ‹*Widerspruch und Überdeterminierung*›, ‹*Über die materialistische Dialektik*›, wiederabgedruckt in ‹*Für Marx*›, Frankfurt 1968.

46a A. a. O., S. 54.

47 Daraus bezieht Kierkegaard im ‹*Begriff der Angst*› seine Argumentation
gegen Hegel und den Rationalismus und wird so zum Wegbereiter des Exi-
stenzialismus.

48 Wenn Lenin erklärt, daß die Dialektik «die Theorie von der Einheit der Gegensätze» oder «die Erforschung des Widerspruchs im Wesen der Dinge selbst»
(Lenin, ‹*Philosophische Hefte*›. Bln. 1954, S. 145 bzw. S. 198) sei, so sind wir
der Meinung, daß er diese beiden Definitionen mißbräuchlich gleichsetzt.
Desgleichen verwechselt Mao Tse-tung fortwährend Einheit und Identität
der Gegensätze.
«Warum sprechen wir dann von ihrer Identität und Einheit? ... Die Sache ist
die, daß die gegensätzlichen Seiten isoliert, ohne einander nicht existieren können. Wenn eine der beiden entgegengesetzten Seiten fehlt, verschwinden zugleich die Existenzbedingungen der anderen Seite ...
Ohne Grundherrn kein Pächter, ohne Pächter kein Grundherr. Ohne Bourgeoisie kein Proletariat; ohne Proletariat keine Bourgeoisie ... Und so verhält
es sich mit allen Gegensätzen. Unter bestimmten Bedingungen sind sie einander entgegengesetzt; andererseits sind sie wieder miteinander verbunden, voneinander durchdrungen, ineinander infiltriert, wechselseitig abhängig, und diesen Charakter nennt man Identität.» Mao Tse-tung, ‹*Ausgewählte Werke*›
Bd. 1. Peking 1968, S. 396 f.

49 ‹Zur Kritik der politischen Ökonomie›, Einleitung, MEW Bd. 13, S. 625.

50 Ebd., S. 630.

51 Anti-Dühring, MEW Bd. 20, S. 125.

52 Ebd., S. 132. – Bei Hegel führt die dialektische Methode – wie Marx und Engels genau wußten – nicht dazu, daß alle Gegensätze in ihrer Identität zusammenfallen und der philosophische Diskurs inkohärent wird. Gewiß ist die Identität der Gegensätze zugleich *Prinzip und Gegenstand* dieses Diskurses, also die *imaginäre*, spekulative Grundlage der theoretischen Gültigkeit des absoluten Idealismus. Aber sie ist nicht das einzige von Hegel aufgeführte Prinzip, da die Identität der Gegensätze *a fortiori* das Prinzip der Einheit der Gegensätze begründet. Im Gang des spekulativen Diskurses von Hegel kann es durchaus positive Festpunkte geben, die sich der Reflexion auf die Einheit der Gegensätze verdanken. So ist es zum Beispiel in der ‹Phänomenologie des Geistes› unter der spekulativen Identität von Herr und Knecht (der Herr ist der Knecht seines Knechts, der Knecht ist der Herr des Herrn) das Verhältnis Herr–Knecht durch zwei asymmetrische Beziehungen konstituiert, des Herrn zum Knecht und des Knechts zum Herrn, die sich nicht überlagern und nicht zusammenfallen. Das Verhältnis Herr–Knecht ist auf diese Weise in einer bestimmten unumkehrbaren Richtung orientiert und entwickelt.

Vielleicht ist das, was Marx als positiven «Kern» der Hegelschen Dialektik bezeichnet hat, diese Gruppe von Eigenschaften: Einheit der Gegensätze, Asymmetrie der Beziehungen innerhalb dieser Einheit, das in einer Richtung orientierte und durch eine unumkehrbare Bewegung vorangetriebene Verhältnis. Vielleicht kann man dieser Gruppe von Eigenschaften noch einige Hegelsche Analysen von sekundärer Tragweite, die aber eine gewisse Geltung zu haben scheinen, hinzufügen, beispielsweise die Hypothese vom Umschlagen der Quantität in Qualität . . .

Dadurch erklärt sich die Zweideutigkeit der beiden Metaphern, die Marx gebraucht hat, um die Beziehungen seiner dialektischen Methode zu der von Hegel zu kennzeichnen: die Metapher des «Kerns» und die der «Umstülpung». Denn es genügte nicht, die Hegelsche Dialektik umzustülpen, um ihr eine ganz und gar «vernünftige» Gestalt zu geben, da es zunächst notwendig war, sie von dem Prinzip der Identität der Gegensätze zu lösen, das zugleich erstes Prinzip der Methode und letzte Begründung des absoluten Idealismus war. Aber diese Spaltung des Kerns zeigt, daß er sich in der Marxschen Dialektik nicht unversehrt erhalten hat, was jedoch durch die Metapher verschleiert wird.

Es ist trotzdem schwer vorstellbar, daß Marx – der als einziger von allen Denkern des 19. und 20. Jahrhunderts zugleich das philosophische Wissen und ein wissenschaftliches Gebiet umstürzend verändert hat – sich über sein Verhältnis zu Hegel *vollständig* geirrt haben soll. Was Marx als theoretische Schuld von Hegel übernahm, was er als positives Erbe antrat, war wahrscheinlich dieses Bruchstück des Kerns, der Begriff der Identität der Gegensätze und die mit ihm verbundene Gruppe von Eigenschaften der Hegelschen Dialektik. Aber in diesem Falle muß man feststellen – wie Marx es selber tat –, daß die dialektische Methode als *explizit entwickelte Theorie* von der Identität der Gegensätze wissenschaftlich, d. h. realiter, noch nicht existiert. Wenn ferner, wie wir sehen werden, die verschiedenen Spielarten von Widersprüchen vielleicht mit dem Begriff der «Grenze» zu verbinden sind, dann gäbe es – wie schon aus der Existenz des *Kapital* hervorgeht – ebenso viele *implizite* dialektische Analysen, wie es wissenschaftliche Praktiken gibt, die die Grenzbedingungen des Funktionierens von wissenschaftlich bearbeiteten «Gegenstandsbereichen» untersuchen. Aber es ist keineswegs *von vornherein* sichergestellt, daß die einmal explizit gemachten methodologischen Prinzipien dieser Praktiken (deren operationelle Normen im Halbdunkel des wissenschaftlichen Gestus am Werke sind) sich in eine einheitliche und vereinheitlichende Dialektik eingliedern läßt.

53 *Kapital* I, S. 791.

54 *Anti-Dühring*, a. a. O., S. 131. Vgl. S. 128 f. Die dialektische Entwicklung der Menschheit vom Urkommunismus über das Privateigentum zum endgültigen Kommunismus.

55 Im Rahmen dieser wissenschaftlichen Praxis beschäftigen sich vornehmlich Mathematik und Kybernetik mit dem Begriff der «Grenze». Darin liegt einer der Gründe für ihre immer allgemeinere Verwendung in den Humanwissenschaften. Aber die wirkliche Brauchbarkeit der Mathematik hängt prinzipiell von dem begrenzten Bereich der Probleme ab, die schon formalisierbar sind, und für deren Behandlung die Operationalisierbarkeit der Mathematik ausreicht.

Für die komplexesten Probleme der strukturalen Analyse – z. B. der Analyse *der Modalitäten des Strukturzusammenhangs* eines (gesellschaftlichen oder anderen) Systems, so daß erklärbar würde, warum diese Modalitäten innerhalb einer der verbundenen Strukturen eine *beherrschende Funktion* hervorbringen – scheint der wissenschaftliche Strukturbegriff noch zu grob zu sein. Wenn man ferner mit dem Begriff der Grenze arbeitet, so bedeutet das, daß man alle zulässigen Beziehungen zwischen den Strukturen eines Systems, alle mit dem System zu vereinbarenden Variationen dieser Strukturen zu bestimmen hätte. Dann müßte man aber auch alle systeminkompatiblen Variationen, die die Eliminierung einer dieser verbundenen Strukturen und damit einen Systemwandel herbeiführen, angeben. Wenn der erste Punkt zum Teil schon untersucht zu sein scheint (so hat beispielsweise der mathematische Begriff der *Klasse* von Ganzheiten sowohl eine Ganzheit von Objekten zum Gegenstand *als auch* das System der zulässigen Anwendungen auf diese Objekte), so ist der zweite noch weitgehend unbekannt.

Sobald die Mathematik auf Problembereiche angewandt wird, für deren Lösung sie noch nicht ausreicht, entsteht die Gefahr, daß Scheinwissen und falsche Erkenntnis produziert werden. Außerdem läuft man Gefahr, ohne Wissen und Willen, also *ohne ideologische Absicht,* die unsichtbare, aber reale Linie zu überschreiten, die immer noch das wissenschaftliche Wissen von der Ideologie trennt.

56 Engels, Brief an J. Bloch vom 21. Sept. 1890, MEW Bd. 37, S. 463: «Wenn nun jemand das dahin verdreht, das ökonomische Moment sei das *einzig* bestimmende, so verwandelt er jenen Satz in eine nichtssagende, abstrakte, absurde Phrase.»

57 A. a. O., S. 9.

58 Engels, Brief an W. Borgius, 25. Januar 1894. In: MEW 39, S. 205 f.

59 Engels, in ‹Der Ursprung der Familie, des Privateigentums und des Staates›, MEW Bd. 21, S. 27, wo er sagt, es sei «das in letzter Instanz bestimmende Moment in der Geschichte: die Produktion und Reproduktion des unmittelbaren Lebens.» Dies läßt vermuten, daß die Verwandtschaftsverhältnisse eine bestimmende Rolle *neben* der Ökonomie spielen, daß sie also in diesem Gesellschaftstyp ein Element des ökonomischen Unterbaus sind.

60 Tatsächlich haben in Hinblick auf diese Multifungibilität der Verwandtschaftsbeziehungen Beattie und andere Anthropologen behauptet, diese hätten keinen eigenen Inhalt, sondern sie seien ein Beinhaltendes, die symbolische Form, in der der Inhalt des gesellschaftlichen Lebens (die ökonomischen, politischen, religiösen usw. Beziehungen) zum Ausdruck komme, daß also das Verwandtschaftssystem nur Sprache, Ausdrucksmittel sei. Ohne zu bestreiten, daß das Verwandtschaftssystem als symbolische Sprache des gesellschaftlichen Lebens fungiert, wird von Schneider dennoch eingewandt, daß die Verwandtschaftsverhältnisse auch einen eigenen Inhalt hätten, der durch *Abzug* ihrer ökonomischen, politischen und religiösen *Aspekte* von ihrem Funktionszusammenhang sichtbar zu machen wäre. Dadurch träte also die Gesamtheit der auf Blutsverwandtschaft und Heirat beruhenden Beziehungen zutage, die als Ausdrucksmittel des gesellschaftlichen Lebens fungierten und selber die *Ausdrucksträger* der symbolischen Sprache der Verwandtschaftssystems wären. Dieses wäre hier also zugleich ein besonderer Inhalt des gesellschaftlichen Lebens und diente als Erscheinungs- und Ausdrucksweise jedes anderen Inhalts. Wenn aber Schneider auf diese Weise versucht, einen eigenen Inhalt der Verwandtschaftsverhältnisse festzuhalten, dann kann er nur schwer vermeiden, in den Biologismus zurückzufallen, den er bei Gellner verurteilt. Es ist bekannt, daß die auf Blutsverwandtschaft und Heirat beruhenden biologischen Beziehungen mit den Verwandtschaftsverhältnissen nicht identisch sind, weil ein Verwandtschaftssystem immer eine besondere «Gruppe» dieser Beziehungen darstellt, in der Abstammung und Heirat gesellschaftlich geregelt werden. Weil eben diese Beziehungen ausgesucht und «vorbehalten» werden, sind die wirklichen Verwandtschaftsverhältnisse kein biologisches, sondern ein *gesellschaftliches* Faktum. Der gemeinsame Irrtum von Beattie und Schneider ist darauf zurückzuführen, daß sie *außerhalb* des Ökonomischen, Politischen und Religiösen den Inhalt dieses Verwandtschaftstypus suchen, während dieser weder eine äußere Form noch ein residualer Inhalt ist, sondern eine *direkte,* von sich aus ökonomische, politische usw. Funktion als Ausdrucksweise des gesellschaftlichen Lebens, als symbolische Form dieses Lebens hat. Es stellt sich also das wissenschaftliche Problem, warum es sich mit einer Reihe von Gesellschaften so verhält und warum auf der methodologischen Ebene naheliegt, daß die Begriffspaare Form–Substanz, Beinhaltendes–Inhalt unangemessen sind, um sich über den Funktionszusammenhang von gesellschaftlichen Strukturen Klarheit zu verschaffen. E. Gellner, ‹Ideal Language and Kinship Structure›. ‹Philosophy of Science› Bd. 24, 1957. – J. St. Needham, ‹Descent Systems and Ideal Language›, ebd. Bd. 27, 1960. – Gellner, ‹The Concept of Kinship›, ebd. – J. Aarnes, ‹Physical and Social Kinship›, ebd. Bd. 28, 1961. Gellner, ‹Nature and Society in

Social Anthropology, ebd. Bd. 30, 1963. – H. K. Schneider, ‹*The Nature of Kinship*›, ebd. Nov./Dez. 1964.

61 Siehe dazu: C. Lévi-Strauss, ‹*Les structures élémentaires de la parenté*›, S. 48: «Die Situation ist ganz anders in Gruppen, wo die Befriedigung ökonomischer Bedürfnisse ausschließlich auf der Ehegemeinschaft und der Arbeitsteilung zwischen den Geschlechtern beruht. Nicht nur haben Mann und Frau nicht dieselbe technische Spezialisierung, so daß jeder vom anderen für die Herstellung der für das Alltagsleben notwendigen Gegenstände abhängig ist, sondern sie widmen sich der Produktion verschiedener Nahrungstypen. Eine vollständige und vor allem reguläre Ernährung hängt also von dieser buchstäblichen «Produktionskooperative», durch die ein Haushalt gebildet wird, ab ... Vor allem auf den primitivsten Entwicklungsstufen, wo inmitten einer unwirtlichen geographischen Umgebung und auf einem rudimentären Stand der Technik Jagd und Gartenbau wie auch Sammeln und Ernten gefährliche Unternehmen sind, wäre es für ein sich selbst überlassenes Individuum fast unmöglich zu existieren.»

62 Zur Frage nach «Rang und Einfluß» von Gesellschaftsstrukturen in einer durch eine bestimmte Produktionsweise charakterisierten Gesellschaft schrieb Marx in der Einleitung zur ‹*Kritik der politischen Ökonomie*›, a. a. O., S. 637: «Es ist eine allgemeine Beleuchtung, worin alle übrigen Farben getaucht sind und die sie in ihrer Besonderheit modifiziert. Es ist ein besonder Äther, der das spezifische Gewicht alles in ihm hervorstehenden Daseins bestimmt.»

63 Vgl. Roland Barthes: ‹*Les Sciences humaines et l'oeuvre de Lévi-Strauss*›. *Annales*, Nov./Dez. 1964, S. 1086.

Dialektische Logik und Strukturanalyse
Antwort auf Lucien Sève*

Im Jahre 1966 erschien in der Zeitschrift *Les Temps modernes* unsere Studie *Système, structure et contradicition dans ,Le Capital'*. 1967 widmete Lucien Sève den wesentlichen Teil seines Artikels ‹*Méthode structurale et méthode dialectique*› (in: *La Pensée*) einer Kritik dieses Aufsatzes. 1968 machte uns der Verleger Einaudi den Vorschlag, diese beiden Texte, in denen er sicherlich ein Beispiel für eine scharfe, aber ernsthafte Debatte über die methodologischen und philosophischen Grundlagen der zeitgenössischen Sozialwissenschaften sah, für das italienische Publikum in einem Büchlein zusammenzufassen.

Wenn man die Kritik von Lucien Sève liest, dann scheint sich die Debatte auf einen Bilderbogen von Epinal zu reduzieren, auf dem in kontrastreichen Farben, nicht ohne einige dramatische Effekte, der Kampf zwischen Engel und Teufel dargestellt ist, zwischen Marxismus und Revisionismus, zwischen authentischem dialektischem und altem metaphysischem Denken, das zwar verjüngt, aber immer noch in den Gebrauch festgefahrener Kategorien verstrickt ist.

Infolgedessen schien uns der Anlaß außerordentlich günstig, die Tatbestände öffentlich richtigzustellen, exemplarisch Verfahrensweisen zu veranschaulichen, die uns mit einer wirklich wissenschaftlichen Diskussion unvereinbar scheinen und die darin bestehen, im Denken eines anderen oder in dem, was man als solches präsentiert, einseitig nur die Aspekte festzuhalten, die einem ins Konzept passen; anschließend macht man daraus eine «Montage», der unschwer der Prozeß gemacht werden kann, in dem dann eine Verurteilung ohne Berufung erfolgt.

Wir haben also das Angebot von Einaudi angenommen unter dem Vorbehalt, die folgenden Seiten hinzufügen zu können, die einige entscheidende Punkte der marxistischen Theorie und der zeitgenössischen wissenschaftlichen Diskussion etwas näher beleuchten sollen, wobei wir unsere theoretischen Standpunkte klarstellen werden.

In der Tat, was ist aus uns nach der Lektüre unserer Texte [1] durch L. Sève geworden? Wenn man ihn hört, scheinen unsere Texte selbst zu sprechen und uns anzuklagen:

1. daß wir die Strukturen nicht als Prozesse, sondern als *«statische»* Konstanten auffassen und daß wir auch gar nicht anders können, da wir prinzipiell die methodologische Priorität auf die Erforschung einer Struktur legen, vor der Untersuchung ihrer Entstehung und ihrer Entwicklung;

2. daß wir behauptet haben, es gebe *keine strukturinterne* Lösung eines Widerspruchs, und daß wir somit die «theoretische Verortung» der

* *La Pensée*, Nr. 149, Februar 1970.

treibenden Rolle des Klassenkampfes in der geschichtlichen Bewegung unterschlagen haben;

3. daß wir das Verhältnis zwischen Produktivkräften und Produktionsverhältnissen als ein *«äußeres»* Verhältnis ohne *«wirkliche innere Einheit»* und den antagonistischen Widerspruch, der sie im Laufe der Entwicklung der kapitalistischen Produktionsweise in Gegensatz zueinander bringt, als nicht ursprünglich dargestellt haben. Aus diesem Blickwinkel könnten die strukturellen Veränderungen sich nur aus dem Zusammenprall einer Struktur mit Grenzen, die ihr äußerlich sind, erklären. Der Marxismus würde so zu einem ökonomischen Fatalismus, einer mechanistischen Theorie der geschichtlichen Entwicklung verkommen;

4. daß wir es gewagt haben, die Marxsche Formulierung der «Umstülpung» der idealistischen Hegelschen Dialektik undurchschaubar zu finden, und daß wir durch die Infragestellung der «solide etablierten» Erklärung des Verhältnisses von Hegel und Marx auch die wissenschaftliche Validität der Dialektik überhaupt in Zweifel gezogen haben;

5. daß wir, als Folge der inneren Logik unseres strukturalistischen Revisionismus, a) nie oder fast nie den Begriff der Produktionsweise erwähnt haben; b) die marxistische Auffassung des Basis-Überbau-Verhältnisses und damit das «Prinzip der materialistischen Wissenschaft der gesellschaftlichen Formationen in ihrer ganzen Schwere» in Frage gestellt haben.

6. Schließlich, als würdige Krönung des Ganzen, wird uns vorgeworfen, einen «theoretischen Antihumanismus» zu predigen, der das Wesen des Strukturalismus schlechthin ausdrücke und der uns an die Seite von Foucault und Lévi-Strauss stellt, deren Gleichgültigkeit den Menschen und der Geschichte gegenüber wir angeblich teilen.

Wenn das nun alles wahr wäre, wenn wir mit dem Anspruch der Weiterentwicklung des Marxismus diesen so weit «revidiert» hätten, daß er liquidiert oder durch die Einführung von Begriffen, die seinem Wesen fremd sind, pervertiert würde, wäre es dann von Belang, daß L. Sève in den Details wenig gewissenhaft ist? Er hätte dann schließlich nur seine intellektuelle *Wächterpflicht* wahrgenommen. Aber handelt es sich wirklich nur um Detailfragen?

I. Struktur, Unveränderlichkeit und «statische» Wirklichkeit

Wir bezeichnen als «unveränderliches Element» der kapitalistischen Produktionsweise *die Struktur des Prozesses* der Mehrwertbildung und der Kapitalakkumulation. Diese Struktur besteht darin, daß der kapitalistische Profit – gleichgültig um welche Form und um welche Epoche es sich handelt – immer unbezahlte Arbeit darstellt. Indem Marx auf theoretischem Wege den verborgenen Mechanismus der Mehrwertbildung, also der Ausbeutung der Arbeiterklasse rekonstruiert hat, hat er das spezifische Wesen der kapitalistischen Produktionsverhältnisse entdeckt, den antagonistischen Widerspruch, der sie *von Anfang an* bestimmt und den das Funktionieren des kapitalistischen Systems *ständig reproduziert.* Wir haben geschrieben:

«Das Verhältnis von Kapital und Lohnarbeit stellt sich also als *unveränderliches Element* der ökonomischen Struktur des Kapitalismus dar, das *allen Veränderungen* dieser Struktur zugrunde liegt: dem Übergang vom liberalen Konkurrenzkapitalismus zum privaten oder staatlichen Monopolkapitalismus, dem Auftreten neuer Produktivkräfte, der Veränderung in der Zusammensetzung der Arbeiterklasse, ihrer gewerkschaftlichen oder politischen Organisationsformen usw.»[2]

Wenn man also die Struktur eines Prozesses bezeichnet, und zwar eines Prozesses, der *notwendigerweise die Transformation* seines Inhalts bedingt, dann bezieht sich der Begriff des unveränderlichen Elements auf überhaupt keine «statische» Wirklichkeit und impliziert in keiner Weise das Vorhandensein solcher Wirklichkeiten. Aus diesem Grund haben wir dieses Adjektiv auch nie verwandt, das den Tatsachen wie auch unserem Denken widerspricht, das aber L. Sève in unseren Texten «implizit» lesen zu können glaubte.

Weil dieses unveränderliche Element nichts andres als eben das Wesen der kapitalistischen Produktionsweise ist, «versteht es sich von selbst, daß seine Entdeckung und seine Definition den notwendigen Ausgangspunkt für die Untersuchung des Systems, seiner Entstehung und seiner Entwicklung bilden». L. Sève verfiel in den üblichen Irrtum – der übrigens bei einigen Anhängern wie Gegnern der strukturalen Methoden anzutreffen ist –, das Prinzip der Priorität der Erforschung einer Struktur vor der Untersuchung ihrer Entstehung und Entwicklung mit dem Prinzip der Priorität der synchronischen vor der diachronischen Analyse zu verwechseln.

Nun hatten wir die synchronischen und diachronischen Untersuchungen sorgfältig gegeneinander abgegrenzt als Analyse der verschiedenen *Zustände* einer Struktur, die verschiedenen *Momenten* ihrer Entwicklung und dem Vergleich zwischen ihnen entsprechen. Außerdem haben wir *in kritischer Absicht* angemerkt, daß sich die diachronische Analyse eines Systems in der heutigen Praxis meistens darauf beschränkt, die mit der Reproduktion seiner unveränderlichen Elemente kompatiblen Veränderungen zu untersuchen, «die *keine* strukturale Unvereinbarkeit und keine Bedingung der strukturellen Veränderung zutage fördert».

Somit ist klar, daß die theoretische Entdeckung des unveränderlichen Elements der kapitalistischen Produktionsverhältnisse, nämlich deren

Wesen, für Marx *etwas ganz anderes* war als die Erkenntnis eines «Zustands» des kapitalistischen Systems, z. B. des Manufakturkapitalismus in Frankreich im 17. Jahrhundert oder des englischen Industriekapitalismus im 19. Jahrhundert, etwas ganz anderes als das Produkt einer Reihe synchronischer Untersuchungen, die man anschließend durch das Filter der Diachronie rührt, um die unveränderlichen Elemente zu isolieren.

Und gerade dieser Unterschied trennt die ökonomische Theorie von der ökonomischen Geschichte und *erklärt*, warum Marx zur *Erkenntnis des Wesens* der kapitalistischen Produktionsverhältnisse *gelangen* konnte, während die historische Genesis dieser Verhältnisse *weitgehend unbekannt* blieb und die Entwicklung des Systems selbst noch längst nicht abgeschlossen war. Gerade dieser Unterschied bildet die Basis der marxistischen Kritik am Historizismus und an jeder anderen Form des Positivismus in den Sozialwissenschaften. Bedeutet aber nun dieser Unterschied, daß sich Marx, um das Wesen der kapitalistischen Produktionsverhältnisse zu entdecken, nur einer abstrakten Kritik der Kategorien der politischen Ökonomie gewidmet und die historischen Kenntnisse, die zu seiner Zeit gesammelt worden waren, *für unnötig gehalten hat*? Die Absurdität dieser Behauptung springt jedem in die Augen, der halbwegs ernsthaft das *Kapital* gelesen hat. L. Sève jedoch, im Gefolge von P. Boccara, *unterstellt* uns großzügigerweise diese Behauptung, obwohl sie nirgends in unseren Texten auftaucht; dies gestattet ihm, uns vorzuwerfen, mit einem Streich «die ungeheuer schwierige Frage des Verhältnisses zwischen logischem und historischem Gesichtspunkt in der Methode des *Kapital* gelöst und Untersuchungs- und Darstellungsmethode einer Theorie verwechselt zu haben.

Schon 1960 schrieben wir:

«Die Methode des *Kapital ist also nicht* die Art und Weise der *Auffindung* der Ergebnisse, sondern ihrer Darstellung. Dies ist *von grundlegender Bedeutung*, denn gerade die Darstellungsweise verleiht dem Werk den Status der *Theorie*, sie ermöglicht seine Einheit, garantiert seine Rationalität und sein Fortschreiten und gestattet dem Leser das ‹Verständnis› des Werkes. *Der Beweis für die Wahrheit* der Marxschen Theorie liegt *einerseits* im Prozeß der *Auffindung, andererseits* in der den Menschen in der Folge möglichen *Verifizierung* der Ergebnisse *durch die Praxis*.»[3]

Und wir schlossen mit den Worten:

«Wir wissen, daß die Methode vom Inhalt nicht zu trennen ist, daß dieser Inhalt der ideelle Stoff der ökonomischen Kategorien und daß der Stoff geordnet ist; wir wissen ferner, daß diese Ordnung von der Methode und diese wiederum vom Inhalt abhängt, daß in solcher Zirkelform die Hauptschwierigkeit für die Untersuchung der Marxschen Methode liegt, daß aber die *Schwierigkeit sich auflöst*, sobald man *die der Methode eigene Funktion – in diesem Fall die der Darstellung –* erfaßt.»

In den Jahren 1959–1960 – während wir, als andere sich voller Bedauern von Stalins gesammelten Werken losrissen, als einer der allerersten versuchten, «das *Kapital wieder* zu lesen» – war also unsere These nur für die undurchschaubar, die sie nicht verstehen *wollten*.

II. Über die Lösung von Widersprüchen innerhalb einer Struktur und innerhalb eines Struktursystems

Man unterstellt uns die These, daß ein Widerspruch, der innerhalb einer Struktur auftaucht, nicht innerhalb dieser Struktur gelöst werden kann. Eine Wiederholung dessen, was wir geschrieben haben, mag hier genügen: Der Widerspruch, der sich innerhalb der kapitalistischen Produktionsverhältnisse befindet, «enthält nicht *alle* Bedingungen zu seiner Lösung in sich selbst» (siehe oben S. 157). Andere Bedingungen liegen in der Entwicklung der politischen, kulturellen usw. Strukturen der kapitalistischen Gesellschaft und in der Entwicklung der Produktivkräfte. Wir deuteten an, daß alle Bedingungen, die nicht direkt in den Produktionsverhältnissen eingeschlossen sind, sich *im Innern der* kapitalistischen *Produktionsweise* (Verhältnis zwischen Produktivkräften und Produktionsverhältnissen) und der ihr entsprechenden *sozialen Formation* (Basis-Überbau-Verhältnis) befinden.

Daß wir bei der Entwicklung dieser These «die theoretische Verortung der Rolle des Klassenkampfes in der Geschichte unterschlagen» hätten, wie L. Sève unterstellt, diese Anklage bedürfte weiterer Beweise. Es scheint in der Tat, daß sich unser Kritiker mit Befriedigung auf folgende Formulierung gestürzt hat: «Die Aufhebung des Privateigentums, die Basis des inneren Widerspruchs der kapitalistischen Produktionsverhältnisse, ist nur zu einem bestimmten Zeitpunkt der Entwicklung der Produktionsweise möglich. Die Klassengegensätze innerhalb der Produktivkräfte können ‹kochen›, aber es folgt aus ihnen nicht notwendigerweise eine Lösung, wenn sich die Produktivkräfte nicht entwickeln» (siehe oben, S. 158). Zum einen gibt es überhaupt keine logische Verknüpfung, die es gestatten würde, aus unserer These den Schluß abzuleiten, daß wir die Rolle des Klassenkampfes in der Geschichte leugnen oder auslöschen. Zum anderen zeugen alle unsere Untersuchungen vom Gegenteil. Man braucht nur die Arbeiten und Veröffentlichungen anzuführen, die wir dem Begriff der «asiatischen Produktionsweise» bei Marx und Engels gewidmet haben und, allgemeiner, die sich mit dem Übergang von klassenlosen zu den ersten Klassengesellschaften befassen.[4] Auf der Grundlage dieser Arbeiten glauben wir sagen zu können, daß die theoretische Analyse der Rolle des Klassenkampfes in der Geschichte und die Erklärung des Übergangs von einer Produktionsweise zu einer anderen sich noch mit furchtbaren Problemen auseinanderzusetzen hat, deren Vorhandensein unser Kritiker noch nicht einmal zu ahnen scheint. Ohne bei den ungelösten Problemen des Übergangs von klassenlosen Gesellschaften zu den verschiedenen Frühformen von Klassengesellschaften zu verweilen,[5] machen wir darauf aufmerksam, daß die Rolle des Klassenkampfes im langsamen und komplexen Übergang von der griechisch-lateinischen Sklavenhalter-Produktionsweise zur feudalistischen Produktionsweise (vom 4. bis 11. Jh. n. Chr.) noch längst nicht vollständig geklärt ist, um so mehr als dieser Kampf nicht den Charakter einer siegreichen und chronologisch feststellbaren politischen und sozialen Revolution angenommen hat, wie dies bei der Französischen und Russischen Revolution der Fall ist.

Der Motor der Geschichte, der grundlegende Widerspruch, der alle Produktionsweisen (gleichgültig ob sie die Basis von Klassengesellschaften oder von klassenlosen, primitiven oder sozialistischen Gesellschaften sind) auftauchen und verschwinden läßt und lassen wird, ist in der Tat der Widerspruch, der sich zwischen bestimmten Produktivkräften und bestimmten Produktionsverhältnissen entwickelt. Dieser grundlegende Widerspruch zieht sich durch die gesamte Geschichte und *determiniert* in jedem einzelnen Fall die *Rolle* des Klassenkampfes (wenn es Klassen gibt) und die Form (revolutionär oder nicht), die der entscheidende Moment (wenn es einen gibt) des Übergangs von einer Produktionsweise zu einer anderen annimmt. Und dies stimmt in allen Punkten mit dem grundlegenden Prinzip des historischen Materialismus überein, wie es von Marx in der ‹*Einleitung zur Kritik der Politischen Ökonomie*› dargelegt worden ist:

«Auf einer *gewissen* Stufe ihrer Entwicklung geraten die materiellen *Produktivkräfte* der Gesellschaft in Widerspruch mit den vorhandenen Produktionsverhältnissen (...) Aus Entwicklungsformen der Produktivkräfte schlagen diese Verhältnisse in *Fesseln* derselben um. Es tritt dann eine Epoche sozialer Revolution ein.»[6]

III. Über die Verknüpfung der Strukturen:
interne Einheit, Korrespondenz und Nichtkorrespondenz

Für Lucien Sève haben die Produktivkräfte keine Struktur, noch sind sie eine Struktur. Wenn wir nicht wüßten, daß hierin ein Mittel liegt, einen Weg zu vermeiden, der, unserer und seiner Meinung nach, zur Liquidierung des Marxismus führen würde, könnten wir es merkwürdig finden, daß ein Marxist behauptet, der technische Produktionsprozeß habe keine Strukturen. Es ist allgemein bekannt, daß jeglicher technische Produktionsprozeß ein geregeltes Zusammenspiel von Arbeitsgängen ist, das drei Kategorien von Produktionsfaktoren (Rohstoffe, Werkzeuge, Menschen) auf der Basis eines historisch bestimmten Niveaus der Produktivkräfte miteinander verbindet. Dieses geregelte Zusammenspiel von möglichen Verbindungen ist mit Strukturen ausgestattet, die die Formen und die technischen Grenzen der gesellschaftlichen Produktion einer bestimmten Epoche determinieren, und diese Verbindungen und Grenzen verändern sich mit dem Auftauchen neuer Produktionstechniken. Ein einfacher Blick auf die Matrize der materiellen Tauschaktionen innerhalb der Industrie einer modernen – kapitalistischen oder sozialistischen – nationalen Ökonomie zeigt bereits diese Regeln in Gestalt der technischen Produktionskoeffizienten und einige dieser Strukturen in Gestalt der intersektoriellen Beziehungen.

Die Produktivkräfte einer gegebenen Gesellschaft stellen also einen strukturierten Komplex von Beziehungen zwischen den Mitgliedern dieser Gesellschaft und der Natur dar, wobei die Produktivkräfte von den Produktionsverhältnissen abweichen, d. h. von der Gesamtheit der Bedingungen und Formen der Aneignung und der *Kontrolle* der Produktivkräfte und des Sozialprodukts. Somit sind Produktivkräfte und Produktionsverhältnisse verschiedene Strukturen, und ihre Kombination führt zur Bildung *einer* Produktionsweise. Erinnern wir an die ersten Zeilen unserer Analyse, wo wir den Gegenstand der Ökonomie bei Marx definiert haben: «Was ist für Marx ein ökonomisches System? Es ist eine bestimmte Kombination von spezifischen Produktions-, Zirkulations-, Distributions- und Konsumtionsweisen materieller Güter. In dieser Kombination spielt die Produktionsweise der Güter eine beherrschende Rolle. Eine Produktionsweise ist die Kombination von zwei Strukturen, die nicht aufeinander zurückführbar sind, nämlich der Produktivkräfte und der Produktionsverhältnisse» (siehe oben, S. 139).

Diese Bezugnahme auf den Begriff der Produktionsweise ist nicht eine bloß zufällige Anspielung auf einen der fundamentalsten Begriffe des Marxismus, ist kein Ausdruck verbaler Mimik. Wir verweisen den Leser auf die ausführlichen Analysen, die wir den Problemen der *Formation* und der Entwicklung des Begriffs der «asiatischen Produktionsweise» bei Marx und Engels gewidmet haben, sowie auf unsere Versuche, auf der Basis der allgemeinen Begriffe der Produktionsweise und des Gesetzes der notwendigen Korrespondenz zwischen Produktivkräften und Produktionsverhältnissen, zwischen Basis und Überbau, die Problematik des Übergangs von klassenlosen zu Klassengesellschaften und zum Staat darzustellen und die theoretischen Bedingungen zu skizzieren, die es dem historischen Materialismus gestatten würden, die Wissenschaft *aller* sozialen Verhältnisse zu werden, der Verwandtschaft ebenso wie der Religion, der Ökonomie und der Politik, kurz, die

«Wissenschaft aller sozialen Formen in ihrer ganzen Schwere», die zu liquidieren man uns vorwirft, die wir in den Schriften unseres Kritikers jedoch vergeblich suchen. Im übrigen war unser Buch ‹Rationalität und Irrationalität in der Ökonomie› in Gänze der theoretischen Analyse dieses Generalproblems gewidmet, wobei in erster Linie die Grundlagen für die Notwendigkeit des Übergangs zur sozialistischen Produktionsweise erforscht wurden und der Begriff der «Überlegenheit» dieser Produktionsweise im Verhältnis zur kapitalistischen Produktionsweise definiert wurde. Nun behauptet Sève, daß «der im historischen Materialismus zentrale Begriff der Produktionsweise in der Studie von Maurice Godelier *praktisch nirgends* (auftaucht), und es ist auch verständlich, warum» (S. 80). Wir wollen uns nicht bei dieser groben Unwahrheit aufhalten, sondern den Faden seiner Argumentation wiederaufnehmen.

Wenn Produktivkräfte und Produktionsverhältnisse definiert sind als zwei «*verschiedene*, nicht aufeinander zurückführbare» Strukturen, dann können für unseren Autor diese *nicht* «eng miteinander verbunden» sein und eine «Einheit» bilden. Im Gegenteil, wenn sie zwei «*wirklich verschiedene*» (S. 80) Realitäten sind (wobei die eine eine Struktur ist, die andere nicht), dann können sie keine Einheit bilden. Über wen macht man sich hier eigentlich lustig? Im Namen welcher Logik kann er seine Formulierung gegen die unsere setzen, die eine Marxismus, die andere Revisionismus taufen?

Aber einmal abgesehen von dieser Unlogik, gibt es noch etwas Schlimmeres, nämlich die theoretische Verwechslung der Begriffe der Einheit und der Korrespondenz. Denn das Verhältnis *zwischen* zwei Strukturen, die demselben System angehören, ist kein *externes* Verhältnis, und die *interne Einheit* zweier Strukturen eines Systems *impliziert nicht notwendig* zugleich ihre *interne Korrespondenz*. Man findet beispielsweise in der UdSSR und in den fortgeschrittenen kapitalistischen Ländern die *gleichen* hochmodernen Produktivkräfte – große Industrie und mechanisierte Landwirtschaft –, und trotzdem agieren diese innerhalb *verschiedener* Produktionsweisen, die durch entgegengesetzte und antagonistische Produktionsverhältnisse gekennzeichnet sind. Nun besteht in beiden Fällen eine innige interne Einheit der Produktivkräfte und der Produktionsverhältnisse, aber im einen Fall wird sie verstärkt durch eine interne Korrespondenz (daher der überlegene Entwicklungsrhythmus der Produktivkräfte in der UdSSR), im anderen Fall existiert diese Korrespondenz nicht mehr.

Verweilen wir noch bei diesem Punkt, denn man unterstellt uns, diese interne Einheit, «die tiefgreifende und vielgestaltige gegenseitige Durchdringung» der Produktivkräfte und der Produktionsverhältnisse nicht zu kennen oder zu leugnen, eine Unkenntnis, die durch die Tatsache bewiesen sein soll, daß wir «nichts insbesondere darüber sagen, daß die eine Seite der Produktionsverhältnisse, die Arbeiterklasse, zugleich die Hauptproduktivkraft ist» (S. 80).

Erinnern wir daran, daß wir schon früher, auf der Grundlage gerade dieser internen Einheit der Produktivkräfte und der Produktionsverhältnisse innerhalb des kapitalistischen Systems, die Postulate und Methoden der zeitgenössischen bürgerlichen mathematischen Ökonomie analysiert und kritisiert haben und dabei den ideologischen Charakter der Kalküle nachgewiesen haben, die sich auf die Bestimmung einer «optimalen Allokation» der Produktionsfaktoren erstrecken, welche, in der Tradition von Walras, Pareto und des Neomarginalismus, als ein «soziales Optimum», das vom Unternehmer und vom Arbeiter geteilt wird,[7] verstanden werden.

Aber noch expliziter haben wir die tiefgreifende und vielgestaltige gegenseitige Durchdringung der Produktivkräfte und der Produktionsverhältnisse innerhalb einer gegebenen Produktionsweise klargemacht, als wir, im Rahmen einer Kritik der gegensätzlichen Ansichten der Anthropologen Beattie und Schneider gezeigt haben, daß in zahlreichen primitiven Gesellschaften die Verwandtschaftsverhältnisse *direkt*, «*innerlich*», als Produktionsfaktoren und zugleich als politische Verhältnisse fungieren, als «soziologisches Gerüst» des «wilden» Denkens, als ideologischer Code, der als Ausdrucksmodus des sozialen Lebens dient und die mythischen Vorstellungen vom Verhältnis der Menschen zur Natur organisiert.

Wir haben damit gezeigt, daß die Verwandtschaftsverhältnisse in zahlreichen primitiven Gesellschaftsformationen direkt als Basis und zugleich als Überbau fungieren, und daß die Einheit und die Korrespondenz zwischen Ökonomie und Verwandtschaft nicht als externe Verhältnisse hingestellt werden können, sondern als internes Verhältnis der verschiedenen Funktionen, die von den Verwandtschaftsstrukturen erfüllt werden, begriffen werden muß. Wir haben besondere Sorgfalt darauf verwendet, deutlich zu machen, daß diese *Einheit* der Funktionen innerhalb der Verwandtschaftsverhältnisse *weder ihre Identität noch ihre Vermischung* impliziert, denn die ökonomischen Beziehungen zwischen Verwandten vermischen sich nicht deswegen auch mit ihren sexuellen, politischen usw. Beziehungen. Die Irreduzibilität der Funktionen schließt ihre Identität aus, nicht jedoch ihre Einheit. Wir werden gleich sehen, welche theoretischen Konsequenzen diese Unterscheidung für die Betrachtung des wesentlichen Unterschieds zwischen der Hegelschen und der Marxschen Dialektik hat.

Dann hatten wir angedeutet, daß mit dem Auftauchen von Klassengesellschaften und von politischen und Produktionsverhältnissen, die von den Verwandtschaftsverhältnissen unabhängig sind, die interne Korrespondenz von Ökonomie und Verwandtschaft *anscheinend* immer mehr einem äußeren Verhältnis Platz macht, obwohl man zeigen könnte, daß in Wirklichkeit in jeder Gesellschaftsformation die *Funktionen der Familie* in einer *inneren* Korrespondenzbeziehung zu den jeweils neuen Produktionsbedingungen stehen (Funktionen der Familie im kaiserlichen Rom oder im Frankreich des 19. Jh. nach dem Sieg der bürgerlichen Revolution). Deshalb reduziert sich das Problem der Kausalität, der «Einwirkung» einer Struktur auf eine andere, nicht auf die positivistische Untersuchung von statistischen Korrelationen zwischen Variablen. Wir hatten gezeigt, daß unsere Problemstellung gestattete, im speziellen Fall der primitiven Gesellschaften das Verhältnis zwischen den Begriffen der «vorherrschenden Struktur» und der «determinierenden Struktur» innerhalb einer bestimmten Gesellschaftsformation teilweise zu erhellen. Denn der multifunktionale Charakter der Verwandtschaft in zahlreichen primitiven Gesellschaften – hier kann sie zugleich als Basis und als Überbau fungieren – begründet ihre beherrschende Rolle im sozialen Leben, ohne dabei die letztlich determinierende Rolle der Produktionsweise auszuschalten, denn der niedrige Entwicklungsstand der Produktivkräfte erfordert die Kooperation der Individuen, eine Kooperation, die in den allermeisten Fällen hauptsächlich durch die Verwandtschaftsbindungen garantiert wird.

Man kann annehmen, daß die Entwicklung der Produktivkräfte in den primitiven Gesellschaften eine Beherrschung des sozialen Lebens durch die Verwandtschaftsverhältnisse immer schwieriger und unnötiger machte. Aus Entwicklungsformen der Produktivkräfte sind die Verwandtschaftsverhältnisse zu Fesseln derselben geworden. Jenseits einer gewissen Schranke, die in etwa mit der «neolithischen Revolution» anzusetzen wäre, hätten sich neue soziale Funktionen und neue soziale Verhältnisse außerhalb der alten Verwandtschaftsverhältnisse entwickelt. Diese wären in eine andere, zweitrangige Rolle hineingeglitten, während neue politische, religiöse usw. Verhältnisse, jetzt mit neuen Funktionen betraut, eine vorherrschende soziale Rolle bekommen hätten (primitive Formen des Staates, neue Religionen usw.). Die Funktionen, die Form, die Wichtigkeit und der Ort jeder einzelnen Struktur hätten sich damit verändert, und gerade dieses *innere Verhältnis* jeder einzelnen Struktur zu allen anderen bildet dann *die eigentliche Struktur einer bestimmten «Gesellschaftsformation»*. Das durch die Formen und die Wichtigkeit bestimmte Verhältnis jeder einzelnen Struktur legt die Basis für die jeder Struktur *eigene Kausalität* und bestimmt *die Formen und die Grenzen ihrer gegenseitigen Korrespondenz*. Die Theorie der differenzierten Entwicklung der Gesellschaften aufzustellen heißt also gleichzeitig, die wissenschaftliche Theorie der Verwandtschaft, des politischen und des ideologischen Bereichs zu erstellen. Es heißt bereit sein anzuerkennen, daß unter gewissen historischen Bedingungen die Verwandtschaft die Ökonomie ist, oder daß die Religion, wie in Tibet [8] oder bei den alten Inkas, direkt die Funktion von Produktionsverhältnissen übernehmen kann. Nur ein vormarxistisches, undialektisches Denken ist unfähig, dies zu verstehen, weil unfähig, es zu denken.

Somit wird klar, daß für eine «Spezialisierung» der Verwandtschaft, für ihre Reduktion auf ein Element des Überbaus, das zwar einen ökonomischen Aspekt bewahrt, jedoch kein *direktes* Element der Produktionsweise ist, ganz besondere historische Bedingungen notwendig sind, die die objektiven Gesetzmäßigkeiten des sozialen Lebens sichtbar machen, die Gesetzmäßigkeiten einer strukturellen Korrespondenz verschiedener sozialer Verhältnisse, d. h. die *nichtintentionale* Rationalität der objektiven Eigenschaften der sozialen Verhältnisse.

Aus unserer Perspektive sind damit zwei Auffassungen von der Kausalität der Ökonomie in bezug auf das soziale Leben ausgeschlossen. Der Überbau «geht» nicht aus der Bais «hervor» und ist auch nicht bloß die Erscheinungsweise einer Realität, deren «wirkliches Wesen» das Ökonomische wäre.

Ebenso scheiden die «falschen Materialismen» oder zumindest die im wissenschaftlichen Sinne falschen Materialismen, die sich zuweilen als Marxismus verkleiden, aus. Der Leser wird also die wissenschaftliche Strenge unseres Kritikers angemessen einzuschätzen wissen, wenn dieser versichert, daß unsere Analyse der multifunktionalen Rolle der Verwandtschaft in den primitiven Gesellschaften «das Kausalitätsverhältnis zwischen Basis und Überbau und die klassische Konzeption der determinierenden Rolle der Ökonomie in Frage stellt» (S. 86).

Fassen wir nun das, was uns die wesentliche These des Marxismus zu sein scheint, zusammen: Innerhalb einer bestimmten Produktionsweise ist das Verhältnis *zwischen* Produktivkräften und Produktionsverhältnissen zwar kein externes Verhältnis, aber die interne Einheit der Strukturen impliziert nicht notwendigerweise ihre interne Korrespondenz. Die Entwicklung der Produktivkräfte läßt an einem bestimmten Punkt der Entwicklung der Produktionsweise einen antagonistischen Widerspruch zwischen diesen neuen Produktivkräften und den Produktionsverhältnissen hervortreten und läßt ihre interne Korrespondenz verschwinden.

Genau hier setzt unsere Analyse der zwei Typen des antagonistischen Widerspruchs an, die von Marx im *Kapital* beschrieben werden. Der erste Typ, der den kapitalistischen Produktionsverhältnissen interne Widerspruch zwischen Kapitalist und Lohnarbeiter, tritt vom Beginn des Systems an in Kraft und spezifiziert es als solches, denn der Profit des einen ist die (nichtbezahlte) Arbeit des andern. Der zweite antagonistische Widerspruch tritt erst auf «einer gewissen Stufe der Reife» [9] des Systems als solcher in Erscheinung, oder mit den Worten von Marx:

«... ich (stelle) die *große Industrie* nicht nur als *Mutter* des Antagonismus, sondern auch als *Erzeugerin der* materiellen und geistigen *Bedingungen zur Lösung* dieser Antagonismen (dar) . . .»[10]

Dieser antagonistische Widerspruch entsteht aus der Entwicklung des kapitalistischen Systems, war aber am Ursprung des Systems noch nicht vorhanden. Inhaltlich besteht er «in dem Widerspruch zwischen der Entwicklung und *Vergesellschaftung* der Produktivkräfte und dem *Privat*eigentum an den Produktionsmitteln» (siehe oben S. 153), und er «bezeichnet die *Grenzen* der Möglichkeiten der auf dem Privateigentum beruhenden kapitalistischen *Produktionsverhältnisse* mit der Entwicklung der Produktivkräfte, *die sie hervorgebracht haben, Schritt halten zu können.* Diese Grenzen sind den kapitalistischen Produktionsverhältnissen ‹immanent› und von ihnen nicht zu ‹überwinden›. (. . .) Sie sind also *objektive Eigenschaften* des Systems, und diese Eigenschaften *liegen* der Notwendigkeit seiner Entwicklung *zugrunde.* Sie wirken auf das System selbst, sie sind *die Kausalität der Struktur selbst*»[11] (siehe oben S. 155).

Diese unsere These entspricht in der Tat genau dem Marxschen Gedanken:

«. . . die ganze kapitalistische Produktionsweise ist eben nur eine relative Produktionsweise, deren *Schranken* nicht absolut, aber für sie, *auf ihrer Basis,* absolut sind.»[12]

Was hat nun Lucien Sève daraus gemacht?

«Maurice Godelier antwortet: um die Diachronie strukturell zu begreifen, ist es notwendig und hinreichend anzunehmen, daß die dialektische Entwicklung nicht aus *dem Inneren* der Struktur selbst kommt, sondern aus dem Wechsel ihrer *externen* Korrespondenz mit einer anderen Struktur, ein Wechsel, der an einem gegebenen Punkt die Grenzen ihrer Kompatibilität überschreitet. *Die Struktur ist intern, aber der Motor ihrer Entwicklung ist extern.* Auf diese Weise wäre dann die *Unveränderlichkeit der Struktur,* wie sie die strukturale Konzeption der Synchronie impliziert, mit ihrer *Entwicklung in Sprüngen,* wie sie die dialektische Konzeption der Diachronie impliziert, in Einklang gebracht.»[13]

Nachdem er diese absurde These an die Stelle der unseren gesetzt hat, zieht er daraus den glorreichen «Schluß»[14]:

– daß für uns die Geschichte des Kapitalismus die Abfolge einer ansteigenden Entwicklungsphase und einer Phase der Stagnation, also des Rückgangs sei;

– daß wir von der «einfachen Entwicklung» der Produktivkräfte die revolutionäre Transformation der Gesellschaft erwarten und damit unserem «ökonomischen Fatalismus» einen «politischen Quietismus» hinzufügen würden;

– daß wir schließlich, in unserer Unfähigkeit, uns die «Rückwirkung» der Produktionsverhältnisse auf die Produktivkräfte vorzustellen, nicht wüßten, daß die Produktionsverhältnisse der Entwicklung der Produktivkräfte vorausgehen und diese bedingen können.

Bevor wir zeigen, daß diese Behauptungen ebensowenig wie die absurde These, deren Konsequenzen und folgerichtiger Ausdruck sie angeblich sind, in unseren Texten zu finden sind, wollen wir in einem untergeordneten Punkt der Kritik von L. Sève Gerechtigkeit widerfahren lassen. Wir hatten geschrieben, daß der antagonistische Widerspruch zwischen den Produktivkräften und den Produktionsverhältnissen im Kapitalismus nicht von Anbeginn des Systems an vorhanden ist. Diese Formulierung ist inadäquat, denn in dem Maße, so haben wir eben gezeigt, wie dieser Widerspruch die direkte Konsequenz der den kapitalistischen Produktionsverhältnissen *immanenten* Schranken ist, ist er auch, in gewisser Weise, *von Anbeginn des Systems an präsent*, existiert er bereits latent. Aber er existiert nicht *als solcher*, d. h. nicht als *wirklich antagonistischer* Widerspruch; als solcher taucht er erst zusammen mit der großen Industrie auf. Er existiert also als solcher erst «mit seiner Fortentwicklung auf gewisser Stufe», «auf einer gewissen Stufe der Reife» des Systems, und *erst von diesem Moment an* sind das Verschwinden der kapitalistischen Produktionsweise und das Auftauchen einer «höheren Produktionsform», deren materielle Bedingungen das Kapital unbewußt schafft,[15] *historisch notwendig und möglich*.

Es ist also ersichtlich, daß unsere Analysen, trotz der Ungenauigkeit *eines* Ausdrucks, *überhaupt keinen* Raum lassen für die drei absurden Thesen, die Lucien Sève «darin sieht».

Wir haben stets, im Anschluß an Marx und Lenin, sorgfältig unterschieden zwischen dem Problem des Entstehens der *allgemeinen* Bedingungen für das Verschwinden einer Produktionsweise (das geschichtliche Verschwinden der asiatischen, sklavenhalterischen, feudalistischen, kapitalistischen Produktionsweisen usw.), der allgemeinen Bedingungen, die jede Produktionsweise «unbewußt» schafft, und dem Problem der *besonderen* Bedingungen ihrer Abschaffung in einer besonderen Gesellschaft, einer Abschaffung, die sich in Form einer siegreichen politischen Revolution vollziehen kann. Der erste Vorgang ist weitgehend nichtintentional; der zweite hingegen ist ohne bewußtes Eingreifen undenkbar; er wird organisiert von den entgegengesetzten sozialen Kräften, die eine revolutionäre Konjunktur jeweils zu ihren Gunsten auszunützen versuchen. Deshalb muß die Revolution, wie Lenin gezeigt hat, nicht notwendigerweise im weitestentwickelten kapitalistischen Land ausbrechen, sondern am schwächsten Punkt des kapitalistischen Weltsystems, und zu Beginn dieses Jahrhunderts war dieses schwächste Glied das zaristische Rußland. Wir schrieben vor einigen Jahren:
«Diese Schwäche aber resultiert aus dem Zusammenspiel aller Strukturen der russischen Gesellschaft und *nicht* nur aus deren ökonomischen Widersprüchen. Eine solche Schwäche *wird* zu einer günstigen Kon-

junktur nur dann, wenn eine organisierte revolutionäre Kraft sie nutzen und den ‹entscheidenden Angriff› führen *kann*. Widerspricht dann aber nicht – so könnte man fragen – die russische Revolution der Marxschen Hypothese von der notwendigen Korrespondenz zwischen Produktivkräften und Produktionsverhältnissen, da doch in diesem Fall die sozialistischen Produktionsverhältnisse *schon bestanden*, als die Produktivkräfte noch gar nicht weiterentwickelt waren? In Wirklichkeit liegt hier kein Widerspruch vor, denn die Korrespondenz und die Überlegenheit der sozialistischen Produktionsverhältnisse beweisen sich in deren besonderer Eigenschaft, schnell den Zirkel der ‹Unterentwicklung› zu durchbrechen, den industriellen Rückstand aufzuholen, und dies, ohne daß einer herrschenden Klasse der wesentliche Teil dieser Fortschritte zugute käme.»[16] Dann zitierten wir Marx, der 1881 an Vera Sassulitsch in bezug auf die russische Landkommune schrieb:

«Das Gemeineigentum an Grund und Boden bietet ihr die natürliche Basis der kollektiven Aneignung und ihr historisches *Milieu*, die *Gleichzeitigkeit* mit der kapitalistischen Produktion, *bietet* ihr fix und fertig dar die materiellen Bedingungen der in großem Maßstabe organisierten kollektiven Arbeit. (...) Sie (*kann*) der unmittelbare Ausgangspunkt des ökonomischen Systems werden, zu dem die moderne Gesellschaft tendiert ...»[17]

Wir betonten, daß hier «keine mechanistische Ansicht vom Übergang zum Sozialismus» vorliegt, sondern im Gegenteil die wissenschaftliche Feststellung, daß eine Produktionsweise für sich selbst und *für andere*, gleichzeitig mit ihr bestehende Produktionsweisen *neue* objektive Entwicklungs*möglichkeiten* schafft. Und gerade aus dieser Perspektive hatten wir, im Rahmen der internationalen Diskussion um den Begriff der «asiatischen Produktionsweise», von Anfang an die These von der multilinearen Entwicklung der Geschichte vertreten[18] und dabei gleichzeitig gezeigt, daß die Eigentümlichkeit des westlichen Entwicklungsweges als umfassende Konsequenz die Schaffung der Bedingungen für die Abschaffung jeglicher herrschenden Klasse hatte. Wir schlossen mit dem berühmten Engels-Zitat, das nicht zu kennen oder mit Stillschweigen zu übergehen uns Sève vorwirft:

«Die Abschaffung der gesellschaftlichen Klassen (...) hat also zur Voraussetzung einen Höhegrad der Entwicklung der Produktion, auf dem Aneignung der Produktionsmittel und Produkte, und damit politische Herrschaft, das Monopol der Bildung und der geistigen Leitung durch eine besondre Gesellschaftsklasse nicht nur überflüssig, sondern auch *ökonomisch, politisch und intellektuell ein Hindernis der Entwicklung* geworden ist. Dieser Punkt ist jetzt erreicht.»[19]

Engels' Äußerungen ernst zu nehmen bedeutet nicht zu behaupten – wie es gestern der Dogmatismus tat –, daß in der Entwicklung einer Produktionsweise auf ein anfängliches Wachstum notwendig eine Stagnation der Produktivkräfte folgen muß. Denn wenn auch der Wachstumsrhythmus der Produktivkräfte in der Epoche des Monopolkapitalismus schneller ist als in jeder vorhergegangenen Epoche der kapitalistischen Entwicklung, so ist es doch falsch und gefährlich zu vergessen, daß dieser Rhythmus zugleich Unterbeschäftigung und sogar die Vernichtung ungeheurer ökonomischer und sozialer Entwicklungsmöglichkeiten auf der Ebene des kapitalistischen Weltsystems impliziert, kurz, daß die gegenwärtige Nichtkorrespondenz zwischen Produktivkräften und Produktionsverhältnissen sich in einem gigantischen, qualitativen wie quantitativen Verlust an Produktivkräften auf der Ebene des kapitalistischen Weltsystems äußert.

Im frühen Kapitalismus dagegen, in der Epoche der ursprünglichen Akkumulation des Kapitals, war die «Entwicklungsschranke» *nicht* das Vorhandensein der gerade im Entstehen begriffenen kapitalistischen Produktionsverhältnisse, sondern das Vorhandensein der vorherrschenden feudalistischen Produktionsverhältnisse. Die Entwicklung des Antagonismus zwischen den feudalistischen Produktionsverhältnissen und den neuen Produktivkräften macht das Verschwinden der feudalistischen Produktionsweise notwendig und möglich und legte den Grund für die Notwendigkeit und Überlegenheit der kapitalistischen Produktionsverhältnisse.

«Der unmittelbare Produzent, der Arbeiter, konnte erst dann über seine Person verfügen, nachdem er aufgehört hatte, an die Scholle gefesselt und einer andern Person leibeigen oder hörig zu sein. (...) Somit erscheint die geschichtliche Bewegung, die die Produzenten in Lohnarbeiter verwandelt, einerseits als ihre Befreiung von Dienstbarkeit und Zunftzwang (...). Von dieser Seite stellt sich ihr Emporkommen [der industriellen Kapitalisten, d. V.] dar als Frucht eines siegreichen Kampfes gegen die Feudalmacht und ihre empörenden Vorrechte sowie gegen die Zünfte und die Fesseln, die diese der freien Entwicklung der Produktion und der freien Ausbeutung des Menschen durch den Menschen angelegt.»[20]

Andererseits ist es gerade diese freie Ausbeutung des Menschen durch den Menschen, die von Anbeginn des kapitalistischen Systems an vorhanden ist, die in der Epoche seiner Reife den antagonistischen Widerspruch zutage treten läßt, an dem das System schließlich zugrunde gehen wird.

Letztlich liegt die Entwicklung der Produktionsweise einer Klassengesellschaft im Zusammenspiel der beiden antagonistischen Widersprüche; der eine liegt innerhalb der Produktionsweise und besteht als solcher von Anbeginn des Systems an, der andere besteht zwischen Produktivkräften und Produktionsverhältnissen und hat *seine Basis im ersten Widerspruch*, wird aber zu einem *solchen* erst auf einer gewissen Stufe der Entwicklung des Systems. Der erste ist die Einheit zweier antagonistischer Größen, der ausbeutenden und der ausgebeuteten Klasse; der zweite ist die Einheit zweier Strukturen, die sich nicht mehr «entsprechen» und antagonistisch werden. Impliziert die Einheit der Gegensätze ihre «Identität»? Hierin liegt das ganze Problem der Grundlagen der Marxschen Dialektik und des Unterschieds zwischen Marx und Hegel, das sich jetzt stellt.

IV. Das Prinzip der Identität der Gegensätze und die Grundlage der marxistischen Dialektik

Jeder kennt den Gegenstand der Debatte und weiß, worum es geht. Einerseits erklärte Marx, daß die Dialektik Hegels das «direkte Gegenteil» der seinen sei, und Engels verdeutlichte, daß sie «unbrauchbar für die Wissenschaft» sei. Marx fügte außerdem hinzu, daß es genüge, sie «umzustülpen», d. h. sie auf materialistische Weise zu begreifen, damit sie ihre «mystische Form abstreift» und eine «vernünftige Gestalt» annimmt.

Die Sache ist, von außen betrachtet, einfach, und für L. Sève ist «der Marxsche Gesichtspunkt vollkommen klar». Wenn man jedoch die Formulierungen von Marx näher betrachtet, entdeckt man hinter ihrer scheinbaren Einfachheit eine Alternative. Entweder nimmt man an, daß der Hegelsche Idealismus nur *die Form* der Dialektik angenommen hat und ihr Inhalt, wenn er einmal seine «mystische Form abgestreift» hat, vom Marxismus in Gänze übernommen werden kann. Oder man nimmt an, daß der Hegelsche Idealismus *die Form und den Inhalt* der Dialektik in dem Maße angenommen hat, daß sie «unbrauchbar für die Wissenschaft» ist, und zwar sowohl wegen ihrer mystischen Form als auch wegen ihres mystifizierten Inhalts, aus dem dann der wissenschaftliche Kern «herausgezogen» werden muß. Dies ist unsere Anschauung und offensichtlich auch die von Sève, wenn er schreibt:

«Hegel hat die grundlegende Form jeglicher Dialektik entdeckt, aber *er begriff* sie in idealistischer Weise als Bewegung des Denkens und *verzerrte* infolgedessen die wirkliche Bewegung. Die von Marx vorgenommene Umstülpung besteht vor allen Dingen darin, die Dialektik umgekehrt in *materialistischer* Weise als Widerspiegelung der wirklichen Bewegung im Denken zu begreifen. Diese Umstülpung der *Konzeption* der Dialektik stellt dann allerdings das Problem der *kritischen Bestandsaufnahme* des von Hegel entdeckten und zugleich mystifizierten Inhalts.»[21]

Vergeblich haben wir in seinem weiteren Text eine ansatzweise Antwort auf dieses Problem gesucht. Nun waren wir genau von diesem Problem ausgegangen, und genau diese Bestandsaufnahme versuchten wir in großen Zügen zu skizzieren. Wir hatten also das gesucht, was im Hegelschen Idealismus *notwendig den Inhalt und die Form* der dialektischen Logik *unmittelbar* annehmen mußte, *und zwar in der Weise*, daß diese eine «mystische» *Form* annahm und daß ihr *Inhalt* dadurch «mystifiziert» wurde, *unbrauchbar* für die Wissenschaft, in einem Wort: «irrational». Diese Grundursache haben wir gerade im Prinzip von Hegels ‹Wissenschaft der Logik› gefunden, im Prinzip der Identität der Gegensätze.

Um den absoluten Idealismus zu begründen, um zu beweisen, daß allein der absolute Geist existiert und daß dieser sich selbst gegen sich selbst setzt unter der doppelten Form der reinen Äußerlichkeit, der Natur, des Denkens *an sich*, das sich jedoch nicht *selbst* denkt, und seines Gegenteils, des «Logos», der reinen Innerlichkeit, des Denkens für sich, um also zu beweisen, daß *der Geist in allen seinen Gegensätzen mit sich selbst identisch ist, mußte* Hegel *das Prinzip aufstellen*, daß jeder Gegensatz mit dem anderen identisch ist und ihm gleichzeitig entgegengesetzt ist, daß also jeder Gegensatz sich selbst in sich selbst widerspricht, insofern er mit dem anderen *identisch ist*.

Das Prinzip der Identität der Gegensätze ist also *der theoretische* (ideologische) *Operator*, der es der Hegelschen Philosophie gestattet, *sich* als absolute Wahrheit zu beweisen, als die Bewegung des Denkens, durch welche sich der absolute Geist, die einzige wirkliche Realität, als solchen erkennt und mit sich selbst in allen seinen widersprüchlichen Formen identisch ist. Man braucht nur daran zu erinnern, daß die Phänomenologie des Geistes – d. h. die Bewegung, durch die sich der absolute Geist als solchen erkennt – auf die Logik [22] gegründet ist und daß diese Logik vollständig auf dem Prinzip der Identität der Gegensätze aufgebaut ist, um zu entdecken, daß dieses Prinzip vom Inhalt der Hegelschen Logik nicht unabhängig ist und *es auch nicht sein kann*. Es drückt im Gegenteil das mystische und mystifikatorische *Wesen* des absoluten Idealismus *direkt* aus. Es ist das *theoretische Relais*, durch das der Idealismus der dialektischen Logik eine «mystische» Form *gibt* und ihren Inhalt «irrational» macht.

Man kann übrigens noch auf anderem Wege den nichtwissenschaftlichen Charakter des Prinzips der Identität der Gegensätze beweisen, seine innere und notwendige Verknüpfung mit den Grundlagen des absoluten Idealismus. Es ist bekannt, daß Hegel dieses Prinzip in einer seiner berühmtesten Jugendschriften, in ‹Glauben und Wissen›, formuliert hat, als er, Theologiestudent, gegen die Kantsche *Kritik* der traditionellen Metaphysik die Möglichkeit einer Erkenntnis des Absoluten, eines absoluten *Wissens*, beweisen wollte. Historisch wurde also das Prinzip der Identität der Gegensätze von Hegel formuliert und «bewiesen», als er seine Untersuchungen über die Geschichte der Philosophie, des Rechts, der Wissenschaften und der Gesellschaften noch kaum begonnen hatte und die Theologie mit der Wissenschaft *aussöhnen* wollte.

Es scheint uns, daß die Untersuchung der historischen Genesis der Hegelschen Philosophie und die Analyse der inneren Logik ihres Inhalts zusammen den Nachweis erbringen, daß das Prinzip der Identität der Gegensätze dem spekulativen Gewaltstreich, der dem absoluten Idealismus als unbeweisbarer Ausgangspunkt dient, dem Postulat nämlich, daß *Sein = Denken* ist, den Anschein der Vernunft gibt.

Dieses Prinzip löst sich also unweigerlich auf, sobald man die Verhältnisse zwischen dem Sein und dem Denken auf materialistische Weise begreift. Aber hat die Auflösung dieses Prinzips nicht auch die Auflösung der *gesamten* dialektischen Logik zur Folge?

Dies ist nicht der Fall, denn das wissenschaftliche Fundament der dialektischen Logik ist, unserer Meinung nach, nicht das Prinzip der Identität der Gegensätze, sondern das der *Einheit* der Gegensätze. Man kann leicht zeigen, daß, wenn das Prinzip der Identität der Gegensätze *a fortiori* das der Einheit der Gegensätze impliziert, *der Umkehrsatz* davon nicht richtig ist.[23] Gegensätze können vereinigt sein, ohne notwendigerweise identisch sein zu müssen. Für Hegel *ist* der Herr Herr *und* zugleich sein Gegenteil, Knecht. Für Marx *kann* der Kapitalist *nicht* ohne den Arbeiter *existieren, ist* aber selbst *kein* Arbeiter. Das Prinzip der Einheit der Gegensätze setzt voraus, daß diese Gegensätze sich zugleich einschließen und ausschließen, d. h., daß keiner die Stelle des anderen einnehmen kann, ohne sich selbst als solchen zu zerstören; dabei ist er jedoch nicht identisch mit dem anderen.

Wenn man annimmt, daß jeder Gegensatz *sich selbst entgegengesetzt ist*, weil er der andere *ist*, dann nimmt man die Identität der Gegensätze und mit um so größerem Recht ihre Einheit an. Denn die These *ist* bereits die Antithese, widerspricht sich also selbst, denn These und Antithese enthalten *a priori* ihre Synthese.

Es wird also klar, daß man bei einer materialistischen Auffassung der Verhältnisse zwischen Sein und Denken das Prinzip der Identität der Gegensätze verwerfen muß, und somit *verliert* die Dialektik ihre mystische Form und *verkürzt sich* um den Teil ihres Inhalts, der *direkt* im Dienste des absoluten Idealismus steht. Was vom Inhalt übrigbleibt, ist der rationale, wissenschaftliche «Kern» der Hegelschen Logik, den Marx «herausziehen» konnte, und der sich jetzt in einer «vernünftigen Gestalt» darstellt. Wenn also der abgeschnittene Teil das Prinzip der Identität der Gegensätze ist, dann versteht man, daß Marx die Hegelsche Logik als «direktes Gegenteil» seiner eigenen dialektischen Methode begriff. Wenn es notwendig war, «abzuschneiden», um «herauszuziehen», dann ist gleichzeitig klar, daß die berühmte Metapher der «Umstülpung» der Hegelschen Logik nichts über diese heikle theoretische chirurgische Prozedur aussagt, und daß es notwendig ist, sich über

ihren Sinn Gedanken zu machen, ohne dadurch gleich notwendigerweise Revisionist zu werden.

Wenn wir die Analyse noch einen Schritt weiter treiben, entdecken
wir, daß das Prinzip der Einheit der Gegensätze *ausreicht*, ein kohä-
rentes Ganzes von dialektischen Begriffen und Prinzipien *rational* zu
begründen, die Marx ebenfalls bei Hegel zusammengetragen hat: den
Begriff der Entwicklung der Widersprüche, das Prinzip des Umschlags
der Quantität in Qualität, das Prinzip der Verwandlung von nichtant-
agonistischen Widersprüchen in antagonistische. Diese Gesamtheit, deren Inventar wir hier nur skizzieren, stellt den «rationalen Kern» dar,
den Marx aus der Hegelschen Dialektik isoliert und herausgezogen hat,
und der die *logische Unterlage* der Analyse der Widersprüche der kapitalistischen Produktionsweise ausmacht, des inneren Widerspruchs der
kapitalistischen Produktionsverhältnisse und des Widerspruchs zwischen kapitalistischen Produktionsverhältnissen und Produktivkräften.
Wir haben diese Widersprüche verallgemeinert und daraus zwei besondere Fälle zweier allgemeiner Widerspruchstypen gemacht: den Widerspruch innerhalb einer Struktur zwischen den Elementen, die sich in
ihr verbinden und einander entgegengesetzt sind; den Widerspruch innerhalb eines Struktursystems, d. h. innerhalb des internen Verhältnisses einer Gesamtheit von Strukturen, die zum *selben* System gehören.
In beiden Fällen setzt die Einheit der einander entgegengesetzten Größen in keiner Weise ihre Identität voraus, der Kapitalist ist nicht der
Arbeiter, die Produktivkräfte sind nicht die Produktionsverhältnisse,
die Produktion ist nicht die Konsumtion usw.

Um unsere Analyse des Verhältnisses zwischen Marx und Hegel abzuschließen, zitieren wir noch einmal die Texte von Marx und Engels,
die diese Analyse vollkommen bestätigen und die zu diskutieren oder
wenigstens zu zitieren Lucien Sève sich bei der Kritik unserer Standpunkte wohlweislich gehütet hat.

In der berühmtesten Darlegung der Prinzipien des historischen Materialismus, in der ‹*Einleitung zur Kritik der Politischen Ökonomie*›
schrieb Marx:

«Hiernach für einen Hegelianer *nichts einfacher*, als Produktion und
Konsumtion *identisch zu setzen*. (...) Das *Resultat*, wozu wir gelangen, *ist nicht*, daß Produktion, Distribution, Austausch, Konsumtion
identisch sind, sondern daß sie alle Glieder einer Totalität bilden, Unterschiede innerhalb einer Einheit.»[24]

Engels verteidigte im *Anti-Dühring* die dialektische Methode von
Marx, indem er zeigt, daß sie sich nicht auf «dialektisch-krause Verschlingungen und Vorstellungsarabesken, (...) (auf) die Misch- und
Mißvorstellung, derzufolge *schließlich alles eins ist*», zurückführen
läßt, wo die Negation der Negation «die Hebammendienste leistet,
durch welche die Zukunft aus dem Schoß der Vergangenheit entbun-

den wird», und «in der kindischen Beschäftigung besteht, (...) von einer Rose abwechselnd zu behaupten, sie *sei* eine Rose und sie *sei keine* Rose.»[25]

Unseres Wissens haben Marx und Engels in ihrer Korrespondenz oder in ihren Werken nirgends das Prinzip der Identität der Gegensätze auf die positive Seite des Hegelschen Erbes geschlagen. Woran zu erinnern sie dagegen nicht müde wurden, sind die Prinzipien der inneren Verknüpfung der Dinge und ihrer ständigen Bewegung, der Interaktion von Ursachen und Wirkungen, des Umschlags der Quantität in Qualität, kurz, an das Prinzip der Einheit der Gegensätze und an die Gruppe der Eigenschaften, die daran geknüpft sind.[26]

Wenn also die dialektische Logik erst einmal das Prinzip der Identität der Gegensätze abgestreift hat, kann sie einen wissenschaftlichen Charakter erreichen, und diese wissenschaftliche Dialektik kann nur materialistisch sein. Unter dieser Voraussetzung kann diese Logik das wesentliche Instrument für die Weiterentwicklung der fortgeschrittensten Wissenschaften werden. Wir haben an anderer Stelle gezeigt, daß die Kybernetik, indem sie die Bedingungen der internen Regulierung eines (physiologischen, ökonomischen oder anderen) Systems erforscht und indem sie die Grenzen der möglichen Variationen dieses Systems bestimmt, die Gesetze der Korrespondenz der Teile dieses Systems und die inneren und äußeren Widersprüche, die seine Existenz bedrohen oder seine Reproduktion verhindern, in der Form eines mathematischen Kalküls handgreiflich machen kann.

Dies sind unsere theoretischen Positionen. Sie bestimmen nicht nur exakt *den Ort und die Beschaffenheit* des *radikalen* Unterschieds zwischen der Dialektik von Hegel und der von Marx, ihres «direkten Widerspruchs», und machen nicht nur den *Mechanismus*, mit dessen Hilfe der absolute Idealismus die Form und den Inhalt der dialektischen Logik annimmt, sichtbar und verstehbar, sondern sie bezeichnen auch das, was aus der marxistischen Dialektik ein für die modernsten Untersuchungen unabdingbares wissenschaftliches Instrument macht.

Zitieren wir zum Abschluß die Zusammenfassung dieser Positionen, die L. Sève dem Leser in *La Pensée* vorgelegt hat:

«An Stelle der dialektischen Theorie, die impliziert, daß die Struktur des Widerspruchs nicht nur ihrem Wesen nach veränderlich, sondern die treibende Kraft der Veränderung selbst ist, wobei sie die immanente Notwendigkeit der Entwicklung deutlich macht, unterstellt die strukturale Version eine durch sich selbst unveränderliche Struktur, in der die unbewegliche Komplementarität der Gegensätze den vorwärtstreibenden Widerspruch ersetzt und die Quelle der Bewegung in Sprüngen innerhalb externer Schranken, auf die die Struktur in Form von anderen, ihr äußerlichen Strukturen trifft, zurückweist» (S. 81).

V. Wissenschaft und Humanismus[27]

Zur Krönung des eindrucksvollen Gebäudes unserer Irrtümer [28] wirft man uns schließlich «theoretischen Antihumanismus» vor, einfaches «logisches» Nebenprodukt unserer strukturalistischen Konzeption der Dialektik und ihrer fundamentalen Opposition zur Dialektik und zum Humanismus des wissenschaftlichen Marxismus. Was ist das nun, des «theoretischen Antihumanismus» schuldig zu sein?

«Indem die strukturale Methode Struktur und Prozeß einander gegenüberstellt und somit das historisch Geschehene und die in der Wissenschaft enthaltenen unveränderlichen Unterlagen radikal voneinander trennt, tendiert sie dazu, die Strukturen mit den Verhältnissen zwischen den *Dingen* zu identifizieren und damit die lebendigen, menschlichen Verhältnisse in den rein oberflächlichen Bereich des *ideologischen* Bewußtseins zu verweisen»[29] (S. 85).

Es ist bereits gesagt worden, daß für uns Struktur und Prozeß keine Gegensätze sind, aber möglicherweise identifizieren wir die gesellschaftlichen Verhältnisse mit den Verhältnissen zwischen den Dingen und nehmen die Strukturen als von der Wissenschaft «konstruierte» Realitäten. Sind wir also schuldig, den Menschen verdinglicht und die sozialen Strukturen idealisiert zu haben?

Die ganze Anklage fußt auf einem verstümmelten Zitat, das uns in den Mund legt: «In der alltäglichen Praxis (. . .) gibt es keine unmittelbare Erfahrung der Ausbeutung des Arbeiters durch den Kapitalisten.» Damit steht der Schandfleck da, und L. Sève kann voller Erregung daran erinnern, daß die Ausbeutung eine *Erfahrung*statsache ist, *erlebt* von der Arbeiterklasse, und daß das *Kapital* buchstäblich voll konkreter Analysen dieser erlebten Auswirkungen» ist.

Es genügt, das Zitat in seinem Kontext vollständig anzuführen, um seine tragischen Auswirkungen zu beseitigen und diesen leicht errungenen Sieg in einen Zusammenbruch zu verwandeln: «Im kapitalistischen System *geschieht alles so, als ob* mit dem Lohn die Arbeit des Arbeiters bezahlt würde und als ob ein Kapital von sich aus die Eigenschaft besäße, selbsttätig anzuwachsen und seinem Eigentümer Profit zu bringen. In der alltäglichen Praxis gibt es keinen *direkten Beweis*, daß der kapitalistische Profit aus *unbezahlter* Arbeit stammt, d. h., es gibt keine *unmittelbare* Erfahrung der Ausbeutung des Arbeiters durch den Kapitalisten.»[30]

Der Gegenstand des Zitats ist klar. Es betrifft in keiner Weise *das Vorhandensein* der Ausbeutung der Arbeiterklasse durch die Kapitalistenklasse, also die vielfältigen konkret erlebten Formen dieser Ausbeutung. Es bezieht sich ausschließlich auf das Problem des *Erkennens der genauen Beschaffenheit* dieser Ausbeutung und, in erster Linie, auf den *Prozeß der Marxschen Entdeckung* des «Wesens» des kapitalistischen Profits als nichtbezahlten Teiles des Tauschwerts, der durch den Gebrauch der Arbeitskraft der Arbeiter geschaffen worden ist.

Es geht also nicht darum zu wissen, ob die Arbeiterklasse ihre Ausbeutung bewußt erlebt, sondern darum, ob sie, durch dieses Erlebnis hindurch, die Mittel hat, die *genaue* Beschaffenheit ihrer Ausbeutung zu *entdecken*. Als Antwort braucht man nur daran zu erinnern, daß für Marx «alle Wissenschaft überflüssig (wäre), wenn die Erscheinungsform und das Wesen der Dinge unmittelbar zusammenfielen».[31] Das Wesen der Dinge *verbirgt sich* hinter ihrer sichtbaren Erscheinungsform, und die unsichtbaren sozialen Strukturen *unterscheiden sich* von den sichtbaren sozialen Verhältnissen. Für Marx kann also die wissenschaftliche Erkenntnis *per definitionem* ihren *Ausgangspunkt* nicht beim Erlebten nehmen, denn damit würde sie sich *von vornherein* den Zugang zum Wesen der Dinge versperren und sich in deren äußerer Erscheinungsform einschließen. Das ist altbekannt, und unser Kritiker mußte ein Zitat verstümmeln, indem er es aus dem Zusammenhang riß, um glauben zu machen, wir seien so ignorant oder politisch naiv, daß wir nicht sähen oder nicht wüßten, daß die Ausbeutung eine täglich erlebte Tatsache auf seiten der Arbeiterklasse ist.

Unsere Thesen laufen also nicht Gefahr, paradoxerweise die menschlichen Verhältnisse in Verhältnisse zwischen Dingen und die sozialen Strukturen in ideelle Realitäten zu verwandeln, in «von der Wissenschaft konstruierte Modelle». Man wird sich also nicht wundern, wenn man feststellt, daß Lucien Sève unseren Text gerade vor der Stelle beiseite gelegt hat, an der wir ein Zitat von Marx und einen Kommentar anschließen, die jeden Zweifel über die Prinzipien und die Ergebnisse unserer Analysen ausräumen:

«Auf diese Erscheinungsform [des Arbeitslohns], die das *wirkliche Verhältnis unsichtbar macht* und gerade sein Gegenteil zeigt, beruhen alle Rechtsvorstellungen des Arbeiters *wie* des Kapitalisten, alle Mystifikationen der kapitalistischen Produktionsweise . . .»[32]

Dieses Zitat kommentierten wir folgendermaßen: «Die ökonomischen Kategorien Lohn, Profit, Zins usw. drücken also sichtbare alltägliche Beziehungen aus und haben insofern einen pragmatischen Nutzen, aber keinen wissenschaftlichen Wert. Wenn die wissenschaftliche Ökonomie von diesen Kategorien ausgeht, beschränkt sie sich in der Tat darauf, die Vorstellungen der in den bürgerlichen Produktionsverhältnissen befangenen Agenten dieser Produktion doktrinär zu verdolmetschen, *zu systematisieren* und zu apologetisieren. Es darf uns also nicht wundernehmen (. . .), wenn gerade hier die Vulgärökonomie sich vollkommen bei sich selbst fühlt und ihr diese Verhältnisse um so *selbstverständlicher* erscheinen, *je mehr* der *innere* Zusammenhang an ihnen *verborgen* ist (. . .).»[33] Das Verständnis und der spezifische Zusammenhang, die mit dieser Systematisierung der geläufigen Vorstellungen der Gesellschaftsmitglieder gegeben sind, können letzten Endes nur zu Mythenbildungen führen: Vom ‚Preis der Arbeit' (zu reden) ist genauso irrationell wie ein gelber Logarithmus*. Das Mythische besteht hier in einer zusammenhängenden Theorie der Erscheinungen, also dessen, was praktisch vorzugehen *scheint*. Die wissenschaftliche Darstellung der gesellschaftlichen Wirklichkeit ‹geht› also nicht davon ‹aus›, daß sie von den spontanen oder auch reflektierten Darstellungen der Individuen ‹abstrahiert›. Sie muß vielmehr das ‹*Selbstverständliche*› an diesen Darstellungen durchbrechen, um die verborgene innere Logik des gesellschaftlichen Lebens *zur Erscheinung zu bringen*. Für Marx *entspricht* also das wissenschaftlich entworfene Modell einer unter der sichtbaren Wirklichkeit verhüllten *Wirklichkeit*. Er geht aus anderen Gründen noch weiter, denn für ihn ist diese Verhüllung nicht der Unfähigkeit des Bewußtseins zuzuschreiben, die Struktur ‹*wahrzunehmen*›, sondern der Struktur selber. Wenn das Kapital *keine* Sache, sondern ein gesellschaftliches Verhältnis, d. h. *keine* sinnlich wahrnehmbare Wirklichkeit ist, dann *muß sie verschwinden*, wenn sie sich in den sinnlich wahrnehmbaren Formen der Rohstoffe, der Werkzeuge, des Geldes usw. darstellt. Es ist also nicht das *Subjekt* das *sich* täuscht, sondern die *Wirklichkeit*, von der *es* getäuscht wird, und die Erscheinungen, durch die die Struktur des kapitalistischen Produktionsprozesses verhüllt wird, sind der *Ausgangspunkt* für die *spontanen* Vorstellungen der Individuen. Für Marx entspricht einer bestimmten Struktur des Wirklichen eine bestimmte Erscheinungsweise dieser Struktur, und diese Erscheinungsweise ist der Ausgangspunkt eines Typs ursprünglichen Selbstbewußtseins der Struktur, für das weder das Bewußtsein noch das Individuum verantwortlich ist. Daher beseitigt die wissenschaftliche Erkenntnis einer Struktur das Selbstbewußtsein der Individuen nicht. Sie verändert *seine Rolle und seine Auswirkungen* auf das Verhalten der Individuen, aber sie unterdrückt es nicht.»[34]

Dies also ist unser Gedankengang, dessen «theoretische Konsequenzen» – liest man sie in der «maximalen Vergrößerung», die Sebags Buch angeblich davon macht – «zur Ablehnung der Bestimmung des Bewußtseins durch das gesellschaftliche Leben, der Grundlage des historischen Materialismus überhaupt»,[35] führen soll.

Was bleibt also vom Vorwurf des «theoretischen Antihumanismus»? Wir wollen nicht im mindesten verheimlichen, daß wir wiederholt gegen jeden Versuch gekämpft haben, die *Beweisführung für die historische Notwendigkeit* des Übergangs zum Sozialismus und der *Überlegenheit* dieses letzteren gegenüber der kapitalistischen Produktionsweise auf einen Humanismus, und sei es auch ein materialistischer, *zu gründen*. Denn wenn Marx schreibt, daß der Kapitalismus durch die

* *Kapital* III, S. 826 (Anm. d. Übers.).

ständige Entwicklung der Produktivkräfte *«unbewußt* die materiellen Bedingungen einer *höhern* Produktionsform (schafft)»*, dann besteht der einzige Grund für diese Notwendigkeit und diese Überlegenheit darin, daß die *Struktur* der sozialistischen Produktionsverhältnisse den Entwicklungsbedingungen der neuen, gigantischen und immer mehr *vergesellschafteten* Produktivkräfte, die vom Kapitalismus geschaffen wurden, funktional *entspricht*. Diese Entsprechung ist ein «nichtintentionaler» Tatbestand, der die «objektiven Eigenschaften» einer sozialen Struktur ausdrückt und seinem Wesen nach vollständig unabhängig ist von jeder *aprioristischen* Vorstellung über das Glück, das «Wesen» des Menschen, die «wahre» Freiheit oder über ein die Geschichte transzendierendes Prinzip, das das Wesen des Wahren, Schönen, Guten bestimmt.[36] Ohne auf die beißende Kritik von Marx an den «humanistischen» Erklärungen der sozialistischen Programme von Gotha und Erfurt über «Gerechtigkeit in der Arbeit», «gleiches Recht» usw. einzugehen, zitieren wir einen Brief, den Engels im Todesjahr von Marx an Lafargue schrieb:

«Marx würde gegen ‹das politische und gesellschaftliche Ideal› protestieren, das Sie ihm unterstellen. Wenn schon von einem ‹Mann der Wissenschaft›, der ökonomischen Wissenschaft die Rede ist, so darf man kein Ideal haben, man erarbeitet wissenschaftliche Ergebnisse, und wenn man darüber hinaus noch ein Mann der Partei ist, so kämpft man dafür, sie in die Praxis umzusetzen. Wenn man aber ein Ideal hat, kann man kein Mann der Wissenschaft sein, denn man hat eine vorgefaßte Meinung.»[37]

In der Tat mußte Marx, um Marxist zu werden – und genau darum geht es in der Debatte um die Werke des jungen Marx – die These von der Notwendigkeit des Verschwindens des Kapitalismus und des Auftauchens des Sozialismus auf eine wissenschaftliche Analyse der kapitalistischen Produktionsweise gründen, und nicht auf eine philosophische und politische Ideologie, und wäre sie auch materialistisch und «kommunistisch» wie in den ‹*Ökonomisch-philosophischen Manuskripten*› von 1844.

Wir haben an anderer Stelle gezeigt,[38] daß in den *Manuskripten* von 1844 die Notwendigkeit des Kommunismus *noch nicht* wissenschaftlich begründet, aber *bereits ideologisch gerechtfertigt ist*. Diese Rechtfertigung wird dort von einer materialistischen und humanistischen Philosophie geliefert, die um zwei Schlüsselbegriffe kreist: die Arbeit (Praxis) und die Entfremdung, deren Inhalt und theoretische Einordnung im späteren Werk von Marx tiefgreifend umgearbeitet wird.

Im Jahre 1844 wurde von Marx die Arbeit als «wirkliches Wesen des Menschen» gesetzt, ein Wesen, das sich seit der Entstehung des Privat-

---

* *Kapital* III, S. 269, Hervorhebungen von M. G. (Anm. d. Übers.).

eigentums entfremdet hat. Mit dem Erscheinen der entfremdeten Arbeit, der Urform aller anderen Entfremdungen, der religiösen, politischen usw., wurde der Mensch sich selbst fremd, und seine Existenz geriet in Widerspruch zu seinem Wesen. Um dem Menschen seine Menschlichkeit und der Arbeit ihren universalen und schöpferischen Charakter wiederzugeben, ist eine soziale Revolution notwendig.

Wenn man die von Marx 1844 vertretene These über die Notwendigkeit der sozialen Revolution näher untersucht, so entdeckt man, daß diese Revolution in seinem Denken einerseits gerade aus der Entwicklung des Privateigentums entspringt und als eine konkrete historische Notwendigkeit erscheint, daß sie aber andererseits *aus dem Widerspruch zwischen der historischen Wirklichkeit und dem «wirklichen menschlichen Wesen» hervorgeht*. Die ganze Mehrdeutigkeit des Praxisbegriffs steckt in diesem Doppelsinn, der in ein und demselben Wort verborgen ist. Denn wenn die Notwendigkeit der sozialen Revolution in dieser doppelten Weise postuliert wird, ist sie nicht den bestimmten konkreten Elementen der historischen Wirklichkeit immanent, sondern entspringt zum Teil aus dem Konflikt zwischen dieser historischen Realität und dem «wirklichen Wesen des Menschen», das für alle *außer* für den Philosophen unsichtbar ist. Dem jungen Marx erscheint der Kommunismus zugleich als der Sieg des Humanismus. Das *wirkliche* Wesen des Menschen ist auferstanden, die Menschheit hat wieder Besitz von sich ergriffen, ihre Existenz widerspricht nicht mehr ihrem Wesen:

«Dieser Kommunismus ist als vollendeter Naturalismus = Humanismus, als vollendeter Humanismus = Naturalismus, er ist *die wahrhafte Auflösung des Widerstreites zwischen dem Menschen mit der Natur und mit dem Menschen*, die wahre Auflösung des Streits zwischen Existenz und Wesen, zwischen Vergegenständlichung und Selbstbestätigung, zwischen Freiheit und Notwendigkeit, zwischen Individuum und Gattung.»[39]

Die Philosophie ist aufgehoben, weil sie in die Existenz eingegangen ist: dies ist der wirkliche Sinn der *Manuskripte*, ein Sinn, der nur für den mehrdeutig ist, der sich in der Schlinge der Wörter verfängt und schon die nächste Abhandlung von Marx im Ohr hat, in der die gleichen Wörter etwas anderes bezeichnen. Denn für den Autor des *Kapitales* besteht die Notwendigkeit der Geschichte nicht mehr in der teleologischen «Wiedergewinnung», und der Kommunismus ist nicht mehr das Werkzeug des «positiven Humanismus», der seine raison d'être in sich selbst findet, das Werkzeug der «wahren menschlichen Gesellschaft».[40] Die Notwendigkeit des Auftretens der sozialistischen Produktionsweise und ihre Überlegenheit gegenüber der kapitalistischen erklärt sich ausschließlich und vollständig aus der Entwicklung der antagonistischen Widersprüche innerhalb der kapitalistischen Produktionsweise und, in letzter Instanz, aus dem Widerspruch zwischen Produktivkräften und Produktionsverhältnissen.

Die Notwendigkeit der Geschichte ist nicht mehr auf die imaginären Dramen gegründet, die das «wirkliche Wesen» des Menschen in Gegensatz zu seiner historischen Existenz bringen, sondern auf das wissenschaftliche Gesetz der notwendigen Korrespondenz der Strukturen der gesellschaftlichen Wirklichkeit.

Müssen wir daraus schließen, daß für den Autor des *Kapital* der Begriff des materialistischen Humanismus damit jeglichen Sinn eingebüßt hat? Nein, denn in dem Maße, wie die Notwendigkeit und Überlegenheit des Sozialismus nun wissenschaftlich begründet ist, stellt *der Kampf* für die Abschaffung der kapitalistischen Ausbeutung und für die Errichtung des Sozialismus *in allen seinen* praktischen und theoretischen *Formen von jetzt ab die höhere Form der menschlichen Betätigung* dar, die Form, die der Menschheit den *Fortschritt* ermöglicht. So erklärt sich die Tatsache, daß *die Bewußtwerdung* der ausgebeuteten Massen von der Notwendigkeit der Abschaffung des Kapitalismus und der Errichtung des Sozialismus und die Losungen, die diese Bewußtwerdung zum Ausdruck bringen und den revolutionären Kampf vorantreiben, aus dem Bewußtsein entspringen, daß der Sozialismus einen *Fortschritt* darstellt, eine der kapitalistischen *überlegene* Lebensform. Das Bewußtsein dieser neuen Werte und der Kampf für ihre Verwirklichung sind *wesentliche* Elemente für eine Umwälzung des sozialen Systems, aber *die historische Notwendigkeit dieser Umwälzung gründet sich nicht auf diese Werte.*

Der wissenschaftliche Materialismus *findet seine Verlängerung* in einem revolutionären Humanismus, dessen theoretisches Fundament er darstellt, aber dieser Humanismus kann nicht den Stellenwert einer Wissenschaft einnehmen und noch weniger das «philosophische» Fundament der Bewegung der Geschichte sein.

VI. Über das Wahre, das Falsche und das falsche Wahre, oder: Marxismus und Dogmatismus

Es ist Zeit, zum Schluß zu kommen. Wir waren gezwungen, die Tatsachen, die Texte und die Wahrheit wieder zurechtzurücken. Wenn man unseren Kritiker liest, erscheinen wir in der lächerlichen und leicht abstoßenden Form eines revisionistischen Kleinbürgers, begierig, sich von den Ideologen der neuesten Welle, den Strukturalisten, Beifall klatschen zu lassen, der dabei die fundamentalen Thesen des Marxismus, auf den er sich beruft, eine nach der anderen über Bord wirft.

Aber die dafür angewandten Verfahren – ob absichtlich oder nicht, steht nicht zur Debatte – grenzen an das, was wohl Fälschung genannt werden muß: Unterschlagung (aus ihrem Zusammenhang gerissene Zi-

tate); Hinzufügung einiger Wörter, die unsere These vollständig verfälschen und dabei unseren Gedanken einfach fortzuführen scheinen («die beiden Strukturen, Produktivkräfte und Produktionsverhältnisse, sind nicht aufeinander zurückführbar *und haben keine wirkliche Einheit*», die letzten Wörter sind hinzugefügt von L. Sève). Falsches entsteht durch Auslassungen, wo einige Zitate von Marx und Engels womöglich eine ernsthafte Diskussion über die Dialektik von Marx und Hegel eröffnen würden. Falsches entsteht durch Verdacht und Hintergedanken, so als wüßte man mehr, als man darüber aussagt: «Der im historischen Materialismus zentrale Begriff der Produktionsweise taucht in der Studie von Maurice Godelier praktisch nirgends auf, und *es ist auch verständlich, warum*» (S. 80). Es entsteht Falsches durch reine Erfindung: «Maurice Godelier *antwortet*: um die Diachronie strukturell zu begreifen, ist es notwendig und hinreichend anzunehmen, daß die dialektische Entwicklung *nicht aus dem Innern* der Struktur selbst *kommt*, sondern aus dem Wechsel ihrer *externen* Korrespondenz mit einer anderen Struktur, ein Wechsel, der an einem gegebenen Punkt die Grenzen ihrer Kompatibilität überschreitet. Die Struktur ist intern, aber der Motor ihrer Entwicklung ist extern» (S. 72). Schließlich entsteht Falsches durch «Amalgamierung». So werden wir sukzessive Garaudy, Balibar (was zu Althusser führt), dann Lévi-Strauss, Foucault, Eugen Dühring, Bernstein und schließlich Lucien Sebag *gleichgesetzt*, die alle über einen Kamm geschoren werden mit Hilfe eines Lenin-Zitats über die «Kleinbürger, die in keiner Weise begriffen haben, was im Marxismus wesentlich ist, nämlich die revolutionäre Dialektik».
Sebag bietet zudem den Vorteil, daß er den impliziten Idealismus unserer strukturalistischen Thesen «in starker Vergrößerung» zutage treten läßt. Was Eugen Dühring betrifft, so hat er als erster ein anschauliches Beispiel für ein «Gesetz» abgegeben, das L. Sève entdeckt hat und von dem er verlangt, daß jedermann «ernsthaft darüber nachdenken möge», das Gesetz nämlich, das «ausnahmslos» jeden, der anfängt, die Marxsche Formel von der «Umstülpung» Hegels «undurchschaubar» zu finden, dazu bringt, «die Dialektik selbst in Frage zu stellen», um schließlich, wie Bernstein, als Vorreiter des Kapitalismus zu enden. Nach dieser großartigen Entdeckung kann man nicht mehr daran zweifeln, daß L. Sève, der die anderen Autoren für etwas hält, was sie nicht sind, sich wohl selbst für Engels hält und sich vorstellt, seinen eigenen kleinen *Anti-Dühring* zu schreiben.
Die Verformung des Inhalts kommt natürlich nicht ohne eine scheinbare Strenge der Form und ohne dramatische Effekte aus, die den revolutionären Leser ins richtige Lager ziehen sollen, das Ganze verpackt in jene rhetorische Fertigkeit, deren Rezepte gut gelernt werden müssen, um die diversen *concours* der französischen Lehrerausbildung erfolgreich zu durchlaufen.

Wir können jetzt sagen, was es mit der «Diskussion» unserer Thesen durch Lucien Sève auf sich hat: Sie ist ein Nachhutgefecht, dessen Verfahrensweisen von jenem Dogmatismus geborgt sind, der jahrzehntelang die Entwicklung des Marxismus gebremst hat und ihn auf zahlreichen Gebieten seinen Geist und seine Substanz verlieren ließ. Natürlich hat Sève vorsorglich protestiert: er wolle «nicht die gerade im Entstehen begriffene Debatte beenden und noch weniger den Wert (unserer) Untersuchungen schmälern», die freilich «von beachtlichem theoretischem Interesse» seien; er habe sich aber gezwungen gesehen, «aus einem gut konzipierten und gut durchgeführten Versuch eine eindeutig *negative* Bilanz» zu ziehen (S. 88). Wir haben nun gezeigt, daß der scheinbare Zusammenhang seiner Kritik nur der rhetorische Flitter einer permanenten *Vergewaltigung* der Gedanken eines anderen ist. Im übrigen wissen wir, wie die Elogen gelesen werden müssen, deren Gebrauchsanweisung an einer anderen Stelle geliefert wird, wo man in bezug auf Claude Lévi-Strauss liest:

«Die aufmerksame Lektüre von Lévi-Strauss und die weiterführende Reflexion über sein Werk ist, auch wenn unter dem Strich ein *hauptsächlich negatives* Urteil gefällt werden muß, eine ausgezeichnete Gelegenheit zur Bereicherung für einen Marxisten, und somit ist man ihm allemal zu *Dank* verpflichtet» (S. 93, Hervorhebungen von L. Sève).

Wir würden sagen, Dank dafür, seine Pflicht getan und die intellektuelle Redlichkeit wiedereingeführt zu haben. Man verstehe uns recht! Wir tadeln Lucien Sève nicht deswegen, weil er den *nichtwissenschaftlichen*, ideologischen Charakter *eines Teils* der Prinzipien, Methoden und Schlußfolgerungen derjenigen, die sich selbst oder die andere als «Strukturalisten» bezeichnen, kritisieren wollte. Diese Kritik ist erforderlich, damit in Zukunft *jedes* moderne wissenschaftliche Denken *vorankommt*. Unserer Meinung nach muß und kann allein der Marxismus diese hervorragende theoretische Aufgabe erfüllen. Er wird dabei aber nur dann Erfolg haben, wenn er eine Methode anwendet, die sich von derjenigen Sèves fundamental unterscheidet. Für ihn ist der Strukturalismus *seinem Wesen nach* idealistisch und im Prinzip dem Marxismus entgegengesetzt. So versteht man gut, welches Schicksal er dem nicht besonders bedeutenden Buch von Lucien Sebag [41] bereitet.

Sebag hatte den Versuch unternommen, die verschiedenen analytischen Prinzipien von Lévi-Strauss auf ein gemeinsames Fundament zurückzuführen, und dieses Fundament fand er in einem Idealismus des menschlichen Geistes. Wenn das für Lévi-Strauss stimmen würde, wäre der Standpunkt von Lucien Sève vollkommen gerechtfertigt, und wir hätten den Marxismus tatsächlich verraten, indem wir *einige* Prinzipien des Strukturalismus befolgt haben. Aber stimmt das denn?

Ohne in eine wirkliche Analyse des Werkes von Lévi-Strauss einzutreten, die, wollte sie wissenschaftlich sein, vollständig sein müßte und sowohl den genauen *Inhalt* der von Lévi-Strauss erforschten Bereiche berücksichtigen müßte – Verwandtschaftsbeziehungen und primitive Gesellschaftsorganisationen einerseits, Mythen und Logik des wilden Denkens andererseits – als auch *den Zustand*, in dem sich jeder dieser Bereiche befand, als er ihre Erforschung um 1935 in Angriff nahm, so wollen wir doch andeuten, daß sich in seinem Werk zwei Tendenzen bekämpfen und sich überschneiden und die theoretische Praxis von Lévi-Strauss entweder auf eine Wissenschaft oder auf eine Ideologie hin ausrichten.

Ausgehend von einer Ablehnung des Postulats des Empirismus,[42] daß die Struktur einer Gesellschaft mit der Gesamtheit der an der Oberfläche dieser Gesellschaft sichtbaren sozialen Beziehungen zusammenfällt, kann man diese Struktur entweder als eine Wirklichkeit betrachten, die nur *im* Geist und durch ihn existiert (und dies ist um so leichter, als das erforschte Gebiet die Gesamtheit der Prinzipien und Formen des Denkens der Primitiven umfaßt), oder man kann im Gegensatz dazu diese Struktur als *außerhalb* des Denkens und, je nachdem, als durch dieses oder ohne dieses existierend betrachten. Man kann übrigens in gewisser Weise von der ersten zur zweiten Perspektive übergehen, wenn man annimmt, daß, wenn diese Strukturen durch das Denken existieren, dieses nur die Struktur des Gehirns ausdrückt.[43] Der objektive Idealismus des Geistes (der einem subjektiven, empirischen oder transzendentalen Idealismus gegenübersteht) entpuppt sich dann als die Kehrseite eines physikalisch-biologischen Materialismus. In beiden Fällen verliert die Geschichte ihr ganzes Gewicht und ihre ganze Wirksamkeit, denn dann beschränkt sie sich darauf, die unendliche Kombination der dem Denken und/oder der Materie innewohnenden Möglichkeiten in der Zeit auszubreiten und existieren zu lassen.

Aber es genügt, das Werk von Lévi-Strauss «aufmerksam zu lesen», um zu entdecken, wie er, *in seiner* wissenschaftlichen *Praxis* durch eine unendlich sorgfältige Erforschung der Ökologie, der Technologie, der Ökonomie und der sozialen Beziehungen der Gesellschaften, deren Mythen er studiert, der Geschichte ihr Gewicht und die irreversible, schöpferische Zeitlichkeit zurückgibt, die er ihr auf ideologischer Ebene genommen hat.

Wenn wir der minuziösen Analyse der verschiedenen Ebenen und der verschiedenen Formen der Rationalität der «strukturalistischen» Praxis weiter nachgehen würden, könnten wir in der Tat sehen, daß zwei ihrer methodologischen Prinzipien *nicht notwendig* zum Idealismus oder zur Ideologie *führen* und *nicht in Gegensatz* zum wissenschaftlichen Materialismus *stehen*; ich meine das Prinzip, daß das Wesen der Dinge nicht mit ihrer Erscheinung zusammenfällt, und das andere Prinzip, daß vorab das Wesen einer Sache entdeckt werden muß, um ihre Entstehung und Entwicklung einsichtig zu machen. Diese beiden Prinzipien zählen in der Tat zu den Prämissen jeder wissenschaftlichen Erkenntnis und sind, wie wir gezeigt haben, im Werk von Marx und Engels explizit und systematisch angewandt. Somit erklärt sich, warum wir diese beiden Prinzipien, und *nur sie,* aus der Methode von Lévi-Strauss isoliert haben, um den Beweis anzutreten, daß seine Praxis *auf dieser Basis* rationale Erkenntnisse von großer wissenschaftlicher Tragweite hervorbringen kann, ohne dabei bestreiten zu wollen, daß diese Praxis, auf Grund anderer Prinzipien, zu ideologischen Schlußfolgerungen führt.[44] Unsere kritische Methode ist die Methode von Marx, der aus dem absoluten Idealismus Hegels den wesentlichen rationalen Kern der materialistischen Dialektik isolierte und herauszog. Erinnern wir daran, daß Marx in den *Manuskripten* von 1844 geglaubt hatte, als Philosoph die politische Ökonomie von Smith und Ricardo endgültig besiegen zu können, und daß er dann fünfzehn Jahre, «die schönsten Jahre» seines Lebens, opfern mußte, um sich ihre Werke *erneut vorzunehmen* und die rationalen Resultate, die die klassischen Ökonomen *trotz* ihrer zutiefst bürgerlichen Ideologie hervorgebracht und entwickelt hatten, Stück für Stück zu *isolieren.* Das würde genügen, um zu zeigen, daß der Sieg Lucien Sèves über Lévi-Strauss, Jakobson, Dumézil, Piaget usw. nur ein weiterer Pyrrhussieg ist, den der Marxismus von gestern über die «formalistische» Linguistik, die «bürgerliche» Psychologie, die «idealistische» Logik usw. errungen hat, Siege, die die Probleme *unangetastet* ließen, die jene dann antrafen, die wirklich versuchten, das Unbewußte, die Sprache, die Ideologie zu erkennen.

Nach diesem Sieg wird unser Kritiker wie zuvor der Wächterengel der Hohen Pforte der Orthodoxie bleiben, aber jeder weiß spätestens seit Péguy, wenn nicht schon seit den theologischen Gelehrten von Byzanz, daß die Engel nur deshalb reine Hände haben, weil sie gar keine Hände haben. Vielleicht sollte er endlich seinen Rat ernst nehmen, den er anderen gibt, und sich hüten «vor Annäherungen, die freilich leicht *großzügig* aussehen, sich aber nicht auf eine *äußerliche Hinzufügung* beschränken dürfen (...) wie die Hinzufügung eines Flügels an ein Pferd aus der mythologischen Tierwelt. Gewöhnlich halten diese Flügel nicht, und diese Pferde fliegen nur in der Phantasie.»[45]

März 1969

Anmerkungen

1 L. Sève macht reichlichen Gebrauch von einem Text, der unter unserem Namen in der Zeitschrift *Aletheia*, Nr. 4, Mai 1966 mit dem Titel ‹*Remarques sur les concepts de structure et de contradiction*› (Bemerkungen zu den Begriffen «Struktur» und «Widerspruch») erschienen ist. Einige Hinweise zur Geschichte dieses Textes: Er ging hervor aus einem Interview mit einem Redakteur dieser jungen Zeitschrift und wurde uns vor seiner Veröffentlichung niemals vorgelegt. Danach mußten wir – leider zu spät – feststellen, daß dieser Text von einem jungen Philosophen «umgeschrieben» worden war, der uns großzügig seinen Stil – den eines Kandidaten der Agrégation – verlieh und unsere Äußerungen mit einem bißchen Lacan, einer Prise Heidegger und einer anständigen Dosis Lévi-Strauss und Althussser aufbesserte, wobei er hie und da Abstriche und Einschübe machte. Wir sind jedoch darüber erstaunt, daß L. Sève unser Buch ‹*Rationalität und Irrationalität in der Ökonomie*›, 368 Seiten, nicht einmal erwähnt hat. Er hätte dort die vollständigste Darlegung unserer Thesen finden und unseren philosophischen und wissenschaftlichen Werdegang seit unseren Artikeln von 1960 über das *Kapital* verfolgen können.

2 M. Godelier, ‹*Système, structure et contradiction dans ‚Le Capital'*›. *Temps modernes*, Nr. 246, Nov. 1966, p. 841–864; deutsche Übersetzung: ‹*System, Struktur und Widerspruch im ‚Kapital'*›, abgedruckt in diesem Band S. 138 ff.

3 *Économie et politique*, Nr. 70–71, Mai–Juni 1960, Nr. 80, 1961; deutsche Übersetzung in: ‹*Rationalität und Irrationalität in der Ökonomie*›, op. cit., S. 157–251.

4 ‹*La Notion de mode de production asiatique et les schémas marxistes d'évolution des sociétés*›. *Cahiers du C.E.R.M.*, Éditions sociales, 1964 (Der Begriff der asiatischen Produktionsweise und die marxistischen Schemata der Entwicklung der Gesellschaften). Wieder veröffentlicht und mit einem «Vorwort» versehen, das unsere Anschauung in einigen Punkten berichtigt oder verdeutlicht, in der Sammlung ‹*Sur le mode de production asiatique*›, Paris [Editions Sociales] 1969, p. 47–100; ‹*Bibliographie des écrits de Marx et Engels sur le M.P.A.*›. In: *La Pensée*, Nr. 114, April 1964.

5 ‹*La Notion de mode de production asiatique*›. In: *Les Temps modernes*, Paris, Mai 1965; ‹*La Pensée de Marx et d'Engels aujourd'hui, et les recherches de demain*›. In: *La Pensée*, Febr. 1969, p. 92–120, Auszug aus unserer Einführung in die ausgewählten Texte von Marx, Engels, Lenin, ‹*Sur les sociétés précapitalistes*›, Paris [Ed. Sociales] 1970.

6 MEW Bd. 13, S. 9 (Hervorhebungen von M. G.).

7 ‹*Théorie marginaliste et théorie marxiste de la valeur et des prix*›. In: *La Pensée*, Nr. 120, April 1965; abgedruckt in: ‹*Rationalité et irrationalité en économie*›, op. cit., p. 210–226 [in der deutschen Übersetzung: ‹*Marginalistische und marxistische Wert- und Preistheorie*›, op. cit., S. 262–282].

8 Pedro Carrasco, ‹*Land and Policy in Tibet*›. University of Washington Press, Seattle 1959, p. 207–228.

9 *Kapital* III, S. 891.

10 K. Marx, Brief an Kugelmann vom 17. März 1868, in: MEW Bd. 32, S. 541.

11 «Die wahre Schranke der kapitalistischen Produktion ist das Kapital selbst ...» *Kapital* III, S. 260.

12 *Kapital* III, S. 267 (Hervorhebungen v. M. G.).

13 L. Sève, op. cit., p. 72 (Hervorhebungen im ersten Satz von M. G., die folgenden von L. Sève).

14 Ebd., p. 79, 77 und 76.

15 *Kapital* III, S. 269.

16 ‹*Rationalität und Irrationalität in der Ökonomie*›, op. cit., S. 124. Vergleiche auch die Analysen von L. Althusser, ‹*Pour Marx*›. Paris 1965, p. 96 [deutsche Übersetzung: Louis Althusser, ‹*Für Marx*›. Frankfurt/M. 1968].

17 K. Marx, Brief an Vera I. Sassulitsch (Dritter Entwurf) Februar bis März 1881, in: MEW Bd. 19, S. 405.

18 Vergleiche z. B. in der Antike das Zusammentreffen Ägyptens und der anderen etatistischen Gesellschaften des Nahen Ostens mit der Entwicklung der anderen Mittelmeer-Gesellschaften, insbesondere der des archaischen Griechenland.

19 M. Godelier, ‹*La Notion de mode de production asiatique et les schémas marxistes d'évolution des sociétés*›, op. cit., p. 38; F. Engels, *Anti-Dühring*, in: MEW Bd. 20, S. 263, Hervorhebungen von M. G.

20 *Kapital* I, S. 743.

21 L. Sève, op. cit., p. 84, Hervorhebungen von L. Sève.

22 Die Hegel in den «Zusätzen» der ‹*Wissenschaft der Logik*› als «Gott vor der Schöpfung der Welt» bezeichnete.

23 Zitieren wir als Beispiel der üblichen Verwechslung zwischen dem Prinzip der Identität der Gegensätze und dem der Einheit der Gegensätze Mao Tsetung:
«Warum sprechen wir dann von ihrer Identität und Einheit? ... Die Sache ist die, daß die gegensätzlichen Seiten *isoliert*, ohne einander *nicht existieren* können. Wenn eine der beiden entgegengesetzten Seiten fehlt, verschwinden zugleich die Existenzbedingungen der anderen Seite ... Ohne Grundherrn kein Pächter, ohne Pächter kein Grundherr. Ohne Bourgeoisie kein Proletariat; ohne Proletariat keine Bourgeoisie ... Und so verhält es sich mit allen Gegensätzen. Unter bestimmten Bedingungen sind sie einander *entgegengesetzt;* andererseits sind sie wieder miteinander *verbunden,* voneinander *durchdrungen,* ineinander infiltriert, wechselseitig *abhängig,* und diesen Charakter nennt man Identität.» Mao Tse-tung, ‹*Ausgewählte Werke*›, Bd. 1, Peking 1968, S. 396 f. Es ist klar, daß das, was Mao Tse-tung hier ausführlich beschreibt, das Prinzip der Einheit der Gegensätze ist, das er mit dem der Identität der Gegensätze verwechselt.

24 K. Marx, ‹*Einleitung zur Kritik der Politischen Ökonomie*›. In: MEW Bd. 13, S. 625, 630 (Hervorhebungen von M. G.).

25 F. Engels, *Anti-Dühring*. In: MEW Bd. 20, S. 124, 125, 132 (Hervorhebungen von M. G.).

26 Vergleiche auch folgende Briefe: Engels an Marx, 14. Juli 1858, MEW Bd. 29, S. 337–339; Engels an Lange, 29. März 1865, MEW Bd. 31, S. 465–468; Marx an Kugelmann, 11. Juli 1868, MEW Bd. 32, S. 552–554; Engels an Schmidt, 12. März 1895, MEW Bd. 39, S. 430–434.
Zitieren wir auch den berühmten Brief Marx' an Engels vom 14. Januar 1858, in dem er ihm seine Entdeckung der Mehrwert- und Profitbildung in folgenden Worten ankündigte: «Übrigens finde ich hübsche Entwicklungen. Z. B. die ganze Lehre vom Profit, wie sie bisher war, habe ich über den Haufen geworfen. In der *Methode des Bearbeitens* hat es mir *großen Dienst* geleistet, daß ich *by mere accident* (...) Hegels ‹Logik› wieder durchgeblättert habe» (Hervorhebungen von M. G.).

27 Wir haben unter Punkt III nachgewiesen, daß der doppelte Vorwurf, aus dem Marxismus den Begriff der Produktionsweise eliminiert und die Begriffe Basis und Überbau zurückgewiesen zu haben, eine reine Erfindung ist.

28 L. Sève, op. cit., z. B. S. 79–81 und an anderen Stellen.

29 Hervorhebungen von L. Sève.

30 M. Godelier, vgl. in diesem Band S. 139 f.

31 *Kapital* III, S. 825.

32 *Kapital* I, S. 562.

33 *Kapital* III, S. 825.

34 M. Godelier, vgl. in diesem Band S. 141.

35 L. Sève, op. cit., p. 86; L. Sebag, ‹*Marxisme et Structuralisme*›. Paris [Payot] 1964 [dt. ‹*Marxismus und Strukturalismus*›. Frankfurt/M. 1967].

36 Vgl. *Kapital* III, S. 351–352: «Von natürlicher Gerechtigkeit hier zu reden, ist Unsinn. (...) Dieser Inhalt ist gerecht, sobald er der Produktionsweise entspricht, ihr adäquat ist. Er ist ungerecht, sobald er ihr widerspricht. Sklaverei, auf Basis der kapitalistischen Produktionsweise, ist ungerecht; ebenso der Betrug auf die Qualität der Ware.»

37 Engels an Lafargue am 11. August 1884, in: MEW Bd. 36, S. 198.

38 M. Godelier, ‹*Économie politique et philosophie*›. In: *La Pensée*, Nr. 111, Okt. 1963; wieder abgedruckt in: ‹*Rationalität und Irrationalität in der Ökonomie*›, op. cit., S. 131–156 unter dem Titel: ‹*Politische Ökonomie und Philosophie*›.

39 K. Marx, ‹*Ökonomisch-philosophische Manuskripte aus dem Jahre 1844*›. In: MEW, Ergänzungsband I, S. 536 (Hervorhebungen von M. G.).

40 Ebd., S. 567: «Setze den Menschen als Menschen und sein Verhältnis zur Welt als ein menschliches voraus, so kannst du Liebe nur gegen Liebe austauschen.»

41 L. Sebag, ‹*Marxismus und Strukturalismus*›, op. cit.

42 Vgl. Radcliffe-Brown, ‹*Structure and Function in Primitive Societies*›, op. cit., III.

43 Lévi-Strauss, ‹*Das Ende des Totemismus*›. Frankfurt/M. 1965, S. 117: «Ursprüngliche Logik (...), direkter Ausdruck der Struktur des Geistes (und hinter dem Geist zweifellos des Gehirns).»

44 Während also Lévi-Strauss zwischen «Sozialwissenschaften» und «Humanwissenschaften» unterscheidet – was zu Recht von L. Sève kritisiert wird –, lautete die Schlußfolgerung unseres Artikels in *Temps modernes:* «Damit würde es unmöglich, die Anthropologie zugunsten der Geschichte zu verwerfen oder umgekehrt, Psychologie und Soziologie oder Soziologie und Geschichte einander abstrakt gegenüberzustellen. Die Möglichkeiten der ‹Wissenschaften› vom Menschen würden ein für allemal auf der Möglichkeit beruhen, in die Gesetze des Funktionszusammenhanges, der Entwicklung und der wechselseitigen inneren Verbindung von Gesellschaftsstrukturen Einsicht zu gewinnen. Und diese Humanwissenschaften könnten eines Tages Aristoteles Lügen strafen, indem sie auch Wissenschaften vom ‹Individuellen› würden.» Im vorliegenden Band S. 164 f.

Wie ist es möglich, daß wir, auch wenn unsere Prinzipien in allen Punkten die des Strukturalismus sind, zu fundamental entgegengesetzten Schlußfolgerungen gelangen? Man vergleiche die Absicht Sèves, die von ihm Kritisierten zu «amalgamieren», mit der Beurteilung unseres Artikels in *Temps modernes* und, insbesondere, der unten zitierten Passage von Jean Piaget in seinem Werk ‹*Le Structuralisme*›. P.U.F., 1968, chap. VII, ‹*Structuralisme et Philosophie*›, ebd. p. 108 [dt. Olten/Freiburg 1973, S. 122]:

«M. Godelier gelangt zu einer Schlußfolgerung, die zu zitieren von Nutzen ist, denn sie faßt sowohl unsere Einwände gegen Lévi-Strauss als auch die allgemeinen Gedanken dieses ganzen Bandes zusammen: ‹Damit würde es unmöglich, die Anthropologie zugunsten der Geschichte zu verwerfen oder umgekehrt, Psychologie und Soziologie oder Soziologie und Geschichte einander abstrakt gegenüberzustellen. (...) ... Veränderungs- und Entwicklungsbedingungen von Strukturen und ihren Funktionen.»

«Struktur und Funktion, Entstehung und Geschichte, Individuum und Gesellschaft werden in einem so verstandenen Strukturalismus untrennbar, und zwar in dem Maße, wie er sein analytisches Instrumentarium verfeinert.»

45 L. Sève, op. cit., p. 93 (Hervorhebungen von L. Sève).

«Salzgeld» und Warenzirkulation bei den Baruya von Neuguinea*

I. Wertgegenstände und Geld in den primitiven Gesellschaften: einige theoretische Vorbemerkungen

Zu Beginn dieses Jahrhunderts zerstörten Boas [1] und Malinowski [2] durch die Entdeckung und die Analyse des Potlatch der Kwakiutl-Indianer und des *kula* der Melanesier der Trobriand-Inseln teilweise das herkömmliche Bild des von der Natur völlig unterworfenen Primitiven, der sich nur um sein Überleben kümmert. Man entdeckte vielmehr einen Primitiven, der sich, über seine Betätigung zum Erwerb der Subsistenzmittel hinaus, mit der Anhäufung von Wertgegenständen, Schmuck aus Federn, Perlen, Eber- und Delphinzähnen und Kupferscheiben, befaßte, die er durch eine geschickte Strategie vielfältiger Schenkungen und Abgaben in einen «Machtfonds» (Malinowski), in Mittel für den Zugang zu den höchstbewerteten Funktionen und Stellungen in seiner Gesellschaft umwandelte. Im Zentrum des komplexen Netzes der Verwandtschafts-, Produktions- und Machtverhältnisse der primitiven Gesellschaften erwies sich die Schenkung als die dominierende Form des Tausches und des Wettbewerbs zwischen den Individuen oder den Gruppen, und es wurde notwendig, dessen Theorie zu erarbeiten.

Als erster machte sich Mauss (1924) [3] an diese Aufgabe, gefolgt von Firth [4], Einzig [5], Polanyi [6], Dalton [7], Sahlins [8] usw. Dabei tauchte sofort eine Schwierigkeit ideologischer Natur auf, die selbst heute noch nicht vollständig überwunden ist. Auf den ersten Blick schien das ethnographische Material von selbst nahezulegen, daß man zu seinem Verständnis auf die aus der politischen Ökonomie geläufigen Begriffe zurückgreifen müsse, und daß man in den primitiven Formen des Wettbewerbs und des Tausches «archaische» Formen der Marktkonkurrenz, in der Schenkung eine Art «zinseszinsliches Darlehen» und in den Wertgegenständen verschiedene Arten von Geld vor sich habe. Die primitiven Fakten, die über die Kategorien der Warenwirtschaft erfaßt wurden, schienen sich nur graduell und nicht qualitativ von denen der modernen kapitalistischen Ökonomien zu unterscheiden. [9] Als man sich aber mit den primitiven Fakten näher befaßte, paßten sie nicht mehr

* *Cahiers Vilfredo Pareto*, n° 21, Droz. Genève 1970. Das Material dieser Studie wurde im Zuge eines Forschungsauftrages in Neuguinea (1967–1969) zusammengetragen, der vom Centre national de la recherche scientifique finanziell unterstützt wurde. Der Autor möchte ebenfalls der Wenner Gren Foundation seinen Dank aussprechen für die Hilfe, die sie ihm persönlich zukommen ließ. Eine mehr beschreibende Version der vorliegenden Studie wurde veröffentlicht in: *L'Homme*, vol. IX, n° 2, 1969, p. 5–37.

oder nur schlecht in die fix und fertigen Kategorien. Man mußte bald einräumen, daß die Eingeborenen der Trobriand-Inseln keineswegs *kula* und Warentausch verwechselten, vielmehr beide voneinander unterschieden, denn sie hatten einen anderen Begriff für den Tauschhandel, bei dem «gehandelt» (*gimwali*) wird.

Man mußte zugeben, daß sich der Potlatch von einem Darlehen insofern unterschied, als hier der Gläubiger sein Gegenüber zur Annahme des Geschenks drängt, während es beim Darlehen der Schuldner ist, der eine Anleihe sucht.[10] Aber vor allem – und das greift tiefer – konnte man nicht ignorieren, daß die Wertgegenstände, das primitive «Geld», selten überhaupt getauscht wurden und fast nie gegen Land oder gegen Arbeit;[11] ebensowenig konnte man übersehen, daß die Akkumulation und die Zirkulation zwischen den Individuen und den Gruppen keine allgemeine Entwicklung der Produktivkräfte mit sich brachte, wie dies der Fall ist bei der Kapitalakkumulation in den kapitalistischen Warengesellschaften.[12]

Die Wertgegenstände in den primitiven Gesellschaften waren Objekte zum Vorzeigen, zum Schenken oder zum Verteilen mit dem Ziel, eine soziale Verbindung herzustellen (Heirat, Eintritt in eine Geheimgesellschaft, politisches Bündnis zwischen Stämmen), oder mit dem Ziel, einen Bruch in den sozialen Beziehungen zu beheben (Opfergabe für die Ahnen, Entschädigung für Mord oder Beleidigung), oder eine soziale Position zu schaffen oder zu symbolisieren (Potlatch, Luxusgegenstände, akkumuliert und verteilt von den wichtigen Männern, den Häuptlingen oder den Königen); sie waren also kein Kapital und fungierten innerhalb der Gesellschaften selten als Geld, d. h. als Tauschmittel im Handel[13]. Die Wertgegenstände fungierten als *soziales Tauschmittel* mit vielfältigem und komplexem Symbolwert, im Gebrauch und in der Zirkulation jedoch beschränkt auf einen Bereich, der durch die Struktur der sozialen Produktions- und Machtverhältnisse selbst abgesteckt war.

Man vergißt dabei gewöhnlich, daß alle diese Wertgegenstände um den Preis eines erheblichen Arbeitsaufwandes oder einer bedeutenden Entschädigung in Form *seltener* Produkte hergestellt bzw. erworben wurden, und daß sie von daher, sobald man sie tauschte, einen *Tauschwert* besaßen.[14] Auf Malaita z. B. kamen die Schnüre von Weißperlengeld von den Kwaio, die sie zu ihren Nachbarn exportierten. Ein Individuum konnte im Monat nicht mehr als maximal zwei Perlenschnüre in den Riffen sammeln, sie polieren und durchbohren. Die Delphinzähne stammten von den Lau, bemerkenswert geschickten Fischern, die kleine Inseln bewohnen, auf denen Landwirtschaft unmöglich ist, und die diese Zähne gegen Schweine und pflanzliche Nahrungsmittel austauschten. Die Mühlsteine von Yap stammten von weit entfernten Inseln und erforderten zu ihrer Gewinnung, Bearbeitung und Rückfracht regelrechte See-Expeditionen.[15] Überall im Innern Afrikas, Asiens und Neuguineas allgemein verbreitet zirkulierten Kaurimuscheln, die von entfernten Küsten, Indiens z. B., stammten und die im Austausch mit seltenen einheimischen Produkten erworben wurden.[16] *Beim Eintreten* in und *beim Überwechseln* aus jeder dieser Gesellschaften nahmen diese Wertgegenstände also die Form einer *Handelsware* mit fixem oder nur geringfügig schwankendem Kurs an. *Im Innern* dieser Gesellschaften zirkulierten sie meistens nicht mehr als Waren, sondern als *Schenkungs- und Verteilungsobjekte* im eigentlichen gesellschaftlichen Lebensprozeß, im Prozeß der Verwandtschafts-, Produktions- und Machtverhältnisse.

Wenn also unsere Analyse stimmt, müssen wir daraus schließen, daß die Wertgegenstände, die man in den primitiven Gesellschaften antrifft, *sehr häufig* eine *Doppelnatur* besitzen: Sie sind zugleich Ware und Nichtware, «Geld» und Schenkungsobjekt, je nachdem, ob sie zwischen den Gruppen im Tausch gehandelt oder in der Binnenzirkulation verwendet werden.

Sie fungieren zunächst als Ware, wenn man sie importieren muß, oder wenn sie für den Export produziert werden. Danach fungieren sie als Prestige- oder soziale Tauschobjekte, wenn sie durch den Mechanismus der Schenkungen oder anderer Verteilungsformen innerhalb der Gruppe zirkulieren. Derselbe Gegenstand macht also einen Funktions*wechsel* durch, aber von seinen beiden Funktionen ist die zweite *dominierend*, denn sie hat ihren *Sinn* und *wurzelt* in den Erfordernissen der *dominanten Strukturen* der primitiven sozialen Organisation, der Verwandtschaft und der Macht.[17]

Man muß im übrigen darauf hinweisen, daß ein Wertgegenstand nicht nur dann als Ware fungiert, wenn er zwischen den Gruppen importiert oder exportiert wird, sondern jedesmal, wenn er zwischen den Mitgliedern einer Gruppe nicht geschenkt oder verteilt, sondern getauscht wird. Dann zirkuliert er im Innern der Gruppe als Ware, obwohl er dort die meiste Zeit als Nichtware, als Geschenk- oder soziales Tauschobjekt, zirkulieren kann.

Schließlich muß noch präzisiert werden, daß ein Wertgegenstand nicht allein dadurch, daß er als Ware zirkuliert, schon zu «Geld» wird. Dazu bedarf es noch einer zusätzlichen Bedingung: Er muß gegen *mehrere* Waren verschiedenen Typs getauscht werden können. Auf Malaita z. B. wurde ein rotes Perlenhalsband gegen Schweine oder gegen behauene Steinwerkzeuge getauscht, gegen rohe oder gekochte Nahrung usw.; es fungierte in diesem Falle als Geld.

Fassen wir also zusammen: Meistens waren die Wertgegenstände, die zwischen den primitiven Gesellschaften sowie innerhalb derselben zirkulierten, zugleich Gegenstände des Tauschhandels und des sozialen Tausches, zugleich Güter für den Tauschhandel und Güter zum Vorzeigen und zum Schenken, Waren, die manchmal zu Geld und zu Symbolen wurden, sichtbare Zeichen der Geschichte von Individuen oder Gruppen, Zeichen, die ihren Sinn aus dem innersten Kern der sozialen Strukturen bezogen. Es handelt sich also um multifunktionale Objekte, deren Funktionen sich nicht vermischen, auch wenn sie sich überlagern und kombinieren; sie zirkulieren immer in Grenzen, die von der Struktur der primitiven Gesellschaften bestimmt werden, Gesellschaften, in denen sich die Arbeit und vor allem die Erde niemals in Waren verwandeln, die man im Tausch gegen andere Waren erwerben kann.

Wenn das richtig ist, wird verständlich, warum so viele Analysen und Behauptungen von Ökonomen und Anthropologen in bezug auf das primitive Geld widersprüchlich sind oder es zu sein scheinen.[18] Diese Widersprüche können in der Tat zwei Ursachen haben: Einmal wurde, auf der Ebene der Fakten selbst, der vom Anthropologen beschriebene Gegenstand möglicherweise in dem Augenblick angepackt, wo er vor allem als Handelsware,[19] als Schmuckstück oder als Geschenk fungierte, zum anderen können, im Verständnis des Anthropologen selbst, die theoretischen Unterscheidungen zwischen Ware, Geld und Gegenständen des sozialen Tausches unklar gewesen sein, wodurch die Erfassung und die Analyse der Fakten selbst beeinträchtigt wurden.[20] Auf der Grundlage dieser Unterscheidungen würde eine gründliche Rekapitulation der umfangreichen Materialien, die über das «primitive Geld» zusammengetragen wurden, notwendig und möglich.

Damit wird einerseits verständlich, warum die meisten primitiven Gesellschaften seit den ersten Kontakten gezeigt haben, daß sie sowohl die Logik der Schenkung als auch die des Tauschhandels, der einfachen Warenzirkulation, verstanden, und daß man andererseits in einigen ihrer Wertgegenstände archaische Formen unseres Geldes gefunden hat, obwohl ihr Geld selten als Kapital gehandhabt wurde, das man investiert, um Gewinne zu machen und diese zu akkumulieren.[21]

Schließlich kann man verstehen, warum, unter bestimmten Bedingungen, von der Antike bis heute diese Wertgegenstände ihren dominierenden Charakter als Geschenkobjekte nach und nach abstreiften und überwiegend die spezielle Funktion von Handelsobjekten annahmen,[22] wobei sie noch lange Zeit einen «traditionellen», oder, wie man manchmal auch sagte, «ethischen»[23] Aspekt bewahrten.

Mit diesen theoretischen Vorbemerkungen ist die Perspektive eröffnet, aus der wir das Material vorstellen werden, das wir in Neuguinea über die Herstellung und die Zirkulation des Salzgeldes der Baruya[24] gesammelt haben.

II. Die Baruya-Gesellschaft

Die Baruya [25] bilden eine Gruppe von ungefähr 1 500 Personen, verstreut in einem Dutzend Dörfern und Weilern des Unterdistrikts von Wonenara, der im Juni 1960 als letzte Region der Eastern Highlands von Neuguinea unter die Kontrolle der australischen Verwaltung kam. Von der Sprache, der materiellen Kultur und der sozialen Organisation her gehören sie zu einer spezifischen Gruppierung von Stämmen, die heute unter dem Namen «Kukakuka» bekannt sind, ein Wort, das von einigen ihrer Nachbarn als Beleidigung gebraucht, seit seiner Übernahme durch die australische Verwaltung geläufig wurde. Linguistisch betrachtet gehören die Kukakuka weder zur Sprachengemeinschaft der Stämme der Highlands noch zu den melanesischen Sprachen der Küstenstämme von Papua oder Neuguinea.[26] Ihre Kopfzahl wird auf etwa 50 000 geschätzt, wovon der größte Teil im Norden eines riesigen, außerordentlich abwechslungsreichen Gebietes lebt, das sich vom Vailala-Fluß im Westen bis zum Bulolo-Fluß im Osten und vom Watut-Fluß im Norden bis zur Umgebung von Kerema an der Küste von Papua erstreckt. In Papua führen einige kaum kontrollierte Gruppen ein «Nomadenleben» in einem Waldgebiet, das außerordentlich schwer zugänglich und vor Kontakten geschützt ist, weil es zu weit von den *patrol-posts* von Menyamya, Kantiba und Kerema entfernt ist.

Die Kukakuka sind berüchtigte Kriegerstämme, in der Mehrzahl Kannibalen, deren Überfälle bei den benachbarten Stämmen Furcht und Schrecken verbreiteten und die in permanentem Kriegszustand lebten.[27] Als sie zu Beginn dieses Jahrhunderts Opfer der Entdeckung von Goldvorkommen an der Ostküste ihres Gebiets, genauer in der Gegend von Wau und vom Bulolo, wurden, erschwerten sie das Eindringen der Goldsucher und leisteten den Bemühungen der australischen Verwaltung, sie zu kontrollieren und zu befrieden, heftigen Widerstand.[28]

Die Baruya behaupten, Nachkommen des in der Gegend von Menyamya ansässigen Stammes der Yoyué zu sein, die von ihrem ursprünglichen Territorium im Gefolge eines Konfliktes mit anderen Segmenten ihres Stammes, die sich bei dieser Gelegenheit mit ihren Feinden verbündet hatten, fliehen mußten. Dieser Exodus fand unserer Schätzung nach vor ungefähr zweihundert Jahren statt. Die Flüchtlinge ließen sich in der Gegend von Marawaka nieder, drei Tagesmärsche in nordöstlicher Richtung von Menyamya entfernt; nach und nach bemächtigten sie sich, durch Kriege oder matrimoniale Bindungen, eines Teils der ortsansässigen Stämme, der Angjé und der Usarumpia. Zu Beginn des 20. Jahrhunderts drangen sie in das benachbarte Wonenara-Tal ein und vertrieben dessen Bewohner. Diese bildeten zusammen mit den Baruya die östlichen Grenzgruppen der Kukakuka. Jenseits davon beginnen die Stämme der Awa, der Taiora und der Fore, die sprachlich und kulturell wieder vollkommen von ihnen verschieden sind und dadurch den Stämmen der Eastern Highlands näherstehen, die von Read, Watson, Langness und Salisbury untersucht wurden.

Die soziale Organisation der Baruya ist die eines häuptlingslosen Stammes, der sich aus fünfzehn patrilinearen Clans zusammensetzt, von denen acht von den ersten Flüchtlingen abstammen und sieben aus lineage-Segmenten benachbarter oder feindlicher Stämme kommen, mit denen die Baruya früher Frauen ausgetauscht haben, und die sich entschieden haben, mit ihren Verwandten zusammen zu wohnen. Die lineage ist die soziale Basiseinheit. Jedes Dorf umfaßt drei bis fünf lineage-Segmente, die verschiedenen Clans angehören. Der einzelne ist völlig frei in der Wahl seines Wohnortes, trotzdem wird in der Regel der Wohnsitz des Vaters gewählt. Eine hierarchische Unterteilung der männlichen Bevölkerung zerschneidet ihrerseits die Clans und lineages, verbindet alle Dörfer und vereinigt die Gesellschaft auf ideologischer (Zyklus der Initiationen) und militärischer Ebene.

Ihre ökonomische Haupttätigkeit ist die Agrikultur, die durch eine umfangreiche Schweinezucht und eine beträchtliche Produktion von pflanzlichem Salz ergänzt wird. Die Dörfer liegen in einer Höhe zwischen 1 600 und 2 000 m in den Hochtälern des Kratke Range, einer Gebirgskette mit Gipfeln bis zu 3 720 m. Die Vegetation ist die des Regenwaldes, unterbrochen von weit ausgedehnten Grassavannen (kunaï), als Folge der Brandwirtschaft. Der Niederschlag ist sehr hoch, die jahreszeitlichen Schwankungen ziemlich ausgeprägt. Die Jagd und das Sammeln spielen eine minimale Rolle für die Ernährung, haben aber große zeremonielle Bedeutung. Bis ungefähr 1940 bestand das Werkzeug der Baruya im wesentlichen aus dem Querbeil aus poliertem Stein, dem Grabstock, dem Bambusmesser und dem Beinpfriem. Schon bevor die Weißen kamen, gelangten die Stahlaxt und die Machete auf dem Wege des Handels zwischen den Stämmen in ihre Gegend und ersetzten schnell das neolithische Werkzeug.

Das Hauptanbauprodukt ist die Süßkartoffel, die relativ intensiv, mit einer kurzen Brache, hauptsächlich in der entwaldeten Zone angebaut wird. Der Taro rangiert auf dem Sektor der Ernährung weit hinter der Süßkartoffel, ist aber von erstrangiger Bedeutung auf zeremonieller und sozialer Ebene. Er wird auf den Böden des Sekundärwaldes angebaut, die zwölf bis zwanzig Jahre brachliegen. Techniken der Ent- und Bewässerung mit Hilfe von Röhren aus Bambus und Pandangrinde und leichte Terrassen, die sich den Höhenlinien anpassen und so eine Zeitlang die Oberflächenerosion des Bodens an den steilsten Hängen verhindern, zeugen von einer Agrikultur, die zu komplexeren Methoden fähig ist als die der einfachen Brandwirtschaft und des oberflächlichen Ritzens des Bodens.

Die lineage ist der Kollektiveigentümer des Bodens. Jagd- und Landwirtschaftsterritorium sind auf alle Clans und lineages aufgeteilt. Die Eigentumsrechte am Grund und Boden sind sehr klar fixiert, aber die Nutzung ist äußerst flexibel. Das Eigentumsrecht ist für den Stamm als solchen auf sein Eroberungsrecht, für die einzelnen lineages auf die Arbeit der Aussäuberung des Waldes durch ihre Vorfahren gegründet. Die Arbeit beruht auf der nach Geschlecht vorgenommenen Teilung der Arbeit und vollzieht sich in kollektiven oder individuellen Formen.

III. Die Salzproduktion
1. Technologie

Die Ernährung der Eingeborenen Neuguineas besteht im wesentlichen im Konsum von Knollenfrüchten und weist, mit Ausnahme einiger Gemeinwesen, die über zahlreiche Fleisch- und Fischressourcen verfügen, ein erhebliches Defizit an Natrium auf. Dies zwingt sie dazu, sich auf irgendeine Weise Salz zu verschaffen. An den Küsten wird das Salz aus dem Meerwasser gewonnen und häufig mit den Stämmen des Hinterlandes getauscht. Das Höhenprofil, die Entfernungen und der Kriegszustand zwischen den Stämmen verhindern, daß das Salz zu den Stämmen tief im Innern des Landes gelangt. Diese, oder wenigstens einige von ihnen, produzieren ihr eigenes Salz, sei es aus salzigen Quellen, sei es als Extrakt aus Pflanzen, die sie im Busch sammeln oder anbauen.[29]
Bei den Kukakuka-Stämmen war die Salzherstellung geläufige Praxis, aber nirgends erreichte sie ein solches Ausmaß und einen solchen Spezialisierungsgrad wie bei den Baruya. Diese stellen ihr Salz auf der Basis der Asche einer in Südostasien beheimateten Pflanze[30] her – der *Coix gigantea Koenig ex Rob* –, die sie in natürlich oder (mit Hilfe von Kanälen und Gräben) künstlich bewässerte Zonen verpflanzen.[31] Die Größe der bebauten Flächen schwankt zwischen 100 und 1 500 Ar; sie sind in Parzellen unterteilt, deren Grenzen durch verschiedene Blumen oder Sträucher markiert sind.
Das Salzkraut wird alljährlich während einer Trockenperiode abgeschnitten und wächst von selbst nach. Es bleibt eine oder zwei Wochen zum Trocknen liegen, wird dann auf einen Stapel spezieller Hölzer geschichtet und einen oder zwei Tage lang verbrannt. Man verwahrt den Aschenhaufen unter einem Strohdach, wo er einige Monate liegenbleibt. Dann wird ein Filter hergestellt: Es besteht aus einer Reihe von Flaschenkürbissen, deren unteres Ende mit einem Büschel *Triumfetta nigricans* verstopft wird, um Unreinheiten abzusieben. Die Kürbisse werden mit Asche gefüllt (600 bis 800 g), dann wird reines Wasser hin-

zugeschüttet. Dieses reichert sich beim Durchlaufen mit Mineralelementen an und fließt über eine Rinne aus Blättern in lange Bambusrohre, die anschließend in die Nähe der Salzwerkstatt transportiert werden. Von Zeit zu Zeit wird das herausfließende Wasser gekostet, und wenn es nicht mehr salzig schmeckt, wird der Kürbis geleert und mit neuer Asche gefüllt.

Die Werkstatt gehört einem Spezialisten. Sie beherbergt einen Ofen, der aus einem 3,50 m langen, 30 cm hohen und ebenso breiten Tunnel besteht, mit Wänden aus flachen, feuerfesten Steinen, die mit erhärtetem Schlamm, der aus der Asche des Salzkrautes stammt, zementiert sind. Im oberen Teil des Ofens sind in einer Reihe 12 bis 15 längliche Vertiefungen angebracht, jede 80 cm lang und in der Mitte 12 cm breit. Jede Vertiefung enthält einen Bottich aus undurchlässigen Bananenblättern, die oben durch den Druck eines leichten Bambusgestells auseinandergehalten werden. Hat der Ofen die richtige Temperatur erreicht, schüttet man das Salzwasser in die Bottiche. Die Temperatur wird fünf Tage und Nächte konstant gehalten: So lange dauert die Verdampfung und Auskristallisierung der Salzlösung.

Der Spezialist überwacht die Ofentemperatur und vermeidet ein Kochen der Lösung in den Bottichen (die Temperatur wird zwischen 55 und 65° gehalten). Er rührt mit einem besonderen Spachtel die Oberfläche um und verhindert dadurch die Bildung einer Haut. Er entfernt den Schmutz, der ausgefällt wird und in den Bottichen absinkt. Schließlich und vor allem ist er der Meister der Magie des Salzes. Nach fünf oder sechs Tagen ist das Verdampfen beendet, und das auskristallisierte Salz hat jetzt die Form sehr harter, 60 bis 72 cm langer und 10 bis 13 cm breiter Barren. Die Barren werden vorsichtig herausgenommen und an den Seiten abgeschabt, um ihnen eine vollkommen regelmäßige Form zu geben. Eine Gruppe von Männern wickelt sie in trockene Bananenblätter und lange, befeuchtete Rindenstreifen, die sorgfältig mit einem Überwendlingsstich zusammengenäht werden und sich beim Trocknen erhärten. Diese Verpackung bietet einen wirksamen Schutz gegen Feuchtigkeit und gestattet einen leichten Transport ohne Bruchrisiko. Die Barren werden in jeder Hütte auf einem Gestell über der Herdstelle gestapelt.

Die 15 Barren stellen ein Quantum von 25 bis 30 kg Salz dar. Die längliche Form des Ofens bewirkt, daß die Barren der beiden äußeren Enden kürzer werden als die in der Mitte. Die Baruya teilen die Barren nach ihrer Größe in drei Kategorien ein, bezeichnen sie mit unterschiedlichen Namen und weisen ihnen unterschiedliche Tauschkurse zu. Von 15 Barren sind vier oder fünf klein, vier oder fünf mittelgroß und sechs groß.

2. Die gesellschaftliche Teilung der Arbeit

Der Produktionsprozeß des Salzes läuft also in zwei Phasen ab, die durch einen ziemlich langen Zeitraum voneinander getrennt sind. Die erste Phase besteht in der Ernte, der Veraschung des Salzkrautes und dem Bau eines Daches zum Schutz der Asche vor den Unbilden der Witterung. Die zweite Phase stellt den eigentlichen Produktionsprozeß der Salzherstellung dar, d. h. die Filtrierung, das Verdampfen und das Verpacken. An den Arbeitsgängen der ersten Phase nehmen Männer und Frauen teil, und die Arbeit ist, je nach Umfang der Aufgabe, individuell oder kollektiv. Dagegen ist die eigentliche Herstellung des Salzes wesentlich eine Männerarbeit, umgeben von geheimnisvollen Ritualen und sexuellen Verboten, die einer möglichen Verunreinigung durch die Menstruation vorbeugen.

Außerdem wird für die heiklen Operationen des Verdampfens und der Auskristallisierung ein Spezialist hinzugezogen. Es gibt nicht viele von ihnen, zwei bis fünf je Dorf, bei einer durchschnittlichen Einwohnerzahl von dreißig erwachsenen Männern. Ihr Ansehen als Spezialisten verdanken sie ihren magischen Kräften und ihrem technischen *Know-how*. Wenn ihre Nachkommen Geschmack daran finden und die dazu notwendigen Fähigkeiten zeigen, geben sie ihnen ihre Geheimnisse weiter.

Wir haben auf einer Tafel (S. 216) die wesentlichen Fakten zusammengestellt, die die Dauer jedes Arbeitsganges und die Formen der Arbeit betreffen, die dazu benötigt werden, also ob individuell oder kollektiv, männlich oder weiblich. Dann haben wir, ausgehend von der Dauer der Arbeitsgänge, die gesellschaftlich notwendige Arbeitszeit für die Produktion von 15 Salzbarren berechnet. Dabei haben wir vom Unterschied zwischen männlicher und weiblicher Arbeit abstrahiert – und dies zu Recht, denn beim Mähen, beim Sammeln, beim Transport und beim Aufschichten der Stengel des Salzkrautes, an denen Frauen teilnehmen, erbringen sie praktisch dieselbe Arbeitsleistung wie die Männer. Ein heikleres Problem ist das der Umrechnung der Überwachungsarbeit des Spezialisten in einfache Arbeitstage (unregelmäßige Überwachung, die auf fünf Tage und Nächte verteilt ist). Wir haben die Arbeitsverausgabung dieses Spezialisten auf drei einfache Arbeitstage «reduziert».

Aus Tafel 1 läßt sich ersehen, daß jede etwas komplexere Arbeit im wesentlichen Männerarbeit ist, was gleichermaßen zutrifft für den Bau eines Hauses, das Ziehen der Bewässerungskanäle, die Einrichtung der Röhren, die Waffenherstellung usw. Außerdem stellt man fest, daß die kollektive Arbeit gegenüber der individuellen leicht überwiegt, und daß die Zahl derer, die in einem Kollektiv arbeiten, ziemlich niedrig ist, mit Schwankungen zwischen zwei und zehn. Insgesamt erfordert

Tafel 1

	Produktionsprozeß								
	Produktion des Rohstoffes				Herstellung des Salzes				
Art und Reihenfolge der Arbeitsgänge	1 Schneiden und Ausbreiten der Halme	2 Schnitt u. Transport des Brennholzes für Feuer und Ofen	3 Aufschichten des Holzstoßes	4 Sammeln und Schichten der getrockneten Halme	5 Überwachung der Veraschung	6 Bau eines Daches für die Asche	7 Füllen der Bambusrohre mit reinem Wasser; Filtern; Transport zur Werkstatt	8 Überwachung der Verdampfung	9 Verpackung der Barren
Umwandlung des Produkts	Coix gigantea Koenig				Asche		Lösung	Kristallisiertes Salz	
Formen der Arbeit	kollektiv weiblich (2 Frauen)	individuell, männlich		kollektiv männl. u. weibl. (10 Pers.)	individuell, männlich		individuell, männlich	individuell, männlich	kollektiv, männlich
Dauer der einzelnen Operationen	2 Tage	2 Tage	½ Tag	½ Tag	1 Nacht	1 Tag	2 Tage	5 Tage und 5 Nächte	1½ Std. je Barren
Quantum der gesellschaftlichen Arbeit	2 × 2 = 4 Tage	2 Tage	½ Tag	½ × 10 = 5 Tage	½ Tag	1 Tag	2 Tage	3 Tage	22 Std. = 3 Tage

Gesamtquantum der gesellschaftlichen Arbeit zur Produktion von 15 Salzbarren = 21 Tage

Quantum der gesellschaftlichen Arbeit je Barren = 1¼ Tag

die Salzproduktion die Teilnahme von acht bis zehn Männern und acht bis zehn Frauen, also etwa 20 Personen.

Wie wirkte sich die Einführung von Stahlwerkzeugen auf die traditionellen Produktionsformen aus, die auf neolithischem Werkzeug beruhten? Ohne in die Details zu gehen, wollen wir darauf hinweisen, daß die technologischen Veränderungen nur die Zeit für das Schneiden der Halme und des Brennholzes verkürzt haben. Vor 1940 schnitt man das Salzkraut mit langen, zugespitzten Bambusmessern und das Brennholz mit dem steinernen Querbeil. Schätzungsweise wurden 50 % mehr Zeit für das Schneiden benötigt, also drei Tage statt zwei. Der gesamte Pro-

Tafel 2

Verteilung des Quantums der gesellschaftlichen Arbeit = 21 Tage

a) Nach der Teilung der Arbeit nach Geschlecht

männlich	*weiblich*
13 (61 %)	8 (39 %)

b) Nach der Form der Arbeit

individuell	*kollektiv*
9 (42 %)	12 (58 %)

spezialisiert	*nicht spezialisiert**
3 (14 %)	19 (86 %)

Wenn man die Operationen 3, 5, 7, 8, 9 (Tafel 1) als komplexere Formen der Arbeit als die Operationen 1, 2, 4, 6 betrachtet, erhält man folgende Verteilung:

einfach	*komplex*
9 (42 %)	12 (58 %)

* Unter nicht spezialisierter Arbeit versteht man eine Arbeit, für deren Ausführung jeder beliebige Arbeiter durch irgendeinen anderen ersetzt werden kann, innerhalb der Grenzen der Teilung der Abeit nach Geschlecht.

zeß dauerte wohl annähernd 27 Tage statt 21, was einer Mehrarbeit von 30 % entspricht.

Demgegenüber hat die landwirtschaftliche Arbeit, das Fällen der Bäume, die Entfernung von Gestrüpp, der Bau von Palisaden um die Gärten zum Schutz gegen Haus- und Wildschweine, das Ziehen der Be- und Entwässerungsgräben, einen viel bedeutsameren Wandel erfahren. Für die soziale Ebene soll der Hinweis genügen, daß die Steigerung der individuellen Arbeitsproduktivität die Bedeutung der kollektiven Arbeit vermindert hat, da sie die Notwendigkeit für die Kooperation in der Arbeit verringert hat. Diese Kooperation beruht auf der gegenseitigen Hilfe, die gewisse Personen dem Besitzer des Salzes im Namen ihrer Verwandtschaftsbindungen schulden, oder die sie ihm als Freunde oder Nachbarn auf Gegenseitigkeit leisten. Die Herstellung des Salzes endet mit einem gemeinsamen Mahl *(tsàmouné)*, das meistens vom Nutznießer der gegenseitigen Hilfe gestiftet wird. Es werden reichlich Süßkartoffeln und Taros gereicht und zusammen mit Salzstücken verzehrt, die aus den Vertiefungen des Ofens gefischt oder entlang der Barren abgeschabt werden, wenn man die Seiten vor dem Verpacken schlichtet. Saftiges Zuckerrohr vervollständigt dieses «Luxusmahl», und die Gäste, ob sie nun bei der Salzherstellung geholfen haben oder nicht, verweilen lange bei Diskussionen, die nur unterbrochen werden, um den Betel-Priem zu kauen oder gewaltige Züge aus den langen Bambuspfeifen zu nehmen, die mit grünem Tabak gefüllt sind.

IV. Salzdistribution und Salzhandel

Die Zirkulation des Salzes bei den Baruya vollzieht sich in zwei Formen: Distribution und Tauschhandel.[32]

1. Distribution
a) Die Salzanbauflächen

Alle Flächen, die sich zum Salzanbau eignen (flache und gutbewässerte Zonen), wurden von den verschiedenen lineages im Zuge ihrer Eroberung des Marawaka- und später des Wonenara-Tales in Besitz genommen. Die Absicht, sich der Salzanbauflächen zu bemächtigen, ist ein offen eingestandener Grund für einige Kriege gegen die Andjé und die Usarumpia, Nachbarn der Baruya. Theoretisch verfügen alle lineages über Salzanbauflächen; praktisch ist dies aber für eine große Zahl ihrer Segmente nicht der Fall. Die Gründe hierfür liegen in der Geschichte der Gruppe, in ihrer Expansion in nordwestlicher Richtung zu Beginn des 20. Jahrhunderts und in der Invasion in das Wonenara-Tal. Die ersten Okkupanten dieses Tales verteilten und erschlossen die zur

Salzproduktion geeigneten Flächen und stellten die Bewirtschaftung ihrer alten Felder in Marawaka wegen der zu großen Entfernung ein. Diese Felder wurden von den Mitgliedern ihrer lineage, die nicht ausgewandert waren, oder von Verwandten oder einfach von Freunden weiterbewirtschaftet.

Gegen 1940 dann, im Gefolge der Invasion des Tales von Marawaka durch feindliche Gruppen aus dem Osten und Südosten, kam eine kleinere Gruppe von Flüchtlingen, die sich den Bewohnern des Wonenara-Tales anschlossen. Viele von ihnen wollten auch dann nicht mehr nach Marawaka zurückkehren, als die feindlichen Gruppen gezwungen worden waren, das eroberte Gebiet wieder zu verlassen. Diese Flüchtlinge ließen sich in den Dörfern Yanyi und Wiaveu nieder, aber sie kamen, anders als die ersten Siedler zu Beginn des Jahrhunderts, zu spät, um hier noch neue Salzanbauflächen zu finden, waren jedoch auch zu weit von ihren alten entfernt, um sie noch bewirtschaften zu können.

Es herrscht also, zumindest im Tal von Wonenara, eine ungleiche Verteilung der Salzanbauflächen zwischen den verschiedenen lineage-Segmenten zugunsten der ersten Siedler. Diese Ungleichheit des Besitzes an Salzanbauflächen hat indessen keine Ungleichheit in der Verteilung des Salzes selbst zur Folge, und dies aus zwei Gründen: Zum einen überlassen die Besitzer ihren Schwägern, ihren Verwandten mütterlicherseits oder Freunden häufig das Nutzungsrecht ihrer Felder (d. h. das Schneiden und Verbrennen der Halme). Manchmal bewilligen sie sogar die dauernde Nutzung einer Parzelle durch einen Verwandten oder einen Freund. Zum anderen ist derjenige, der das Salz schneidet (ob Besitzer oder Benutzer des Bodens) zum Verteilen eines Teils seines Produkts verpflichtet.

b) Distribution des Produktes

Der Besitzer des Salzes verteilt dies unter seine Verwandten (Schwäger, Schwiegersöhne), seine Kreuzvettern (hauptsächlich die der mütterlichen Seite) und einige Freunde (vor allem solche, mit denen zusammen er die Initiation erhalten hat).

Von fünfzehn produzierten Barren werden zwischen fünf und zehn verteilt. Die restlichen sind für seinen Eigenbedarf, den seiner Familie und manchmal für den seiner Eltern, falls diese noch leben. Die Barren werden über der Herdstelle aufbewahrt und werden bei zeremoniellen Anlässen (annähernd ein halber Barren pro Jahr) oder zum Tausch verwandt.

	Art der Gegenstände und Dienstleistungen	Tauschkurs	Handelspartner
Produktionsmittel	Steinklingen Querbeile { groß	1 bis 2 GB (große Barren)	Tchavalié, Kokwayé, Yopénié, Yoyué, Youndouyé
	mittelgroß	1 MB (mittelgroßer Barren)	
	klein	1/3, 1/4, 1/5, 1/6 Barren, je nach Größe der Klinge	
	Stahläxte	1–4 GB, durchschnittlich 2 oder 3	Nangravanié, Tchaégananié, Nondanié, Watchakés, Yoyué
	Macheten	1 GB	Yoyué
Waffen	Gerundeter, durchbohrter Stein für eine Steinkeule	1 MB	Yoyué
	Bogen		
	Gefiederte Pfeile (20–30)	1/2 GB	Youndouyé
Luxusgüter	*Zeremonieller Schmuck:*		
	1. Halsband aus Schweinezähnen	1/2 GB	Youndouyé, Wantékia, Yopénié
	2. Muscheln		
	a) Gamshell (Männer + Frauen) (poliertes Perlmutt)	3 GB oder 1 Kauri-Schnur, 3–4 m lang	Tchavalié, Kokwayé, Yopénié, Yoyué
	b) Kaurimuscheln	1 KB	Youndouyé, Nangravanié, Tchaégananié, Yoyué, Nondanié
	Narinna (Mädchen)		Youndouyé, Yoyué, Tchavalié
	kleine Kauris (M u. F)	6–7 Halsbänder = 1 GB	Tchavalié, Kokwayé, Yopénié, Yoyué
	Tambu (M)	1 Schmuckgarnitur = 1 GB	Kokwayé
	c) Apmwakameunié (M)	1 Kauri-Schnur, 3–4 m lang	Kokwayé
	d) Ndjammeunié	1 Schmuckgarnitur = 1 GB	
	3. Federn		
	a) Aralla	1 Schmuckgarnitur = 1/4 GB	} Demboulié, Wantékia, Tsimbari
	b) Niutniuvé	1 Schmuckgarnitur = 1/2 GB	

c) Kalavé	1 Vogelflügel = ½ GB	Youndouyé, Tsimbari, Andjé, Usarumpia, Boulakia, Tchavalié, Kokwayé, Yopénié, Wantékia
d) Bané	1 Vogelflügel = ½ GB	Wantékia, Tsimbari, Boulakia, Watchakés
e) Worié	10 Federn = ½ GB	Youndouyé, Wantékia, Tsimbari, Andjé, Usarumpia, Boulakia
f) Willa	10 Federn = ½ GB	Yopénié
4. Perlen		
Samen, die als Perlen dienen	1 Schmuckgarnitur = 1 GB	Kokwayé, Yopénié
Europäische Perlen	1 Schmuckgarnitur = 1 GB	Andjé
Luxusgüter		
Magische Zaubermittel:		
Nüsse (Niaka)	Salzstück	Yoyué, Tchavalié
Zimtrinde	Salzstück	Tsimbari, Wantékia, Boulakia
Schweine:		
männlich	2–3 GB	} Yoyué
weiblich	4–6 GB	
Hunde:		
männlich	1 MB	} Tchavalié, Yoyué, Yopénié
weiblich	1 GB + 1 MB	
Übliche Konsumtionsmittel		
Rindenumhänge	1 GB = 5 große Umhänge	Wantékia, Demboulié, Tchavalié, Kokwayé, Yopénié, Boulakia, Yopénié
	5 Lendenschurze mit den Wantékia, Boulakia	
	1 GB = 6 große Umhänge mit den Youndouyé	
Salz der anderen Gruppen	1 großer Rindenumhang	Kokwayé, Tchavalié, Watchakés, Yoyué
Kleine Messer	1/6 GB	
Dienstleistungen		
Salzspezialist	2 GB	
«Handelsreisender» Freund	1 GB	} Baruya
Hexer	1–2 GB	

2. Tausch des Salzes
a) Tausch gegen Dienstleistungen

Von dem Teil, der ihm selbst bleibt, muß der Besitzer des Salzes noch einen bis zwei Barren für den Salzspezialisten abziehen. Gelegentlich gibt er einem Hexer, der vielleicht eines seiner Familienmitglieder oder ihn selbst geheilt hat, einen oder zwei Barren. Schließlich, aber das kommt noch seltener vor und nur wenn er nicht selbst zu den benachbarten Stämmen gehen kann, um sein Salz zu tauschen, und wenn er einen wichtigen Gegenstand braucht (Stahlaxt), vertraut er einem Freund Salz an, der es für ihn tauscht, und entlohnt ihn als Entschädigung für seine Mühe mit einem Barren Salz.

b) Tausch gegen andere Produkte

1. Tauschhandel innerhalb der Gruppe. In gewissen Fällen wird der Binnentauschhandel bei den Baruya praktiziert. Hat ein Mann einen Sohn oder einen jüngeren Bruder, der sich der Initiation, die ihn zum Manne macht, unterziehen muß, dann ist er verpflichtet, ihm ein Gehänge aus Schweinezähnen als Zeichen seines neuen Status zu geben. Besitzt er selbst kein solches Gehänge, bietet er jemandem, der Schweine schlachtet, Salzstücke an und erhält dafür Kieferknochen. Häufig gibt man ihm darüber hinaus noch einen Teil des Fleisches. Das Gehänge stellt er selbst her. In der Tat bevorzugen es die Baruya, sich bei den Nachbarn kleine Halsketten aus Schweinezähnen zu besorgen, die sie dann selbst zu Gehängen verarbeiten. In anderen Fällen – die äußerst selten sind – kann ein Mann einem Freund Salz anbieten im Tausch gegen den Stein für ein Streitbeil.

Tatsächlich ist der Binnenhandel in der Gruppe wenig verbreitet, denn die Güterzirkulation ist vor allem durch das Spiel der gegenseitigen Schenkungen zwischen Verwandten oder Nachbarn und Freunden geregelt.

2. Tausch mit Fremden. Im Gegensatz dazu ist das Salz Gegenstand eines sehr lebhaften Tausches zwischen den Baruya und den benachbarten Stämmen, von denen etliche mehr als vier Tagesmärsche entfernt wohnen. Mit Ausnahme der Youndouyé, die sich in Sprache und Bräuchen von den Baruya unterscheiden und mit denen ein dauernder Zustand des Handels und des Friedens herrschte, waren alle Nachbarn der Baruya abwechselnd Verbündete oder Feinde.

Die Tauschaktionen erstreckten sich auf einen Komplex von Produkten, die wir in vier Kategorien eingeteilt haben:
a) Produktionsmittel: Steinklingen zur Herstellung von Querbeilen; seit 1945 Stahläxte, Macheten;
b) Waffen: Bogen, Pfeile, Steinkeulen;
c) Luxusgüter: zeremonieller Schmuck aus Federn, Muscheln, Perlen, magische Zaubermittel; Schweine;

d) übliche Konsumtionsmittel: Rindenumhang, Kalk zum Kauen des Betel.

Das Salz wurde außerdem gegen Hunde getauscht, die in die Kategorie der «Waffen» eingereiht werden können, denn sie dienen vor allem zur Jagd auf Beuteltiere, deren Verzehr ein obligater Bestandteil der wichtigsten rituellen Handlungen ist. Die Tauschkurse variierten mit den getauschten Produkten. Eine große Steinklinge war ein bis zwei große Salzbarren wert, ein männliches Schwein zwei bis drei, ein weibliches drei bis sechs, eine Stahlaxt drei bis sechs, eine Schmuckgarnitur aus Federn einen Barren. Die Kurse schwankten je nach Stamm, war jedoch ein Kurs einmal eingeführt, blieb er tendenziell stabil (vgl. Tafel 3).

Die Handelswege waren durch einzelne erschlossen worden, deren Namen der Nachwelt überliefert wurden. Sie hatten die Gefahren (getötet und gegessen zu werden) der ersten Kontaktaufnahme mit einem benachbarten Stamm auf sich genommen, und es war ihnen gelungen, mit einigen Mitgliedern dieser Gruppe freundschaftliche Beziehungen zu knüpfen und eine Art Handels- und Schutzpakt mit ihnen zu schließen. Dieser Pakt wird normalerweise von Generation zu Generation verlängert, und man erbt die Handelspartner von seinem Vater. Jeder Partner macht sich anheischig, seinen Gast zu beherbergen, zu versorgen und zu schützen, und ist darum bemüht, die gewünschte Ware, falls er sie selbst nicht liefern kann, in seiner Gruppe ausfindig zu machen. Die Transaktionen mit seinem Partner und mit eventuellen Käufern finden obligatorisch in dessen Haus oder an dessen Tür statt. Dieser physische und soziale Raum, der die Wohnung eines lineage-Segments umschließt und wo der Fremde von vornherein die Gewißheit hat, in völliger Sicherheit eventuelle Käufer zu finden, funktioniert also jedesmal, wenn ein Verkäufer sich vorstellt, wie ein «Markt en miniature». Dieser Typ von Markt (Raum und Transaktion), der gewissermaßen «sporadisch» ist, unterscheidet sich von den Typen des periodischen oder permanenten Marktes, wie sie gewöhnlich von den Anthropologen und Ökonomen beschrieben werden (vgl. Tafel 4).

Trotzdem bleibt der Tausch, auch wenn er normalisiert und friedlich ist, gefährlich. Wenn der Besucher sich beim Handel zu barsch zeigt, riskiert er, das Opfer von Hexerei zu werden, die vom unzufriedenen Käufer oder von einem Hexer, dem dieser seine Rache anvertraut, gegen ihn gerichtet wird. Aus diesem Grund bemalen sich die Besucher oft sorgfältig Bauch und Brust mit einem speziellen blaugefärbten Lehm, der die gegen sie gerichteten Gifte und Krankheiten abwendet.

So bedeutet Handel Frieden, auch wenn es meist ein bewaffneter Frieden ist. Aus dieser Perspektive drückt also das Netz der Tauschbeziehungen in einer bestimmten Epoche ebenso die politischen Beziehungen zwischen den Stämmen aus wie die Komplementarität ihrer Ökonomien. Jenseits der Beschreibung der gewissermaßen mikroökonomischen Mechanismen des Tausches, die kleine Partnergruppen paarweise miteinander verbinden, wird die Analyse des umfassenden Tauschmechanismus der Baruya notwendig; diese Analyse wird zeigen, daß diese Mechanismen ein entscheidendes Glied in einem weitgespannten überregionalen Tauschsystem zwischen den Stämmen ist (vgl. Tafel 5).

Tafel 4

Entfernung (in Tagesmärschen)	Name der Handelspartner	Entfernung (Luftlinie in km)
$^1/_2$	Youwarrounatché (N), Youndouyé (NW), Andjé (S), Usarumpia (SW)	10–15
. 1	Tchavalié (O), Wantékia (W), Nangravanié (N)	15–20
2	Nondanié (N), Watchakès (NO), Boulakia (SW), Yopénié (SO)	20–35
3	Kokwayé (S), Yoyué (S)	35–50
mehr als 3	Wéiaganatché (O), etc.	mehr als 50

Tafel 5

Freunde	Freunde und/oder Feinde	Neutrale
Youndouyé* Yoyué**	1. Alle unmittelbaren Nachbarn: Andjé, Wantékia, Usarumpia, Youwarrounatché, Goulutché, Tchavalié	Nangravanié, Nondanié, Boulakia
	2. Entfernte Gruppen: Watchakès, Yopénié, Kokwayé	Tsimbari, Wéiaganatché

* Ein Mythos erinnert daran, daß zwischen den Vorfahren dieser Gruppe und den Baruya ein Handels- und Friedensvertrag geschlossen wurde.
** Sie stammen von den Vorfahren der Baruya ab.

Vor der Einführung von Stahlwerkzeugen verfügten die Baruya auf ihrem Territorium weder über Vorkommen noch über Abbaumöglichkeiten von Steinmaterial, das die erforderliche Härte und Qualität für die Herstellung der Produktionsinstrumente und Steinäxte aufwies. Sie waren also auf den Import angewiesen, und dafür mußten sie eine exportfähige Ressource besitzen oder produzieren. Es bedarf kaum besonderer Betonung, daß, unter diesem Aspekt, der Tausch zwischen den Stämmen seinen Ursprung und sein Fundament nicht in individuellen ökonomischen Entscheidungen hat, sondern in einer anonymen und kollektiven praktischen Notwendigkeit. Die Steine kamen aus dem Nordwesten und Südwesten der Region von Okapa (Fore-Stämme), sowie aus dem Südosten auf der Straße, die zu den Yoyué in der Region von Menyamya führt.

Überdies wohnen die Baruya in großer Höhe – 2000 m –, und es ist zu kalt für die verschiedenen Baumarten, die zur Herstellung der Umhänge aus Rinde (*ficus*) verwendet werden. Außerdem sind ihre Wälder aus demselben Grunde arm an Vogelarten, deren schillernde Federn als zeremonieller Schmuck dienen (verschiedene Spielarten von Paradiesvögeln: *Paradisaea raggianna*, *Paradisaea Rudolfi*, *Paradisaea minor* usw. oder der Kasuar *Casuarius unappendiculatus*)[33]. Dagegen gibt es Bäume und Vögel im Überfluß in den tiefer gelegenen Tälern, die, im Westen und Südwesten, zu den Sümpfen des Golfs von Papua führen, sowie im Nordosten auf den Hängen, die zum Markham River abfallen.

Um sich also die für ihre Agrikultur notwendigen Produktionsmittel zu beschaffen, um sich vor der Kälte zu schützen und um sich für das Funktionieren ihres sozialen Lebens die materiellen Mittel seines symbolischen Ausdrucks zu sichern, mußten die Baruya in ihrer Umgebung eine wertvolle Ressource finden, die sie abschöpfen und tauschen konnten. Diese Ressource wurde eben in der Morphologie ihres Siedlungsgebietes gefunden, in den weiten Flächen der Talsohlen und in den Schwemmterrassen, die stufenförmig zum Wonenara-Fluß abfallen. Die Baruya erkannten offenbar gleich die Nutzungsmöglichkeit dieser leicht zu bewässernden Flächen und beschlossen, sie systematisch auszubeuten (und zu erobern). Ein Informant berichtete uns, daß die Baruya-Clans des Yoyué-Stammes nach ihrer Flucht nach Marawaka Besuch erhielten von den Vertretern der Bruder-Clans, die nach dem Krieg gegen die Tépadéra in der Region von Menyamya geblieben waren. Die Besucher waren gekommen, um die Flüchtlinge zurückzuholen und auf ihrem eigenen Territorium anzusiedeln. Als die aber die Salzfelder von Marawaka sahen, rieten sie den Baruya von einer Rückkehr ab und ermutigten sie lebhaft, zu bleiben, wo sie waren, um Salz zu produzieren. Und so geschah es. Die Baruya *bepflanzten* nicht nur große Flächen mit Salzkraut und schufen auf diese Weise eine Art primitiver Handelsagrikultur, sondern sie *perfektionierten* die Produktionstechnik, die bei den meisten Kukakuka-Gruppen bekannt war; sie erfanden die Öfen mit Vertiefungen, mit denen zwölf bis fünfzehn Barren auf einmal produziert werden konnten, und richteten permanent arbeitende Werkstätten unter der Kontrolle eines Spezialisten ein. So reagierten die Baruya auf die objektive Lebensnotwendigkeit des Tausches mit einer intelligenten Nutzung ihrer Umgebung und mit einer technologischen und sozialen Erfindung. Insofern als diese Erfindung auf den Tausch ausgerichtet war, kann man sagen, daß sie ihre materiellen Ressourcen «verwertet» haben.

Da der Salztausch die Bedürfnisse einer Bevölkerung, die heute etwa 1500 Personen umfaßt, befriedigen soll, können wir ein indirektes Mittel zur Berechnung des Volumens dieses Tausches angeben. Wenn man annimmt, daß jedes Gesellschaftsmitglied jährlich einen Rindenumhang benötigt, und wenn man als durchschnittlichen Tauschkurs einen Barren auf sechs Umhänge rechnet, muß die Gruppe 250 Salzbarren im Jahr produzieren, um sich gegen die Kälte zu schützen. Wenn man 12 Barren als Durchschnittsleistung einer Ofenbeschickung nimmt, so sind mindestens 21 Personen zur Salzproduktion nötig, um 250 Barren zu verteilen; und wenn man die durchschnittliche Ertragshöhe eines Hektars Salzkraut kennt, kann man die Fläche berechnen, die angebaut werden muß, um sich gegen die Kälte zu schützen.

Auf der anderen Seite müssen 1500 Umhänge in den benachbarten Stämmen allein für die Konsumtion der Baruya verfügbar sein. Da, nach unserer Beobachtung, ein sechs bis zehn Jahre alter Baum den Rohstoff für drei Umhänge liefert, müssen diese Stämme jährlich 500 ihrer Bäume verwenden, um die Nachfrage der Baruya zu decken (sie also einige Jahre vorher gepflanzt haben). Wir werden weiter unten sehen, welches Arbeitsquantum dieser Austausch «Salz – Rindenumhänge» für die fraglichen Gruppen darstellt. Aber die umfassende Analyse eines Tauschsystems muß, will sie vollständig sein, historisch sein.

Gegen 1920 tauchten bei der Bevölkerung des Nordens und Südens verschiedene Arten von Kauris und Glasperlen auf, und zwar in dem Maße, wie diese Bevölkerung unter die Kontrolle der australischen Regierung geriet, die diese Artikel an Stelle von Geld benutzte. Ab 1940 kamen die Äxte und Macheten aus Stahl ins Land.

Alle Informanten sagen übereinstimmend aus, daß die Baruya, die noch nicht unter weißer Kontrolle standen, von 1920 bis 1960, um sich Perlen, Muscheln und Stahlwerkzeuge zu verschaffen, mehr Salz gepflanzt, produziert und getauscht haben als vorher. In diesem Zeitraum gingen sie über ihr übliches Tauschgebiet hinaus und traten in Kontakt mit Gruppen (fünf oder sechs), die andere Sprachen sprachen und die ihnen bislang unbekannt waren. Somit hatten die Baruya, *ohne äußeren Druck*, zugleich ihre Produktionstechnik umgewandelt, indem sie das Steinbeil durch die Stahlaxt ersetzten, und den Bereich ihrer Luxusgegenstände (Muscheln, Perlen) erweitert; dazu mußten sie ihre Salzproduktion intensivieren und ihre Handelskontakte ausweiten. Gegenwärtig findet ein rapider Verfall ihres Austauschsystems statt, obwohl das Salz der Baruya, das vor allem bei zeremoniellen Anlässen verbraucht wird, keine direkte Konkurrenz im europäischen Salz hat, das man im Kaufhaus der Lutheran Mission kaufen kann. Die Bauarbeiten an der Landepiste und am *patrol-post* von Wonenara wurden in Kaurimuscheln, Äxten und Macheten bezahlt. Die Arbeit auf den Plantagen brachte Bargeld, das sogleich seinen Weg zu einem Kaufhaus fand, das von einer Handelskompanie aus Kainantu eröffnet wurde, bis es 1967 vom Kaufhaus der Lutheran Mission abgelöst wurde. Der Tausch von Salz gegen Rindenumhänge bleibt das letzte solide Stück des Systems, aber die Partner der Baruya fordern bereits mehr und mehr, in Schillingen bezahlt zu werden. Schließlich sind die zeremoniellen Schmuckgarnituren und die magischen Zaubermittel, die einen begrenzten Teil der Tauschaktionen ausmachten, immer weniger gefragt, seit die Regierung die Kriege beendet und die Missionen die Initiationszeremonien moralisch geächtet haben.

1967 war es schon fast zu spät, die Spuren des Tausches der Steinäxte wiederzufinden und das Phantom der neolithischen Ökonomie wieder auferstehen zu lassen. Morgen wird das Salz der Baruya ein nutzloses Requisit sein, das für immer ins Museum für primitive Kulturen verbannt ist.

V. Einige theoretische Analysen

Ausgehend von unserer ethnographischen Analyse können wir versuchen, auf drei unvermeidliche Fragen zu antworten: 1. Ist das Salz der Baruya eine primitive Form des «Geldes»? 2. Was ist die Grundlage für den Tauschwert dieses Geldes? 3. Wenn es Tausch von Geld gibt, gibt es dann auch Gewinn?

1. Ist das Salz der Baruya eine primitive Form des «Geldes»?

Wir haben gesehen, daß am Ausgangspunkt der Salzproduktion die für die Baruya objektive Notwendigkeit zu exportieren bestand, um die für ihre Agrikultur notwendigen Produktionsmittel zu importieren wie auch die Mittel, sich vor der Kälte zu schützen, was in einer Höhe von 1500 bis 2300 m ein ernstes Problem darstellt, und um ihr Bedürfnis nach symbolischem Ausdruck ihrer sozialen Beziehungen zu befriedigen (zeremonielle Schmuckgarnituren) und die Kontrolle über gewisse übernatürliche Kräfte zu sichern (magische Zaubermittel). In Anbetracht der Vielfalt dieser essentiellen Funktionen (Subsistenz, Ideologie) stellt der Tausch nicht irgendeine marginale Tätigkeit dar, ein gelegentliches Beiwerk des Funktionierens der Baruya-Gesellschaft, sondern ein strategisches Element ihrer Struktur. Überspitzt könnte man sagen, daß diese Gesellschaft nicht ohne Tausch überleben kann. Somit sind wir hier am Gegenpol der sogenannten primitiven «Subsistenzökonomien»[34]. Auf geschichtlicher und archäologischer Ebene stellt die

Baruya-Gesellschaft ein wichtiges Beispiel für die Erhellung der Ökonomie neolithischer Gesellschaften dar, von denen viele den Rohstoff ihres Werkzeugs einführen mußten. Auf theoretischer Ebene läßt dieses Beispiel alle Schwierigkeiten des Surplus-Begriffs hervortreten, wie er häufig von den Ökonomen vertreten wird, gleich ob sie sich auf die Klassiker, auf Marx oder auf Keynes berufen. Die Baruya wenden sich nicht erst nach der Sicherstellung ihrer Subsistenz dem Tausch zu, um ihr Surplus abzusetzen. Tatsächlich ist für sie das Salz ein Produkt, das in erster Linie für den Tausch bestimmt ist, also eine Ware.

Diese Ware hat nur deshalb einen Tauschwert, weil sie zunächst einen Gebrauchswert, einen verbrauchbaren Wert hat.[35] Freilich, der Teil des Salzes, der von den Baruya selbst verbraucht wird, ist minimal; nicht, weil das Salz bei ihnen physisch knapp ist, sondern weil es ausschließlich ein ritueller Konsumtionsgegenstand ist. Das Salz ist also eine Ware, deren Gebrauchswert der eines rituellen Gegenstandes ist, der ebenso durch seine ideologische und soziale Bedeutung wie durch seine biologische Nützlichkeit valorisiert ist, durch seine geschmacklichen Eigenschaften und durch die Schwierigkeiten seiner Produktion. Das Salz ist somit eine «hochwertige» Ware, ein Luxus, den man sich gewöhnlich nicht gestattet, der aber immer dann dasein muß, wenn das Alltägliche dem Zeremoniellen Platz macht. Außerdem ist das Salz bei den Baruya nicht physisch knapp wie bei den anderen Gruppen, die es nicht produzieren und die es aber auch für zeremonielle Anlässe und Bedürfnisse aufsparen.

Das Salz ist eine «hochwertige» Ware, ist es aber auch «Geld»?

Damit eine Ware als Geld funktioniert, muß sie gegen die *Gesamtheit* der anderen Waren tauschbar sein, muß sie als *allgemeines* Äquivalent fungieren. Nehmen wir noch einmal aus Tafel 3 das Beispiel der Zirkulation eines Gehänges aus Schweinezähnen. Es kann nicht gegen eine Axt oder gegen ein totes oder lebendes Schwein getauscht werden. Es kann vielleicht gegen Federn getauscht werden, aber die Möglichkeiten seiner Umwandlung in ein anderes Produkt enden hier. Seine Zirkulation unterliegt also dem einfachsten Tauschhandel, und wenn es auch eine Ware ist, so ist es kein Geld. Steinäxte und Schweine könnten virtuell in jede beliebige Ware umgewandelt werden; das wird aber nicht gemacht, vielleicht weil sie zu selten sind.[36] Dagegen durchläuft allein das Salz die ganze Kette der möglichen Umwandlungen. Somit funktioniert es als Geld.

Indem sich Paradiesvogelfedern, Steinäxte und sogar Dienstleistungen des Hexers in Salz transformieren, werden sie in gewisser Weise vergleichbar. Dadurch, daß sich das Salz in Form von großen oder kleinen Barren, die immer in Stücke teilbar sind, präsentiert, bietet es eine bequeme Maßeinheit für die Operationen des Wertvergleichs. Seine äußerst sorgfältige Verpackung macht es leicht transportabel und jahrelang haltbar. Das Salz ist also ein allgemeines Äquivalent, ein obligatorisches Zwischenglied für den Erwerb aller gesellschaftlich verfügbaren und notwendigen Waren. Allgemeines Äquivalent bedeutet jedoch nicht universales Äquivalent, denn die normalen Konsumtionsgüter, Süßkartoffeln, Taros usw., die Erde und die Arbeit sind keine Waren und bleiben außerhalb der Tauschsphäre des Salzgeldes. Das Salz ist nicht nur für die Baruya allgemeines Äquivalent, sondern auch für ihre Nachbarn, z. B. für die Youndouyé, die zuerst einmal ihre Rindenumhänge in Salz umwandeln müssen, bevor sie dieses gegen die Steinäxte der Awa und der Tairora tauschen können.

Das Salz der Baruya ist also eine primitive Form des Geldes, und weil es «primitiv» ist, bietet uns dieses Geld eine hervorragende Gelegenheit, die Geheimnisse der Werttheorie auszuloten.

2. Grundlage des Tauschwerts des «Salzgeldes» der Baruya: Arbeit oder Knappheit

Wenn man einen Baruya fragt, warum er einen Barren Salz gegen fünf oder sechs und nicht gegen einen oder zwei ... oder 18 Rindenumhänge tauscht, so erhält man gewöhnlich eine Antwort in zwei Teilen, die sich in keiner Weise gegenseitig ausschließen. Er wird zunächst betonen, daß er nicht für sich allein tauscht, sondern für seine Frau(en) und Kinder, für die Kinder seines Bruders usw. Er verweist also auf die Wichtigkeit eines kollektiven Bedürfnisses. Ein andermal dagegen verweist er auf die lange und schwierige Arbeit, die zur Salzproduktion erforderlich war. Nach unseren Beobachtungen wird bei einem Handel zunächst der erste Argumentationstyp gebraucht, der an das Gefühl des Partners appelliert: «Meine Kinder haben nichts mehr zum Anziehen ... usw.», und dann, wenn der andere ungerührt bleibt, wird man die Arbeit «in Rechnung stellen». Ein Informant erklärte uns eines Tages: «Wenn man handelt, macht man erst ganz zum Schluß die Arbeit geltend. Die Arbeit, die ist vorbei, die ist schon fast vergessen. Man erinnert sich daran, wenn der andere übertreibt.»

Das Gleichgewicht des Tausches ist also vor allem durch den Umfang der sozialen Bedürfnisse geregelt. In einem einzelnen Tauschakt bestimmt das Handeln eine Position des Gleichgewichts zwischen Angebot und Nachfrage. Wenn man der Ansicht ist, daß der Besucher eine unzureichende Zahl von Umhängen oder Umhänge von schlechter Qualität vor einen Salzbarren hingelegt hat, weigert man sich, ihm diesen zu geben. Der andere legt noch einen oder zwei Umhänge dazu, und der Barren wird ihm ausgehändigt. Wenn einer der beiden zuviel verlangt, wird die Transaktion abgebrochen. Es wird jedoch selten gefeilscht, und meistens wissen die Partner genau, was sie geben *müssen*, um etwas zu bekommen. Die beiden handeln so, als ob es einen «normalen» Kurs, einen «gerechten Preis» für die Waren, die sie tauschen, gäbe, und dieser Kurs ist allen Mitgliedern der verschiedenen Stämme bekannt. Es ist jedoch der Hinweis wichtig, daß dieser Kurs nicht für alle Stämme derselbe ist. Die Wantékia geben für einen Barren Salz fünf große Umhänge und fünf Lendenschurze aus Rinde (was sieben Umhängen entspricht), d. h. ein Kurs, der etwas höher liegt als der der Youndouyé (fünf oder sechs). Hier stellen sich zahlreiche Probleme, die wir jedoch nur andeuten können. Wenn für die Baruya der Tausch mit anderen Stämmen von lebenswichtiger Bedeutung war, so war er zugleich ständig bedroht und unterbrochen durch die Schwankungen ihrer politischen Beziehungen, die abwechselnd friedlich und kriegerisch waren. Dies ist ein Grund dafür, daß sie nicht nur mit Gruppen tauschten, die ihnen die «besten Preise» zahlten. Zum anderen waren die höchstbietenden Gruppen meistens die, die wenig zu tauschen hatten, mit Ausnahme der Yoyué, die von den Baruya ständig an ihre gemeinsame Herkunft, ihre Blutsbande erinnert wurden (was die Knauserigkeit ausschließt). Ein letzter Grund schließlich, warum manche Gruppen ihre Produkte mit den Baruya zu einem niederen Kurs tauschten, war ihr geringer Kontakt mit ihnen, ihre Unkenntnis der Kurse, die die Baruya bei anderen Gruppen verwandten, ihre Unkenntnis der Bedingungen der Salzproduktion. Als z. B. die Baruya mit den Watchakès in Kontakt traten, um Stahläxte zu erwerben, boten sie ihnen einen Salzbarren für eine Axt; dieser Kurs wurde bis zu dem Tage akzeptiert, an dem ein Baruya, der seine Vorgänger nicht zu Rate gezogen hatte, voll Entsetzen vor den Watchakès-Kannibalen drei Salzbarren auf den Boden warf und mit der Axt, die man ihm hinhielt, das Weite suchte. Er hatte den Kurs angewandt, den die Baruya mit den Yoyué benutzten. In der Folge weigerten sich die Watchakès, unter einem Minimum von drei Barren Salz zu tauschen, und der Schuldige wurde wegen seiner Feigheit und Dummheit mit Beschimpfungen überschüttet.

Dieses Beispiel ist sehr bedeutsam, denn es verdeutlicht, unter welchen Umständen ein «normaler» Kurs zustande kam. Er bildete sich, wenn regelmäßiger und umfangreicher Tausch zwischen fremden, aber benachbarten Gruppen bestand, die die Produktionsbedingungen und den Aufwand kannten, die ihre Partner hatten, um sich ihre Waren zu verschaffen. Es ist vielleicht kein Zufall, wenn die Baruya die Gruppen, mit denen sie am häufigsten tauschten (Youndouyé, Tchavalié, Kokwayé), als «hart und knauserig» bezeichnen.

Nachdem die objektiven sozialen Bedingungen für das Zustandekommen eines normalen Tauschkurses verdeutlicht sind, bleibt immer noch die Frage: Worin besteht dieser normale Tauschkurs? Ist er das Verhältnis zweier äquivalenter Arbeitsquanten, wie es manche Ökonomen, die sich an Marx oder gar an Ricardo erinnern, sicherlich gerne hätten?

Um dieses Problem zu untersuchen, werden wir uns den Tausch vornehmen, der heute am regelmäßigsten und umfangreichsten stattfindet: den Tausch von Salz gegen Rindenumhänge zwischen den Baruya und einem Stamm, mit dem sie durch einen Pakt «ewiger Freundschaft» verbündet sind: den Kénasé (die die Baruya Youndouyé und die australische Verwaltung Azena nennen). Nach unseren Beobachtungen erfordert die Herstellung eines großen Rindenumhanges fünf Stunden intensiver Arbeit, die sich in drei verschiedene Arbeitsgänge untergliedert (vgl. Tafel 6).

Tafel 6

	Herstellungsprozeß		
Art und Reihenfolge der Arbeitsgänge	1. Abschneiden und Ablösen der Baumrinde	2. Abschaben der inneren und äußeren Seite der Rinde mit einem Bambusmesser	3. Weichklopfen der Rinde mit einem Stein
Form der Arbeit	Individuell männlich	Individuell männlich	Individuell weiblich
Arbeitszeit	1/2 Std.	1 1/2 Std.	3 Std.

Jeder Mann und jede Frau versteht sich auf die Herstellung der Rindenumhänge. Über die Teilung der Arbeit nach Geschlecht hinaus gibt es keine Spezialisierung der Arbeit. Der heikelste Teil der Arbeit (das Dünnermachen der Rinde, ohne sie zu durchlöchern), der zugleich der mühseligste ist (der Klopfstein wiegt zwischen 800 und 1000 g), wird von Frauen ausgeführt. Eine Frau kann an einem Tag einen Rindenumhang und einen Lendenschurz aus Rinde klopfen, aber das bedeutet acht Stunden intensiver und ununterbrochener Arbeit.

Wenn wir den Tausch von einem mittelgroßen Salzbarren (Baruya) = sechs Rindenumhänge (Youndouyé) in Begriffen der Arbeit analysieren, so bekommen wir:

1 1/2 Tage ←——→ 4 Arbeitstage (5 Stunden × 6)

Der normale Tauschkurs ist also ein ungleicher Kurs, denn in Arbeitseinheiten bekommen die Baruya beinahe dreimal soviel, wie sie geben. Der normale Tausch ist also kein Tausch von Äquivalenten.

Abgesehen von der Ersetzung des Bambusmessers durch das Stahlmesser – was für die Produktion praktisch wirkungslos ist –, blieb der gesamte Produktionsprozeß der Rindenumhänge traditionell. Wenn wir zwei Tage für die Herstellung eines Baruya-Salzbarrens berechnen, vor der Einführung der Stahlwerkzeuge, so bleibt der Tausch immer noch ungleich:

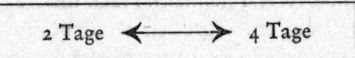

2 Tage ⟵⟶ 4 Tage

Die Baruya müssen sich dieser Tatsache bewußt sein, denn sie erklären, daß sie dabei «gewinnen», und nach einhelliger Meinung ihrer Tauschpartner ist ihr Salz teuer. Somit ist die Frage, die man sich zur Erklärung der Grundlagen des Salzwertes stellen muß, folgende:
Warum betrachten die Baruya und die Youndouyé, wo sie sich doch schon immer kennen und in Frieden leben, diesen ungleichen Tausch als normal? (Ungleich in unseren Augen und in Begriffen des Tausches von gesellschaftlicher Arbeit.)
Wir schlagen folgende Antwort, die sich auch mit den Erklärungen unserer Informanten deckt, vor: Das Salz ist teuer, weil es ein «Luxusprodukt» ist, dessen Herstellung ein magisches und technisches Können erfordert, über das die benachbarten Stämme nicht verfügen. Was sich die Baruya bezahlen lassen und was ihre Partner normalerweise auch zu zahlen bereit sind, das ist das *Monopol, das auf einer doppelten Knappheit beruht*, der Knappheit eines Produkts und der Knappheit eines Wissens. Mit derselben Logik bezahlen die Baruya viel für einige Produkte, die wertvoll für sie sind, wie die Steinäxte und die *gamshells*. Der Tausch spielt sich ein auf einem Niveau, das zugleich das Bedürfnis und die Arbeitsverausgabung ausdrückt (oder den Aufwand, sich eine Ressource zu verschaffen), aber die Arbeit scheint dabei eine sekundäre Rolle zu spielen; sie definiert etwa eine Art Minimum, das der Tauschkurs nicht unterschreiten darf, während das Bedürfnis, die Knappheit des Produkts, etwa die Maximalgrenze definiert, die der Kurs erreichen kann.[37]
«Primitiv» bedeutet also nicht «einfach». Die primitive Wirklichkeit enthält also nicht nur im Keim einen Teil der Bedingungen, mithin der Komplexität der Zukunft, sie kann vielmehr «entwickelte» Formen sozialer Praxis aufweisen, deren «Analogie» man zu anderen Zeitpunkten der geschichtlichen Entwicklung findet. Diese Schlußfolgerung wird durch die Analyse zweier weiterer Fälle des Salztausches der Baruya noch bestätigt werden.
Die Baruya beschafften sich in der Region von Menyamya Nüsse (*niaka*), die, mit Zimtrinde zusammen verwendet, die magische Kraft haben, Beutelratten «in Scharen» auf den Weg zu locken, den der Jäger einschlägt. Diese Nüsse werden auch von den jungen verheirateten

Männern bei einer Zeremonie anläßlich ihrer ersten Vaterschaft gelutscht, um Mund und Körper von gefährlichen Verunreinigungen zu befreien, die durch den Sexualverkehr mit ihren Ehefrauen entstanden sind. Diese Nüsse werden in der Region von Menyamya gegen Salzstücke getauscht. Sie stammen anscheinend aus dem Süden von Menyamya, aus Papua, wo sie von den ortsansässigen Stämmen gesammelt werden. Wir haben hier ein Beispiel für einen Gegenstand, der einen «sozialen Nutzen» hat, eine Ware ist, die folglich einen relativ hohen «Preis» hat, der der Verausgabung einer Arbeit entspricht, die im einfachen Sammeln der Nüsse und im Transport dieser Nüsse in kleinen Portionen besteht.

Zum Abschluß ein weiteres Beispiel für die Komplexität: Wenn ein Mann eine junge Muttersau bei den Yoyué kaufen wollte, so mußte er mindestens vier große Salzbarren haben (*tchameunié*). Meistens fehlten ihm ein oder zwei Barren, die er sich dann bei einem Bruder oder Schwager lieh. Später, wenn die Muttersau geworfen hatte, gab er ihm ein Ferkel pro geliehenen Barren. Wenn man das nun in Salzgeldeinheiten überträgt, so hatte er einen Salzbarren geliehen und das Äquivalent von zwei bis drei, sofern das Ferkel ein Männchen war, und von vier bis fünf, sofern es ein Weibchen war, zurückgegeben. Das entspricht einem «Zinsfuß» von 100 bis 400 %. Dieser Fall ist jedoch selten, und man muß vor allem feststellen, daß unseres Wissens niemand Salz *akkumulierte, um es zu verleihen.* Dieses Beispiel führt uns zu unserem letzten Problem: Ist der Tausch des Salzes bei den Baruya vom Gewinnstreben bestimmt?

3. Tausch. Geld und Gewinn

Die Elemente der Antwort sind bereits vorhanden, man braucht sie nur noch zusammenzufügen. Wir haben gesehen, daß im Tal von Wonenara eine ungleiche Verteilung der Salzanbauflächen zwischen den verschiedenen lineage-Segmenten zugunsten der ersten Siedler besteht. Diese Situation hat jedoch keine ungleiche Verteilung des Salzes selbst zur Folge, weil die Besitzer ihren Verwandten, Schwägern oder Freunden ein zeitlich begrenztes oder permanentes Nutzungsrecht eines Teils ihrer Salzanbauflächen einräumen, und besonders weil jeder, der Salz schneidet, verpflichtet ist, einen Teil davon zu verteilen. Eine Witwe, ein Greis, eine Waise erhalten Salz und alle Produkte, die sie brauchen, Rindenumhang, Messer usw. Das Beispiel des «Zinsfußes» bei der Verteilung eines Salzbarrens zum Zwecke des Schweinekaufs macht das Wesentliche des Tauschprozesses augenfällig: Niemand akkumuliert Salz, um es zu verleihen oder um Gewinn zu machen. Zwar hat man einen materiellen Vorteil und ein moralisches Prestige als Verleiher, aber man sucht nicht den Gewinn zum Nachteil des Schuldners. Das

Prinzip und das Ziel des Tausches bleibt die Befriedigung der sozialen Bedürfnisse, die Konsumtion und nicht der Gewinn. Die politische Autorität und das soziale Prestige eines Clans, einer lineage oder eines Individuums liegen weniger in ihrem Reichtum an Erde oder an Salz als an ihren rituellen oder kriegerischen Funktionen, der Zahl ihrer Frauen und Kinder. Die Baruya-Gesellschaft kennt eine gewisse Hierarchie der Clans und der Individuen, jedoch nichts, was dem «big man» der Gesellschaften der Western Highlands ähnelt, der über ein weitgespanntes Netz von Menschen und Gütern verfügt, nichts, was an die adeligen lineages der Trobriander oder an die polynesischen Aristokratien erinnert.[38]

Ist dies in den Beziehungen zwischen den Baruya und ihren Handelspartnern ebenso, und bedeutet der Gewinn, den sie aus einigen ungleichen Tauschaktionen ziehen, zugleich die Ausbeutung einer Gruppe durch die andere? Es ist nicht sicher, ob nicht der Tausch zuungunsten der Baruya ausfällt, wenn sie vier oder fünf Salzbarren für eine lange, kaum geschliffene Steinklinge hergeben.

Die Antwort scheint uns negativ auszufallen, und zwar aus zwei Gründen.

– Die Ungleichheit besteht, wie wir gesehen haben, in einem ungleichen Tausch von Arbeit.[39] Nun ist bei den Baruya, wie bei den meisten primitiven Gesellschaften, *die Arbeit keine knappe Ressource*. Die Produktionstätigkeiten füllen, wenigstens bei den Männern, nur einen Teil der disponiblen Zeit (die auf die Produktionstätigkeiten verwandte Zeit beträgt unserer Schätzung nach etwa ein Drittel). Was beim Tausch zwischen den Gruppen zählt, ist die gegenseitige Befriedigung ihrer Bedürfnisse und nicht ein ausgewogenes Gleichgewicht ihrer Arbeitsverausgabungen.

– Aus diesem Grunde drückt die Ungleichheit des Tausches die verglichene soziale Nützlichkeit der getauschten Produkte aus, *ihre ungleiche Wichtigkeit in der Skala der sozialen Bedürfnisse und die verschiedenen Monopolstellungen der tauschenden Gruppen*. Was zählt ist, daß man *genug* zur Befriedigung seiner Bedürfnisse hat, und, um an die Aussage eines Informanten zu erinnern, «wenn man genug erhält, dann ist die Arbeit vorbei, schon vergessen».

Es gibt also *Ungleichheit ohne Ausbeutung* des Menschen durch den Menschen. Der Tausch von Salz bei den Baruya gehört zur Sphäre der *einfachen* Warenzirkulation. Er stellt einen *Fall einfacher Warenwirtschaft* dar, *verbunden mit einer Nichtwarenwirtschaft*, die auf der individuellen und kollektiven Arbeit der unmittelbaren Produzenten beruht, die ihre Produkte über die Kanäle der Verwandtschaft und der Nachbarschaft verteilen.

VI. Zusammenfassung

Unsere Analyse des «Salzgeldes» der Baruya illustriert von selbst die theoretischen Kommentare, die ihr vorangehen. Für die Baruya ist das Salz:

1. Ein Wertgegenstand besonderer Art, denn es gehört, neben dem Schwein, zu der Kategorie der «wohlschmeckenden, aber knappen und wesentlichen» Dinge, Fleisch und Salz.

2. Ein Wertgegenstand, weil er ausschließlich in den wesentlichen Momenten des gesellschaftlichen Lebens konsumiert wird, bei Geburt, Initiation, Heirat, d. h. im Rahmen der Zeremonien und Riten, die diese Anlässe «feiern». Das Salz ist also besetzt mit allen Bedeutungen, die den feierlichsten und entscheidendsten Momenten im Leben der Individuen und der Gruppen beigemessen werden.

3. Ein wertvolles Produkt, denn die letzte Phase seiner Herstellung kann nur von Spezialisten besorgt werden, die über das technische und das magische Wissen für seine Auskristallisierung verfügen. Es sind letzten Endes die magischen Kräfte des Salzherstellers, denen es der Salzfeldbesitzer verdankt, daß er über «weißes und schweres» Salz verfügt, das die anderen Stämme begehren und für das sie einen guten Preis zu «zahlen» bereit sind.

4. Ein wertvolles Produkt, weil sich die Baruya mit seiner Hilfe alles verschaffen, was *ihnen fehlt* und was sie brauchen, um existieren zu können (Steinäxte), um sich vor der Kälte zu schützen (Rindenumhänge), sich zu schmücken (Federn, Perlen), einen Mord zu entschädigen, die Initiation ihrer Töchter und ihrer Krieger durchzuführen (magische Nüsse), sie auszurüsten usw. Das Salz ist also deshalb wertvoll, weil es den Baruya gestattet, die Grenzen ihrer eigenen Ressourcen zu überschreiten, Grenzen, die durch ihre Ökonomie und ihre Ökologie abgesteckt sind.

Das Salz ist also eine Ware, die man für die anderen produziert, und ist zugleich ein Gegenstand, den man «unter sich» verschenkt. Insofern als es die einzige Ware ist, die gegen alle anderen Waren tauschbar ist, spielt es in bezug auf diese die privilegierte Rolle des Geldes. Umgekehrt *werden* alle diese Güter, für die es eingesetzt wird, *durch diesen Tausch* zu Waren und verlassen *in dieser Form* die benachbarten Stämme, um bei den Baruya einzutreten, wo sie ihre Eigenschaft als Waren wieder verlieren und Gegenstände zum Vorzeigen oder zum Schenken werden, wie das Salz auch, das zwischen den Baruya selbst niemals Gegenstand des Tauschhandels, sondern Gegenstand der Schenkung oder Verteilung ist, ein Gegenstand des sozialen Tausches.

Es wird jetzt verständlich, warum man in einigen Hütten der Baruya über der Herdstelle Salzbarren findet, die mehr als eine Generation alt sind, rußgeschwärzt und ausgedörrt. Für «nichts auf der Welt» möchte ihr Besitzer sie tauschen oder verbrauchen, denn sie sind für ihn das Symbol einer verflossenen Freundshaft oder eines mit Feinden geschlossenen Paktes, eine stumme Sprache, die in jedem Augenblick der Gegenwart von den Dingen aus der Vergangenheit erzählt, die nicht altern dürfen. Sie taugen also nicht mehr zum Essen, nicht zum Tauschen, nicht zum Schenken. Sie sind nur noch «tauglich zum Denken».

Laboratoire d'Anthropologie sociale, Collège de France, Paris

Anmerkungen

1 F. Boas, ‹The Social Organization and the Secret Societies of the Kwakiutl Indians›, Report of the U. S. National Museum for 1895. Washington 1897, p. 341–359.

2 B. Malinowski, 1921, ‹The Primitive Economics of the Trobriand Islanders›. In: Economic Journal 31, p. 1–15; ‹Kula›, Man, Art. 51, 1920–1921.

3 M. Mauss, ‹Essai sur le don, forme archaique de l'échange›. In: Année sociologique, 1923–1924, dt. Die Gabe, Frankfurt 1968.

4 R. Firth, Art. ‹Currency, Primitive› und ‹Trade, Primitive›. In: ‹Encyclopaedia Britannica›, S. 345, 346, 881.

5 P. Einzig, ‹Primitive Money›. Eire, Spottiswoode, 1948.

6 K. Polanyi, ‹The Semantics of Money Uses›. In: ‹Primitive, Archaic and Modern Economies›, 1968.

7 G. Dalton, ‹Primitive Money›. In: American Anthropologist, vol. 67, 1965, S. 44–65.

8 M. Sahlins, ‹On the Sociology of Primitive Exchange›. In: The Relevance of Models for Social Anthropology, A.S.A. Monographs, New York, Praeger, 1965.

9 M. J. Herskovits, ‹Economic Anthropology›. New York, A. Knopf, 1952, p. 487–488.

10 Goldmann, ‹The Kwakiutl of Vancouver Islands›. In: ‹Cooperation and Competition among Primitive Peoples›, Margret Mead (ed.), Mc Graw Hill, 1937, p. 180–209.

11 Moore, ‹Labor Attitudes Toward Industrialization in Underdevelopped Countries›. In: American Economic Review, Nr. 45, 1955, p. 156–165.

12 C. D. Forde, ‹Primitive Economies›. In: ‹Man, Culture and Society›, N. Y. Oxford Press, p. 342. Siehe vor allem auch: L. Lancaster, ‹Crédit, épargne et investissement dans une économie non monétaire›. In: Archives européennes de sociologie, III, 1962, p. 156–165.

13 G. Dalton, ‹Primitive Money›, op. cit., p. 59.

14 Davenport, ‹Red Feather Money›. In: Scientific American, vol. 206, März 1962, p. 94–105.

15 A. Senft, ‹Ethnographische Beiträge über die Karolinen-Insel Yap›. In: Dr. A. Petermann's Mitteilungen, 1903, S. 50–151; und W. H. Furness, ‹The Islands of Stone Money›. Philadelphia 1910, S. 96.

16 K. Polanyi, Arensberg, Pearson, ‹Trade and Market in the Early Empires›. Glencoe 1957.

17 M. Godelier, ‹Objet et méthode de l'anthropologie économique›. In: L'Homme, vol. V, nº 2, 1965; abgedruckt in: ‹Rationalität und Irrationalität in der Ökonomie›, op. cit., S. 288–351.

18 Einzig, ‹Primitive Money›, op. cit., p. 24–25.

19 Sahlins, ‹Exchange value and the Diplomacy of Primitive Trade›. In: *American Ethnological Society*, 1965, annual meeting, p. 95–129.

20 Vergleiche den Gebrauch des Begriffs «Kapital» bei R. Salisbury, ‹From Stone to Steel›. Melbourne 1962, sowie unsere Kritik in ‹Economie politique et anthropologie économique›. In: *L'Homme*, vol. IV, n° 4, 1964, p. 118–132, sowie Bessaignet, ‹An Alleged Case of Primitive Money›. In: *Southwestern Journal of Anthropology*, 1956, p. 333–345.

21 Nennen wir als ein Beispiel (unter anderen) den Fall der Tolaï von Neuengland: Vgl. dazu T. S. Epstein, ‹European Contact and Tolaï Economic Development. A Schema of Economic Growth›. In: *Economic Development and Cultural Change*, April 1963, p. 283–307, sowie R. Salisbury, ‹Politics and Shell-Money Finance in New Britain›. In: *Political Anthropology*, Chicago [Aldine] 1966, p. 113–128.

22 Davenport, ‹When a Primitive and a Civilized Money Meet›. In: *Proceedings of the American Ethnographical Society*, Spring Meeting Symposium, Seattle 1961, p. 64–68.

23 Zur Schenkung und zum Handel in der Zeit Homers siehe: M. Finley, ‹The World of Odysseus›. New York 1954, Chap. 3; E. Will, ‹De l'aspect éthique des origines grecques de la monnaie›. In: *Revue Historique*, 1954, p. 212–231, sowie Benveniste, ‹Le Vocabulaire des institutions indo-européennes›. Paris 1969 (2 vol.); vol. I, chap. 2: ‹Donner et prendre›, und chap. 11: ‹Un métier sans nom: le commerce›.

24 Man müßte die Verwendung des Salzes in verschiedenen Gesellschaften und in verschiedenen Epochen vergleichen. Vgl. Mahieu, ‹Numismatique du Congo›, 1924, p. 57; über die abessinischen Salzbarren siehe: Salviac, ‹Les Gallas›. In: *Geographical Journal*, 1901, p. 159.

25 Die Baruya wurden 1951 von J. Sinclair entdeckt. In seinem Buch: ‹Behind The Ranges› (chap. 3: ‹The Saltmakers›) nennt er sie «Batia». Vgl. Sinclair, ‹Behind The Ranges›. Melbourne University Press 1966.

26 S. A. Wurm, ‹Australian Neu Guinea Highlands Languages and the Distribution of their Typological Features›. In: *Amer. Anthrop.*, New Guinea, August 1964, p. 77–97.

27 J. P. Murray, ‹Papua or British New Guinea›. T. Fischer-Unwin, 1912, p. 170–171.

28 Vgl. Demaitre, ‹New Guinea Gold: Cannibals and Goldseekers in New Guinea›. London, Geoffrey Bles, 1936. Die einzigen wissenschaftlichen Veröffentlichungen über die Kukakuka stammen von B. Blackwood, ‹Use of Plants among the Kukakuka of Southeast Central New Guinea›. In: ‹Proceedings of the Sixth Pacific Science Congress IV›, Berkeley 1939, p. 111–126, sowie: ‹The Technology of a Modern Stone Age People in New Guinea›. Oxford, Pitt-Rivers Museum, 1950 (60 S.). Wir verweisen außerdem auf: H. Fischer, ‹Ethnographien von den Kukukuku›. *Baessler Archiv* 7 (neue Folge), S. 99–122; Beschreibung einer Hamburger Museumssammlung, zusammengetragen von dem Missionar J. Maurer.

29 Vgl. J. M. Meggitt, ‹Salt Manufacture and Trading in the Western Highland of New Guinea›. In: The Australian Museum Magazine, XII, 10, 1958, p. 309–313.

30 Die spektroskopische Untersuchung hat gezeigt, daß dieses Salz einen hohen Kaliumgehalt hat und bei hoher Dosis ein starkes Gift ist.

31 A. Freund, E. Henty, M. Lynch, ‹Salt Making in Inland New Guinea›. In: ‹Transactions, Papua and New Guinea Scientific Society›, 1965, p. 16–19.

32 Bei den Baruya wird sprachlich unterschieden zwischen: moumbié = austauschen, verkaufen und kaufen, und yängä = geben; der großzügige Mann ist der, der teilt.

33 Nach A. L. Rand und E. T. Gilliard, ‹Handbook of New Guinea Birds›. Weidenfeld and Nicholson, London 1967 (612 S.).

34 A. Deluz, M. Godelier, ‹A propos de deux textes d'anthropologie économique›. In: L'Homme, vol. VII, 3, 1967, p. 78–91.

35 Als die Baruya zum erstenmal mit Geldstücken bezahlt wurden, begriffen sie den Verwendungszweck dieser Gegenstände nicht. Einige warfen sie ins Gebüsch, andere durchbohrten sie und hängten sie um den Hals wie Muschelketten. Sobald aber in Wonenara eine Handelsniederlassung eröffnet wurde, wo man ihnen gegen Bargeld Shorts, Hemden, Konserven und Kaugummi anbot, hatten sie keinen Zweifel mehr über die Verwendung des Metallgeldes. Vielleicht erklärt ihre erste Verwendung als Halsgehänge (wie Muschelketten), warum die Baruya das Geld der Weißen mit dem gleichen Ausdruck bezeichnen wie ihre Kauris: nounguyé; keiner unserer Informanten konnte uns den Grund für diese Gleichsetzung erklären. Erwähnenswert ist, daß die Baruya, wenn sie den Wert und die Funktionen des Salzes zu verstehen geben wollen, es gern mit dem «dicken Geld» der Weißen vergleichen, d. h. mit Pfund-Sterling- oder Dollarnoten.

36 Dies würde eine besondere Abhandlung verdienen, die den Rahmen dieses Artikels jedoch sprengen würde.

37 Marx hatte klar die einschränkenden Bedingungen aufgezeigt, unter denen in einer entwickelten Warenwirtschaft die Waren zu ihrem Wert getauscht werden können: «Damit die Preise, wozu Waren sich gegeneinander austauschen, ihren Werten annähernd entsprechen, ist nichts nötig, als daß 1. der Austausch der verschiednen Waren aufhört, ein rein zufälliger oder nur gelegentlicher zu sein; 2. daß, soweit wir den direkten Warenaustausch betrachten, diese Waren beiderseits in den annähernd dem wechselseitigen Bedürfnis entsprechenden Verhältnismengen produziert werden (...); und 3., soweit wir vom Verkauf sprechen, daß kein natürliches oder künstliches Monopol eine der kontrahierenden Seiten befähige, über den Wert zu verkaufen, oder sie zwinge, unter ihm loszuschlagen.» Kapital III, S. 187; Hervorhebungen von M. G. Vergleiche auch M. Godelier, ‹Marginalistische und marxistische Wert- und Preistheorie. Einige Hypothesen›. In: ‹Rationalität und Irrationalität in der Ökonomie›, op. cit., S. 262–280.

38 M. Sahlins, ‹Poor Man, Rich Man, Big Man, Chief: Political Types in Melanesia and Polynesia›. In: Comparative Studies in Society and History,

5, op. cit., p. 285–303. Vgl. auch vom selben Autor: ‹On the Sociology of Primitive Exchange›. In: M. Banton (ed.), ‹The Relevance of Models for Social Anthropology›, New York, Praeger, 1965.

39 In der Sprache der Baruya ist die Kategorie der Arbeit kein von den konkreten Inhalten der Arbeitstätigkeit abstrahierender Begriff. Das Verb *waounié* = arbeiten, herstellen, wird immer in einem praktischen Zusammenhang gebraucht: ein Haus, eine Palisade bauen, Salz herstellen usw. Wir erinnern daran, daß Marx, nachdem er betont hatte, daß A. Smith ein gewaltiger Fortschritt gelungen war, als er sich von der physiokratischen Anschauungsweise löste und die Arbeit als solche, also unabhängig von ihren konkreten Formen: landwirtschaftliche Arbeit (die einzige produktive Arbeit für die Physiokraten), Manufaktur- und Handelsarbeit, definierte, diesen Ansatz erweiterte, indem er schrieb: «Nun könnte es scheinen, als ob damit nur der abstrakte Ausdruck für die einfachste und urälteste Beziehung gefunden, worin die Menschen – sei es in welcher Gesellschaftsform immer – als produzierend auftreten. Das ist nach einer Seite hin richtig. Nach der andren nicht. (...) ökonomisch in dieser Einfachheit gefaßt, ist ‹Arbeit› eine ebenso moderne Kategorie, wie die Verhältnisse, die diese einfache Abstraktion erzeugen.» K. Marx, *Grundrisse*, op. cit., S. 24 und 25. Vgl. vom selben Autor: *Kapital* III, S. 164–181.

Warenwirtschaft, Fetischismus, Magie und Wissenschaft im Marxschen *Kapital**

Wenn man beabsichtigt, die Begriffe «Fetischismus» und «Magie» im *Kapital* zu isolieren und zu analysieren, mag es auf den ersten Blick so aussehen, als wolle man sich bei einigen brillanten Formulierungen von Marx aufhalten und sich mehr mit der Form als mit dem Inhalt seines theoretischen Werks befassen. Aber man braucht nur festzustellen, daß diese Termini bei jedem wesentlichen Schritt in der Entwicklung der Theorie erneut auftauchen, um zu ahnen, daß sie ein oder mehrere grundlegende Elemente des Marxismus zum Ausdruck bringen. Die wichtigsten Passagen finden sich im ersten Abschnitt des Werks, der vom Wesen der «Ware» handelt, sowie im letzten Abschnitt, der den kapitalistischen Formen der Revenuen und ihren Quellen gewidmet ist. Hier gelangte Marx – wiewohl das Werk unvollendet geblieben ist – ans Ende seines theoretischen Projekts, das darin bestand, «die innere Organisation» der kapitalistischen Produktionsweise, ihr hinter der sichtbaren Bewegung und den «Illusionen» der Konkurrenz «verborgenes Wesen» zu untersuchen.

Worin besteht der Fetischismus der Ware, und aus welchen Gründen haben Profit, Zins, Arbeitslohn und Grundrente denselben Charakter? Womit muß die wissenschaftliche Analyse der kapitalitischen Produktionsweise beginnen und warum? Mit der Analyse der Ware, antwortet Marx, und zwar nicht aus Willkür, sondern auf Grund der Notwendigkeit der Tatsachen.

«Der Reichtum der Gesellschaften, in welchen kapitalistische Produktionsweise herrscht, erscheint als eine ‹ungeheure Warensammlung›, die einzelne Ware als seine Elementarform. Unsere Untersuchung beginnt daher mit der Analyse der Ware» (I, 39[1]).

Was ist eine Ware? Sie ist zunächst ein beliebiger äußerer Gegenstand, der die Eigenschaft hat, menschliche Bedürfnisse irgendeiner Art zu befriedigen. Diese Eigenschaft bildet seinen Gebrauchswert, seine gesellschaftliche Nützlichkeit. Ein Gegenstand, der für keinen anderen als für seinen Produzenten nützlich ist, läßt sich nicht austauschen und kann keine Ware werden. Sein Tauschwert erscheint genau dann, wenn er gegen eine Pfeife oder gegen zwei seidene Taschentücher oder gegen ihr Äquivalent in Geld, z. B. 10 Mark, ausgetauscht wird.

Dieser Wert erscheint also als etwas, das sich nicht verändert, auch wenn der Gegenstand in den verschiedensten Proportionen mit anderen Gegenständen ausgetauscht wird. Damit sich beliebige Gegenstände

* *La Nouvelle Revue de Psychanalyse*, Nr. 2, Herbst 1970; Sondernummer mit dem Titel ‹*Objets du fétichisme*› (dt. ‹*Objekte des Fetischismus*›, Frankfurt 1971).

in verschiedenen Proportionen austauschen lassen, müssen sie demnach etwas Gemeinsames haben, wovon sie ein Mehr oder Minder darstellen. Dies Gemeinsame kann nicht von ihren Gebrauchswerten herrühren, denn diese sind von radikal verschiedener Qualität. Es bleibt nur ein möglicher Ursprung, nämlich die Tatsache, daß sie Produkte menschlicher Arbeit sind. «Ein Gebrauchswert oder Gut hat also nur einen Wert, weil abstrakt menschliche Arbeit in ihm vergegenständlicht oder materialisiert ist» (I, 43), und eben dieser Wert ist das Gemeinsame, das sich im Austauschverhältnis der Waren zeigt.

Bevor wir fortfahren, wollen wir kurz die Methode von Marx zu Beginn des *Kapital* charakterisieren, eine Methode, die viele Autoren zu Unrecht als eine «dialektische» Deduktion von «Kategorien», von mehr oder weniger hegelianischen Ausführungen betrachtet haben. Marx sucht sich seinen Ausgangspunkt nicht aus. Dieser drängt sich ihm vielmehr durch das Wesen der *gesellschaftlichen Verhältnisse* der Periode auf, die zu analysieren er sich anschickt. Dieser Ausgangspunkt ist nicht ein «Begriff», sondern die *Formen*, in denen die verschiedenen Gegenstände erscheinen, die hier die Rolle von Waren spielen. Die Analyse dieser Formen zwingt Marx dazu, nach den praktischen Bedingungen für die Möglichkeit des Warenaustauschs zu forschen. Damit es einen solchen überhaupt geben kann, müssen alle Waren etwas Gemeinsames haben, dessen Natur und Ursprung es dann aufzudecken gilt. Da dieses Element nicht in ihren so verschiedenen und inkommensurablen Gebrauchswerten liegen kann, bleibt nur eine Eigenschaft übrig, die ihnen gemeinsam ist, nämlich diejenige, daß sie alle Arbeitsprodukte sind. Damit ist die Natur des Werts, seine «Substanz» enthüllt: Es ist festgeronnene, materialisierte, kristallisierte menschliche Arbeit. Marx hat also keine ideelle, logische «Deduktion» des Wertbegriffs ausgehend vom Warenbegriff vorgenommen, und es genügt, wenn wir daran erinnern, mit welchem Nachdruck er noch kurz vor seinem Tod, in den berühmten *Randglossen zu Adolph Wagners ‹Lehrbuch der politischen Ökonomie›*, auf den originalen Charakter seiner Methode hingewiesen hat, um die Bedeutung dieses Punkts zu ermessen:

«De prime abord gehe ich nicht aus von ‹Begriffen›, also auch nicht vom ‹Wertbegriff›, und habe diesen daher auch in keiner Weise ‹einzuteilen›. Wovon ich ausgehe, ist die einfachste gesellschaftliche Form, worin sich das Arbeitsprodukt in der jetzigen Gesellschaft darstellt, und dies ist als ‹*Ware*›» (I, 846 f).

«... meine *analytische* Methode, die nicht von *dem* Menschen, sondern der ökonomisch gegebenen Gesellschaftsperiode ausgeht, (hat) mit der professoraldeutschen Begriffsverknüpfungs-Methode nichts gemein (‹mit Worten läßt sich trefflich streiten, mit Worten ein System bereiten›)...» (I, 849).

Doch setzen wir die Analyse des Werts fort. Wenn dieser seinem Wesen nach materialisierte Arbeit ist, ist es dann nicht vorstellbar, daß sich der Wert der Waren mit der Faulheit oder dem Geschick ihrer Produzenten ändert, d. h. mit den konkreten, individuellen Formen, welche die Arbeit ihrer Verfertigung angenommen hat?

In der Tat ist die Zeit, welche den Wert der Ware bestimmt, die Arbeitszeit, die zu ihrer Verfertigung «gesellschaftlich» notwendig ist, und nicht die Zeit, die konkret und individuell von diesem oder jenem Produzenten verausgabt wird. Die *gesellschaftlich notwendige* Arbeitszeit ist die Arbeitszeit, die erheischt wird, «um irgendeinen Gebrauchswert mit den vorhandenen gesellschaftlich-normalen Produktionsbedingungen und dem gesellschaftlichen Durchschnittsgrad von Geschick und Intensität der Arbeit darzustellen ... Letztere wechselt aber mit jedem Wechsel in der Produktivkraft der Arbeit» (I, 43 f). Es ist also die *durchschnittliche* Quantität der für die Herstellung einer Ware verausgabten Arbeit, die ihren Wert bestimmt. Damit wird verständlich, daß die *konkrete* Arbeit eines bestimmten Produzenten nur in dem Maße Wert produziert, in dem sie sich aus dem Arbeitsaufwand aller anderen im selben Produktionsprozeß stehenden Produzenten zusammensetzt, mit der für diese Produktion gesellschaftlich notwendigen Arbeitszeit übereinstimmt und damit zu einem Element wird, das sich von der Arbeitskraft der gesamten Gesellschaft nicht unterscheidet. «Die gesamte Arbeitskraft der Gesellschaft, die sich in den Werten der Warenwelt darstellt, gilt hier als eine und dieselbe menschliche Arbeitskraft, obgleich sie aus zahllosen individuellen Arbeitskräften besteht» (I, 43). Die Waren, Produkte der Verausgabung jener einen gesellschaftlichen Arbeitskraft – «als Kristalle dieser ihnen gemeinschaftlichen gesellschaftlichen Substanz sind sie Werte – Warenwerte» (I, 42). Die menschliche Arbeit hat also einen Doppelcharakter, einen konkreten und einen abstrakten, je nachdem, ob man sie auf den Gebrauchswert der Waren oder auf den Wert dieser Waren bezieht. Für Marx ist diese Entdeckung theoretisch so wichtig, daß er schreibt:

«Diese zwieschlächtige Natur der in der Ware enthaltenen Arbeit ist zuerst von mir kritisch nachgewiesen worden. Da dieser Punkt der Springpunkt ist, um den sich das Verständnis der politischen Ökonomie dreht, soll er hier näher beleuchtet werden» (I, 46).

Wenn man diese Einschätzung von Marx über sein Werk ernst nimmt, muß man daraus schließen, daß er der Ansicht war, der Werttheorie der klassischen Ökonomen durch den Doppelcharakter der menschlichen Arbeit das hinzuzufügen, was ihr noch fehlte, um einige theoretisch grundlegende Probleme korrekt stellen und lösen zu können. Obwohl seit W. Petty und A. Smith die menschliche Arbeit als der Ursprung und die Substanz des Warenwerts angesehen wurde, erkannte man nicht (mit Ausnahme einiger Vorahnungen[2]), daß die Arbeit nur dann den Wert der Waren bildet, wenn sie abstrakte, gesellschaftlich notwendige Arbeit wird. Marx ist sich demnach bewußt, daß er der Werttheorie zu einem Sprung nach vorn verholfen hat, was ihm erlaubt, «zu leisten, was von der bürgerlichen Ökonomie nicht einmal versucht ward, nämlich die Genesis der Geldform nachzuweisen» (I, 53). Nun wird aber – und hier kommen wir zum eigentlichen Punkt unserer Untersuchung – diese Genesis gleichzeitig den Fetischcharakter, den rätselhaften Charakter einer jeden Ware und damit auch des Geldes entschleiern. Was heißt es, die Genesis der «Geldform» nachzuweisen? Es heißt «die Entwicklung des im Wertverhältnis der Waren enthaltenen Wertausdrucks von seiner einfachsten unscheinbarsten Gestalt bis zur blendenden Geldform zu verfolgen. Damit verschwindet zugleich das Geldrätsel» (I, 53).

Um die Genesis des Geldes nachzuweisen, wird Marx also untersuchen, auf welche Weise der Wert einer Ware erscheint, die *Form*, in der ihr Inhalt (die *abstrakte* menschliche Arbeit) und ihre Größe (die *gesellschaftlich* notwendige Arbeit) sich *manifestieren*.

Der Wert einer Ware kann nun aber niemals in Erscheinung treten, wenn man diese Ware isoliert, abseits aller anderen betrachtet. In diesem Fall ist einzig der Gebrauchswert dieser Ware erkennbar, nämlich daß sie ein nützlicher Gegenstand ist. Damit ihr Wert erkennbar werde, muß sie sich gegen andere Waren austauschen lassen. Wenn sie mit diesen Waren in ein Austauschverhältnis tritt, findet ihr eigener Wert in *jenem Verhältnis* eine *Form*, die sie ausdrückt. Dieses Verhältnis, diese Form stellt ihren «Tauschwert» dar. Der «Tauschwert» einer Ware ist die «eigne Erscheinungsform» ihres Werts, «eine selbständige Darstellungsweise des in der Ware enthaltenen Werts» (d. h. des in ihr kristallisierten gesellschaftlichen Arbeitsaufwands), aber dieser «Tauschwert» ist nicht der «Wert» dieser Ware.

Diese Unterscheidung zwischen Wert und Tauschwert wird von Marx-Kommentaren oft ignoriert, und dennoch ist sie wesentlich.

«Für mich (ist) der ‹Wert› einer Ware weder ihr Gebrauchswert, noch ihr Tauschwert» (I, 846; *Randglossen zu A. Wagner*).

Der «Tauschwert» einer Ware ist das Wertverhältnis, das sich mittels des Austauschs dieser Ware gegen andere Waren herstellt. Dieses Verhältnis *schafft* nicht den «Wert» dieser Ware, denn dieser Wert entsteht im Produktionsprozeß der Ware und nicht im Prozeß ihrer Zirkulation unter Produzenten. Die Zirkulation schafft keinen Wert. Dieser *existiert* bereits, bevor die Waren zirkulieren. Wenn sie zirkulieren, also ausgetauscht werden, treten sie in Wertverhältnisse ein, die ihrem Wert entsprechen oder nicht. Sie können z. B. zu einem Preis verkauft werden, der ihren Wert übersteigt.[3]

Analysieren wir also das Austauschverhältnis zweier Waren, denn dies ist das Verhältnis, welches die «Erscheinungsform» des Werts und den Ausgangspunkt für die Genesis des Geldes bildet. Nehmen wir den einfachsten Fall, den einer Ware A (Leinwand), die gegen eine Ware B (Röcke) in einer bestimmten Proportion ausgetauscht wird: $xA = yB$, 20 Ellen Leinwand = 1 Rock. Der Wert von A *drückt sich* also in einer bestimmten Menge von B aus. Sie drückt sich «relativ» zu B aus, und B befindet sich ihr gegenüber in der Form eines «Äquivalents». Mithin drückt sich der Wert von A in zwei Formen aus, einer relativen und einer äquivalenten. Wenn man die Gleichung umkehrt, wird A zur Äquivalentform von B. In diesem «Ausdrucksverhältnis» spielt also jede Ware eine verschiedene Rolle, jedoch korrelativ zur Rolle der anderen (eine Ware kann nicht ihr eigenes Äquivalent sein). Somit drückt sich in diesem Verhältnis nur der Wert *einer* Ware aus. Die zweite Ware, die die Rolle des Äquivalents spielt, liefert nur «dem Wertausdruck anderer Ware das Material» (I, 54). Sie spielt eine «passive» Rolle (I, 53).

Wie kann in diesem Verhältnis zweier Waren «das Geheimnis *aller* Wertform» stecken, also das des Fetischcharakters der Ware und des Geldes? Um dies zu verstehen, müssen wir die beiden Pole dieses Ausdrucksverhältnisses, die relative Wertform und die Äquivalentform, näher analysieren. Dieses Verhältnis, das den Rock zum Äquivalent der Leinwand macht, drückt also den Wert der Leinwand im Gebrauchswert des Rocks aus. Die Leinwand weben und einen Rock schneidern sind nun aber zwei *verschiedenartige* konkrete Formen der Arbeit. Sobald der Rock als Äquivalent der Leinwand gesetzt wird, wird die in B enthaltene Arbeit der in A enthaltenen Arbeit gleichgesetzt. Damit werden die beiden konkreten Formen von Arbeit auf gleiche, abstrakt menschliche Arbeit reduziert.

Indem sich der Wert von A in einem *andersartigen* Gebrauchsgegenstand, nämlich B, ausdrücken kann, macht die «relative Wertform» von A die Tatsache sichtbar, daß der Wert nicht eine Eigenschaft der ausgetauschten *Dinge* ist, sondern eine *gesellschaftliche Realität*, die zu ihrer Verfertigung gesellschaftlich notwendige Arbeit.

Indem hingegen in dem einfachen Verhältnis $xA = yB$ die Ware A ihren Wert «ausdrückt» und B braucht, um ihn auszudrücken, scheint es, als besitze die Ware *von Natur aus* die Fähigkeit, den Wert einer jeden Ware auszudrücken. Somit erscheint jede Ware, sobald sie die Rolle eines Äquivalents spielt, *in sich* die Fähigkeit zu haben, den Wert der anderen Waren zu messen. Die «Äquivalentform» einer Ware verschleiert also das Wesen des Werts, der eine gesellschaftliche Realität ist, menschliche Arbeit, und macht diesen Wert zu einer Eigenschaft der Dinge, womit sie den Fetischcharakter der Waren schafft und sie in *Rätsel* verwandelt.

«Daher das Rätselhafte der Äquivalentform, das den bürgerlich rohen Blick des politischen Ökonomen erst schlägt, sobald diese Form ihm fertig gegenübertritt im Geld ... Er ahnt nicht, daß schon der einfachste Wertausdruck, wie 20 Ellen Leinwand = 1 Rock, das Rätsel der Äquivalentform zu lösen gibt» (I, 63).

Letztlich entspringt die «Wertform» der Waren aus der Natur der Ware selbst. Weil jede Ware im Grunde ein Doppeltes ist und den Gegensatz von Gebrauchswert und Wert in sich enthält, *braucht* sie das Verhältnis zweier Waren (von denen die eine nur als Gebrauchswert, die andere nur als Tauschwert gilt) um ihr Wesen *sichtbar zu machen.* Aber das Wesen des Werts selbst verschwindet mit seiner Erscheinungsweise. Der Wert, die gesellschaftliche, also abstrakte menschliche Arbeit, eine gesellschaftliche und nicht materielle Realität, kann sich nur in einer From ausdrücken, «der Äquivalentform», die ihn verhüllt und ihn als eine natürliche Eigenschaft der Dinge erscheinen läßt.

Diese Wertform aber ist erst in einer historisch bestimmten Entwicklungsepoche der Gesellschaft in Erscheinung getreten, als nämlich die Warenproduktion entstand und sich mit jener fortentwickelt hat. Während ursprünglich, in den primitiven Gesellschaften, der Warenaustausch nur zufällig sein konnte und die Wertform nur in dem einfachen Verhältnis einer Ware zu einer anderen bestand, $xA = yB$, konnte in einem späteren Stadium, in dem Maße, wie die Anzahl der Waren wuchs, die Wertform eine entwickelte Form annehmen, wobei sich der Wert von A in einer großen Zahl von Äquivalentformen ausdrückte: $xA = yB$, $xA = zC$, $xA = vD$ usw. Dies trifft z. B. für das Vieh zu, das in einigen Gesellschaften gegen andere Waren ausgetauscht werden kann, während diese sich nicht untereinander austauschen lassen.

In einem noch vorgerückteren Stadium der Warenproduktion ist es dann möglich und notwendig geworden, daß alle produzierten Waren ihre jeweiligen Werte in ein und demselben Äquivalent ausdrücken. *Eine einzige* Ware ist zur allgemeinen Äquivalentform des Werts aller anderen Waren geworden. Von nun an finden die gesellschaftliche Arbeit und die Warenwelt die Einheit von Form und Ausdruck, die den vorhergehenden Stadien fehlten.

«Die spezifizierte Warenart nun, mit deren Naturalform die Äquivalentform gesellschaftlich verwächst, wird zur Geldware oder funktioniert als Geld. Es wird ihre spezifisch gesellschaftliche Funktion, und daher ihr gesellschaftliches Monopol, innerhalb der Warenwelt ...» (I, 75).

Historisch haben die Edelmetalle dieses Monopol erobert und sind Geldwerte geworden. Und damit wurde der relative Wertausdruck der Waren im Geld zum «Preis» dieser Waren.

Mit dem Auftauchen des Geldes wird der «falsche Schein», den die Äquivalentform dem «Wert» der Waren verleiht, endgültig befestigt.

«Eine Ware scheint nicht erst Geld zu werden, weil die anderen Waren allseitig ihre Werte in ihr darstellen, sondern sie scheinen umgekehrt allgemein ihre Werte in ihr darzustellen, weil sie Geld ist. Die *vermittelnde Bewegung verschwindet in ihrem eignen Resultat und läßt keine Spur zurück.* Ohne ihr Zutun finden die Waren ihre eigne Wertgestalt fertig vor als einen außer und neben ihnen existierenden Warenkörper. Diese Dinge, Gold und Silber, wie sie aus den Eingeweiden der Erde herauskommen, sind zugleich die unmittelbare Inkarnation aller menschlichen Arbeit. *Daher die Magie des Geldes*» (I, 98 f, Hervorhebungen von M. G.).

Damit vollendet sich die ideelle Genesis des Geldes, eine Genesis, die sein Geheimnis vollständig lüftet. Worin besteht diese «Genesis»? Auch hier scheinen uns einige epistemologische Bemerkungen vonnöten. Wiederum ist Marx nicht von einem Begriff ausgegangen, sondern von einer praktischen Tatsache, nämlich dem Austauschverhältnis der Waren, d. h. von der gesellschaftlichen Form, in der sich der Wert jedweder Ware ausdrückt. Um mit einer Analyse zu beginnen, hat er die *einfachste* Form dieses Verhältnisses *gewählt,* das Verhältnis nur zweier Waren, und er hat die verschiedenartige *Funktion* erkannt und definiert, welche jede dieser beiden Waren innerhalb des Verhältnisses hat. Um diese Funktionen zu analysieren, hat er die theoretischen Resultate seiner bisherigen Untersuchung verwandt, einerseits die Definition der Natur des Werts, eine Kenntnis, die schon die Klassiker erworben hatten, und andererseits seine eigene Entdeckung vom Doppelcharakter der Arbeit. Sodann hat er die Entwicklung der Wertform verfolgt, vom einfachen Verhältnis zweier Waren bis hin zum komplexen aller Waren untereinander.

Eine Veränderung des Austauschverhältnisses tritt auf, wenn der Warenaustausch sich verallgemeinert und eine komplexe Form annimmt. Die «Äquivalentform» nimmt Geldform an. Diese Verwandlung entspricht den *inneren* Notwendigkeiten der Entwicklung der Warenproduktion. Damit der Warenaustausch sich verallgemeinern kann, muß die Äquivalentform des Warenwerts eine allgemeine, d. h. *einheitliche* Form für die Gesamtheit aller Waren annehmen.

Die Verwandlung des Austauschverhältnisses der Waren, das einem verallgemeinerten Stadium des Warenaustauschs entspricht, führt also zur *Spezialisierung einer einzigen* Kategorie von Waren auf die Funktion eines allgemeinen Äquivalents für den Wert aller anderen Waren. Der größeren Komplexität der Strukrur des Warenaustauschs entspricht die Spezialisierung eines der Elemente dieser Struktur.

Am Ende dieser Analyse sind somit die Begriffe «Geld» und «Preis» wissenschaftlich definiert und konstruiert.

Diese abstrakte Analyse der Verwandlung der «Wertformen» enthüllt also *unmittelbar* den *historischen* Charakter der Begriffe, zu denen sie führt, der ökonomischen Kategorien von Geld, Preis usw. Diese Verwandlungen erscheinen als die inneren Bedingungen (d. h. als eine Wirkung und zugleich eine Ursache) für die Entwicklung der Warenproduktion innerhalb bestimmter Gesellschaften in einer bestimmten Geschichtsepoche und entsprechen den sukzessiven Stadien dieser Entwicklung – vom zufälligen Austausch zwischen primitiven Gemeinschaften bis hin zum Auftauchen von Gold- und Silbermünzen im orientalischen oder europäischen Altertum. Die Reihenfolge des Auftauchens und der Definition der Begriffe entspricht in diesem Fall der Reihenfolge des Auftauchens von immer komplexeren Warenverhältnissen in der Geschichte gewisser Gesellschaften. Damit zeigt und beweist die analytische Methode von Marx den historischen Charakter sowohl der *Realitäten*, die das Denken analysiert, als auch der *Begriffe*, die dieses Denken konstruiert, um sie zu erklären. Die Marxsche Methode beraubt also das theoretische Denken jeder Möglichkeit, sich *spekulativ* in seinen eigenen ideellen Produkten zu *entfremden*, indem es sie, sei's als ideelle, geschichtslose Realitäten, sei's als Ideale setzt, die auf eine ihrerseits geschichtslose Realität verweisen. Wir kommen auf diesen Punkt noch zurück.

Das allgemeine Ergebnis der Marxschen Analyse besteht also darin, daß sie den absurden, fremdartigen Charakter der spontanen Vorstellungen der Individuen aufzeigt, die in Warengesellschaften leben, und den falschen Schein, die Pseudo-«Evidenzen» zerstört (wie auch die entwickelteren Vorstellungen der «Vulgärökonomen», die sich darauf beschränken, die spontanen Vorstellungen aufzugreifen und zu «systematisieren»):

«Eine Ware scheint auf den ersten Blick ein selbstverständliches, triviales Ding. Ihre Analyse ergibt, daß sie ein sehr vertracktes Ding ist, voll metaphysischer Spitzfindigkeiten und theologischer Mucken» (I, 76). Diese Komplexität und dieses Geheimnis entspringen weder dem Gebrauchswert der Waren noch ihrem Charakter als Arbeitsprodukte. In einer gegebenen Gesellschaft ist die «Nützlichkeit» der Waren eine einleuchtende Sache, und in jeder Gesellschaft interessieren sich die Menschen für die Zeit, die zur Herstellung der Gegenstände, die sie benützen, notwendig ist. Komplexität und Geheimnis entspringen einzig und allein aus der Erscheinungsweise des Warenwerts, aus der gesellschaftlichen «Form», in der er erscheint, wenn diese Waren in ein wechselseitiges Austauschverhältnis treten.

«Dagegen hat die Warenform und das Wertverhältnis der Arbeitsprodukte, worin sie sich darstellt, mit ihrer physischen Natur und den daraus entspringenden dinglichen Beziehungen absolut nichts zu schaffen. Es ist nur das bestimmte gesellschaftliche Verhältnis der Menschen selbst, welches hier für sie *die phantasmagorische Form eines Verhältnisses von Dingen* annimmt. Um daher eine Analogie zu finden, müssen wir in die Nebelregion der religiösen Welt flüchten. Hier scheinen die Produkte des menschlichen Kopfes *mit eigenem Leben begabte, unter-*

einander und mit den Menschen in Verhältnis stehende selbständige Gestalten. So in der Warenwelt die Produkte der menschlichen Hand. Dies nenne ich den *Fetischismus,* der den Arbeitsprodukten anklebt, sobald sie als Waren produziert werden, und der daher von der Warenproduktion unzertrennlich ist» (I, 87, Hervorhebungen von M. G.).

Seinem Wesen nach besteht der Fetischismus der Warenwelt also darin, daß die Erscheinungsform des Werts die Eigenschaft ist, das wirkliche Wesen des Werts zu *verschleiern* und genau sein *Gegenteil zu zeigen.* Nicht der Mensch also täuscht *sich* über die Realität, sondern die Realität täuscht *ihn,* indem sie notwendig in einer Form erscheint, die sie verschleiert und sie dem *spontanen* Bewußtsein der Individuen, die in der Warenwelt leben, verkehrt herum zeigt. Diese verkehrte Erscheinungsweise bildet damit *den notwendigen Ausgangspunkt* der Vorstellungen, die die Individuen spontan von ihren ökonomischen Verhältnissen haben. Diese Vorstellungen und die ideologischen Entwicklungen, die sie befestigen und die sowohl die Vulgärökonomen wie andere Arten von Ideologen produzieren, bilden im Bewußtsein der Individuen einen *mehr oder weniger kohärenten Bereich von spontanen Phantasmagorien und Illusionen bezüglich der gesellschaftlichen Realität,* in der sie leben. Und so wird verständlich, daß diese illusorischen Vorstellungen und spontanen Begriffe keinesfalls der Ausgangspunkt für die wissenschaftliche Analyse dieser gesellschaftlichen Realität sein können. Der Fetischcharakter der Waren hat seine Ursache also nicht in der Entfremdung des Bewußtseins, sondern in der Verschleierung der gesellschaftlichen Verhältnisse in ihren Erscheinungsformen im Bewußtsein. Der Fetischismus der Ware ist nicht das besondere, subjektive Produkt einer individuellen Geschichte, sondern das allgemeine und objektive Produkt einer kollektiven Geschichte, derjenigen der Gesellschaft. Da seine Grundlage außerhalb des Bewußtseins existiert, nämlich in der objektiven Realität der historisch bestimmten gesellschaftlichen Verhältnisse, kann dieser Fetischismus auch nur zusammen mit diesen gesellschaftlichen Verhältnissen verschwinden. Die wissenschaftliche Entdeckung, «daß die Arbeitsprodukte, soweit sie Werte, bloß sachliche Ausdrücke der in ihrer Produktion verausgabten menschlichen Arbeit sind, macht Epoche in der Entwicklungsgeschichte der Menschheit, aber *verscheucht keineswegs den gegenständlichen Schein* der gesellschaftlichen Charaktere der Arbeit ..., erscheint, *vor wie nach* jener Entdeckung, den in den Verhältnissen der Warenproduktion *Befangenen* ebenso endgültig, als daß die wissenschaftliche Zersetzung der Luft in ihre Elemente die Luftform als eine physikalische Körperform fortbestehn läßt» (I, 80, Hervorhebungen von M. G.).

Die wissenschaftliche *Kenntnis* von der Struktur der Warenverhältnisse *tilgt* also nicht das spontane Bewußtsein, das die Individuen von diesen Verhältnissen haben (nicht einmal beim Forscher). Sie modifiziert gewiß die Rolle und die Auswirkungen jenes Bewußtseins auf ihr Verhalten, aber sie beseitigt es nicht. Um es zu zerstören, bedarf es einer gesellschaftlichen Revolution, die mit der Entwicklung der Produktivkräfte selbst zusammenhängt, eine Entwicklung und Revolution, die das Funktionieren der kapitalistischen Produktionsweise selbst möglich und notwendig macht, die historisch entwickeltste Form der Warenproduktion, die «vollendete» Form dieser Produktion, weil hier auch die menschliche Arbeitskraft zur Ware geworden ist.[4]

«Alle Gesellschaftsformen, soweit sie es zur Warenproduktion und Geldzirkulation bringen, nehmen an dieser Verkehrung teil. Aber in der kapitalistischen Produktionsweise und beim Kapital, welches ihre herrschende Kategorie, ihr bestimmendes Produktionsverhältnis bildet, entwickelt sich diese verzauberte und verkehrte Welt noch viel weiter» (III, 881).

Welches sind nun diese Weiterentwicklungen? Wir werden sie hier nur sehr schematisch vorstellen, da wir sonst tief in die Analysen des *Kapital* einsteigen müßten.

Kapital ist in erster Linie Geld (d. h. das allgemeine Äquivalent für den Wert der Waren). Aber nicht jedes Geld ist Kapital. Damit das Geld *als Kapital funktionieren kann,* muß es Profit abwerfen. In der einfachen Warenzirkulation wird eine Ware W_1 gegen Geld verkauft, und dieses Geld dient dazu, eine andere Ware zu erwerben. Am Ende dieses Prozesses (W_1–G–W_2) ist das Geld endgültig *ausgegeben* und wurde als bloßes Zirkulationsmittel für die Waren W_1 und W_2 verwendet. In der Zirkulation des Geldes als Kapital wird eine Menge Geld G_1 «vorgeschossen», um eine Ware zu kaufen, die dann wieder verkauft wird. Am Ende dieses Prozesses (G_1–W–G_2) befindet sich eine Menge Geld G_2 in Händen des Besitzers von G_1, derart, daß G_2 der ursprünglich vorgeschossenen Summe plus einem Überschuß, einem Mehrwert gleichkommt: $G_2 = G_1 + \triangle G$. Somit hat sich in diesem Prozeß der vorgeschossene Wert nicht nur erhalten, sondern sich auch *verwertet,* das Geld hat sich in Kapital verwandelt. In der einfachen Warenzirkulation verkauft der Besitzer von Waren diese nur deshalb, um sich die Waren W_2 zu beschaffen, deren er bedarf und die er nicht produziert. Die einfache Warenzirkulation dient also nur als Mittel zur Erreichung eines Ziels, das außerhalb ihrer liegt, nämlich der Aneignung von nützlichen Dingen zur Befriedigung der Bedürfnisse. Die Zirkulation von Geld als Kapital hingegen scheint ihr Ziel in sich selbst zu haben, in der stets von neuem stattfindenden Verwandlung von Geld in Waren und von Waren in Geld:

«Der Wert ... *verwandelt* sich so in ein automatisches Subjekt ... In der Tat aber wird der Wert hier das Subjekt eines Prozesses, worin er unter dem beständigen Wechsel der Formen von Geld und Ware seine Größe selbst verändert, sich als Mehrwert von sich selbst als ursprünglichem Wert abstößt, sich selbst verwertet ... Er hat die *okkulte* Qualität erhalten, *Wert zu setzen*, weil er Wert ist. Er wirft lebendige Junge oder legt wenigstens goldne Eier» (I, 161, Hervorhebungen von M. G.). Wir finden hier dasselbe Vokabular wieder, das schon dazu diente, den Fetischcharakter der Ware zu beschreiben. Dieser Charakter, der im Geld seine komplexeste Form gefunden hatte, vollendet nun seine Entwicklung, denn sobald das Geld als Kapital funktioniert, scheint es nicht nur in sich selbst die Eigenschaft zu besitzen, Wert zu sein, sondern auch diejenige, sich zu *verwerten*, sich selbst zu erzeugen.

«Im Verhältnis von Kapital und Profit, d. h. von Kapital und dem Mehrwert ..., erscheint das Kapital als Verhältnis zu sich selbst, ein Verhältnis, worin es sich als ursprüngliche Wertsumme von einem, von ihm selbst gesetzten Neuwert unterscheidet. Daß es diesen Neuwert während seiner Bewegung durch den Produktionsprozeß und den Zirkulationsprozeß erzeugt, *dies ist im Bewußtsein*. Aber wie dies geschieht, das ist nun *mystifiziert* und scheint *von ihm selbst zu kommenden, verborgnen* Qualitäten herzustammen» (III, 68 f, Hervorhebungen von M. G.).

Das grundlegende wissenschaftliche Problem für die Erklärung und das Funktionieren der kapitalistischen Produktionsweise besteht also darin, den Ursprung und die Natur des Mehrwerts zu erklären.

Damit sich das Geld in Kapital verwandelt, also verwertet, muß es auf dem Markt eine Ware kaufen können, welche die Eigenschaft hat, Wert zu schaffen, wenn man sie benutzt. Eine solche Ware gibt es; es ist die Arbeitskraft. Aber damit sich die Arbeitskraft auf dem Markt als eine zu verkaufende Ware feilbieten kann, bedarf es ganz besonderer, einzigartiger historischer Voraussetzungen. Die Produzenten müssen von den Produktionsmitteln getrennt sein und dürfen kein Geld haben, um sie zu kaufen. Sie müssen also sowohl *gezwungen* sein, ihre Arbeitskraft an die Besitzer der Produktionsmittel und des Geldes zu verkaufen, als auch in ihrer Person *frei* sein (andernfalls würden sie mit ihrer Arbeitskraft auch ihre Person verkaufen und wären Sklaven und nicht Lohnarbeiter). Diese Voraussetzungen sind nach und nach in verschiedenen europäischen Ländern seit dem 15. Jahrhundert realisiert worden, während der sogenannten primitiven Akkumulationsphase des Kapitals, die zugleich die Phase war, in der die feudale Wirtschaftsstruktur sich auflöste und die für das kapitalistische System konstitutiven Elemente entstanden. Die Grundlage dieser Entwicklung war die Expropriation der Bauern. Das Geld wurde also erst dann zu Kapital⁵, als sich im Prozeß der Warenproduktion ein neues gesellschaftliches Verhältnis, das zweier Gesellschaftsklassen, der Kapitalisten und der Arbeiter, hergestellt hatte. Das Kapital ist also, nach der berühmten Formel, nicht das, was es scheint, «ein Ding, sondern ein *gesellschaftliches Verhältnis* zwischen Personen, das sich mittels der Dinge herstellt». Ein weiteres Mal enthüllt sich der sowohl gesellschaftliche wie historische Charakter der ökonomischen Kategorien (hier die des Kapitals, des Mehrwerts, des Lohns) in der Marxschen Analyse, ihrer «Genesis»:

«Die Natur produziert nicht auf der einen Seite Geld- oder Warenbesitzer und auf der andren bloße Besitzer der eignen Arbeitskräfte. Dies Verhältnis ist kein naturgeschichtliches und ebensowenig ein gesellschaftliches, das allen Geschichtsperioden gemein wäre. Es ist offenbar selbst das Resultat einer vorhergegangenen historischen Entwicklung, das Produkt vieler ökonomischer Umwälzungen, des Untergangs einer ganzen Reihe älterer Formationen der gesellschaftlichen Produktion» (I, 177).

Da das Kapital dem Wesen nach ein gesellschaftliches Verhältnis ist, das des Kapitalisten und des Arbeiters, wie kann innerhalb dieses Verhältnisses der Mehrwert entstehen? Was der Kapitalist vom Arbeiter gegen einen Lohn kauft, ist der Gebrauch seiner Arbeitskraft. Diese ist also eine Ware, deren Wert sich, wie der einer jeden Ware, nach der zu ihrer Herstellung gesellschaftlich notwendigen Arbeitszeit bemißt, d. h. zur Herstellung der materiellen Mittel, die ihre Erzeugung und Unterhaltung erheischen. Wenn der Arbeiter arbeitet, d. h. wenn er seine Arbeitskraft im Dienst des Kapitalisten verausgabt, schafft er nicht nur das Äquivalent des Werts, den sein Lohn darstellt, sondern auch zusätzlichen Wert, der ihm nicht bezahlt wird. Diese *nicht bezahlte* Arbeit, dieser zusätzliche Wert, bildet den Ursprung und das Wesen des Mehrwerts. Das Verhältnis Kapitalist – Arbeiter erweist sich somit unmittelbar als ein Verhältnis der Ausbeutung des Menschen durch den Menschen, einer Ausbeutung, die der Lohn verschleiert:

«Auf dieser Erscheinungsform, die das *wirkliche Verhältnis unsichtbar macht* und grade *sein Gegenteil zeigt*, beruhn alle Rechtsvorstellungen des Arbeiters wie des Kapitalisten, alle Mystifikationen der kapitalistischen Produktionsweise» (I, 565 f, Hervorhebungen von M. G.).

In der Praxis sieht es für die Kapitalisten wie für die Arbeiter tatsächlich so aus, als würde der Lohn die gesamte vom Arbeiter gelieferte Arbeit bezahlen (zum Lohn kommen Prämien, Überstunden usw. hinzu). Der Lohn verleiht also der nicht bezahlten Arbeit den Schein von bezahlter Arbeit, und dementsprechend läßt er notwendig den Profit als das Produkt des Kapitals erscheinen. Der Profit ist nur eine Form des Mehrwerts, «eine Form, worin sein Ursprung und das Geheimnis seines Daseins verschleiert und ausgelöscht ist» (III, 68).[6] Jede Gesellschaftsklasse scheint somit aus der Warenproduktion und der Warenzirkulation das Einkommen zu ziehen, auf das sie Anspruch hat. Die ökonomischen Kategorien von Lohn, Profit, Kapitalzins, Rente drücken die sichtbaren Beziehungen der täglichen Geschäftspraxis aus und sind als solche von *pragmatischem Nutzen*, haben aber keinerlei wissenschaftli-

chen Wert. Während die Warenzirkulation keinen Wert *schafft*, sondern ihn *realisiert*, und sich durch diese Zirkulation der im Produktionsprozeß geschaffene Mehrwert unter die verschiedenen Spielarten
von Kapitalisten *aufteilt* (Industrielle, Finanziers, Grundeigentümer) und die Formen von Unternehmerprofit, Zins oder Grundrente
annimmt, geht scheinbar alles so vor sich, *als ob* das Kapital, die Arbeit
und der Boden selbständige Quellen von Wert seien und sich summier-
ten, sich vereinigten, um den Wert der Waren zu bilden. Der Schein
der ökonomischen Verhältnisse verschleiert ihr Wesen und widerspricht ihm:
«Die fertige Gestalt der ökonomischen Verhältnisse, wie sie sich auf
der Oberfläche zeigt, in ihrer realen Existenz, und daher auch in den
Vorstellungen, worin die Träger und Agenten dieser Verhältnisse sich
über dieselben klar zu werden suchen, sind sehr verschieden von, und
in der Tat verkehrt, gegensätzlich zu ihrer *innern, wesentlichen, aber
verhüllten Kerngestalt* und dem ihr entsprechenden Begriff» (III, 235,
Hervorhebungen von M. G.).
«[Es ist] die *verzauberte, verkehrte* und auf den Kopf gestellte Welt,
wo Monsieur le Capital und Madame la Terre als soziale Charaktere
und zugleich unmittelbar als bloße Dinge ihren Spuk treiben. Es ist das
große Verdient der klassischen Ökonomie, diesen falschen Schein und
Trug, diese *Verselbständigung* und Verknöcherung der verschiednen
gesellschaftlichen Elemente des Reichtums gegeneinander, diese *Personifizierung der Sachen und Versachlichung* der Produktionsverhältnisse, diese Religion des Alltagslebens aufgelöst zu haben ... Dennoch
bleiben selbst die besten ihrer Wortführer, wie es vom bürgerlichen
Standpunkt nicht anders möglich ist, mehr oder weniger in der von ihnen kritisch aufgelösten Welt des Scheins befangen ... Es ist dagegen
andrerseits ebenso natürlich, daß die wirklichen Produktionsagenten in
diesen entfremdeten und irrationellen Formen von Kapital – Zins, Boden – Rente, Arbeit – Arbeitslohn, sich völlig zu Hause fühlen, und es
sind eben die Gestaltungen des Scheins, in welchem sie sich bewegen und
womit sie täglich zu tun haben» (III, 884 f, Hervorhebungen von M. G.).
Diese wichtige Passage schließt unsere Analyse über den Begriff des
Fetischismus bei Marx ab und beendet unsere Darlegung des notwendigen Bandes, das die Analyse der Ware, mit der das Werk von Marx an-
hebt, mit der Analyse des Profits, des Zinses und der Rente verknüpft,
die es beschließt. Zwischen diesen Extremen liegt das fundamentale
Zwischenglied, die Analyse der «Kapitalform» des Geldes und die Entdeckung des wahren Wesens des Arbeitslohns und des Mehrwerts, d. h.
des wahren Wesens der kapitalistischen Produktionsverhältnisse.[7]
Als ein Produkt der Geschichte, als ein Merkmal der Erscheinungsweise der gesellschaftlichen Verhältnisse bestimmter Gesellschaften, in denen sich die Warenproduktion entwickelt hat, als eine kollektive Illu-

sion, die sich spontan im Bewußtsein der Mitglieder dieser Gesellschaften einnistet und die, da ihre Grundlage nicht in deren Bewußtsein liegt, nur zusammen mit den gesellschaftlichen Verhältnissen verschwinden kann, die sie erzeugen, bildet der Fetischismus der Ware und aller gesellschaftlichen Formen, die sich aus ihr entwickelt haben, Geld, Kapital, Zins, Arbeitslohn usw., den Brennpunkt eines Universums mythischer Vorstellungen, die einen irrationalen Glauben an die magischen Kräfte der Dinge nähren oder bei den Individuen zu magischen Verhaltensweisen führen, womit sie sich die okkulten Mächte dieser Dinge verschaffen wollen. Am Ende der sezierenden Analyse von Marx erweist sich die alltägliche Welt der ökonomischen Begriffe und Verhaltensweisen der Mitglieder der kapitalistischen Gesellschaft, sei's in spontaner oder von den Vulgärökonomen systematisierter Form, jene scheinbar rationale Welt, die in jedem Augenblick von der «Rationalität» der kapitalistischen Gesellschaft und ihres Wirtschaftssystems zu zeugen scheint – diese Welt erweist sich als eine absurde Welt von Mythen und irrationalen Illusionen, beherrscht von Fetischen, die angebetet werden. Nach der einzigartigen Formulierung von Marx enthüllt sich diese praktische und ideologische Welt als die «Religion des Alltagslebens» der Individuen, die in der bürgerlichen Gesellschaft leben. Man kann sich fragen, ob sich diese mythischen Vorstellungen, diese spontan magisch-religiösen Verhaltensweisen überhaupt von denen unterscheiden, die man in den «primitiven» Gesellschaften findet, und nicht vielmehr dieselben Funktionen erfüllen, die dort dazu dienen, die Verwandtschaftsverhältnisse, das Inzestverbot, den Ursprung der Pflanzen, Tiere, Techniken, der Arbeitsteilung der Geschlechter usw. auf illusorische Weise zu «erklären» und zu «rechtfertigen». Vielleicht ist alles in allem *das wilde Denken* nichts anderes als das Denken im spontanen Zustand, im wilden Zustand, demjenigen, in dem sich die sichtbare Bewegung der gesellschaftlichen Verhältnisse unmittelbar widerspiegelt. Dann versteht man, daß das wissenschaftliche Denken nichts anderes als eben dieses, von der Geschichte belehrte, vom Menschen sozusagen domestizierte Denken ist[8], das zum Wesen der Dinge hinführt, indem es sich von ihrem Schein abwendet, um später zurückzukehren und ihn, ausgehend von dem inneren Verhältnis der Dinge, ihrem inneren Zusammenhang zu erklären.[9] Und in dieser Bewegung der Rückkehr lösen sich der falsche Schein der Dinge, die Illusionen des spontanen, nicht wissenschaftlichen Bewußtseins der Welt auf. Man könnte dieses Vorgehen mit dem von Freud vergleichen, der hinter den verschiedenen Formen der Fehlleistung, des Traums und der Geisteskrankheit eine wirkende und strukturierte Realität entdeckte: das Unbewußte.

Schließlich ist der letzte Fetisch, der ausgetrieben werden muß, der letzte Mythos, der zerstört werden muß, die dogmatische Illusion, daß die wissenschaftliche Erkenntnis nur vom Genie einiger großer Denker abhängig sei, Aristoteles, Marx oder Freud. Wir wollen nur an die Huldigung erinnern, die Marx im *Kapital* Aristoteles zuteil werden ließ. In der *Nikomachischen Ethik* (I, 5) hat Aristoteles seine Analyse des Wertverhältnisses der Waren untereinander (in diesem Fall: fünf Polster = ein Haus = soundso viel Geld) mit folgenden Worten beschlossen:

«Der Austauch kann nicht sein ohne die Gleichheit, die Gleichheit aber nicht ohne die Kommensurabilität ... Es ist aber in Wahrheit unmöglich, daß so verschiedenartige Dinge kommensurabel seien.»

Die Behauptung ihrer Gleichheit erschien ihm also als etwas der wahren Natur der Dinge Fremdes. Was Aristoteles nicht zu erkennen vermochte, ist, daß so verschiedenartige Dinge wie ein Haus und ein Polster von gleichem Wesen sein können, nämlich als gleiche Quantitäten ein und derselben Realität: der zu ihrer Herstellung gesellschaftlich notwendigen Arbeit, gleiche Verausgabung abstrakter, gleicher menschlicher Arbeit. Und Marx fügt hinzu:

«Daß aber in der Form der Warenwerte alle Arbeiten als gleiche menschliche Arbeit und daher als gleichgeltend ausgedrückt sind, konnte Aristoteles nicht aus der Wertform selbst herauslesen, weil die griechische Gesellschaft auf der Sklavenarbeit beruhte, daher die Ungleichheit der Menschen und ihrer Arbeitskräfte zur Naturbasis hatte. Das Geheimnis des Wertausdrucks ... kann nur entziffert werden ... in einer Gesellschaft, worin die Warenform die allgemeine Form des Arbeitsprodukts, also auch das Verhältnis der Menschen zueinander als Warenbesitzer das herrschende gesellschaftliche Verhältnis ist. Das Genie des Aristoteles glänzt grade darin, daß er im Wertausdruck der Waren ein Gleichheitsverhältnis entdeckt. Nur die historische Schranke der Gesellschaft, worin er lebte, verhindert ihn herauszufinden, worin denn ‹in Wahrheit› dies Gleichheitsverhältnis besteht» (I, 65).

Man begreift also, daß die wissenschaftliche Analyse «einen der wirklichen Entwicklung entgegengesetzten Weg» einschlägt (I, 81). Diese geht von einfachen Formen aus (z. B. dem Tauschhandel) und führt zu komplexen Formen (der kapitalistischen Warenproduktion). Die Erkenntnis hingegen kann nur von komplexen Formen ausgehen, um den Inhalt und den Sinn der einfachen Formen zu entdecken; «in der Anatomie des Menschen ist ein Schlüssel zur Anatomie des Affen»[10], das Höhere erklärt das Niedere, unter der Bedingung, daß nicht alle Unterschiede verwischt werden.

Unsere Aufgabe ist es folglich, jenseits des Genies der großen Entdecker, Aristoteles, Marx oder Freud, die wahre Geschichte ihrer Entdeckungen wiederzufinden, damit diese den Fetischcharakter des Dogmas verlieren und uns über sie hinaus führen, noch etwas weiter ins Unsichtbare und Unscheinbare.

Anmerkungen

1 Wir zitieren nach: Karl Marx, ‹Das Kapital›, Dietz Verlag, Berlin 1953.

2 Marx zitiert (I, 44, Fn. 9) eine bemerkenswerte Schrift von 1739 oder 1740, in der es heißt: «Der Wert von Gebrauchsgegenständen, sobald sie gegeneinander ausgetauscht werden, ist bestimmt durch das Quantum der zu ihrer Produktion notwendig erheischten und gewöhnlich angewandten Arbeit» (‹Some Thoughts on the Interest of Money in general, and particularly in the Public Funds etc.›. London, S. 36).

3 Der Preis ist der in Geld ausgedrückte Tauschwert einer Ware. Er kann dem «Wert» dieser Ware entsprechen oder nicht. Vgl. I, 75 f.

4 Vgl. unseren Aufsatz ‹Système, structure et contradiction dans ‚Le Capital‘›, Les Temps modernes, 1966 (im vorl. Band S. 138 ff), in dem wir diese Analyse mit den Schlußfolgerungen Spinozas verglichen haben, für den die Erkenntnis der zweiten Gattung, die mathematische Erkenntnis, diejenige der ersten Gattung, das empirische Wissen der täglichen Erfahrung, nicht aufhebt.

5 Wir lassen das Problem des Ursprungs und der Natur der antediluvianischen Formen des Kapitals (Handels- und Wucherkapital) unberücksichtigt, die Marx im 3. Band untersucht, und behandeln nur das produktive (industrielle und landwirtschaftliche) Kapital.

6 Vgl. auch III, 65: «Die Art, wie mittels des Übergangs durch die Profitrate der Mehrwert in die Form des Profits verwandelt wird, ist jedoch nur die Weiterentwicklung der schon während des Produktionsprozesses vorgehenden Verkehrung von Subjekt und Objekt ... Einerseits wird der Wert, die vergangne Arbeit, die die lebendige beherrscht, im Kapitalisten personifiziert, andrerseits *erscheint* umgekehrt der Arbeiter als bloß gegenständliche Arbeitskraft, als Ware. Aus diesem *verkehrten* Verhältnis *entspringt notwendig* schon im einfachen Produktionsverhältnis selbst *die entsprechende verkehrte Vorstellung,* ein *transponiertes Bewußtsein,* das durch die Verwandlungen und Modifikationen des eigentlichen Zirkulationsprozesses weiterentwickelt wird» (Hervorhebungen von M. G.).

7 Und auf dieses Band weist Marx selbst in einem Brief an Engels vom 24. August 1867 hin: «Das Beste an meinem Buch ist 1. (darauf beruht alles Verständnis der facts) der gleich im Ersten Kapitel hervorgehobne *Doppelcharakter der Arbeit,* je nachdem sie sich in Gebrauchswert oder Tauschwert ausdrückt; 2. die Behandlung des *Mehrwerts unabhängig von seinen besondren Formen* als Profit, Zins, Grundrente etc.»

8 In dieser Perspektive erhellt sich vielleicht die Behauptung von Marx in einem Brief an Kugelmann vom 11. Juli 1868, nach Erscheinen des ersten Buchs des *Kapital:* «Da der Denkprozeß selbst aus den Verhältnissen herauswächst, selbst ein *Naturprozeß* ist, so kann das wirklich begreifende Denken immer nur dasselbe sein, und nur graduell, nach der Reife der Entwicklung, also auch des Organs, womit gedacht wird, sich unterscheiden. Alles andere ist Faselei.»

9 Marx an Engels, 24. August 1867: «... es (hatte) viel Schweiß gekostet, *die Sachen selbst* zu finden, d. h. ihren *Zusammenhang.*»

10 Karl Marx, *‹Grundrisse der Kritik der politischen Ökonomie›.* Dietz Verlag, Berlin 1953, S. 26.

Fetischismus, Religion und allgemeine Theorie der Ideologie bei Marx*

I. Der marxistische Begriff des Warenfetischismus

1. Das Wesen des Warenfetischismus

Dieser Begriff taucht im Denken von Marx keineswegs nur beiläufig auf, und die ihm im *Kapital* gewidmeten Seiten sind durchaus nicht eine Art von «theoretischem Mißgriff» eines Marx, der sich erneut von der Faszination durch alte philosophische Begriffe – Entfremdung, Verdinglichung usw. –, wie sie in den *Manuskripten von 1844* begegnen, gefangennehmen lassen und so die Strenge seiner eigenen neuen Methode verfehlt hätte, und das paradoxerweise im ersten Abschnitt des ersten Buches des *Kapital*, also eines Kapitels, das er für das am gründlichsten durchgearbeitete und für das schwierigste hielt.

Man muß zunächst von einer grundlegenden, von den Marxisten häufig vernachlässigten, von Marx jedoch selbst getroffenen Unterscheidung zwischen «Wert» und «Tauschwert» ausgehen. «Für mich (ist) der ‹Wert› einer Ware weder ihr Gebrauchswert, noch ihr Tauschwert.»[1] Der «Tauschwert» einer Ware ist die Wertbeziehung, die in der Praxis mit dem Tausch dieser Ware gegen eine andere zustande kommt. Diese Beziehung *bringt* den «Wert» der Ware nicht *hervor*, weil der Wert im Produktionsprozeß und nicht im Tauschprozeß der Ware entsteht, ihrem Zirkulationsprozeß. Im Verlauf dieses Zirkulationsprozesses «realisiert» sich zwar der Wert in etwa – je nach dem Preis, für den sie getauscht wird; der Tausch selbst bringt jedoch keinen Wert hervor.

Wenn eine Ware A gegen eine bestimmte Menge der Ware B getauscht wird, so drückt sich der Wert A in einer bestimmten Menge von B aus, und B spielt für A die Rolle des «Äquivalents». In der Tauschbeziehung von A und B *scheint* die Ware B auf *natürliche* Weise imstande zu sein, den Wert der Ware auszudrücken. Sobald also eine Ware die Rolle eines Äquivalents für eine beliebige andere Ware spielt, tritt sie so auf, als ob sie *in sich selbst* die Fähigkeit hätte, den Wert anderer

---

* Im vorhergehenden Aufsatz (‹*Warenwirtschaft ...*›, vgl. S. 241 ff) haben wir den Begriff des Warenfetischismus analysiert und definiert. Unsere Ergebnisse machten es erforderlich, nunmehr aus marxistischer Sicht die weitergehende Frage nach der Natur und der Grundlage jeder illusionistischen Vorstellung der Realität – vor allem der religiösen Repräsentation des Realen – zu stellen. Wir rekapitulieren zunächst den Inhalt des Marxschen Begriffs des Warenfetischismus.

Dieser Text ist 1970 in einer Sondernummer der Zeitschrift *Annali* des Institutes Giangiacomo Feltrinelli (Mailand) mit dem Titel ‹*Ricerca dei presupposti e dei fondamenti del discorso scientifico in Marx*› erschienen.

Waren zu bemessen. Die «Äquivalentform» einer Ware *maskiert* also das Wesen des Wertes, der soziale Realität, Aufwand von gesellschaftlicher, mithin abstrakter Arbeit ist, und macht diesen Wert zu einer Eigenschaft der Dinge, womit sie den Fetischcharakter der Waren, und d. h. ihren änigmatischen Charakter hervorbringt. Mit der Entwicklung der Warenbeziehungen fixiert sich das Äquivalent des Warenwertes an einer besonderen Warenkategorie, die dann die Rolle eines allgemeinen Äquivalents für den Wert anderer Waren spielt, d. h. an der Rolle des Geldes; und dieses Geld wird zu Kapital im eigentlichen Sinne immer dann, wenn es aus Gründen der Profitgewinnung investiert wird.

Man sieht also einerseits, wie bereits die einfache Beziehung zweier Waren alle Geheimnisse der Warenproduktion enthält, einfach deshalb, weil sie das ganze Mysterium des Wertes, des Geldes und des Kapitals enthält, und wie andererseits dieses Mysterium seine vollendete Form mit dem Aufkommen der kapitalistischen Warenproduktion erreicht.

«[Es ist] die verzauberte, verkehrte und auf den Kopf gestellte Welt, wo Monsieur le Capital und Madame la Terre als soziale Charaktere und zugleich unmittelbar als bloße Dinge ihren Spuk treiben. Es ist das große Verdienst der klassischen Ökonomie, diesen falschen Schein und Trug, diese *Verselbständigung* und Verknöcherung der verschiednen gesellschaftlichen Elemente des Reichtums gegeneinander, diese *Personifizierung* der Sachen und Versachlichung der Produktionsverhältnisse, diese Religion des Alltagslebens aufgelöst zu haben.»[2]

Der Fetischismus der Warenwelt besteht also seinem Wesen nach darin, daß die Erscheinungsform des Wertes die Eigenschaft hat, das wirkliche Wesen des Wertes zu *verschleiern* und dessen genaues *Gegenteil hervorzukehren*. Es ist also nicht der Mensch, der *sich* über die Realität täuscht, sondern die Realität, die *ihn* täuscht, wenn sie zwangsläufig in einer Form erscheint, die sie verschleiert und sie dem *spontanen* Bewußtsein der in der Warenwelt lebenden Individuen ins Gegenteil verkehrt. Diese ver-kehrte Erscheinungsweise bildet damit den *verbindlichen Ausgangspunkt* für die Vorstellungen, die sich die Individuen spontan von ihren ökonomischen Verhältnissen machen. Diese Vorstellungen und die sie erhärtenden ideologischen Begleiterscheinungen, wie sie die Vulgärökonomen nicht weniger als andere Kategorien von Ideologen in Gang setzen, bilden im Bewußtsein der Individuen einen *mehr oder weniger zusammenhängenden Bereich von spontanen Phantasmen und illusionistischen Vermutungen in Hinsicht auf die gesellschaftliche Realität,* in der sie leben. Man versteht also, daß diese illusionistischen Vorstellungen und spontanen Begriffe in keinem Fall Ausgangspunkt einer wissenschaftlichen Analyse dieser gesellschaftlichen Realität sein können.

Der Fetischcharakter der Waren hat also seine Ursache nicht in der Entfremdung des Bewußtseins, sondern in der Verschleierung der realen gesellschaftlichen Verhältnisse unter ihren manifesten Erscheinungsformen im und für das Bewußtsein. Sobald ein Arbeitsprodukt als Ware zirkuliert, verschleiert seine Warenform den Ursprung und den Inhalt des Wertes, nämlich die für seine Produktion aufgewendete menschliche Arbeit und die jeweiligen gesellschaftlichen Verhältnisse, die an dieser Produktion beteiligt waren (sklavenhalterische, feudale, kapitalistische, sozialistische Produktionsweise usw.). Wie in der kapitalistischen Produktionsweise die Arbeitskraft selbst zur Ware wird und die Form von Arbeitslohn annimmt, so verrätseln sich hier nicht nur der Ursprung und der Inhalt des Wertes, sondern auch der Ursprung und der Inhalt des Mehrwertes, d. h. die eigentliche Natur kapitalistischer Produktionsverhältnisse als Ausbeutungsverhältnisse der Arbeiter durch das Kapital.

Fortan wird einerseits verständlich, daß der Warenfetischismus, der seine Grundlage nicht im, sondern außerhalb des Bewußtseins hat, in der objektiven Realität bestimmter historischer gesellschaftlicher Verhältnisse, nur mit dem gleichzeitigen Verschwinden dieser Verhältnisse verschwinden wird, und daß andererseits auch die wissenschaftliche Erkenntnis des Wertinhalts und der kapitalistischen Produktionsverhältnisse nicht einmal beim Forscher (und nicht einmal bei einem Marxisten) das *spontane* und *illusionistische* Bewußtsein von diesen Realitäten *aufhebt*. Weil die Voraussetzungen für diese spontanen und illusionistischen ökonomischen Vorstellungen nicht im, sondern außerhalb des Bewußtseins liegen, in der Realität der gesellschaftlichen Verhältnisse, wird auch begreiflich, warum Marx auf der Tatsache beharrt, daß der «Mystizismus, der gegenwärtig alle Arbeitsprodukte umnebelt», in anderen, dem Aufkommen der kapitalistischen Produktionsweise vorangehenden Produktionsweisen nicht existierte und nach ihrem Verschwinden auch nicht mehr existieren wird.[3] Zur Verdeutlichung dieses Sachverhalts gibt Marx drei historische und zwei hypothetische Beispiele.

2. Drei historische und zwei hypothetische Beispiele für das Fehlen von Warenfetischismus

a) Die auf der «unmittelbaren Vergesellschaftung» der Produzenten, auf Formen von «gemeinsamer Arbeit» beruhenden Produktionsweisen. Marx bezeichnet damit zwei Typen von sozialer und ökonomischer Organisation: einerseits die primitiven Gesellschaften, bei denen diese spontane Assoziation der Produzenten in ihrer «natürlichen und primitiven Form» vorkommt; andererseits die bäuerlichen Formen von Familialproduktion, bei der jede Familie ihren Bedarf an lebenswichtigen Gütern selbst produziert. Ihre verschiedenen Produkte «treten der Familie als verschiedne Produkte ihrer Familienarbeit gegenüber, aber *nicht sich selbst* wechselseitig als *Waren*».

Entsprechend:

«Die verschiednen Arbeiten, welche diese Produkte erzeugen, Ackerbau, Viehzucht, Spinnen, Weben, Schneiderei usw. sind in ihrer Naturalform gesellschaftliche Funktionen, weil *Funktionen der Familie*, die ihre *eigne, naturwüchsige Teilung der Arbeit* besitzt so gut wie die Warenproduktion. *Geschlechts- und Altersunterschiede* wie die mit dem Wechsel der Jahreszeit wechselnden *Naturbedingungen* der Arbeit *regeln ihre Verteilung unter die Familie und die Arbeitszeit der einzelnen Familienglieder.*»

Und er schließt daraus:

«Die durch die Zeitdauer gemeßne Verausgabung der individuellen Arbeitskräfte erscheint hier aber von Haus aus als gesellschaftliche Bestimmung der Arbeiten selbst, weil die individuellen Arbeitskräfte von Haus aus nur als Organe der gemeinsamen Arbeitskraft der Familie wirken.»[4]

Dieser Text ist in mehrfacher Hinsicht interessant. Marx nähert primitive und bäuerliche Gesellschaften einander an; wenigstens aber nähert er unter den bäuerlichen Produktionsformen diejenigen einander an, die nicht auf Warentausch hin orientiert sind und auf der unmittelbaren Assoziation von untereinander durch Verwandtschaftsbeziehungen verbundenen Produzenten beruhen. Darüber hinaus nimmt Marx eine Art von Verwandtschaft oder enger Verflechtung zwischen primitiven Gesellschaften, bäuerlichen Gemeinwesen des Altertums, wie sie aus verschiedenen Formen des primitiven ungeteilten Eigentums hervorgegangen sind, und modernen europäischen Bauerngemeinschaften an, bei denen verschiedene Formen von Privateigentum römischer und germanischer Herkunft existieren, die durch die feudalistische – und später die kapitalistische – Produktionsweise modifiziert wurden. Mit der Aufdeckung dieser Verflechtung gelang Marx die Verknüpfung von sozialer Anthropologie und Agrarsoziologie auf dem Felde einer allgemeinen Gesamtsicht der historischen Entwicklung.

Wichtiger noch ist die Tatsache, daß Marx – weit davon entfernt, Familie und Verwandtschaftsbeziehungen in primitiven und bäuerlichen Gesellschaften zu einem Element ihrer Superstruktur zu machen, worauf einige spätere Marxisten sich noch immer versteifen – ihnen eindeutig die Rolle von Produktionsverhältnissen zuschrieb, von Elementen der Infrastruktur. Die Ergebnisse der modernen Anthropologie bestätigen seine Analyse für zahlreiche primitive Gesellschaften.

Diese Anmerkungen müßten weitergeführt und durch ein Inventar der Assoziationsformen von Produzenten (für den Bereich bäuerlicher und primitiver Gesellschaften) ergänzt werden, die den familiären Bereich und die Verwandtschaftsbeziehungen sprengen und auf der Zugehörigkeit zur gleichen Altersgruppe oder zur gleichen religiösen Gruppe beruhen. Man würde wieder auf das Problem der von herrschenden Klassen oder vom Staat (Frondienst) den Produzenten aufgezwungenen Kooperationsformen stoßen. Das hat Marx mit der Einführung seiner zweiten Kategorie von Beispielen getan, der der Produktionsweisen «des alten Asien, des Altertums überhaupt».

b) Im Rahmen dieser Produktionsweisen
«spielt die Verwandlung des Produkts in Ware, und daher das Dasein der Menschen als Warenproduzenten, eine untergeordnete Rolle, die jedoch umso bedeutender wird, je mehr die Gemeinwesen in das Stadium ihres Untergangs treten. Eigentliche Handelsvölker existieren nur in den Intermundien der alten Welt, wie Epikurs Götter oder wie Juden in den Poren der polnischen Gesellschaft.»[5]
In diesen Gesellschaften kommt mithin zwar ein Warenfetischismus vor, weil Warentausch stattfindet; aber der bildet nicht den Hauptzug der ökonomischen Ideologie, weil die Warenproduktion eine durch die Produktion selbst begrenzte sekundäre Rolle spielt. Die von Marx erwähnten Gesellschaften sind altertümliche Formen von Klassengesellschaften in Asien oder Europa, innerhalb deren sich Klassenverhältnisse in dem Maße entwickelten, wie sich die alten gemeinschaftlichen Produktionsverhältnisse zersetzten. Genauer: Was Marx im Auge hat, sind die Gesellschaften, die auf der asiatischen oder sklavenhalterischen Produktionsweise beruhen. «Jene alten gesellschaftlichen Produktionsorganismen sind außerordentlich viel *einfacher* und *durchsichtiger* als der bürgerliche.»[6] Unter den Gründen für diese Einfachheit und Durchsichtigkeit der «asiatischen» und «sklavenhalterischen» Produktionsweisen hebt Marx zwei hervor: «Aber sie beruhen entweder auf der *Unreife* des *individuellen Menschen,* der sich von der Nabelschnur des natürlichen Gattungszusammenhangs mit andren noch nicht losgerissen hat, *oder* auf unmittelbaren *Herrschafts-* und *Knechtschafts*verhältnissen.»[7]
Obwohl Marx also daran festhält, daß die Phantasmagorie des Warenfetischismus im Rahmen dieser alten Produktionsweisen nicht oder kaum vorkommt, unterstreicht er doch, daß «das gesamte soziale Leben» hier unter einem *«mystischen Nebelschleier»* verborgen ist. Wir sehen uns damit erneut einer Vielzahl von Fetischen, von illusionistischen und mystifizierten Vorstellungen über die Realität gegenüber, deren Voraussetzungen wir suchen müssen.

c) Das dritte von Marx analysierte Beispiel bildet die feudalistische Produktionsweise, also eine weitere Etappe der historischen Entwicklung: das europäische Mittelalter.

«Statt des unabhängigen Mannes finden wir hier jedermann abhängig – Leibeigne und Grundherrn, Vasallen und Lehnsgeber, Laien und Pfaffen. *Persönliche Abhängigkeit* charakterisiert ebensosehr die *gesellschaftlichen Verhältnisse der materiellen Produktion* als die auf *ihr aufgebauten Lebenssphären.* Aber eben weil persönliche Abhängigkeitsverhältnisse die gegebne gesellschaftliche Grundlage bilden, brauchen Arbeiten und Produkte nicht eine von ihrer *Realität verschiedne phantastische Gestalt* anzunehmen. Sie gehn als Naturaldienste und Naturalleistungen in das gesellschaftliche Getriebe ein. Die Naturalform der Arbeit, ihre Besonderheit, und nicht, wie auf Grundlage der Warenproduktion, ihre Allgemeinheit, ist hier ihre unmittelbar gesellschaftliche Form. Die Fronarbeit ist ebensogut durch die Zeit gemessen wie die warenproduzierende Arbeit (...). Wie man daher immer die *Charaktermasken* beurteilen mag, worin sich die Menschen hier gegenübertreten, die gesellschaftlichen Verhältnisse der Personen in ihren Arbeiten erscheinen jedenfalls als ihre eignen persönlichen Verhältnisse und sind nicht verkleidet in gesellschaftliche Verhältnisse der Sachen, der Arbeitsprodukte.»[8]

Dieses Zitat ist bedeutsam für eine vergleichende Theorie der Geschichte. In dem Maße, wie zahlreiche Klassen- oder Kastengesellschaften des alten Asien und Europa auf Ausbeutungsverhältnissen beruhten, die nichts mit Sklavenwirtschaft vom griechisch-römischen Typus zu tun hatten, sondern sich auf die Unterwerfung dörflicher oder tribaler Gemeinwesen unter eine zentrale Macht stützten, nahmen Arbeits-, Natural- und Dienstleistungen, nahmen Grundrente und Frondienst, die die Gemeinwesen dem Staat oder dem «Despoten» schuldeten, eine Form an, die augenscheinlich den Beziehungen «zwischen Personen» ähnelten, wie sie die feudalistische Produktionsweise charakterisieren. Gerade deshalb haben zahlreiche Historiker feudalistische Verhältnisse im alten Ägypten, in der kretisch-mykenischen Gesellschaft, bei den Mongolen und in den mittelalterlichen afrikanischen Staaten zu entdecken geglaubt und damit die Anzahl der «exotischen Feudalismen» vergrößert, von denen Marc Bloch ironisch gesprochen hat.

d) Zurück zu den asiatischen Produktionsweisen und zu den etatistischen Formen vom Typus des «orientalischen Despotismus».

Tatsächlich besteht hier eine Beziehung nicht zwischen Individuen, sondern zwischen Gemeinwesen und einem in der Person des Häuptlings oder des Despoten personifizierten Staat. Zur Analyse dieser Beziehungen muß man zum Text der ‹*Formen, die der kapitalistischen Produktion vorhergehn*› (enthalten in den ‹*Grundrissen der Kritik der politischen Ökonomie*›) zurückgehen, in dem Marx hervorhebt, daß der despotische Souverän der ersten orientalischen Klassengesellschaften die *Einheit* aller lokalen Gemeinwesen *personifizierte* und eine ihnen übergeordnete Gemeinschaft verkörperte, ihr Allgemeininteresse, das den partikularen Interessen nicht der Individuen, sondern – und das ist wichtig – der einzelnen Gemeinwesen entgegengesetzt war.

«Ein Teil ihrer Surplusarbeit gehört der höhern Gemeinschaft, die zuletzt als *Person* existiert, und diese Surplusarbeit macht sich geltend sowohl im Tribut etc., wie in gemeinsamen Arbeiten zur Verherrlichung der *Einheit*, teils des wirklichen Despoten, teils des *gedachten* Stammeswesens, des Gottes.»[8a]

Wie auch immer die Ausbeutungsverhältnisse im Bereich der Klassengesellschaften vom asiatischen Typ sich *personifizieren*, in der realen Person eines Herrschers oder in der imaginären eines Gottes (oder indirekt in der der Priester und aller Diener dieses Gottes): Wichtig bleibt festzuhalten, daß diese Klassengesellschaften Entwicklungsstufen eines Prozesses bilden, der im Bereich der primitiven Gesellschaften selbst mit dem Aufkommen der erblichen Häuptlingswürde (und der erblichen Aristokratie) einsetzte. Wenn die *gemeinsamen Interessen* aller Mitglieder eines Gemeinwesens – d. h. die *Einheit* und das *Überleben* dieses Gemeinwesens – sich in der Person eines ihrer Mitglieder (oder eines ihrer Teilbereiche, einer Familie oder eines Clans) verkörpern, dann repräsentiert der das Gemeinwesen, dessen Mitglied er ist, auf einer *höheren Stufe*. Er steht also zugleich *in* seinem Zentrum und *außerhalb* seiner. Als für das Allgemeininteresse Verantwortlichem obliegt ihm die Kontrolle der Surplusarbeit, die es erfordert. Als Verkörperung des Gemeinwesens auf einer höheren Stufe, mit mehr Verantwortung belastet als die übrigen Mitglieder, muß er über mehr Rechte verfügen können, und diese Ungleichheit des gesellschaftlichen Status muß die Gesamtheit der Mitglieder des Gemeinwesens *hierarchisch* gliedern, und zwar zumeist nach dem mehr oder weniger nahen Grad von Verwandtschaft, die sie mit dem Häuptling und seiner Familie verbindet oder nicht verbindet.

Wir sehen uns hier also gesellschaftlichen Verhältnissen gegenüber, die nicht Warenverhältnisse ausdrücken und im Bereich derer die Abhängigkeits- und Ausbeutungsverhältnisse dennoch phantastische Formen annehmen und sich unter «mystischen Nebelschleiern» verbergen. Vor der Analyse ihrer Voraussetzungen müssen wir die beiden bei Marx aufgeschlüsselten hypothetischen Beispiele zitieren, in denen gesellschaftliche Arbeit nicht wieder den Fetischcharakter annehmen kann, der an den Warenproduktionsverhältnissen haftet.

e) Das Robinson-Beispiel. Aus pädagogischen Gründen, vor allem aber, um Smith und besonders Ricardo der Lächerlichkeit preiszugeben, analysiert Marx die Formen, die die Arbeitsprodukte des auf einer Insel ausgesetzten Robinson annehmen würden. «Bescheiden, wie er von

Haus aus ist, hat er doch verschiedenartige Bedürfnisse zu befriedigen und muß daher nützliche Arbeiten verschiedener Art verrichten (...). Trotz der Verschiedenheit seiner produktiven Funktionen weiß er, daß sie nur *verschiedne Betätigungsformen* desselben Robinson sind, also nur *verschiedne Weisen menschlicher Arbeit* sind. Die Not selbst zwingt ihn, seine Zeit genau zwischen seinen verschiednen Funktionen zu verteilen. Ob die eine mehr, die andre weniger Raum in seiner Gesamttätigkeit einnimmt, hängt ab von der größeren oder geringeren Schwierigkeit, die zur Erzielung des bezweckten Nutzeffekts zu überwinden ist.»[9]

So analysiert Marx den Grenzfall von Robinson auf seiner Insel, und obwohl er hier kein gesellschaftliches Verhältnis, kein Verhältnis von Menschen untereinander im Blick hat, erinnert er doch an die banale Tatsache, daß, um unterschiedliche Bedürfnisse zu befriedigen, jedes isolierte Individuum seine Zeit je nach seinen Ansprüchen und den ihm zur Verfügung stehenden Mitteln einteilen muß. Die eine und einzige Arbeitskraft dieses Individuums würde sich in verschiedene und komplementäre Aktivitäten auseinanderlegen und wäre mithin analog der zusammengefaßten Arbeitskraft einer Gesellschaft, deren Arbeitsmittel zwischen verschiedenen Produktionssektoren und komplementären Aktivitäten aufgeteilt wären.

Der Schluß, den Marx aus der Analyse dieses hypothetischen Falles zieht, gleicht dem, auf den er bereits beim Studium der alten sozialen Produktionsorganismen gestoßen war (primitive Stämme, sklavenhaltendes Altertum, orientalischer Despotismus usw.):

«Alle Beziehungen zwischen Robinson und den Dingen, die seinen selbstgeschaffnen Reichtum bilden, sind hier so *einfach* und *durchsichtig,* daß selbst Herr M. Wirth sie ohne besondre Geistesanstrengung verstehen dürfte. Und dennoch sind darin alle wesentlichen Bestimmungen des Werts enthalten.»[10]

f) Mit diesem in idealer Reinheit auf ein unabhängiges, von jeder Gesellschaft isoliertes Individuum abzielenden Beispiel vergleicht Marx einen anderen, für seine Zeit utopischen Fall, den einer Verbindung freier Individuen, d. h. den einer aus dem Untergang aller kapitalistischen oder Warenproduktionsverhältnisse, ebenso aller vorkapitalistischen Produktionsverhältnisse hervorgegangenen kommunistischen Gesellschaft.

«Stellen wir uns endlich, zur Abwechslung, einen Verein freier Menschen vor, die mit gemeinschaftlichen Produktionsmitteln arbeiten und ihre vielen individuellen Arbeitskräfte selbstbewußt als *eine gesellschaftliche Arbeitskraft* verausgaben. Alle Bestimmungen von Robinsons Arbeit *wiederholen* sich hier, *nur gesellschaftlich statt individuell.* Alle Produkte Robinsons waren sein ausschließlich persönliches

Produkt und daher unmittelbar Gebrauchsgegenstände für ihn. Das Gesamtprodukt des Vereins ist ein gesellschaftliches Produkt. Ein Teil dieses Produkts dient wieder als Produktionsmittel. Er bleibt gesellschaftlich. Aber ein anderer Teil wird als Lebensmittel von den Vereinsmitgliedern verzehrt. Er muß daher unter sie verteilt werden. (...) Die gesellschaftlichen Beziehungen der Menschen zu ihren Arbeiten und Arbeitsprodukten bleiben hier *durchsichtig* und *einfach* in der Produktion sowohl als in der Distribution.»[11]

Gemeinsam ist also diesen von Marx analysierten realistischen oder hypothetischen Beispielen die Tatsache, daß die Produktionsverhältnisse in ihrer Struktur hier für das (spontane oder wissenschaftliche) Bewußtsein sehr viel einfacher und durchsichtiger als Warenproduktionsverhältnisse sind oder wären, einfacher insbesondere als kapitalistische Warenproduktionsverhältnisse. Vor allem bieten diese nichtkapitalistischen Warenproduktionsverhältnisse keine Basis für eine Maskierung sozialer Beziehungen als Verhältnisse von Dingen. Dennoch spricht Marx von «Charaktermasken», die die Menschen in feudalistischen Gesellschaften tragen und, allgemeiner noch, von «mystischen Nebelschleiern», die das soziale Leben in vorkapitalistischen Gesellschaften umnebeln.

Es muß also das Problem der Natur und der Grundlagen dieser illusionistischen Vorstellungen über die Realität in vorkapitalistischen Gesellschaften untersucht werden. Die Antwort von Marx ist eindeutig. Voraussetzung dieser mystischen Vorstellungen ist «eine *niedrige Entwicklungsstufe* der Produktivkräfte der Arbeit und entsprechend befangene Verhältnisse der Menschen innerhalb ihres materiellen Lebenserzeugungsprozesses, und daher *zueinander* und zur *Natur*. Diese wirkliche Befangenheit *spiegelt sich ideell* wider in den alten Natur- und Volksreligionen [d. h. in den vorchristlichen, seien sie nun die eines Stammes oder eines Staates]. Der religiöse Widerschein der wirklichen Welt kann überhaupt nur verschwinden, sobald die Verhältnisse des praktischen Werkeltagslebens den Menschen täglich durchsichtig *vernünftige Beziehungen zueinander und zur Natur* darstellen. Die Gestalt des gesellschaftlichen Lebensprozesses, d. h. des materiellen Produktionsprozesses, *streift nur ihren mystischen Nebelschleier* ab, sobald sie als Produkt frei vergesellschafteter Menschen unter deren bewußter planmäßiger Kontrolle steht. Dazu ist jedoch eine materielle Grundlage der Gesellschaft erheischt oder eine Reihe materieller Existenzbedingungen, welche selbst wieder das naturwüchsige Produkt einer langen und qualvollen Entwicklungsgeschichte sind.»[12]

II. Fetischismus, Religion und allgemeine Theorie der Ideologie

Marx' beharrliche Verwendung religiöser Metaphern zur Charakterisierung der ideologischen Formen, die aus den vorkapitalistischen gesellschaftlichen Verhältnissen oder – vermittelt durch den Mechanismus des Warenfetischismus – den kapitalistischen Gesellschaften hervorgehen, scheint darauf hinzuweisen, daß er den religiösen Formen von Ideologie die Hauptrolle in der Geschichte zuerkannte. Wie muß also eine marxistische Theorie der Grundlagen von Religion und der ihr entsprechenden Formen von Ideologie aussehen? «Eine *niedrige* Entwicklungsstufe der Produktivkräfte der Arbeit und entsprechend *befangene* Verhältnisse der Menschen innerhalb ihres materiellen Lebenserzeugungsprozesses, und daher zueinander und zur Natur (...) *spiegelt sich ideell* wider in den alten Natur- und Volksreligionen.»[13]

Es ergibt sich mithin ein negativer und gewissermaßen *privativer* Grund, legt er doch das Hauptgewicht auf die Beschränktheit der praktischen Naturbeherrschung, auf das Fehlen einer komplexen Arbeitsteilung und auf die Unkenntnis der tieferliegenden Mechanismen in Natur und Geschichte. Und Engels bedient sich derselben Erklärung, wenn er, dreiundzwanzig Jahre später, an Conrad Schmidt schreibt: «Diesen verschiednen falschen Vorstellungen von der Natur, von der Beschaffenheit des Menschen selbst, von Geistern, Zauberkräften etc. *liegt meist nur negativ Ökonomisches zum Grunde*; die niedrige ökonomische Entwicklung der vorgeschichtlichen Periode hat zur *Ergänzung,* aber auch stellenweise zur Bedingung und selbst *Ursache,* die falschen Vorstellungen von der Natur. Und wenn auch das ökonomische Bedürfnis die Haupttriebfeder der fortschreitenden Naturerkenntnis war und immer mehr geworden ist, so wäre es doch pedantisch, wollte man für all diesen urzuständlichen Blödsinn ökonomische Ursachen suchen.»[14]

Was also Marx und Engels aus dem Wege räumen, ist eine mechanistische Erklärung, ein summarischer ökonomischer Determinismus hinsichtlich des Auftretens religiöser Formen von Ideologie. Es bedarf also einer allgemeinen Erklärung und einer genauen Bestimmung der *positiven Auswirkung* dieser negativen Kausalität in Richtung auf das soziale Leben und das gesellschaftliche Bewußtsein primitiver Menschen. Diese *Bewußtseinsauswirkung* besteht darin, daß die Natur in der Praxis sich dem primitiven Menschen (der auf die Ordnung und den Lauf der Dinge nur sehr beschränkt Einfluß nehmen kann) als mysteriöse und dem Menschen *übergeordnete* Realität darstellt, als ihm und der Gesellschaft *überlegene Macht.* Das theoretische Problem lautet also von jetzt an: Wie kann der primitive Mensch diese Natur seinem Bewußtsein zugänglich machen, die sich für ihn in der Praxis als Bereich von mysteriösen und überlegenen Kräften darstellt?

Die Antwort von Marx und Engels ist eindeutig und entspricht, wie wir sehen werden, den Ergebnissen der modernen Religionsanthropologie: Der primitive Mensch denkt die Natur in *Analogie*. Das primitive Denken denkt Natur spontan als der menschlichen Welt analog. Wie lassen sich die Formen und die Inhalte dieser Analogien beschreiben? Sie *stellen* die Kräfte und unsichtbaren Realitäten der Natur als «Subjekte» *dar*, d. h. als mit Bewußtsein und Willen ausgestattete Wesen, die untereinander und mit dem Menschen kommunizieren. Die Natur verdoppelt sich für das Bewußtsein also jenseits ihrer sichtbaren Erscheinungsformen mit imaginären Hinterwelten, die von urbildlichen Subjekten bewohnt werden, in denen sich die unsichtbaren, überlegenen und mysteriösen Naturkräfte personifizieren. Diese vom menschlichen Denken selbst erzeugten Denkbilder stellen sich also als kohärente und organisierte Welt von illusionistischen Vorstellungen dar, als Welt, die die menschliche Praxis und das menschliche Bewußtsein beherrscht. «In der Nebelregion der religiösen Welt (...) scheinen die Produkte des menschlichen Kopfes mit eignem Leben begabte, untereinander und mit den Menschen *in Verhältnis stehende selbständige* Gestalten.»[15]

So hat für Marx das primitive Denken – das Denken im «wilden Zustand», wie Lévi-Strauss sagen würde – die Natur gedacht, indem es den sie belebenden unsichtbaren Realitäten menschliche *Attribute* – Bewußtsein, Willen und selbst Körperlichkeit – verlieh. So konstruiert das menschliche Denken, spontan und unbewußt, ein *urbildliches und imaginäres Abbild der menschlichen Welt*, bevölkert mit phantastischen Personen, die auf illusionistische Weise die unsichtbaren Realitäten und die überlegenen, die Ordnung und den Lauf der Dinge regelnden Kräfte darstellen.

«Nun ist alle Religion nichts anderes als die *phantastische Widerspiegelung*, in den Köpfen der Menschen, derjenigen *äußern* Mächte, die ihr alltägliches Dasein beherrschen, eine Widerspiegelung, in der die irdischen Mächte die *Form* von überirdischen annehmen. In den Anfängen sind es zuerst die Mächte der Natur, die diese Rückspiegelung erfahren und in der weitern Entwicklung bei den verschiednen Völkern die mannigfaltigsten und buntesten *Personifikationen* durchmachen. Dieser erste Prozeß ist wenigstens für die indo-europäischen Völker durch die vergleichende Mythologie bis auf seinen Ursprung in den indischen Vedas zurückverfolgt (...).»[16]

Wenn man sich diese Texte von Marx und Engels aus der Nähe ansieht, bemerkt man, daß sie den phantastischen Charakter der religiösen Vorstellungen auf einer doppelten Voraussetzung beruhen lassen:

a) Das primitive Denken stellt sich die nichtmenschliche, materielle und nichtintentionale Realität der Natur als Welt von Personen vor, mithin als eine aus illusionistischen Vorstellungen konstruierte Welt;

b) das primitive Denken verleiht diesen Denkbildern, die nur in ihm selbst real existieren, spontan eine unabhängige und objektive Existenz, stellt sich also selbst auf illusionistische Weise und mit einem falschen Bewußtsein von sich selbst dar; es entfremdet sich also in seinen eigenen Vorstellungen, weil es sie als außerhalb seiner selbst liegend auffaßt.

Auf demselben Wege behandelt das primitive Denken, spontan und unbewußt,

– die Welt der Dinge (und der objektiven Beziehungen) als eine Welt von Personen, und

– die subjektive Welt seiner religiösen und mythischen Urbilder als objektive, vom Menschen und seinem Denken unabhängige Realität.

Man begreift, warum Marx im *Kapital* auf der Analogie der religiösen Formen von Analogie und der spontanen Vorstellungen vom Ursprung und der Natur des Warenwertes beharrt. Wenn man als Beispiel für den Warenfetischismus seine entwickeltste und vollständigste Form wählt, d. h. die Art und Weise, wie als Kapital genutztes Geld sich dem spontanen Bewußtsein darstellt, bemerkt man, daß «er [i. e. der Wert] beständig aus der einen Form in die andere über(geht), ohne sich in dieser Bewegung zu verlieren, und sich so in ein automatisches Subjekt (verwandelt). (...) Er hat die *okkulte* Qualität erhalten, Wert zu setzen, weil er Wert ist. (...) Aber wie dies geschieht, das ist nun *mystifiziert* und scheint von ihm selbst zu kommenden, verborgnen Qualitäten herzustammen.»[17]

«Es ist das große Verdienst der klassischen Ökonomie, diesen falschen Schein und Trug, diese Verselbständigung und Verknöcherung der verschiednen gesellschaftlichen Elemente des Reichtums gegeneinander, diese *Personifizierung der Sachen* und *Versachlichung der Produktionsverhältnisse*, diese *Religion* des Alltagslebens aufgelöst zu haben.»[18]

Wenn es seine mythischen und religiösen Denkbilder konstruiert, um die verborgenen Ursachen und unsichtbaren Naturkräfte sich vorzustellen, indem es ihnen *spontan* eine der der Menschen *analoge* und von ihnen *unabhängige* Existenz verleiht, läßt das primitive Denken die Beziehungen der Dinge untereinander sich in die «phantastische Form» gesellschaftlicher Verhältnisse einkleiden, die der der Menschen untereinander analog ist. Zugleich werden die unsichtbaren Kräfte durch ihre «Personifizierung» zu den imaginären Personen der Mythen und Religionen, und die Natur legt sich in zwei Welten auseinander – sinnliche und übersinnliche (die Sonne gilt gleichzeitig als Stern und als Gottheit usw.). Aus dieser analogischen und illusionistischen Vorstellung von Natur ergeben sich zwei grundlegende Konsequenzen: Einerseits stellt sich die Religion – wie später die Wissenschaft – als Mittel und Wille dar, die Realität zu erkennen und zu erklären, d. h. sich Rechenschaft abzulegen von der Verflechtung der der Ordnung der Dinge zugrunde liegenden Ursachen und Kräfte; andererseits zeigt sich die Religion – weil sie diese Ursachen in einer menschlichen Form verkörpert, d. h. mit Bewußtsein und einer dem Menschen überlegenen, aber analogen Macht ausgestatteten Wesen – als Mittel der Einflußnahme auf diese urbildlichen Personen, die dem Menschen analog und mithin in der Lage sind, seine Anrufe zu *hören,* zu *verstehen* und gnädig darauf zu *antworten.* Deshalb ist jede religiöse Weltvorstellung von einer (imaginären) praktischen Einwirkung auf diese Welt untrennbar, der des Gebetes, des Opfers, der Magie oder des Rituals. Eben weil die Welt des Unsichtbaren mit imaginären, mit Bewußtsein, Willen und überlegener Macht ausgestatteten Wesen bevölkert ist – mit einer Wirksamkeit ausgestattet, die der des Menschen doch grundlegend analog ist, wenn er bewußt auf die Dinge und andere Menschen einwirkt –, kann der Begriff einer praktischen Intervention auf das Bewußtsein und den Willen dieser den Lauf der Dinge regelnden imaginären Personen vom Menschen eigentlich erst gedacht werden. Der Inhalt der eben diese religiöse Praxis begründenden Vorstellungen wirkt darauf hin, daß die Religion sich nicht nur als *System* von Vorstellungen, sondern als *Praxis* ausbildet, die sich als objektiv und real wirksam denkt. Gegen eine bestimmte anthropologische Richtung, die willkürlich einen Wesensunterschied von Magie und Religion behauptet, muß daran festgehalten werden, daß die Religion spontan in einer theoretischen (Darstellung und Erklärung der Welt) und in einer praktischen Form (magische und rituelle Einflußnahme auf die Wirklichkeit) auftritt, mithin also als Mittel zur Erklärung (auf wohlgemerkt illusionistische Weise) und zur Transformation (auf zweifellos imaginäre Weise) dieser Welt und zur Einflußnahme auf die Ordnung des Universums.

Nach Ursprung und Inhalt ist die Religion also illusionistische und spontane Darstellung der Welt; aber eben eine, die durch ihren Inhalt selbst eine ihr entsprechende Praxis von innen her begründet und erfordert. Man müßte diese Analyse verlängern und zeigen, daß die Religion nicht nur Einwirkung auf die Welt, sondern auch Einwirkung auf sich selbst ist. So wird beispielsweise jedes Ritual und jede magische Praxis von irgendeiner Einschränkung oder einem Verbot begleitet, das sich auf den Opferer und/oder das Publikum stützt. Jede religiöse Einflußnahme auf die Welt und die sie lenkenden geheimen Kräfte umfaßt und inszeniert eine Einwirkung des Menschen auf sich selbst, um mit diesen Kräften zu kommunizieren, sie zu erreichen und sich Gehör und Gehorsam bei ihnen zu verschaffen. Die magische Macht wird durch eine (sexuelle, Ernährungs- usw.) Einschränkung oder einen auf den Menschen ausgeübten Zwang entgolten. Das Gegenteil einer Macht ist eine Pflicht. Das Tabu, das Verbot und der Zwang sind nicht Einschränkung von Macht, sondern Akkumulation von Kraft. Man könnte von dieser Analyse aus allen Thesen von Marx und Engels ihren erklärenden Stellenwert zuweisen, denn die religiöse Ideologie – wie jede andere Ideologie unbewußtes Produkt der Beziehungen der Menschen zur Natur und zueinander – entwickelt sich mit der Entwicklung dieser Beziehungen. Hier läge, Marx und Engels zufolge, der eigentliche Sinn dieser Entwicklung. In primitiven Gesellschaften sind Formen von Ungleichheit ursprünglich nur schwach entwickelt; es kommen lediglich die Ungleichheit von Mann und Frau und die der Generationen vor. In dem Maße aber, wie die Gesellschaft sich hierarchisch gliedert, wie sich soziale *Kräfte* herausbilden und wie Klassen- und Kastengesellschaften und schließlich Staaten aufkommen, in dem Maße also, wie die Gesellschaft sich selbst «undurchsichtiger» wird und die *direkte Kontrolle* über sich *verliert* – eine Kontrolle, die sie auf dem Niveau primitiver Formen sozialer Organisation noch ausübte –, bemächtigt sich die Ideologie dieser sozialen Kräfte und schreibt ihnen übernatürliche Attribute zu, die seit unvordenklichen Zeiten den Naturkräften galten.

«Aber bald treten neben den Naturmächten auch gesellschaftliche Mächte in Wirksamkeit, Mächte, die den Menschen ebenso *fremd* und im Anfang ebenso unerklärlich gegenüberstehen, sie mit derselben *scheinbaren Naturnotwendigkeit* beherrschen wie die Naturmächte selbst. Die Phantasiegestalten, in denen sich anfangs nur die geheimnisvollen Kräfte der Natur widerspiegelten, erhalten damit gesellschaftliche Attribute, werden Repräsentanten geschichtlicher Mächte.»[19]

Damit ist eine neue Entwicklungsstufe des religiösen Denkens erreicht, die zur Vergöttlichung der gesellschaftlichen Beziehungen selber in der Person derer führt, die die Gesellschaft beherrschen – Vergöttlichung der Könige, Priester usw. Über diese historische Epoche hinaus, die dem langsamen Übergang von primitiven klassenlosen Gesellschaften zu ersten Formen von Klassengesellschaften entspricht, führen, wie Marx und Engels anmerken, weitergehende Transformationen zu neuen religiösen Bildungen, etwa vom Polytheismus zum Monotheismus wie im Christentum oder im Islam[20]. Es geht jedoch nicht darum, Marx' Konzeption der Religionsgeschichte zu analysieren, sondern den grundlegenden Gehalt ihrer Hypothesen über die Natur und die Voraussetzungen des ideologischen Bewußtseins im allgemeinen zu erläutern. Einer der Hauptgesichtspunkte der Marxschen Thesen liegt in dem Nachweis, daß die religiöse Ideologie die Hauptform der spontanen Ideologie primitiver Völker ist und es auch für die Mehrzahl der späteren Phasen ihrer historischen Entwicklung – bis hin zur kapitalistischen – bleibt.

So schreibt Marx z. B. in jenem berühmten Text der ‹Formen›, daß für primitive Menschen «die *Stammgemeinschaft,* das natürliche Gemeinwesen nicht als Resultat, sondern als *Voraussetzung der gemeinschaftlichen Aneignung* (temporären) und *Benutzung des Bodens*» erscheint, und daß die Zugehörigkeit zu einer naturwüchsigen Stammgemeinschaft «die erste Voraussetzung – die Gemeinschaftlichkeit in Blut, Sprache, Sitten etc. – der *Aneignung der objektiven Bedingungen ihres Lebens,* und der sich reproduzierenden und vergegenständlichenden Tätigkeit desselben (Tätigkeit als Hirten, Jäger, Ackerbauern etc.)» ist. Und er fügt hinzu, daß diese Voraussetzungen «selbst nicht *Produkt der Arbeit* sind, sondern als ihre natürlichen oder *göttlichen* Voraussetzungen erscheinen».[21] Hier weist Marx explizit darauf hin, daß sich nicht nur die überlegenen Naturkräfte auf illusionistische Weise im spontanen religiösen Bewußtsein der Primitiven widerspiegeln, sondern ebenso ihre sozialen Existenzgrundlagen, d. h. die notwendige Zugehörigkeit zu einem Gemeinwesen, dessen Entstehungsbedingungen unbekannt bleiben (also das, was die Anthropologie Ursprungsmythen von Gesellschaften, Stämmen und Clans nennt). Mit dem Aufkommen von Klassen und primitiver Formen von Staat (vom Typus des «orientalischen Despotismus») und auf der Grundlage der asiatischen Produktionsweise beginnt für das Individuum der praktische Zugang zu den Produktionsbedingungen (zum Beispiel zum Boden) nicht mehr einfach von seiner Zugehörigkeit zu einem lokalen oder tribalen Gemeinwesen abzuhängen, sondern von der zu einer übergreifenden Gemeinschaft, dem Staat, wie er entweder auf realistische Weise in der Person des Souveräns oder auf imaginäre Weise in der «imaginären Stammesgottheit» personifiziert wird. Jenseits seiner Zugehörigkeit zu seiner Ursprungsgemeinschaft vollzieht sich dieser Zugang «aber vermittelt durch sein Sein als Staatsmitglied, durch das Sein des Staats – daher durch eine *Voraussetzung,* die als göttlich etc. betrachtet wird». In diesem aus dem Jahre 1857 stammenden Text gibt Marx nunmehr also ein Beispiel für eine «illusionistische» religiöse Vorstellung, und zwar nicht mehr von unbekannten Naturkräften, sondern von unbekannten Entstehungsbedingungen «pontaner» primitiver Gesellschaften, der «Sakralisierung» und «Vergöttlichung» dieser neuen sozialen Kräfte in dem Maße, wie gesellschaftliche Herrschafts- und Knechtschaftsverhältnisse, wie Klassengesellschaften und Staaten aufkamen.[22] Marx und Engels bekräftigen schließlich, daß für die primitive Menschheit Natur und Gesellschaft sich *spontan* in «phantastische» und «mystische», mit einem Wort: in «geheiligte» Formen verkleiden. Die beherrschende Rolle der religiösen Ideologie in der Entwicklung der Bewußtseinsformen und der politischen Kämpfe findet hier ihre theoretische Erhellung. Deshalb haben Marx und Engels so hartnäckig auf die politische Bedeutung religiöser Häresien und auf die religiösen Formen politischer Kämpfe hingewiesen. In vorkapitalistischen Gesellschaften mußte, «damit die bestehenden gesellschaftlichen Verhältnisse angetastet werden konnten, ihnen der *Heiligenschein abgestreift* werden».[23]

Man sollte hinzufügen: «und durch einen anderen ersetzt werden»,

d. h. durch einen anderen geheiligten Inhalt, den einer subversiven Religion, einer theologischen «Häresie».

Aus diesem Grund ist für Marx «klar, daß mit jeder großen historischen Umwälzung der gesellschaftlichen Zustände auch zugleich die Anschauungen und Vorstellungen der Menschen und damit ihre religiösen Vorstellungen umgewälzt werden. Der Unterschied der gegenwärtigen Umwälzung [der Revolution von 1848] von allen früheren besteht aber gerade darin, daß man endlich hinter das Geheimnis dieses historischen Umwälzungsprozesses gekommen ist und daher, statt sich diesen praktischen, ‹äußerlichen› Prozeß unter der *überschwenglichen* Form einer neuen Religion abermals zu *verhimmeln,* alle Religion abstreift.»[24]

Vor Abschluß werden wir die wichtigsten Gesichtspunkte unserer Analyse wiederaufnehmen, um sie voranzutreiben. Wenn man Ideologie als einen Bereich von illusionistischen Vorstellungen über die Realität definiert und dabei im Auge behält, daß die Religion im Verlauf der Entwicklung der Menschheit die beherrschende Form von Ideologie im Bereich klassenloser Gesellschaften und der ersten Formen von Klassengesellschaften gewesen ist, erlauben uns unsere Ergebnisse einen ersten Schritt in Richtung auf eine allgemeine Theorie der Ideologie und damit eine sofortige Einschätzung der Arbeiten von Lévi-Strauss über das *Wilde Denken* und die *Mythologica.*

Man hat davon auszugehen, daß auf der Grundlage der schwachen Entwicklung der Produktivkräfte, wie sie primitive Gesellschaften charakterisiert, das Ausmaß der vom Menschen ausgeübten Naturbeherrschung sehr begrenzt und die Strukturen des sozialen Lebens relativ einfach sind. Unter diesen Bedingungen kann für das Bewußtsein Natur nicht anders denn als Bereich von dem Menschen überlegenen Kräften *erscheinen*, die er zugleich sich vorzustellen, zu erklären und zu kontrollieren bemühen muß. Die Grundlage dieser Erscheinung von Natur im und für das Bewußtsein liegt also außerhalb des Bewußtseins. Sie ist objektiv, nicht subjektiv. Sie beruht auf einem bestimmten Typus von gesellschaftlichen Verhältnissen der Menschen zueinander und zur Natur und bringt ihn zum Ausdruck. Wie stellt sich das Denken diese unsichtbaren, dem Menschen überlegenen Kräfte spontan vor? Durch *Analogie.* Die Analogie ist das allgemeine Prinzip, das die Vorstellung der Welt im und durch das primitive Denken organisiert. Das soll heißen, daß das Denken sich die nichtmenschliche Welt (Natur) oder die verborgenen Ursachen der menschlichen Welt (Geschichte) *analog* zu den Beziehungen der Menschen untereinander vorstellt. Die verborgenen Ursachen, die unsichtbaren, den Lauf der Dinge regelnden Kräfte werden als übermenschliche Kräfte dargestellt, d. h. als mit Willen und Bewußtsein, mit Macht und Autorität ausgestattete Wesen, mithin als dem Menschen *analoge* Wesen, die sich aber dadurch von ihm *unterscheiden*, daß sie *tun*, was er *nicht* tun kann, daß sie ihm überlegen sind. Diese Personen bilden eine urbildliche Gemeinschaft und unterhalten Beziehungen untereinander und zu den Menschen. Die unsichtbare Welt wird also insgesamt als eine der den Menschen analoge Welt gedacht, oder jedenfalls als analog dem *Netz der intentionalen gesellschaftlichen Beziehungen*, die zwischen Menschen existieren, analog also zu einer auf das Netz von Beziehungen *reduzierten* menschlichen Gesellschaft, wie sie ins Bewußtsein der sie bildenden *Subjekte* eintreten.

In dieser Blickrichtung werden zwei von der modernen Anthropologie analysierte Fakten verständlich:

a) Weil das primitive Denken mittels Analogien denkt, ist die gesamte Logik der Mythen – wie Lévi-Strauss gezeigt hat – eine Logik der Metapher und der Metonymie, d. h. sie beruht auf den Hauptformen von Analogie.

Darüber hinaus entfaltet sich die Mythologie, weil die zur Erklärung der Ordnung der Welt erfundenen Ursachen in übermenschlichen «Personen» dargestellt werden, als Erzählung, als Theater, unter Benutzung aller literarischen Gattungen wie Drama, Epopöe, Komödie, Poesie usw. Weil sie mittels Analogie konstruiert ist, stellt die mythisch-religiöse Welt die wirkliche Welt vor, im theatralischen Sinne von «eine Vorstellung geben», und das entspricht dem Begriff der *Darstellung**, wie ihn Marx zur Bezeichnung eben der illusionistischen und spontanen Vorstellungen der ökonomischen und sozialen Beziehungen im Bewußtsein der ökonomischen Agenten verwendet, auf die die gesellschaftlichen Verhältnisse sich als Träger stützen.

b) Weil das primitive Denken in Analogien fortschreitet, sind Religion und Magie logisch und praktisch untrennbar und bilden grundlegende und komplementäre Formen von (illusionistischer) Erklärung und (imaginärer) Transformation der Welt.

Aber die Beziehung von mythischem Denken und primitiver Gesellschaft ist noch enger. Äußerste theoretische Bedeutung kommt hier den Ergebnissen von Lévi-Strauss in ‹*Mythologiques*› zu, der gezeigt hat, daß die Verwandtschaftsbeziehungen das Gerüst und das *soziologische*

---

* Das französische Nomen *représentation*, das von M. G. häufig verwendet wird, deckt im Deutschen zwei Bedeutungsmöglichkeiten – *Darstellung* und *Vorstellung* –, die, wie im Text mehrfach ersichtlich, sich entweder auf das kohärente System von Ergebnissen oder auf die kognitive Arbeit des Subjekts beziehen. Der deutsche idiomatische Sprachgebrauch läßt an dieser Stelle des Textes beide Bedeutungen aufeinanderstoßen, zwischen denen sonst zu unterscheiden versucht wurde. Vgl. zum Begriff der *représentation* auch Michel Foucault, ‹*Les Mots et les Choses*› (Paris 1966; dt. ‹*Die Ordnung der Dinge*›, Frankfurt 1971), passim, und Fußnote 28 des letzten Aufsatzes dieses Bandes (Anm. d. Übers.).

Schema der mythischen Organisation der Welt bilden. Alle mythischen Erzählungen, in denen der Ursprung des Feuers, des Wassers, der Nahrung, der Küche, der Menschen, der Tiere, der Sterne, des Todes usw. «erklärt» wird, beschreiben die Abenteuer übermenschlicher Personen, die untereinander in Beziehungen etwa von Eltern und Kindern, Brüdern und Schwestern, von Gebern und Nehmern von Frauen, von Mann und Frau, von Älteren und Jüngeren stehen und alle Konflikte dieser Verwandtschaftsbeziehungen ausleben.

Für die primitiven Gesellschaften bilden also diese Verwandtschaftsbeziehungen *objektiv* die *beherrschende* Struktur ihrer gesellschaftlichen Verhältnisse und das Hauptschema ihrer sozialen Organisation. Es besteht mithin eine enge Entsprechung zwischen der objektiven Hauptrolle der Verwandtschaftsbeziehungen im gesellschaftlichen Leben und ihrer Rolle als soziologisches Gerüst in der urbildlichen Mythenwelt.

Nun kann aber dieses soziologische Schema des mythischen Universums weder aus der *Natur* noch aus *formalen Prinzipien* des Denkens *abgeleitet* werden. Es läßt sich nur aus dem Inhalt der sozialen Beziehungen primitiver Gesellschaften erschließen. Seine Grundlage bildet mithin die Gesellschaft auf einer bestimmten Stufe ihrer historischen Entwicklung. Schließlich kann man – und da lägen wahrscheinlich die Prämissen einer marxistischen Theorie des mythisch-religiösen Bewußtseins – zwei Komponenten dieses Bewußtseins, zwei Bedingungen der Möglichkeit seiner Entstehung und seines Inhalts herausarbeiten.

1. Eine *Bewußtseinsauswirkung* eines bestimmten Typus von gesellschaftlichen Verhältnissen und von Beziehungen zur Natur, mit der schwachen Entwicklung der Produktivkräfte als Voraussetzung. Wie wirkt sich diese negative Ursache auf das Bewußtsein aus? Zunächst so, daß der Bereich vom Menschen nicht kontrollierter Kräfte in Natur und Gesellschaft ihm als Bereich von ihm *überlegenen Kräften* erscheint. Es ist das ein objektiver Grund, dessen Voraussetzung mithin außerhalb des Bewußtseins, in der objektiven Realität, existiert.

Aber diese Bewußtseinsauswirkung *bringt nicht von sich aus* Phantasmen und illusionistische Vorstellungen *hervor*. Zur Transformation dieser unsichtbaren Kräfte und Ursachen in Phantasmagorien bedarf es einer ergänzenden Bedingung und eines neu hinzutretenden Mechanismus, dessen Grundlage im Menschen selber liegt.

2. Diesen neuen Mechanismus nennen wir die «*Rückwirkung des Bewußtseins auf sich selbst*».

Damit soll die Tatsache bezeichnet werden, daß der Mensch sich die Welt und die Kausalität der unsichtbaren Ebenen von Natur und Gesellschaft spontan als analog zu seiner eigenen Erfahrung als eines bewußten, mit Willen begabten Wesens vorstellt, das intentional auf andere und sich selbst einwirkt.

Spontan, d. h. zugleich bewußt und unbewußt, gibt das menschliche Denken den Bewußtseinsauswirkungen der Beziehungen der Menschen zueinander und zur Natur Sinn und Form, mit Rücksicht auf die Kategorien der menschlichen Praxis und – genauer – unter Benutzung des Schemas der Verwandtschaftsbeziehungen, die im gesellschaftlichen Leben eine genau definierte Rolle spielen, als soziologisches Ordnungsschema für die imaginäre Mythenwelt (*Bewußtseins*auswirkung der sozialen Struktur).

Am Schnittpunkt des Netzes von Bewußtseinsauswirkungen der Beziehungen der Menschen zueinander und zur Natur und von deren Rückwirkungen auf seinen Inhalt, den es in Analogie zu den sichtbaren und intentionalen Beziehungen der Menschen-in-Gesellschaft denkt, entstehen – bewußt und unbewußt – die Formen und Inhalte des mythisch-religiösen Bewußtseins der Welt und seine ideologischen Vorstellungen über die Realität. Diese Konstruktion ist ein objektiver Prozeß und bleibt im wesentlichen unbewußt, obwohl das Bewußtsein die Mythen und Riten unaufhörlich bearbeitet, ummodelt und transformiert. Das erklärt, warum von den Primitiven selbst keine Information über den *realen* Prozeß der Entstehung von Mythen geliefert werden kann. Dieser Prozeß kann nur durch wissenschaftliche Analyse aufgedeckt und rekonstituiert werden. An diesem Punkt stellt sich das grundlegende Problem der Differenz und des Verhältnisses von mythischem, philosophischem und wissenschaftlichem Denken. Wir werden diese Analyse später vornehmen (vgl. den letzten Aufsatz dieses Bandes), können aber bereits jetzt die Problematik skizzieren, auf die sie hinführt.

Grundsätzlich geben diese drei Denkformen demselben Bedürfnis, derselben Intention Ausdruck, der nämlich, die Welt, die Ursachen der Phänomene und ihre Beziehungen zu erklären. Die Kausalität wird im Bereich des mythischen Denkens durch das Handeln der imaginären Personen dargestellt, die das vergrößerte Abbild des Menschen sind und im Bereich einer Gesellschaft handeln, die auf intentionale und reziproke Beziehungen der Individuen reduziert und nach Schemata organisiert ist, die die realen Schemata des gesellschaftlichen Lebens reproduzieren. Mit der Entwicklung des philosophischen und vor allem des wissenschaftlichen Denkens (denn das philosophische Denken verlängert nur das mythische, indem es es ersetzt) scheint die Menschheit langsam die mit «Intentionen» besetzten Vorstellungen zugunsten anonymer und nichtintentionaler Ursachen auszulöschen.

Der Fortschritt von Wissenschaft und Philosophie hat darin bestanden, *das Netzwerk von Intentionen von der Oberfläche der Dinge zu tilgen*, die der Mensch ihr spontan nach dem Bilde seiner eigenen Welt auferlegt hatte, und Stück für Stück und Fragment für Fragment die imaginären Vorstellungen, die den Dingen die Kohärenz oder Inkohärenz eines Systems von Intentionen verliehen hatten, zu zerstören, um sie durch die Vorstellung nichtintentionaler Beziehungen zwischen Dingen und Menschen zu ersetzen. Die Differenz zwischen einer Kausalität, wie sie das mythische Denken denkt, und Kausalität als philosophischer Kategorie oder wissenschaftlichem Begriff besteht darin, daß dank dieser neuartigen Denkbilder die in Natur und Gesellschaft existierenden nichtintentionalen Beziehungen besser aufgegriffen und dargestellt werden konnten.

Aus diesem Grund schloß Aristoteles die alten mythischen Formen von Weltdarstellung aus der Philosophie aus, wenn er in der *Metaphysik* (B. 4) erklärte: «Diejenigen, die sich in der Philosophie des Mythos bedienen, sind es nicht wert, daß man sich ernsthaft mit ihnen beschäftigt.»

Eine Ausschließung, die Hegel, zweitausend Jahre später, seinerseits wiederaufnahm, wenn er behauptete, daß «der Mythos im allgemeinen kein adäquates Mittel für den Ausdruck des Denkens ist» (*Vorlesungen über die Geschichte der Philosophie*).

Schließlich müßte gezeigt werden – aber das sprengt den Rahmen dieses Aufsatzes –, wodurch auch im Bereich der spekulativen Philosophie illusionistische Vorstellungen über die Realität entstehen, die zwar von denen des mythischen Denkens durchaus verschieden sind, aber gleichfalls auf einem ideologischen Bewußtsein beruhen.

Abschließend wird, angesichts dieser unbewußten und notwendigen Voraussetzungen der religiösen Formen von Ideologie, verständlich, warum Marx die materialistischen Theorien des 18. Jahrhunderts kritisiert hat, die in der Religion lediglich das Werk von betrügerischen Hochstaplern, das Ergebnis eines Komplotts von Priestern sehen wollten.[25] Ebenso begreift man, warum die von innen her und durch unbewußte Mechanismen mit bestimmten gesellschaftlichen Verhältnissen verkoppelte Religion nicht durch Dekret des wissenschaftlichen oder politischen Bewußtseins unterdrückt werden kann. So wie, damit der Warenfetischismus verschwindet, alle Formen von Warenproduktion verschwinden müssen, so «kann auch der religiöse Widerschein der wirklichen Welt überhaupt nur verschwinden, sobald die Verhältnisse des praktischen Werkeltagslebens den Menschen täglich durchsichtig vernünftige Beziehungen zueinander und zur Natur darstellen»[26]. Das soll nicht heißen, daß nichts Unbewußtes, Unbekanntes oder Undurchsichtiges im sozialen Leben und dem eines jeden Individuums fortbestehen wird, sondern daß der Mensch in der Praxis nicht länger ihn entfremdenden gesellschaftlichen Kräften unterworfen sein und in unerforschten Naturbereichen ein Mysterium oder eine Bedrohung sehen wird.

Anmerkungen

1 ‹*Randglossen zu Adolph Wagners ‚Lehrbuch der politischen Ökonomie'*›. In: MEW Bd. 19, S. 369.

2 ‹*Das Kapital*› III (= MEW Bd. 25), S. 838.

3 «Aber nur eine historisch bestimmte Entwicklungsepoche, welche die in der Produktion eines Gebrauchsdings verausgabte Arbeit als seine ‹gegenständliche› Eigenschaft darstellt, d. h. als seinen Wert, verwandelt das Arbeitsprodukt in Ware.» ‹*Das Kapital*› I (= MEW Bd. 23), S. 76.

4 ‹*Das Kapital*› I, S. 92.

5 Ebd. I, S. 93.

6 Ebd. I, S. 93.

7 Ebd. I, S. 93.

8 Ebd. I, S. 91 f.

8a ‹*Formen, die der kapitalistischen Produktion vorhergehn*›. In: ‹*Grundrisse der Kritik der politischen Ökonomie*›, Frankfurt [Europäische Verlagsanstalt] o. J., S. 377.

9 ‹*Das Kapital*› I, S. 90 f.

10 Ebd. I, S. 91.

11 Ebd. I, S. 92 f.

12 Ebd. I, S. 93 f.

13 Ebd. I, S. 93.

14 Brief an Conrad Schmidt vom 27. Oktober 1890. In: MEW Bd. 37, S. 492.

15 ‹*Das Kapital*› I, S. 86.

16 F. Engels, *Anti-Dühring*. In: MEW Bd. 20, S. 294.

17 ‹*Das Kapital*› I, S. 168 f.

18 Ebd. III, S. 838.

19 F. Engels, *Anti-Dühring*. In: MEW Bd. 20, S. 294. Marx bringt im *Kapital* ausdrücklich die Formen des Christentums bei seiner Entstehung mit der ungeheuren Entwicklung des Warenhandels im mediterranen Altertum in Zusammenhang. Das Aufkommen und die Vorherrschaft der kapitalistischen Produktionsweise, also der entwickeltsten Form der Warenproduktion, haben mit dem Aufkommen ihrer «bürgerlichen Formen» das Christentum noch einmal umgestürzt. «Für eine Gesellschaft von Warenproduzenten, deren allgemein gesellschaftliches Produktionsverhältnis darin besteht, sich zu ihren Produkten als Waren, also als Werten, zu verhalten und in dieser sachlichen Form ihre Privatarbeiten aufeinander zu beziehen als gleiche menschliche Arbeit, ist das Christentum mit seinem Kultus des abstrakten Menschen, namentlich in seiner bürgerlichen Entwicklung, dem Protestantismus, Deismus usw., die entsprechendste Religionsform» (‹*Das Kapital*› I, S. 93). Engels vervollstän-

digt diese Analyse im *Anti-Dühring* mit dem Hinweis: «Auf einer noch weitern Entwicklungsstufe werden sämtliche natürlichen und gesellschaftlichen Attribute der vielen Götter auf Einen allmächtigen Gott übertragen, der selbst wieder nur der Reflex des abstrakten Menschen ist. So entstand der Monotheismus, der geschichtlich das letzte Produkt der spätern griechischen Vulgärphilosophie war und im jüdischen ausschließlichen Nationalgott Jahve seine Verkörperung vorfand. In dieser bequemen, handlichen und *allem anpaßbaren* Gestalt kann die Religion fortbestehn als *unmittelbare,* das heißt gefühlsmäßige Form des *Verhaltens der Menschen zu den sie beherrschenden fremden, natürlichen und gesellschaftlichen Mächten,* solange die Menschen unter der Herrschaft solcher Mächte stehn. Wir haben aber mehrfach gesehn, daß in der heutigen bürgerlichen Gesellschaft die Menschen von den von ihnen selbst geschaffnen ökonomischen Verhältnissen, von den von ihnen selbst produzierten Produktionsmitteln wie von einer fremden Macht beherrscht werden. Die tatsächliche Grundlage der *religiösen Reflexaktion dauert* also fort und mit ihr der religiöse Reflex selbst» (*Anti-Dühring.* In: MEW Bd. 20, S. 294 f). Dennoch sollte nicht vergessen werden, was Engels anläßlich der exakten Bedingungen der Entstehung des Christentums schrieb: «Es entstand in einer uns vollkommen unbekannten Art und Weise ...» (*‹Das Buch der Offenbarung›.* In: MEW Bd. 21, S. 10). Seither sind, dank der Fortschritte der Archäologie in Palästina und dank der Entdeckung der Manuskripte vom Toten Meer, einige Fortschritte in dieser Richtung zu verzeichnen.

20 Man müßte Engels' Bemerkungen über die Rolle der christlichen Philosophie und Kirche bei der Entwicklung der feudalistischen Produktionsweise in der Tat mit dem mittelalterlichen Ideal des Islam als laizistischer Theokratie vergleichen, der, ohne wirklichen Klerus, vollkommene Anwendung des religiösen Gesetzes der Schari'a auf die politische und soziale Organisation war. Mehrfach wurde in der Geschichte der Versuch unternommen, eine Gesellschaft und einen Staat einzig und allein auf die muselmanische Schari'a zu gründen; ohne auf Saudi-Arabien, einem Land mit archaischen Strukturen zu bestehen, mag das Beispiel Pakistans genügen, eines Landes, das sich auf die Grundlagen des Islams stützen wollte.

21 Karl Marx, *‹Formen die ...›.* In: *‹Grundrisse der Kritik der politischen Ökonomie›,* op. cit., S. 376.

22 Vgl. F. Engels: «In allen früheren Perioden (war) die Erforschung dieser treibenden Ursachen der Geschichte fast unmöglich (...) – wegen der verwikkelten und verdeckten Zusammenhänge mit ihren Wirkungen» (*‹Ludwig Feuerbach und der Ausgang der klassischen deutschen Philosophie›.* In: MEW Bd. 21, S. 298 f).

23 Vgl. F. Engels' Aufsatz *‹Der deutsche Bauernkrieg›,* veröffentlicht zuerst (Mai bis Oktober) 1850 in der *Neuen Rheinischen Zeitung* (fünftes und sechstes Heft): «Es ist klar, daß hiermit alle allgemein ausgesprochenen Angriffe auf den Feudalismus, vor allem Angriffe auf die Kirche, alle revolutionären, gesellschaftlichen und politischen Doktrinen zugleich und vorwiegend theologische Ketzereien sein mußten» (= MEW Bd. 7, S. 343 f).
In dieser Hinsicht müßten die Entstehungsbedingungen des Konfuzianismus, der chinesischen Staatsreligion, oder des Hinduismus und Buddhismus analy-

siert werden, die die Kontinente Vorder- und Hinterindiens im Zuge der Entwicklung von Kasten- und Klassengesellschaften nach der arischen Invasion untereinander aufteilten.

24 Rezension des Buches von G. Fr. Daumer – ‹*Die Religion des neuen Weltalters. Versuch einer combinatorisch-aphoristischen Grundlegung*›. 2 Bde., Hamburg 1850 – in der *Neuen Rheinischen Zeitung*, zweites Heft, Februar 1850 (= MEW Bd. 7, S. 201).

25 Vgl. beispielsweise Condorcet, ‹*Esquisse d'un tableau historique des progrès de l'esprit humain*›, 1795: «Dieser Unterschied [zwischen Priestern und Laien] findet sich selbst bei den unzivilisiertesten Wilden, die bereits ihre Scharlatane und Hexenmeister haben. Er ist zu allgemein, und man begegnet ihm in allen Zeiten zu häufig, als daß er seine Grundlage nicht in der Natur haben müßte. Deshalb finden wir in dem, was die Fähigkeiten des Menschen in diesen ursprünglichen Gesellschaften ausmachte, den Grund für die Leichtgläubigkeit der ersten Geprellten ebenso wie für die großmäulige Geschicklichkeit der ersten Hochstapler.» Dieselbe Position begegnet bei Diderot und anderen Enzyklopädisten wieder.

26 ‹*Das Kapital*› I, S. 93 f.

Die Nichtentsprechung zwischen Formen und Inhalten sozialer Beziehungen*

Erneute Reflexion über das Beispiel der Inka

Die Mehrzahl der für die alte und jüngere Geschichte des präkolumbianischen Amerika oder des präkolonialen Afrika charakteristischen ersten Klassengesellschaften hat sich keineswegs auf der Basis sklavenhalterischer Formen entwickelt. Das Inka-Imperium wurde in weniger als zwei Jahrhunderten aufgerichtet, und dieser ganz erstaunliche Aufstieg wurde nur noch von dem der Azteken überboten, die zur Zeit ihres Eindringens in die Talebene von Mexiko, im 12. Jahrhundert, lediglich kriegerische Stämme von des Ackerbaus und der Weberei unkundigen Jägern waren. Vor ihrer Eroberung durch die Inka und vor ihrer Integration in das *tahuantinsuyu*, das «Reich der vier Himmelsrichtungen», beruhte die Produktionsweise zahlreicher Anden-Stämme hauptsächlich auf dem Anbau von Knollenfrüchten im Rahmen des *ayllu*, d. h. eines lokalen dörflichen Gemeinwesens als Wohnsitz einer Verwandtschaftsgruppe von sippenhaftem Typus. Das Eigentum an Grund und Boden war gemeinschaftlich, und der Boden wurde unter den Familien im engeren Sinne periodisch umverteilt, ohne daß sie dieses Gewohnheitsrecht in ein erbliches Entäußerungsrecht, d. h. eine beliebige Form von Privateigentum neben dem gemeinschaftlichen Eigentum, hätten umwandeln können. Ebenso war die Arbeit gemeinschaftlich; sie beruhte auf der wechselseitigen Wirtschaftshilfe der Dorfbewohner (*minga*) bei der Erfüllung der verschiedenen landwirtschaftlichen Produktionsaufgaben. Der Dorfhäuptling (*curaca*) war der bevorrechtigte Empfänger der gegenseitigen Hilfe des Dorfes, und besondere gemeinschaftliche Ländereien wurden speziell für die Unterhaltung der Gräber der lokalen Gottheiten und Häuptlinge kultiviert.

Als sie der Herrschaft der Inka anheimfielen, erlitten diese Gemeinwesen – oder wenigstens die sozialen Gruppen, die als Gemeinwesen dieses Typs organisiert waren – tiefgreifende Veränderungen. Alles Ackerland, alle Flüsse, Berge, Lamaherden und alles Wild gingen in Staatseigentum über. Ein Teil dieser Ländereien wurde buchstäblich enteignet und zur Domäne des Staates oder des Klerus erklärt. Der Rest wurde aus «Entgegenkommen» der Inka zurückgegeben, unter der obligatorischen Bedingung, eben diese vom Staat und vom Klerus enteigneten Ländereien in Form von Frondiensten zu bewirtschaften. Die Produk-

---

* Die Materialien dieses Textes sind wiederaufgenommen in das Kapitel ‹Anthropologie économique› des ‹Manuel d'anthropologie›, erschienen Paris [Armand Colin] 1973, in der Reihe U, hgg. von Robert Cresswell.

tionsverhältnisse wurden also vollständig umgestürzt, denn auf den Ländereien, die sie zur Sicherung ihres Lebensunterhaltes behielten, blieb den Gemeinwesen, nachdem sie ihre alten Rechte gemeinschaftlichen Eigentums verloren hatten, nicht mehr als das Nutzungsrecht. Zwar gingen die Produktion und die Art und Weise der Bodennutzung immer noch in den gleichen gemeinschaftlichen Formen vor sich wie vor der Inka-Eroberung; es hatte sich jedoch eine neue, auf dem Frondienstsystem beruhende Produktionsweise an deren Stelle gesetzt.

Der Frondienst wurde nicht individuell zudiktiert: Das gesamte Dorf war dazu verpflichtet, und der Inka-Staat lieferte Nahrungsmittel und Getränke in eben der Weise, wie es – im Bereich des herkömmlichen *ayllu* – der bevorrechtigte Nutznießer seinen Helfern gegenüber getan hatte. Der Staat stellte Werkzeuge und Saatgut zur Verfügung und bestand darauf, daß die Leute in Festkleidung, mit Musik und Liedern zur Arbeit kamen. Die alten Formen ökonomischer Wirtschaftshilfe und die ihnen entsprechenden alten ideologischen und rituellen Formen wurden jetzt in den Dienst von Ausbeutungsverhältnissen und ökonomischer Unterjochung gestellt, wie sie die neue Produktionsweise, eben den Typus der «asiatischen Produktionsweise», charakterisierte. Der Inka-Staat mußte, um seine eigene ökonomische Basis und deren stabile Reproduktion und Erweiterung zu organisieren, die Ländereien, Populationen, Tierbestände und Arbeitsprodukte sichten. Er mußte also eine administrative Maschinerie aufbauen, die die gesamte Bevölkerung bürokratisch erfaßte und direkt oder indirekt kontrollierte, mußte den Kult des Inka, des Sonnensohnes, und der Sonne, seines Vaters, überall verbreiten und eine Armee zur Unterdrückung von Aufständen unterhalten. Die Gesamtheit dieser Institutionen entspricht der neuen Produktionsweise, die sich bekanntlich um 1532 noch in voller Entwicklung befand, denn der Staat war gezwungen, ganze Bevölkerungsteile zu evakuieren, um Militärkolonien zur Kontrolle allzu unruhiger lokaler Populationen zu schaffen. Er hatte also die traditionellen Bande dieser Stämme und ihrer Formen von Bodenbesitz ganz oder teilweise gebrochen und sich darüber hinaus einer traditionellen Form der persönlichen Abhängigkeit – *yanacona* – zu eigenen Zwecken bemächtigt, bei der die aus ihrer Geburtsgemeinschaft herausgerissenen Individuen – die *yana* – an die Person eines aristokratischen Herrn gebunden und lebenslänglich in den Dienst seiner Sippe gestellt wurden. Die Nachkommen dieser *yana* erbten im allgemeinen diese Bedingung der Leibeigenschaft. Diese Form der Ausbeutung bestand zweifellos schon vor der Eroberung durch die Inka, gewann jedoch in dem Maße an sozialem Gewicht, wie sich eine Form individuellen (aber nicht privaten) Besitzes an Ländereien und Lamaherden entwickelte, die vom Inka-Staat bestimmten Adelsschichten eingeräumt wurde.

Wir werden die Analyse der ökonomischen und sozialen Formation des Inka-Staates weitertreiben, weil sie – über das bemerkenswerte Beispiel einer nichtokzidentalen Klassengesellschaft hinaus, das er bietet – uns zu theoretischen Einsichten führt, die neue Wege durchblicken lassen, die die Anthropologie einschlagen kann. Das Bemerkenswerte an der ökonomischen Basis der sich bildenden Inka-Gesellschaft ist die Tatsache, daß die herrschende Produktionsweise einerseits einen Teilbereich der alten Gemeinschaftsbeziehungen beibehält, sich formal auf sie stützt und sie in den Dienst ihrer eigenen Produktions- und Reproduktionsformen stellt, wobei sie gleichzeitig einen anderen Teilbereich der herkömmlichen Beziehungen vollständig zerstört und unterdrückt. So wurden beispielsweise, dem Chronisten Gobo zufolge, «die Männer erst vom Tage ihrer Heirat an steuerpflichtig und zur Teilnahme an den öffentlichen Bauarbeiten gezwungen». Das bedeutet, wie John Murra in seiner ausgezeichneten Arbeit ‹The Economic Organization of the Inca State› [Chicago 1956] gezeigt hat, daß die Heirat sich vom Übergangsritus im Bereich der lokalen Gemeinwesen zum Erfassungsgrenzwert für einen neuen sozialen Status und zum Symbol dieses Status gewandelt hatte, zudem des fronpflichtigen Subjekts des Inka-Staates, also zu dem eines Mitglieds einer sehr viel umfassenderen und vom *ayllu* oder den lokalen Stämmen sehr verschiedenen Gemeinschaft. Indem sie die Bauern zwangen, in Festkleidern auf den Ländereien des Staates und der Sonne zu arbeiten, indem sie ihnen Nahrungsmittel und Getränke lieferten, nutzten die Inka die alte, auf den wechselseitigen Verpflichtungen der Mitglieder der lokalen Gemeinwesen beruhende Form der Produktion – eine allen bekannte und verständliche Form und Verpflichtung –, um neue, auf Unterdrückung und Herrschaft gegründete Produktionsverhältnisse zu organisieren, denn die Produzenten hatten jetzt die Kontrolle über einen Teil ihrer Arbeitsleistung und deren Produkt verloren. Darüber hinaus fügten die Inka, wenn sie auch den Kult der lokalen Gottheiten insgesamt weiterbestehen ließen, ihm den des Sonnengottes und seines Sohnes, des großen Inka, hinzu, denen zu Ehren der Bauer seine Arbeit zur Verfügung stellen mußte, wie es schon seine eigenen herkömmlichen Gottheiten von ihm erforderten. Ohne daß die alten dörflichen, tribalen und Verwandtschaftsbeziehungen irgendwelche *formalen* oder *strukturellen Veränderungen* erlitten, wandelte sich dennoch ihre *Funktion*, weil sie mit der Verantwortung für das Funktionieren einer neuen Produktionsweise belastet waren.

Das ist der von John Murra nachgewiesene Mechanismus, den er folgendermaßen darstellt, wenn er schreibt: «Als die Krone ein Fronarbeitssystem ausarbeitete, dienten ihm die wechselseitigen, von allen verstandenen und allen bekannten Verpflichtungen der Gemeinwesen als Modell.» Ihre Eroberung gab den Inka also ein doppeltes praktisches Problem auf: Einerseits mußten sie den unterworfenen Populationen weiterhin erlauben, ihren Lebensunterhalt nach traditionellen Verfahrensweisen zu produzieren, andererseits sie dazu verpflichten, für den Staat zu arbeiten, und zwar mittels Produktionsformen, die ihnen verständlich und bis zu einem gewissen Punkt in ihren Augen gerechtfertigt waren. Zur Lösung dieses Problems bedurfte es außergewöhnlicher – individueller und kollektiver – Anstrengungen eines politischen und sozialen Erfindungsreichtums, wie ihn die Tradition den legendären Eroberern – etwa Pachacuti, Manco Capac und vor allem Viracocha – zugeschrieben hat; man muß jedoch gleichzeitig festhalten, daß die Mittel zur Lösung dieser Probleme teilweise bereits im Rahmen der früheren Produktionsweise vorhanden waren.

Unter diesen Mitteln seien erwähnt: Erstens die Tatsache, daß die Produktion auf verschiedenen Formen von einfacher Kooperation beruhte. Zweitens die Tatsache, daß der Boden Eigentum des gesamten Gemeinwesens und das Individuum nur im Besitz der mehr oder weniger periodisch umverteilten Nutzungsrechte an bestimmten Parzellen war. Drittens die Tatsache, daß sowohl im Bereich des materiellen Produktionsprozesses wie im Bereich der Beziehung des Individuums zum wichtigsten Produktionsmittel – dem Boden – das Gemeinwesen als eine dem Individuum *übergeordnete* Realität und als praktische Bedingung seines Überlebens *existierte* und *auftrat*. Viertens die Tatsache, daß die Funktion der *Repräsentation* des Gemeinwesens, der Kontrolle des Produktionsprozesses als solchen – d. h. als einer den Individuen in dem Maße übergeordneten Einheit, wie sie die Einheit ihrer gemeinsamen Interessen ist – einer besonderen Familie und, innerhalb dieser Familie, dem Individuum zukommt, das zur Übernahme dieser Funktion am besten geeignet scheint. Dieses Individuum ist der *curaca*, der Häuptling des lokalen oder tribalen Gemeinwesens; er ist gleichzeitig Anführer im Krieg. Mittels dieser Funktion personifizieren dieses Individuum und seine Familie mehr als jedes andere Gemeinschaftsmitglied das Gemeinwesen; sie verkörpern sie als den Individuen in gewisser Weise übergeordnete Realität und personifizieren diese ihnen überlegene Einheit. Die Funktion der Repräsentation und Verteidigung der gemeinsamen Interessen aller Gemeinschaftsmitglieder stellte das sie ausübende Individuum mithin außerhalb der Gemeinschaft. Es existierte eine Art innerer Aristokratie, im eigentlichen Sinne des Wortes Aristokratie: griechisch ἄριστος = der Beste, d. h. derjenige, der das Gemeinwesen am besten vertritt. Fünftens die Tatsache, daß bei der Organisation des Produktionsprozesses die Arbeitskraft der Mitglieder der lokalen Gemeinwesen, der *ayllu*, einerseits in Form von für die Reproduktion ihrer eigenen Existenz und der der bedürftigen Gemeinschaftsmitglieder (Witwen, Alte, Schwache usw.) nötiger Arbeit, andererseits in Form von für die Reproduktion des Gemeinwesens *als solchen* bestimmter Arbeit verausgabt wurde. Diese zusätzliche Arbeit wurde für die Bewirtschaftung der Ländereien des *curaca* aufgewendet; der hatte – wie jedes beliebige Mitglied des Gemeinwesens – Anspruch auf eine für den Unterhalt seiner Familie ausreichende Quantität von Ackerland und die gemeinschaftliche Hilfe bei dessen Bebauung. Aber diese zusätzlichen Ländereien und Arbeitsleistungen wurden ihm zugesprochen und geliefert, um die «Unkosten» seiner Verpflichtungen als *Repräsentant* und *verantwortlicher Stellvertreter* des Gemeinwesens als solchen zu decken. Je nach den Umständen und dem Ausmaß dieser Verpflichtungen (Häuptling des Dorfes, des Stammes usw.) nahm er entweder noch direkt am Produktionsprozeß teil oder hatte bereits aufgehört, unmittelbarer Produzent zu sein; er war dann lediglich noch durch seine Mitwirkung bei der Kontrolle der Landnutzung, durch die Leitung und durch seine rituellen und zeremoniösen Aktivitäten bei jeder Phase des landwirtschaftlichen Produktionsprozesses beteiligt.

Auf seiten der zugunsten des Repräsentanten des Gemeinwesens verausgabten Mehrarbeit muß auch der der Kriegsführung vorbehaltene Arbeitsaufwand einbezogen werden, d. h. das für die Verteidigung oder Eroberung von Ackerland oder Bewässerungskanälen, kurz: das zum Schutz oder zur Ausweitung der Produktionsmittel der Population aufgewendete Arbeitsquantum. Um mit dem Anwachsen der Bevölkerung Schritt zu halten und also dem Gemeinwesen zu ermöglichen, sich auf der gleichen Basis zu reproduzieren, wurde Mehrarbeit in Form von lokalen Bewässerungsarbeiten und Erweiterung des bereits kultivierten Landes durch die Anlage von Terrassen verausgabt, d. h. wiederum für die Entfaltung der Produktionsmittel des Gemeinwesens. Schließlich blieben zusätzliche Anbauflächen und Arbeitsleistungen dem Kult der Ahnen und der lokalen Gottheiten (dem Gott der Erde, des Regens usw.) und der Unterhaltung der Gräber und Altäre vorbehalten. Bestimmte Flächen waren für die Produktion des zeremoniellen Maises bestimmt, der zur Herstellung des bei Trinkopfern benutzten Maisbieres erforderlich war. Für die rituellen Opfer wurden Lamas gezüchtet und bestimmte Gewebe für die Brandopfer hergestellt. Die Stiftung natürlicher Ressourcen (Ländereien, Tiere, Mais, Stoffe) und (handwerklicher oder landwirtschaftlicher) Arbeitsleistungen für den Götter- und Ahnenkult gehorchte einer doppelten Notwendigkeit: einerseits der, die Dankbarkeit der Lebenden für die unsichtbar weiterlebenden Toten und die Götter zu zeigen, dank deren das Gemeinwesen lebte und existierte, mithin die Ahnen und die übernatürlichen Naturkräfte zu ehren und zu verherrlichen und die Verpflichtungen des Gemeinwesens ihnen gegenüber zu erfüllen. Andererseits bedurfte es – in dem Maße, wie die Ahnen und übernatürlichen Realitäten als Kräfte auftraten, die Kontrollmöglichkeiten und Macht über die Fruchtbarkeit der Felder, über Regen, Tod, Krankheit und

Waffenglück haben, die also die Reproduktion des Gemeinwesens verhindern oder begünstigen und alle Bedingungen kontrollieren, die sich der direkten Einflußnahme des Menschen entziehen – der Anstrengung, die Unternehmungen der bösen Mächte zu unterlaufen oder abzulenken und die der guten anzulocken und zu vervielfachen. Man mußte also eine Praxis zur indirekten Einflußnahme auf diese Mächte entwickeln, die ihrerseits die natürlichen und übernatürlichen Reproduktionsbedingungen des Gemeinwesens direkt überwachten – eine Praxis, die sie ins Leben des Gemeinwesens und ihren Produktionsprozeß einzugreifen oder nicht einzugreifen zwingt. Um dieser Wirkungen willen opferte man und bot den unsichtbaren Mächten materielle Reichtümer und Arbeitsleistungen im Rahmen einer symbolischen Praxis an, die darauf abzielte, die Reproduktionsbedingungen des sozialen Lebens (auf imaginäre Weise) zu beeinflussen. Diese fünf der alten Produktionsweise inhärenten Elemente waren vor der Inka-Eroberung keineswegs im Verschwinden begriffen. Einerseits sicherte diese alte Produktionsweise nach wie vor das Überleben der lokalen Gemeinwesen, andererseits lieferten aber gerade ihre fünf Hauptelemente die *Stützpunkte und Formen einer neuen Produktionsweise*. Die Eroberergemeinschaft bemächtigte sich der gesamten Ländereien und natürlichen Ressourcen der eroberten Gemeinwesen. Sie wendete jedoch auch hier nichts anderes an als das herkömmliche tribale Recht, das die Anrechte des Individuums auf seine Mitgliedschaft in einem Gemeinwesen gründete und mithin alle nicht zu diesem Gemeinwesen Gehörenden aller Ansprüche beraubte. Die überlegene Gemeinschaft, personifiziert in ihrem Häuptling, dem Inka, der sie als solche und als übergeordnete Gesellschaft – als Staat – repräsentiert, wird also zum kollektiven Landeigner, und alle eroberten Landstriche werden Eigentum der «Krone». Das bedeutet, daß die Form kollektiver Ausbeutung des Bodens vor wie nach der Eroberung die soziale Form der landwirtschaftlichen Produktionsverhältnisse ist, daß der Staat als Landeigner den Rechtstitel der lokalen Gemeinwesen übernimmt und also für das Individuum eine neue, seinem traditionellen Gemeinwesen überlegene Gemeinschaft bildet, von der sein Überleben abhing. Vor wie nach der Eroberung sichert also gerade seine Zugehörigkeit zu einer ihm übergeordneten Gesellschaft dem Individuum seine Existenzbedingungen.

Der zum wichtigsten Eigner aller Ländereien des Imperiums gewordene Staat bemächtigte sich eines Teils der verfügbaren Anbaufläche direkt, indem er sie in Kronland oder Tempelbezirk umwandelte, und überließ aus «Entgegenkommen» die Nutzung – nicht das Eigentum – der restlichen Ländereien den Gemeinwesen für ihren Lebensunterhalt, gönnte ihnen also großzügig die Subsistenzmittel im Austausch gegen die Verpflichtung zur Bewirtschaftung des zu Staats- und Klerusdomänen gewordenen Areals. Damit hatte der Staat, weil er das traditio-

nelle Gemeinwesen als kollektiver Eigner ersetzte und alte Garantie-
funktionen für die Existenzsicherung der Individuen und Familien
übernahm, automatisch Anspruch auf die Mehrarbeit der eroberten
Gemeinwesen, eine Mehrarbeit, die herkömmlicherweise für die Reproduktion der Gemeinwesen als solcher verausgabt wurde. Die übergeo-
ordnete Gemeinschaft fügte also der traditionellen Mehrarbeit lediglich eine zusätzliche Mehrarbeit in denselben Formen hinzu. Der Staat
lieferte den Bauern, die den Grund und Boden bewirtschafteten, von
dem sie expropriiert waren, Getränke und Saatgut, indem er sich mit
der herkömmlichen sozialen Macht identifizierte und dem Frondienst
so die Form der traditionellen dörflichen oder tribalen wechselseitigen
Wirtschaftshilfe gab. Die Eroberergemeinschaft, direkter Eigentümer
eines Teiles der materiellen Ressourcen zahlreicher lokaler Gemeinwesen und zugleich Nutznießer der Mehrarbeit ungeheurer Massen von direkten Produzenten, stützte sich tatsächlich auf eine ökonomische Basis
neuen Typs, die dem Anschein nach die wenn auch auf gigantische
Weise angewachsene Form der alten Produktionsweise hatte.

Zugleich erforderte das gleichmäßige Funktionieren dieser neuen Produktionsweise die Entwicklung von neuen Institutionen und von neuen
sozialen Schichten und einer staatlichen Bürokratie, in deren Händen
die Kontrolle und Überwachung der Reproduktion dieser neuen Produktionsweise lag. So wurde z. B. in jeder Provinz ein Gouverneur mit
dem Titel «der, der alles sieht» ernannt, der die Bewirtschaftung der
Kron- und Klerusländereien und die unverzügliche Ableistung der
Frondienste beaufsichtigte. Die neue Produktionsweise räumte den politisch-religiösen Funktionen eine neue und beherrschende Rolle bei der
Organisation der Produktion und im Mechanismus ihrer Reproduktion
ein. Während der alten dörflichen Produktionsweise die Vorherrschaft
von Verwandtschaftsbeziehungen im Bereich der traditionellen Gemeinwesen zugrunde lag, machte die neue Produktionsweise einerseits
diese Vorherrschaft der Verwandtschaftsbeziehungen in der neuen sozialen Organisation zunichte, wenn sie ihnen auch weiterhin eine sekundäre Rolle bei der Existenzsicherung der lokalen Gemeinwesen zu-
gestand, und übertrug andererseits die Hauptrolle den neuen politisch-
religiösen Beziehungen, die den alten dörflichen und tribalen Rahmen
vollständig sprengten.

Es lassen sich jetzt die ideologischen Konsequenzen aus der Tatsache
ziehen, daß die alten Produktionsverhältnisse (dörfliche Wirtschaftshilfe, Mehrarbeit usw.) den neuen (Frondienst) ihre Form gaben. Als
grundlegende Konsequenz ergab sich, daß die neuen Verhältnisse nur
in einer Form und einer Fassade auftreten konnten, die den wirklichen
neuen Inhalt in den spontanen ideologischen Vorstellungen der ökonomischen Agenten verschwinden machte und verheimlichte – die Ausbeutung des Menschen durch den Menschen im Rahmen dieser neuen Pro-

duktionsverhältnisse. Weil die alten Produktionsverhältnisse weiterbestanden und zugleich den neuen ihre Form gaben, konnten die alten ideologischen Formen sowohl als Material wie auch als Vorstellungsschema dieser neuen Produktionsverhältnisse dienen, und das gemäß ihrem eigenen Inhalt, der die Verpflichtungen der Gemeinschaftsmitglieder ihrer Herkunftsgemeinschaft gegenüber als Verpflichtungen einer übergeordneten und Zwang ausübenden, aber wohltätigen Realität gegenüber darstellte. Die alte Ideologie war zwar in der Lage, die neuen Verhältnisse darzustellen, konnte das aber nur, wenn sie sie für *etwas anderes* ausgab, etwas, das der alten Produktionsweise analog war und sie einfach verlängerte. Damit waren zwei Rückwirkungen entstanden, wie sie jede Herrschaftsideologie charakterisieren: die *Verschleierung* und das Verschwinden des unterdrückenden Charakters der neuen Produktionsweise auf der Ebene der Vorstellung und die *Rechtfertigung* dieser Unterdrückung in den Augen der Herrschenden wie der Beherrschten. Sie lieferte allen gegenwärtigen sozialen Gruppen *annehmbare Gründe,* auch in Zukunft zu herrschen oder beherrscht zu werden, kurz: sie lieferte eine ideologische Form, die dem Funktionieren der neuen Produktionsweise und seiner politischen, ökonomischen und religiösen Instanzen adäquat war. Sie konstituierte also eine Reproduktionsmöglichkeit der der neuen ökonomischen und sozialen Formation entsprechenden Ideologie. Es bleibt festzuhalten – und das hat Konsequenzen für eine Theorie der Ideologie –, daß die alte Ideologie, weil sie *kein direkter* Reflex, keine sofortige Umsetzung der neuen Produktionsverhältnisse ist, den Notwendigkeiten der Reproduktion dieser Verhältnisse am *genauesten* entsprach. Gerade weil sie diese neuen Verhältnisse in einer Form erscheinen läßt, die ihren wirklichen Inhalt nicht darstellt, entspricht sie diesem Inhalt am *besten.*

Man errät bereits, welchen Schwierigkeiten sich die Anhänger einer Theorie gegenübersehen, die Ideologie als direkten und einfachen Reflex der ökonomischen Infrastruktur einer Gesellschaft auffaßt. Aus dieser kurzen Skizze der Inka-Produktionsweise lassen sich noch weitergehende theoretische Einsichten von allgemeiner Bedeutung ableiten. Sie beziehen sich auf die Rolle von Krieg und Gewalt bei der Ausbildung dieser neuen Produktionsweise und auf die der großen öffentlichen Bauarbeiten.

Wir haben das Problem des Krieges bereits gestreift, als wir daran erinnerten, daß gerade die Form des tribalen Kollektiveigentums für gewöhnlich impliziert, daß jedes dem tribalen Gemeinwesen fremde Individuum – oder jede Gruppe – jeden Eigentumsrechtes beraubt ist. Der Eroberungskrieg tut nun nichts anderes, als dieses Recht mit Gewalt (sei es, daß sie real ausgeübt wird oder daß fremde Populationen sich kampflos unterwerfen) auf feindliche Gruppen auszudehnen, deren Niederlage sie mithin jeden Anspruchs auf eigenen Grund und Boden beraubt. Aber der Krieg allein genügt nicht, um von sich aus eine neue Produktionsweise hervorzubringen. Er kann für eine begrenzte Zeit die Herrschaft eines siegreichen Stammes aufrechterhalten und ihm erlauben, die Reichtümer der besiegten Stämme auszubeuten, deren traditionelle Produktionsweisen sich jedoch erhalten; er reicht aber nicht hin, eine Ausbeutungsweise hervorzubringen, die sich von sich aus regelrecht reproduziert, die also in Friedenszeiten überdauern und sich weiterentwickeln kann. Der Krieg ist ein wichtiges Element zahlreicher Produktionsweisen (mit Ausnahme derer von Jägern und Sammlern, bei denen er geringere Bedeutung hat). Durch Krieg werden Territorien und Produktionsmittel geschützt oder neue hinzuerobert. Die Gewalt, anfangs notwendig, um fremde Gemeinwesen zu expropriieren, kann jedoch späterhin nicht die Mittel liefern, um die Besiegten zu regelmäßiger Mehrarbeit für die Sieger zu zwingen. Das bedeutet nicht, daß Gewaltanwendungsdrohungen kein dauerndes Mittel gewesen wären, Populationen zur Arbeit für die Sieger zu pressen. Die Inka haben tatsächlich unbarmherzig Aufstände unterdrückt, ganze Bevölkerungsteile deportiert und treue Populationen in Militärkolonien zur Überwachung unzähmbarer Stämme überführt. Damit aber ihre Produktionsweise sich unter allen Umständen und von selbst reproduzierte, bedurfte es eines genau geregelten Frondienstsystems, einer Bürokratie, eines Rechnungswesens, eines Lager- und Transportsystems von Waren usw., kurz: neuer Produktionsverhältnisse, im Rahmen derer Gewalt und bewaffnete Kontrolle zwar eine bedeutende Rolle spielten, aber nicht die wesentlichen Probleme lösten.

Wie wir gesehen haben, mußte, damit das System regelmäßig funktionierte, die von den Bauern geleistete Mehrarbeit ihnen nicht oder nicht nur als erzwungene Arbeit, sondern als «geschuldete» Arbeit erscheinen, als anerkannte und erfüllte «Verpflichtung», als Sachleistung auf Gegenseitigkeit. Gerade darin läßt sich die Rolle von Ideologie als *Zwang* wiedererkennen, der *ohne physische Gewalt* auf Denken und Willen der Inka-Untertanen ausgeübt wird. Zweifellos ist der Krieg ein Prozeß, der *bestimmte Bedingungen* für die Ausbildung dieser neuen Produktionsweise hervorbringt, wenn er Elemente und Produktionsfaktoren aus ihrer *Kombination* im Bereich der alten Struktur *herauslöst* und diese Elemente in gewisser Weise freisetzt (Grund und Boden und Arbeitskraft werden disponible, teilweise von den alten sozialen Beziehungen abgelöste Produktionsmittel). Aber eine neue Produktionsweise kann erst dann in Erscheinung treten, wenn diese Elemente neu kombiniert werden. Dieser Prozeß müßte mit dem der Entstehung der kapitalistischen Produktionsweise verglichen werden, den die klassischen Ökonomen den Prozeß der ursprünglichen Akkumulation des Kapitals genannt haben; er beraubte die Bauern und Handwerker ihrer Produktions- und Subsistenzmittel, löste sie aber gleichzeitig aus ihrer Leibeigenschaft in feudalen Produktionsverhältnissen, so daß sie zwar frei wurden – jedoch unter dem Zwang, ihre Arbeitskraft zu verkaufen. Aber Krieg und Inka-Eroberung waren nicht imstande, diese Gemeinschaften ihrer direkten Existenzmittel zu berauben und die Individuen und Gruppen von der Verfügung über die lebensnotwendigen Ressourcen zu trennen. Wie John Murra deutlich hervorhebt: «An die Selbständigkeit des *ayllu* konnte nicht ernsthaft gerührt werden.» «Dem Staat war nur daran gelegen, den Bauern die Frondienste abzupressen und ihre Selbständigkeit nicht zur durchkreuzen» (op. cit., S. 73, 166 und 34). Tatsächlich war also gerade die Möglichkeit des Auftretens einer Produktionsweise vom Typus der Inka das Ergebnis eines bestimmten Niveaus der Produktivkräfte, d. h., sie beruhte auf der technischen Möglichkeit auf seiten der direkten Produzenten, einen regelmäßigen Mehrwert zu erzielen. Murra schließt: «Die Existenz und das Überleben einer sozio-politischen Struktur wie der des Inka-Staates lagen im technologischen Sinne in einer Landwirtschaft begründet, die systematisch Mehrwert über die Bedürfnisse der Bauernschaft hinaus zu produzieren imstande war.» Gerade die Entwicklung der Produktivkräfte in der Landwirtschaft hat also in letzter Instanz die Möglichkeit des Aufkommens einer Klassengesellschaft und eines pluritribalen Vielvölkerstaates begünstigt. Erinnern wir nur daran, daß die Agrikultur des Anden-Gebietes auf der Produktion von Kartoffeln und anderen Knollenfrüchten und von Mais beruhte, also einer extrem diversifizierten Produktion. Das erlaubt uns die Antwort auf eine zweite Frage, die ebenfalls große Bedeutung für die theoretische Erkenntnis von Geschichte hat. Welche Rolle spielten die großen öffentlichen Bauarbeiten bei der Entstehung und Entwicklung des Staates und der neuen Produktionsweise? Die Antwort liegt bereits vor.

Die großen Bauarbeiten folgten der Entstehung des Staates und bedingten sie nicht. Das widerlegt einmal mehr die mechanistische Theorie Karl Wittfogels, der die Notwendigkeit der Organisation öffentlicher (vorrangig hydraulischer) Bauarbeiten zur eigentlichen Bedingung für das Aufkommen des Staates (die orientalische Despotie) erklärt. Tatsächlich war die Existenz einer Anden-Landwirtschaft, die einen regelmäßigen Mehrwert zu produzieren in der Lage war, die vorgängige Bedingung für die Bildung einer Klassengesellschaft und eines Staates. Was die Eroberung und die Enteignung der lokalen Gemeinwesen und die Einführung eines Frondienstsystems als Vorteil boten, war die Möglichkeit der *Konzentration* ungeheurer Quantitäten von Produktionsmitteln unter der Bedingung ihrer sachgerechten Kombination und Organisation in gigantischen Formen von einfacher Kooperation, war die Möglichkeit, außerhalb der Kapazitäten eines jeden einzelnen Stammes und – *a fortiori* – jedes lokalen Gemeinwesens liegende Aufgaben in Angriff zu nehmen. Ebenso muß man jedoch hervorheben, daß die Reproduktion der Inka-Produktionsweise selbst und ihre Entwicklung die Förderung der großen Bauarbeiten nicht nur zuließen, sondern auch erforderlich machten (was jedoch nicht heißen soll, daß der Staat um der Realisierung dieser Bauarbeiten willen entstanden und herangereift sei), denn die Produktionsweise bedurfte zu ihrer vollen Entfaltung einer verkehrsmäßig erschlossenen Infrastruktur, einer Armee, einer Bürokratie, eines Klerus usw., und das wiederum erforderte die konstante Ausweitung des bäuerlichen und handwerklichen Mehrwerts. Der Staat begünstigte weiterhin den Anbau von Mais, eines leicht zu lagernden und leicht zu transportierenden Gewächses, das ein Nahrungsmittel und ein Getränk von hohem rituellem Wert und Energiegehalt lieferte – alles Qualitäten, die die Knollenfrüchte als Grundlage der traditionellen Nahrung der Anden-Bauern nicht hatten. Der Staat machte große Anstrengungen, den Anbau von Mais überall zu verbreiten, und führte ihn in zahlreichen Gegenden ein, wo er noch nicht gebräuchlich war. Gleichzeitig mußte die Terrassenbauweise eingebürgert werden, und zwar gerade an den Berghängen, die die Anden-Stämme gewöhnlich als Brachland liegenließen, weil die Knollen besser auf den Ebene als auf den Berghängen wuchsen. Dank der Terrassenbauweise wurden neue Böden kultiviert und der ökonomisch genutzte Raum ausgeweitet. Nicht die Notwendigkeit, große Bauarbeiten von kollektivem Interesse zu verwirklichen, hat der Klassengesellschaft und dem Inka-Staat zur Entstehung verholfen, sondern die Notwendigkeit, die Reproduktionsbedingungen dieser Klassengesellschaft *auszudehnen*, hat letztlich zu den großen Bauarbeiten geführt. Diese haben offensichtlich ein zunehmend größere Komplexität der sozialen Schichtung ermöglicht und die Distanz zwischen Bauernschaft und herrschenden Klassen vertieft, und gerade diese immer größer werdende Distanz manifestierte sich in den Palästen, Tempeln, Gärten und Grabbauten, die das überlegene Wesen dieser herrschenden Klasse, ihrer Ahnen und Götter verherrlichte. Ein wesentlicher Gesichtspunkt bei der Analyse der ökonomischen und sozialen Ausbildung des Inka-Reiches und seiner inneren Hierarchie, die eine neue, herrschende Produktionsweise und eine alte, in Dienst genommene ineinanderfügt, liegt schließlich darin, daß – während die neuen Produktionsverhältnisse *keimhaft* in den alten dörflichen und tribalen Beziehungen enthalten zu sein und deren einfache Weiterentwicklung zu sein *schienen*, das Ergebnis eines fortgesetzten Zuwachses – die neue Produktionsweise bei ihrem Auftreten sich nur durch *Unterdrückung* eines Teils der Funktionen der alten Produktionsverhältnisse artikulierte, durch die Aufhebung der Vorrangstellung der alten Verwandtschaftsbeziehungen; nicht etwa so, daß sie vollkommen verschwanden, sondern daß sie weiterbestanden, während sich ihr Inhalt, nicht ihre Form veränderte. Man sieht, wie schwierig es ist, den Übergang von einer Produktionsweise zu einer anderen in Begriffen wie Evolution eines Keimes, Entwicklung eines Keimes zu denken. Dieser Begriff verschleiert nur den *nichtlinearen* Charakter von Evolution und die entscheidende Rolle der Bildung *neuer Ausgangspunkte* in dieser Entwicklung. Gleichzeitig bemerkt man den Irrtum, der in der Interpretation der Inka-Produktionsweise als feudaler Gesellschaft liegt, weil die Herrschaftsfunktion da einem von einer Aristokratie umgebenen Monarchen überantwortet und die Masse der Bauern dem Frondienst unterworfen ist. Die Struktur des Staates im Rahmen der Inka-Produktionsweise läßt tatsächlich die *Konzentration des Grundeigentums* – nach der Rangordnung der Gesamtgesellschaft – in Form des einheitlichen, direkten oder überwiegenden Kollektiv-Eigentums einer höheren Gemeinschaft, der herrschenden ethnischen Klasse erkennen. Die Struktur des feudalen Staates drückt im Gegensatz dazu die *hierarchisierte Assoziation verschiedener Grundeigentümer* aus. In beiden Fällen sind die Natur des Staates und die Modalitäten der Macht dieses Staates und der Vorrangstellung der herrschenden Klasse verschieden und beruhen auf verschiedenen Formen der Erpressung von Mehrwert von den direkten Produzenten. Hier hätte sich – im Gegensatz zum Beispiel der Inka-Produktionsweise – eine weitergehende Analyse der Produktionsweisen anzuschließen, die den präkolonialen Staaten und Klassengesellschaften in Afrika – etwa den Mossi-Königreichen von Obervolta, dem Bamoun-Reich in Kamerun – und ebenso den asiatischen etatistischen Gesellschaften zugrunde lagen.

Paris, Oktober 1971

Mythos und Geschichte*

Reflexionen über die Grundlagen des wilden Denkens

> «Die Lehre der südamerikanischen Mythen
> bietet einen topischen Wert zur Lösung
> von Problemen, die die Natur und die
> Entwicklung des Denkens berühren.»
> Claude Lévi-Strauss, ‹Mythologica› II,
> S. 523

> «Diejenigen, die (als Philosophen) sich des
> Mythos bedienen, sind es nicht wert, daß
> man sich ernsthaft mit ihnen beschäftigt.»
> Aristoteles, ‹Metaphysik› B. 4

Die Überlegungen, die wir hier darbieten, haben kein anderes Ziel, als
uns ein Problem klären zu helfen, dem auf abstrakte Weise jeder Anthropologe bei der Ausübung seiner Disziplin begegnet – das der Beziehungen zwischen mythischem Denken, primitiver Gesellschaft und
Geschichte – und das für uns praktisch unausweichlich wurde, als wir
mit der Analyse des Materials von Mythen und magisch-religiösen
Praktiken beginnen mußten, das wir im Zeitraum von 1967 bis 1969
bei einem Stamm im Inneren von Neuginea gesammelt hatten, bei den
Baruya. Um eine Vorstellung von diesem Material zu geben, zitieren
wir eine Baruya-Version von der Entstehung der Welt und der menschlichen Geschichte, eine Version, die den wesentlichen Inhalt verschiedener Varianten verschmilzt:

«Am Anfang fanden sich Sonne und Mond mit der Erde vermischt. Alles war grau, und alle Gattungen und Arten, tierische und pflanzliche,
verkehrten miteinander in ein und derselben Sprache. Die Menschen
und die Geister, die Tiere und die Pflanzen lebten zusammen. Die Menschen waren nicht wie die heutigen Menschen, ihr Penis hatte keine
Öffnung, und die Vagina der Frauen war noch verschlossen. Auch die
Hunde hatten ein verschlossenes Geschlecht. Da faßten Sonne und
Mond den Entschluß, sich vom Boden zu erheben, und sie schoben den
Himmel über sich. Oben sagte die Sonne zum Mond, daß für die Menschen etwas getan werden müsse, und befahl ihm, hinunterzusteigen
und über sie zu wachen. Der Mond hielt auf halbem Wege inne. Seither
wechseln sich Tag und Nacht ab und die Jahreszeiten mit Regen und
Hitze; seither haben sich die Tiere von den Menschen getrennt, um in
den Wald zu ziehen, während die Geister ihrerseits in die Tiefen zu-

---

* Veröffentlicht in einer Sondernummer der Zeitschrift *Annales* (Paris [Ar-
mand Colin], Mai/August 1971) mit dem Titel ‹Structure et Histoire›.

rückwichen, wo sie sich verborgen hielten und bedrohlich wurden. Später erfand die Sonne einen klugen Kunstgriff, um den Penis der Männer und die Vagina der Frauen zu öffnen. Seither können Männer und Frauen sich paaren, und die Menschheit vermehrte sich. Aber mit dieser Trennung aller Arten, die sich im ganzen Universum verteilt haben, ist auch die ursprüngliche gemeinsame Sprache verschwunden. Die Menschen sind verpflichtet, in den Wald auf die Jagd nach den Tieren zu gehen, die sich dorthin zurückgezogen haben, sind verpflichtet, süße Bataten für den Lebensunterhalt zu pflanzen, und sie müssen sich vor den jetzt böse gewordenen Geistern schützen. In gewisser Weise sind sie zur Jagd, zum Ackerbau und zur Ausübung der Rituale gezwungen, aber damit sie das tun können, helfen ihnen Sonne und Mond, die die neue Ordnung verbürgen und stützen. Wenn die Sonne der Erde zu nahe kommt, verbrennt sie sie und verwüstet die Gärten; wenn der Mond sich der Erde zu sehr nähert, läßt er alles unter Regen und Finsternis versinken und die Ernten verfaulen.»

Dieser Text erzählt also die Entstehung der Welt und der gegenwärtigen Menschen, nicht von einem ursprünglichen Nichtsein (*nihil*), sondern von einem ersten Zustand ausgehend, wo unterscheidbare Realitäten – Erde und Himmel, Sonne und Mond, Menschen und Geister, Pflanzen und Tiere usw. – sich noch nicht in deutlicher gegenseitiger Trennung ausgesondert hatten. Diese Trennung wird in einem ersten Schritt durch das Handeln der Sonne und des Mondes vollzogen, und die Welt hat damit ihre gegenwärtige Gestalt angenommen, deren Architektur auf dem ausgewogenen Spiel dieser beiden einander entgegengesetzten personifizierten Prinzipien beruht, Sonne und Mond, die Hitze und Kälte, das Trockene und das Feuchte, das Verbrannte und das Verfaulte in Erscheinung treten lassen.

In einem zweiten Schritt hat die Sonne inmitten dieser Welt, die gerade erst die Gestalt angenommen hatte, in der die Menschen sie heutigentags kennen, ihr Werk dadurch vervollständigt, daß sie Mann und Frau verschieden machte, indem sie ihm den Penis und ihr die Vagina öffnete und sie so, als zugleich komplementäre und in ihrer Verschiedenheit einander entgegengesetzte Wesen, ebenfalls dem Bild der Welt anglich. Seither ist der Mensch in die Geschichte eingetreten oder war wenigstens eine Geschichte für den Menschen möglich, der sich darüber hinaus am Leben erhalten, sich vermehren und zu derartig vielen Stämmen entfalten konnte.

Worin liegt die Natur der idealen Wesenheiten (Personen und Ereignisse), von denen dieser mythische Bericht erzählt? Er spricht von *ersten Ursachen* der Entstehung der Welt und der Geschichte, von unsichtbaren und letzten *Kräften*, die ihr Gefüge und ihre Zukunft festgelegt haben und weiter festlegen. Diese Ursachen stimmen mit den *Handlungen* von Sonne und Mond völlig überein, zweier mit Bewußtsein und

Willen begabter und also dem Menschen *analoger* Wesen, die sich aber durch ihre *überlegene* Macht von ihm unterscheiden, durch ihre Fähigkeit, nachhaltig auf das einzuwirken, was sich der Kontrolle des Menschen entzieht, was außerhalb seines Eingriffs bleibt. Die Sonne und der Mond werden in der Sprache und Ideologie der Baruya wie Vater und Mutter der Menschen behandelt und mit Anredeformen aus dem Vokabular der Verwandtschaft bedacht, die sich auf Vater und Mutter beziehen.[1]

Lediglich auf diese *abstrakten* Charaktere reduziert, die zur *Form* des mythischen Diskurses und zur formalen Eigenart der Wesen gehören, die ihn bevölkern (Repräsentation erster Ursachen in Form personifizierter Prinzipien, die dem Menschen analog, aber überlegen sind usw.), könnte der Mythos der Baruya mit denen zahlreicher anderer Populationen *unter der Bedingung* verglichen werden, daß man ebenfalls *nur* die abstrakte Form zurückbehält.

Worin liegt der Ursprung – und also die Grundlage – der gemeinsamen Präsenz dieser formalen und abstrakten Charaktere des mythischen Diskurses und der mythischen Denkbilder, die zur Ideologie von Gesellschaften gehören, die sich hinsichtlich ihrer Ökologie, ihrer Ökonomie, ihrer sozialen Organisation, kurz: hinsichtlich aller positiven Bestimmungen ihrer historischen Realität grundlegend unterscheiden? Wie können verschiedene historische Realitäten diesen gemeinsamen formalen Eigenarten Rechnung tragen? Sich dieser Reflexion zu verschreiben heißt sich auf das allgemeine Problem der Beziehungen zwischen mythischem Denken, primitiver Gesellschaft und Geschichte einzulassen.

Eine direkte Beziehung zwischen Mythen und Gesellschaft kann leicht anschaulich gemacht werden, wenn man ein vollständiges Inventar aller Mythen aufzustellen unternimmt, die bestimmte Aspekte der ökologischen Umgebung, der sozialen Organisation und historischer Traditionen (Wanderungen, Kriege, territoriale Bündnisse usw.) von Populationen umsetzen, inmitten derer diese Mythen gesammelt wurden. Es genügt, die ‹*Mythologiques*› von Lévi-Strauss zu durchblättern, um zu sehen, mit welch minuziöser Genauigkeit er die zahlreichen Einzelheiten aus Fauna, Flora, Umwelt, Astronomie und Arbeitstechniken gesichtet, isoliert, gefiltert und interpretiert hat, die sich in den Mythen der südamerikanischen Indianer gespeichert finden und den verschiedensten Verhaltensweisen und Abenteuern Sinn geben, die den urbildlichen Personen dieser Mythen – dem Luchs, der Eule, dem großen Ameisenbären, dem Capivara, dem Jaguar, den Plejaden, dem Mond usw. – unterstellt werden.

Neben diesen Beziehungen zwischen Mensch und Natur, wie sie in den Mythen mitgeschleift und umgesetzt werden, findet ebenso eine Transposition seiner sozialen Beziehungen statt. Ein gemeinsamer Zug der

Mythen von Nord- und Südamerika beruht darauf, daß das «soziologische Gerüst»[2] dieser Mythen – und d. h. die urbildlichen sozialen Beziehungen, die die imaginären Hauptfiguren dieser Mythen miteinander verbinden – die Form eines Netzes von Verwandtschaft, eines Komplexes aus Beziehungen von Blutsverwandtschaft und Verschwägerung annehmen. Die Konflikte und Übereinstimmungen zwischen diesen Personen sind analog denen, die Geber und Nehmer von Frauen, Gatten, Eltern und Kinder, Brüder und Schwestern, Ältere und Jüngere usw. einander gegenüberstellen. Deshalb entwickeln auch die Mythen über den Ursprung der Küche (das Rohe und das Gekochte) eine wirkliche «Physiologie der matrilinearen Verbindung», und deshalb stellen sich die über den Umkreis der Küche (die Tischmanieren) als «Pathologie» dieser «matrilinearen Verbindung»[3] dar. Selbst die Form der Mythen variiert mit der Natur dieser Verwandtschaftsbeziehungen, und man bemerkt in zahlreichen Fällen, daß alle Zeichen ein und desselben Mythos sich in gewisser Weise umkehren, sobald man von einer patrilinearen Gesellschaft gesammelten Version eines Mythos zu einer in einer aus einer matrilinearen stammenden übergeht. Wenn man jedoch, anstatt im Bereich ein und derselben kulturellen Gruppe von einer zur anderen Gesellschaft überzugehen, von einer zur anderen kulturellen Gruppe wechselt, stellt man fest, daß derselbe Mythos häufig wirkliche Verzerrungen erleidet, die ihn nahezu unkenntlich machen.

Was sich also durch diese Identität des soziologischen Gerüstes und diese Verschiedenheit der formalen Transpositionen von Mythen hindurch zeigt und sie erklärt, ist ein merkwürdiger Sachverhalt, eine strukturale Entsprechung, ein inneres Band zwischen Formen des mythischen Denkens und Formen der primitiven Gesellschaft. Denn wenn die Verwandtschaftsbeziehungen sowohl im mythischen Diskurs wie in der mythischen Darstellung der Welt die Rolle eines Organisationsschemas spielen, so liegt das daran, daß in der Realität selbst die Verwandtschaftsbeziehungen den beherrschenden Aspekt der sozialen Struktur bei primitiven Gesellschaften bilden. Wir sehen uns hier einer strukturalen Entsprechung gegenüber, die nicht aus «reinen» Kategorien des wilden Denkens abgeleitet oder deren Ursprung in der Natur gesucht werden kann, deren Grundlage sich jedoch in der Struktur der primitiven Gesellschaften selbst findet. Wenn sich der Inhalt dieser Mythen aber lediglich aus den objektiven, aus Natur oder Kultur transponierten Elementen zusammensetzte, verstünde man nicht, wie und warum diese Mythen sind, was sie sind: eine trügerische Darstellung des Menschen und der Welt und eine ungenaue Erklärung der Ordnung der Dinge. Auf welche Weise nehmen also die objektiven Materialien der natürlichen oder sozialen Realität, die man im Bereich des mythischen Diskurses transponiert wiederfindet, ihren phantasmatischen

Charakter an, wie verwandeln sie sich in *trügerische* Darstellung der Welt?

Die Antwort liegt seit langem vor und scheint die Hauptzüge der mythischen Vorstellungswelten und die wesentlichen Formen des mythischen Diskurses zu erklären: Die Illusion ist die Schwester der Analogie. Das mythische Denken ist das menschliche Denken, das die Realität in Analogie denkt.

Die Analogie ist zugleich eine bestimmte Art zu sprechen und zu denken, eine Logik, die sich in den Formen der Metapher und der Metonymie ausdrückt. In Analogien denken heißt eine Gleichgewichtsbeziehung zwischen (materiellen oder ideellen) Objekten, Verhaltensweisen, Objektbeziehungen, Beziehungen von Beziehungen usw. zu behaupten. Ein Denken in Analogien ist bezugsgebunden. Es ist keineswegs das gleiche, Kultur analog zu Natur (wie z. B. in totemistischen Institutionen oder im Kastensystem) oder Natur analog zu Kultur zu denken. Diese Möglichkeit, entgegengesetzte und inverse Bahnen zu durchlaufen, gibt die im Prinzip unbegrenzte theoretische Fähigkeit eines Denkens zu erkennen, das mit Hilfe von Analogien vorgeht, um Äquivalente zwischen allen Aspekten und Ebenen der natürlichen oder sozialen Realität zu finden. Daran mußte vor der Wiederaufnahme unseres Problems erinnert werden: Auf welche Weise erzeugt die Analogie eine illusionistische Darstellung der Welt?

Wir werden die Kategorie von in Analogie zur Kultur konstruierten Vorstellungen von Natur durchdenken und die Auswirkung dieses Typus von analogischer Vorstellung im und für das Bewußtsein analysieren. Was zu erklären versucht werden muß, ist der Mechanismus der «Verwandlung» eines objektiven Elements – mittels einer solchen Analogie (Natur analog zu Kultur) –, das der menschlichen Erfahrung in einer trügerischen und also subjektiven *Vor-Stellung* des Realen *gegenwärtig* ist. Wir werden von einem universellen, objektiven Faktum ausgehen: Die menschliche Erfahrung zerfällt unmittelbar und notwendig in zwei Bereiche: das, was in Natur und Gesellschaft vom Menschen direkt kontrollierbar ist, und das, was unkontrollierbar ist.

Selbstverständlich unterscheiden sich der kontrollierte und der unkontrollierte Bereich gemäß den Gesellschaftsformen und den historischen Entwicklungsstufen. Eingedenk der schwachen Entwicklung ihrer Produktionstechniken und ungeachtet der bedeutenden Unterschiede in bezug auf die Entwicklungshöhe, wie sie bei den Produktionsweisen primitiver Gesellschaften (Jäger, Sammler, Fischer, Ackerbauern) vorkommen können, bleibt das Ausmaß der von ihnen ausgeübten Naturbeherrschung sehr begrenzt. Unter diesen Bedingungen *muß* der Bereich des vom Menschen nicht Kontrollierten zum Vorschein kommen, *muß* er sich dem menschlichen Bewußtsein unmittelbar als ein Feld *überlegener Kräfte* zeigen, den er sich vorzustellen, mithin also zu erklären, und mit dem er sich in Übereinstimmung zu bringen hat, den er also indirekt kontrollieren muß.

Beharren wir noch einmal auf der Tatsache, daß die objektive Gegebenheit, die sich dem Bewußtsein darstellt, hier eine *negative* Bestimmung des Inhalts der Beziehungen der Menschen zueinander und zur Natur ist, und zwar die der objektiven *Grenze* dieses Inhalts. Die Grundlage dieser Bestimmung findet sich also nicht im Bewußtsein, sondern außerhalb seiner. Halten wir zugleich fest, daß die Tatsache, daß der Bereich verborgener, natürlicher Ursachen und unsichtbarer, vom Menschen nicht beherrschter Kräfte sich dem Bewußtsein unmittelbar als Feld überlegener Kräfte darstellt, noch keine illusionistische Vorstellung über die Realität und die Kausalität in der Weltordnung hervorbringt. Im Gegenteil: dieser Inhalt der Vorstellung, diese Form der Präsenz der Welt entsprechen einer objektiven Gegebenheit der sozialen und historischen Realität.

Wie wandeln sich also diese objektiven Gegebenheiten der Vorstellung in illusionistische Darstellungen der Welt? Die Umwandlung setzt ein, sobald das Denken sich die Kräfte und unsichtbaren Realitäten der Natur als dem Menschen analoge Wesen vorstellt. Mittels Analogie werden den Ursachen und unsichtbaren Kräften, die die nichtmenschliche Welt (Natur) oder die menschliche Welt (Kultur) hervorgebracht haben und beherrschen, *Attribute* des Menschen zugesprochen, d. h. stellen sie sich dem Bewußtsein spontan als mit *Willen*, mit *Bewußtsein*, mit *Autorität* und mit *Macht* begabte Wesen dar, also als dem Menschen analoge Wesen, die sich von ihm jedoch insoweit *unterscheiden*, als sie wissen, was der Mensch nicht weiß, tun, was er nicht tun kann, beherrschen, was er nicht beherrscht, sich also vom Menschen dadurch unterscheiden, daß sie ihm überlegen sind.

Die unmittelbare Wirkung der Operationen eines Denkens, das sich Natur in Analogie zur Kultur, zur menschlichen Gesellschaft vorstellt, besteht darin, die überlegenen und mysteriösen Kräfte der Natur als «*Subjekte*» zu behandeln, diese Kräfte also in Wesen der Natur – in Tieren, Pflanzen und Sternen – zu «*personifizieren*», die sich folgerichtig, wie die gesamte Natur, in über-menschliche sinnliche und zugleich über-sinnliche Wesen verdoppeln und zu den über-menschlichen Personen der Mythen werden, deren Handeln die gegenwärtige Ordnung der Dinge hervorgebracht hat.[4]

Das primitive Denken verfährt also, wenn es sich die Natur in Analogie zum Menschen vorstellt, mit der Welt der Dinge wie mit einer Welt von Personen, mit den objektiven und nichtintentionalen Beziehungen zwischen Dingen wie mit intentionalen Beziehungen zwischen Personen. Gleichzeitig aber behandelt es – auf entgegengesetzte und doch komplementäre Weise – die subjektive Welt dieser urbildlichen Vorstellungen wie eine objektive Realität, die außerhalb des Menschen und seines Denkens existiert und mit der man verkehren kann und darf, wenn man mittels ihrer auf die unergründliche Ordnung der Dinge einwirken will. Das analogische Denken bringt also, wenn es von den objektiven, im Bewußtsein präsenten Gegebenheiten der Erfahrung Besitz ergreift, eine doppelte Illusion hervor: eine Illusion über die Welt und über sich selbst; Illusion über sich selbst, weil es den Denkbildern, die es spontan erzeugt und also in seinen eigenen Vorstellungen entfremdet, eine *außerhalb* des Menschen liegende und von ihm *unabhängige* Existenz verleiht; und eine Illusion über die Welt, die es mit imaginären Wesen bevölkert, die dem Menschen verwandt und fähig sind, seine Anrufe zu vernehmen und freundlich oder feindlich darauf zu antworten.

Zwei Konsequenzen müssen aus dieser Analyse gezogen werden. Das mythische Denken (und damit zugleich jedes religiöse Denken) bezieht seinen Antrieb aus dem Willen, die Realität zu erkennen, mündet bei seinem Fortschreiten jedoch in eine illusionistische Erklärung der Verkettung von Ursachen und Wirkungen ein, die der Ordnung der Dinge zugrunde liegen. Gleichzeitig aber *begründet* und *verlangt* das mythische Denken, weil es die Welt des Unsichtbaren in Gestalt imaginärer Wesen wahrnimmt, die mit Bewußtsein, Willen und vor allem mit einer Wirksamkeit begabt sind, die denen des Menschen analog, aber überlegen sind, nach einer magischen Praxis als Mittel der Einflußnahme auf das Bewußtsein und den Willen dieser imaginären, den Lauf der Dinge regelnden Personen. Das analogische Denken begründet also zugleich eine Theorie und eine Praxis, die Religion und die Magie; wenigstens aber kommt die Religion unmittelbar in einer theoretischen (Darstellung, Erklärung der Welt) und in einer ihr entsprechenden praktischen Form (magische oder rituelle Einwirkung auf das Reale) vor, also als Mittel, die Welt (auf illusionistische Weise) zu erklären und sie (auf imaginäre Weise) zu transformieren.[5]

Man könnte diese Analyse verlängern und zeigen, daß jede religiöse Einwirkung auf die Welt zugleich «Einwirkung auf sich selbst» ist. Jede magische Praxis, jedes Ritual ist mit einer Einschränkung oder einem Verbot verbunden, das vom Ausführenden (Opferer) und/oder vom Publikum gestützt wird. Jede religiöse Einwirkung auf die geheimen Kräfte, die die Welt beherrschen, erfordert und bedingt eine Einwirkung des Menschen auf sich selbst, um mit diesen Kräften zu kommunizieren, sie zu erreichen und sich mittels der Magie Gehör und Gehorsam zu verschaffen.[6] Die magische Macht hält sich durch einen auf den Menschen ausgeübten Zwang schadlos, z. B. durch sexuelle oder Ernährungsverbote usw. Das Gegenteil einer Macht ist eine Pflicht. In dieser Hinsicht sind die Einschränkungen, Zwänge, Verbote und Tabus nicht Einschränkung, sondern Häufung von (imaginärer) Macht. Das Denken in Analogien bringt also zwei komplementäre, einander jedoch entgegengesetzte Ergebnisse hervor: Es vermenschlicht die Natur und ihre Gesetze, indem es sie mit Attributen des Menschen versieht; gleichzeitig aber stattet es spontan und zwangsläufig den Menschen mit übernatürlichen Kräften aus, und das heißt mit einer Kraft und mit einer Wirksamkeit, die denen der Naturphänomene vergleichbar sind.[7] Ebenso bewirkt es «jene Wechselbeziehung der Perspektiven, wo der Mensch und die Welt füreinander Spiegel sind und die allein den Eigenarten und Fähigkeiten des wilden Denkens Rechnung tragen zu können scheint»[8].

Was sich also in dieser mythischen Wechselbeziehung der Perspektiven schließlich bekräftigt, ist eine doppelte Illusion über den Menschen und die Welt, die Illusion einer falschen Erklärung und einer imaginären Einwirkung auf die Welt und sich selbst. Und diese Illusion wird um so nachhaltiger sein, je komplexer und vollständiger sich die Wechselbeziehung der Perspektiven ausbildet. Um es also zu einer Art von Vollständigkeit zu bringen, muß das mythische Denken – und damit kann es sich zufriedengeben – seine gesamten inneren Möglichkeiten erforschen und ausbeuten und systematisch alle möglichen Bahnen einer analogischen Annäherung durchlaufen. Diese Bahnen – wir haben es schon angedeutet – können theoretisch in vier Richtungen verlaufen: von der Kultur zur Natur (1), von der Natur zur Kultur (2), von der Kultur zur Kultur (3) und von der Natur zur Natur (4).

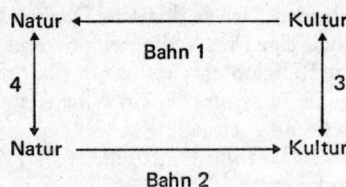

Von diesen vier fundamentalen Achsen ausgehend, kann sich eine Vielzahl von analogischen Annäherungen entfalten und sich in einer Art von phantasmatischer Vektoren-Algebra kombinieren, die dem mythischen Denken und dem mythischen Diskurs seine Polysemie und seinen unerschöpflichen symbolischen Reichtum verleiht.

Wir haben bereits eine Ausgangslage vom Typ I analysiert, die die Kultur auf die Natur projiziert und so eine allgemeine Anthropomorphisierung der Natur und eine Vermenschlichung ihrer Gesetze hervorbringt, damit zugleich aber auch, auf komplementäre und entgegengesetzte Weise, eine Naturalisierung menschlicher Einflußmöglichkeiten in der Magie. Um eine Vorstellung von der Fülle der Auswirkungen des Typus II (Beziehung von Natur auf Kultur) zu geben, müßte man die gesamte Analyse der sogenannten totemistischen Institutionen und der Kastensysteme von Claude Lévi-Strauss wiederaufnehmen, die hier ihren Platz und ihre theoretische Erhellung findet. Lévi-Strauss hat gezeigt, daß die totemistischen Institutionen auf der Ebene des Denkens die *Forderung* und die *Darstellung* einer Homologie zwischen zwei Serien von Beziehungen, zwischen zwei Systemen von Unterschieden umfassen, deren eines in der Natur – zwischen den natürlichen Arten –, deren anderes in der Natur – zwischen sozialen Gruppen (Clans, Stämmen usw.) – liegt.[9] Darüber hinaus hat er totemistische Gruppen und Kastensysteme einander angenähert und verglichen, indem er zeigt, daß umgekehrte Auswirkungen ein und desselben Prinzips sich ergeben, je nachdem ob die geforderte Analogie zwischen menschlichen und natürlichen Arten formal oder substanziell ist.[10]

Gerade am Beispiel der totemistischen Institutionen sehen wir das wilde Denken, um das soziale Leben (die Kultur) zu denken, sich ein objektives, *in* der Natur *gegebenes* Kombinationssystem *ausborgen*, nämlich das des natürlichen Unterschiedes biologischer Arten. Mittels dieses Schemas des Unterschiedes natürlicher Arten eröffnet sich das Denken außerordentliche theoretische Möglichkeiten, denn «isoliert betrachtet, ist die Art eine Ansammlung von Individuen, aber in bezug auf eine andere Art ist sie ein System von Definitionen».[11] Zugleich Wahrnehmung und Begriff, intuitives Bild der Diskontinuität des Realen und seiner kombinatorischen Aspekte und abstraktes Operationsmittel, das von der Einheit einer Vielheit zur Verschiedenheit einer Identität überzugehen erlaubt, bietet der Begriff der Art dem wilden Denken ein wesentliches Klassifikationsprinzip für Erfahrungsdaten der natürlichen und der sozialen Realität. Im Bereich des analogischen Denkens wandelt sich der Begriff der Art unter gewissen Bedingungen zum «totemistischen Operator», der als Vermittler zwischen Natur und Kultur dient und die Wechselbeziehung der Perspektiven zwischen Mensch und Welt enger gestaltet.[12]

Man könnte das weitertreiben und Beispiele für eine Analogie vom Typ III oder IV analysieren, etwa die Analogie zwischen sexuellen und Nahrungsbeziehungen, die man in allen bekannten Gesellschaften wiederfindet. Wir wollen hier jedoch lediglich den für das analogische Denken erreichbaren Grad von Komplexität und natürlich das Ausmaß von Illusion ein wenig besser veranschaulichen, die das mythische Denken sich über den Menschen und die Welt macht.

Legen wir über den durchlaufenen Weg Rechenschaft ab. Wir wollten die Gründe und die Bedingungen, also den Mechanismus der Umwandlung in illusorische Vorstellungen vom Menschen und von der Welt auffinden, der Umwandlung in «phantasmatische» Erklärungen der Realität der zahlreichen objektiven Gegebenheiten aus Natur, primitiven Gesellschaften und Geschichte, die im Inhalt der Mythen präsent sind und deren sich das mythische Denken bedient, um seine «Ideenpaläste» aufzubauen.

Tatsächlich – und das ist prinzipiell bereits seit dem 19. Jahrhundert erwiesen – setzt diese Umwandlung immer dann ein, wenn die objektiven Materialien der Vorstellung sich mit den *Formen* des analogischen Denkens verknüpfen. Das wilde Denken bemächtigt sich dieser Materialien spontan, vergräbt sie in sich und führt sie mit sich, um mit ihrer Hilfe alle Distanzen zu überwinden, die es zwischen Natur und Kultur und darüber hinaus zwischen allen Ebenen der natürlichen und der menschlichen Realität ausfüllen will. Auf diesem Wege verwandeln sich diese objektiven Materialien in einfache Stützen für Systeme von phantastischen, illusorischen Vorstellungen über die Welt, für die sie im Grenzfall lediglich Alibi oder Vorwand zu sein scheinen.

Können wir darüber hinaus auf das allgemeine Problem der Beziehungen zwischen Mythos, Gesellschaft und Geschichte Antwort geben, das uns die Analyse unseres Baruya-Mythos und die Arbeiten von Claude Lévi-Strauss über die amerikanischen Indianer und die Grundlagen des «wilden Denkens» aufgab? Die Antwort scheint uns in folgender Fassung formulierbar zu sein: Die Mythen entstehen *spontan am Schnittpunkt* zweier Wirkungslinien: der Bewußtseinsauswirkungen der Beziehungen der Menschen zueinander und zur Natur, und der Rückwirkungen *des* Denkens auf die Gegebenheiten der Vorstellung, die es in die komplexe Maschinerie der analogischen Denkleistungen eintreten läßt.

I. Bewußtseinsauswirkungen des Inhalts der historischen Beziehungen der Menschen zueinander und zur Natur

In den Mythen ist der Inhalt der historischen Beziehungen der Menschen zueinander und zur Natur zugleich in seinen *positiven* Bestimmungen und in seinen Grenzen, in seinen *negativen* Bestimmungen gegenwärtig. Wir haben bereits auf die Präsenz zahlreicher Elemente einer objektiven Kenntnis der Fauna, der Flora, der Umwelt, der Astronomie und der Arbeitstechniken in den Mythen hingewiesen, die den positiven Inhalt der Beziehungen primitiver Menschen zur Natur ausdrücken. Wir haben in dem Sachverhalt, daß das «soziologische Gerüst» der Mythen der amerikanischen Indianer im wesentlichen auf imaginären Verwandtschaftsbeziehungen beruht, eine inhaltliche Auswirkung (= Transformation, Darstellung) der sozialen Organisation der Indianer im und für das Bewußtsein gesehen; aber die Tatsache, daß die imaginären Gesellschaften, in denen die urbildlichen Helden der Mythen auf ewig leben, sterben und wiederauferstehen, mit einer

Organisation ausgestattet werden, die auf Beziehungen der Blutsver- wandtschaft und Verschwägerung beruht, kann ihrem Ursprung nach weder aus «reinen Prinzipien» des Denkens noch aus einem beliebigen, der Natur angehörenden Modell abgeleitet werden. Man muß also die Grundlage dieses begrifflichen Gebrauchs der Verwandtschaftsbezie- hungen anderswo suchen als in den zeitlosen [13] und leeren Formen des Denkens oder Modellen, die von der Natur angeboten werden, und dieses Anderswo kann nur in der Gesellschaft oder in der Geschichte liegen. In der Gesellschaft: weil bei der Mehrzahl der primitiven Ge- sellschaften (und im Gegensatz zu Klassengesellschaften, sklavenhalte- rischen, feudalen oder anderen) die Verwandtschaftsbeziehungen über- haupt die beherrschenden sozialen Beziehungen sind; und in der Ge- schichte: weil, unter Bedingungen und aus Gründen, die man näher be- stimmen müßte, diese Vorherrschaft der Verwandtschaftsbeziehungen im Bereich zahlreicher primitiver Gesellschaften in dem Ausmaß ver- schwunden ist, wie sich neue soziale Beziehungen entwickelten (Ka- sten-, Klassen- oder staatliche Beziehungen).

Man versteht, daß die Vorherrschaft der Verwandtschaftsbeziehungen in primitiven Gesellschaften das Bewußtsein derart beeinflußt, daß es sich die urbildlichen Gesellschaften, in denen es die Personen der My- then sich entwickeln läßt, gemäß diesem Modell (und also analog zur Realität) vorstellt. Diese Auswirkung im und für das Bewußtsein hat folglich ihren Ursprung außerhalb des Bewußtseins, in der Gesellschaft und in der Geschichte, und sie drückt die strukturale Entsprechung aus, die häufig zwischen Formen des mythischen Denkens und Formen der Gesellschaft vorkommt, zumal wir ja gesehen haben, wie sich manch- mal die Zeichen ein und desselben Mythos verändern und umkehren, wenn man von einer patrilinearen zu einer matrilinearen Gesellschaft übergeht.

Als inhaltliche Auswirkung der *Grenzen* der historischen Beziehungen der Menschen zueinander und zur Natur im und für das Bewußtsein, als in gewisser Weise negative Bestimmungen dieses Inhalts, haben wir die Tatsache analysiert, daß – unter Berücksichtigung der geringen Entwicklung der für primitive Gesellschaften charakteristischen Ar- beitstechniken – der Bereich der vom Menschen nicht kontrollierten Gesetze und unsichtbaren Kräfte in Natur und Gesellschaft ihm als ein Bereich von dem Menschen *überlegenen Kräften* erscheint. Aber diese Bewußtseinsauswirkung drückt ein objektives Faktum aus, und diese Vorstellung hat, einmal mehr, ihre Grundlage außerhalb des Bewußt- seins, in der objektiven Realität, und verschiebt sich inhaltlich mit der Entwicklung der Produktivkräfte in der Geschichte.

Aber was auch immer die positiven oder negativen Bestimmungen der sozialen und historischen Realität zum Inhalt haben, diese Bewußtseins- auswirkungen *schaffen* nicht *von selbst* Mythen, bringen keine illusorischen Vorstellungen über Natur und Geschichte hervor – im Gegenteil. Es muß also eine zusätzliche Bedingung, die Einwirkung eines anderen Mechanismus hinzukommen, damit mythische Vorstellungen über die Realität entstehen, und dieser Mechanismus hat seine Grundlage im Menschen selbst.

II. Rückwirkungen des analogischen Denkens auf den Inhalt seiner Vorstellungen

Wir haben diesen Mechanismus die «*Rückwirkung des analogischen Denkens auf seinen Inhalt*» genannt, auf die objektiven Gegebenheiten dieser Vorstellungen. Indem es systematisch und spontan alle möglichen Bahnen der analogischen Annäherung zwischen Natur und Kultur durchläuft, konstruiert das Denken ein gigantisches Spiegel-Spiel, wo sich das reziproke Bild des Menschen und der Welt im Prisma der Beziehungen von Natur und Kultur bis ins Unendliche widerspiegelt, bricht und wieder zusammensetzt. Auf Grund seiner Fähigkeit, mittels Analogie alle Aspekte und Ebenen von Natur und Kultur einander anzunähern, ist das Denken im spontanen oder wilden Zustand doch unmittelbar und gleichzeitig *analytisch* und *synthetisch* [14], ist es in der Lage, alle Aspekte der Realität in seinen mythischen Darstellungen zu *totalisieren* und zugleich durch reziproke *Transformation* dieser Analogien von einer Realitätsebene zur anderen überzugehen. [15] Durch Analogie nimmt die gesamte Welt Sinn an, alles bedeutet, alles kann im Rahmen einer symbolischen Ordnung bezeichnet werden, in der, im Anwachsen und im Reichtum ihrer Details, sich alle positiven Kenntnisse ansiedeln, die sich im Material der Mythen transponiert wiederfinden. [16]

Wenn das mythische Denken in seinen Hauptzügen also zugleich analytisch und synthetisch ist, wenn es zugleich totalisiert und mit Transformationsregeln arbeitet, wird es leicht, ein ganzes Bündel von Fakten zu verstehen:

a) Es ist selbstverständlich, daß jede Mythologie sich als geschlossenes System ohne Anfang und Ende zu konstituieren versuchen wird. «Die Erde der Mythen ist rund», sagt Claude Lévi-Strauss, und zugleich «ist sie hohl». [17] Von da aus drängen sich die eigentlichen Prinzipien der strukturalen Methode dem Verständnis geradezu auf, einer Methode, die in ihrem idealen Fortschreiten die *Eigenarten* des Systems von Objekten, die sie studiert, Zug um Zug wiederholt und die kanonischen Gesetze von Transformationsgruppen von Mythen untereinander herauszuarbeiten erlaubt. [18]

b) Analytisch und synthetisch in eins, auf eine vergangene, aber noch immer lebendige Geschichte zurückweisend, auf die verjährte und doch auf ewig präsente Genesis der Existenzberechtigung der gegenwärtigen Ordnung des Universums, kann das mythische Denken nur als *zeit-loses* Denken auftreten, das zum Ursprung der Dinge zurückführt und dessen anfängliche und stets gegenwärtige Grundlage enthüllt.[19] Wenn es seine Entdeckungen in den geschlossenen Systemen seiner Darstellungen hinterlegt, trägt das mythische Denken Züge alles dessen zusammen, was religiöse oder philosophische Systeme sein können.

c) Auf Grund seiner Fähigkeit, seine Vorstellungen zu klassifizieren, sie ineinander zu transformieren und sie in einem System zu totalisieren, bedient sich das analogische Denken bei der Produktion von Mythen also formaler und operativer Regeln, die das Äquivalent einer Algebra[20] voraussetzen, wenn wir unter Algebra einen Komplex von operativen Regeln verstehen, der alle Objekte eines Bereiches in einem Bezugssystem zusammenzufassen erlaubt, in dem sie gegeneinander austauschbar sind. Das analogische Denken wendet also Prinzipien an, die die formalen Bedingungen *a priori* jedes beweisführenden Denkens ausmachen, das sich in einem verketteten und zusammenhängenden Diskurs entfaltet, und zwar gleichgültig gegen den Inhalt dieses Diskurses, sei er nun mythisch, religiös, philosophisch oder wissenschaftlich.

Man muß mithin beachten, daß das wilde Denken in seiner spontanen Praxis zwei Systeme von Operationen anwendet, die nicht vermischt werden dürfen:

a) Operationen, die direkt auf den Prinzipien und Formen des analogischen Denkens beruhen, und

b) Operationen, die jede Form von Denken bei seinem Vollzug spontan und notwendig einbezieht, das seine Vorstellungsbereiche gemäß Transformationsregeln konstruiert und im idealen Sinne auf die Geschlossenheit dieses Vorstellungsfeldes abzielt. In dem Maße, wie sich das mythische Denken formal als geschlossenes Univerum von straff verketteten Idealitäten entfaltet, wendet es zwangsläufig dieses zweite formale System an, das sich nicht mit der Analogie vermischt und nicht ausschließlich von ihr benutzt wird.

Worin liegt also die Grundlage dieser Operationen, die das Denken am idealen Material seiner Vorstellungen spontan ausübt?

Auf den ersten Blick scheint das Denken diese Fähigkeit, den Inhalt der menschlichen Erfahrung in Analogien zu denken, aus sich selbst zu schöpfen. Aber kann man verlangen, daß es sich diese Fähigkeit selbst gegeben hat? Man muß sich in der Tat noch einmal daran erinnern, daß Denken in Analogien eine bestimmte Äquivalenzbeziehung zwischen materiellen oder sozialen, unterscheidbaren Realitäten oder – auf einer abstrakteren Stufe – Äquivalenzbeziehung zwischen Relationen aufgreifen heißt. Nun setzt aber die Ausübung abstrakten Denkens nicht einfach die Anwendung von Äquivalenzbeziehungen voraus. Damit es Wahrnehmung von Objekten und Formen oder – auf einem höheren Niveau – Verlagerung im Raum und sensomotorisches Verhalten geben kann, müssen Äquivalenzbeziehungen auf bestimmte Weise wahrgenommen und kontrolliert werden. Für das Denken liegt die Bedingung der Möglichkeit, sich Äquivalenzbeziehungen vorzustellen, jenseits des Denkens selbst, in den Eigenarten der komplexen Organisationsformen der lebenden Materie, des Nervensystems und des Gehirns.

Wir sehen uns hier also dem gegenüber, was Claude Lévi-Strauss «eine ursprüngliche Logik» genannt hat, «den direkten Ausdruck der Struktur des Geistes (und hinter dem Geist zweifellos des Gehirns)»[21].

Die Grundlage der spontanen Operationen des Denkens im wilden Zustand weist also auf eine andere als die menschliche Geschichte zurück, auf eine «Natur»-Geschichte der Arten, auf die Gesetze der Evolution der Materie und der Natur. Was die Analyse der Mythen enthüllt, ist – jenseits des Denkens der Wilden – das Denken «im wilden Zustand». In diesem Sinne ist das Denken im wilden Zustand nicht historisch oder wenigstens transhistorisch. Es ist seit Anbeginn der Geschichte präsent. Es konstituiert eine Bedingung der Möglichkeit der menschlichen Geschichte, der praktischen Entwicklung der Beziehungen zwischen Mensch und Welt, ist jedoch nicht das Ergebnis dieser praktischen Entwicklung: «Aber damit *Praxis* als Denken gelebt werden kann, muß zunächst (in einem logischen und nicht historischen Sinne) das Denken existieren: seine Ausgangsbedingungen müssen also in der Form einer objektiven Struktur des psychischen Mechanismus und des Gehirns gegeben sein, ohne die es weder *Praxis* noch Denken gäbe.»[22]

Unsere Analyse des Denkens «der Wilden», des mythischen Denkens, führt zu einem paradoxen Resultat, weil sie uns das Denken «im wilden Zustand» in seiner gewissermaßen prä-historischen Realität betrachten und freilegen läßt. Aber das ist nur das halbe Paradoxon: Denn indem es sich für das Denken als *Gesamtkomplex der formalen Bedingungen* der Möglichkeit darstellt, auf ideale Weise Äquivalenzbeziehungen aufzugreifen und zu organisieren, sich also zugleich als Äquivalenzlogik und als formale Logik darstellt, ist das Denken im wilden Zustand heute im Herzen der Geschichte gegenwärtig und bleibt *dasselbe*, was es zu Anbeginn der Geschichte war. Das äußerste Paradoxon besteht also darin, daß – Geschichte vorausgesetzt – das Denken seiner formalen Struktur nach keine Geschichte hat (oder wenigstens gehört seine Geschichte nicht der Geschichte der Menschen, sondern der der Materie an).

In diesem Punkte treffen sich – und das ist paradox nur für jene, die durchaus mißverstehen wollen – Claude Lévi-Strauss und Marx. Der eine: «Alles soziale Leben, selbst das elementare, setzt beim Menschen eine intellektuelle Tätigkeit voraus, deren formale Eigenheiten folglich keine Widerspiegelung der konkreten Organisation der Gesellschaft sein können.»[23]

Marx: «Da der Denkprozeß selbst aus den Verhältnissen herauswächst, selbst ein *Naturprozeß* ist, so kann das wirklich begreifende Denken immer nur *dasselbe* sein, und nur graduell, nach der Reife der Entwicklung, also auch des Organs, womit gedacht wird, sich unterscheiden. Alles andere ist Faselei.»[24]

Tatsächlich ist im Zuge dieser Analyse Geschichte nicht verschwunden. Ganz im Gegenteil zeigt sich hier ihr genauer *Ort* und ihre eigentümliche *Realität*. Der Körper, das Gehirn, das Denken, das Bewußte und das Unbewußte konstituieren wohl eine menschliche Natur, aber diese menschliche Natur macht nicht den gesamten Bereich von Natur aus, denn die Geschichte fügt sich der menschlichen Natur hinzu. Wenigstens aber fügt die Geschichte, die durch den Fortschritt der Natur ermöglicht wurde – einer Natur, die im Gesamtverlauf der Geschichte für den Menschen das Laboratorium bleibt, in dem seine praktische Aktivität sich vollzieht, und die ihm außerdem die Möglichkeit und die Bedingungen zu denken gibt –, ihrem Anfang etwas hinzu, die Transformationen der Beziehungen zwischen Mensch und Natur und der Menschen untereinander.[25]

Wir können nun zwei Sachverhalte zusammen sehen, die sich auf den ersten Blick zu widersprechen, wenn nicht sogar auszuschließen scheinen: die Tatsache, daß das Denken seiner *formalen Struktur* nach sich in der Geschichte gleichbleibt (und in diesem Sinne keine Geschichte hat) und die – von einer sehr deutlichen Evidenz profitierende – Tatsache, daß *Ideen* und der Fortschritt des *Erkenntnisbestandes* einem geschichtlichen Wandel unterliegen. Tatsächlich gibt es hier weder Widerspruch noch Paradox, weil gerade der Wandel der Beziehungen zwischen Mensch und Natur und zueinander stetig ist, weil gerade die Geschichte dem Denken einen *Inhalt* (zu denken) *aufgibt* und ihn transformiert. Um diesen Sachverhalt zu veranschaulichen, genügt es, unsere vorhergehenden Analysen wiederaufzunehmen. Wir haben gezeigt, daß die Existenz eines «soziologischen Gerüstes» in den südamerikanischen Mythen, das aus imaginären Verwandtschaftsbeziehungen hervorgegangen war, eine Komponente dieser Mythen hervorbrachte, die ihrem Ursprung nach weder aus der formalen Struktur des Geistes (einer reinen und in gewisser Weise a-historischen Struktur) noch aus einem der Natur entnommenen Modell abgeleitet werden konnte, weil in der Natur nichts existiert, was etwa einem Frauentausch gleichwertig wäre, d. h. Verwandtschaftsbeziehungen, die im Verein mit Beziehungen der Blutsverwandtschaft den *menschlichen* Bereich von Verwandtschaft ausmachen. Und in diesem Beispiel drängen sich für das Denken Geschichte, soziale Organisation, Lebensweisen von Jäger-

und Ackerbauernpopulationen, Heirat und Initiationsriten zusammen, kurzum alles, was wir die Bewußtseinsauswirkungen der Beziehungen der Wilden zueinander und zur Natur genannt haben. Deshalb – und hier trennen wir uns offenbar von Claude Lévi-Strauss [26] – ist das mythische Denken zugleich Denken im *wilden Zustand* und Denken *der* Wilden. Verweilen wir bei diesem Aspekt. Es ist unserer Analyse zufolge selbstverständlich, daß die Analogie, als auf den formalen Strukturen des Denkens beruhendes Organisationsschema, das mithin die Fähigkeiten des wilden Denkens vollkommen ausdrückt, sich zu jedem Zeitpunkt der Geschichte dem Menschen anbietet, um sich bestimmte Bereiche seiner Erfahrung vorzustellen. Die auf Analogie beruhenden Denkweisen charakterisieren also nicht *ausschließlich* die primitiven Formen und Phasen der historischen Entwicklung. Claude Lévi-Strauss erwähnt übrigens unter den zeitgenössischen Formen des analogischen Denkens «die Kunst, der unsere Zivilisation den Status eines Naturschutzparks zubilligt, mit all den Vorteilen und Nachteilen, die sich mit einem so künstlichen Gebilde verbinden; und das ist besonders auf vielen Sektoren des sozialen Lebens der Fall, die noch nicht gerodet sind und in denen – aus Gleichgültigkeit oder aus Ohnmacht, und meistens ohne daß wir wüßten, warum – das spontane, wilde Denken auch weiterhin gedeiht»[27]. Man könnte hier selbstverständlich religiöse Vorstellungen, ja sogar politische Ideologien anreihen.

Tatsächlich existiert aber dieses Feld der *Wahrnehmung* und der Beobachtung der wahrgenommenen Welt noch ganz einfach und universell bei jedem Individuum und zu jedem Zeitpunkt, dieses Feld, wo sich spontan und unaufhörlich Analogien zwischen Formen, Objekten und Handlungen dem Bewußtsein darbieten. Aber heute – und das ist der Schlüsselpunkt –, im Rahmen unserer industriellen Gesellschaft und mit Rücksicht auf die Entwicklung der Naturwissenschaften und der «Wissenschaften vom Menschen», machen die aus dem Bereich der Wahrnehmung geschöpften Analogien nicht länger das *wesentliche Material* der *gewichtigsten* Vorstellungen aus, die sich der Mensch von Natur und Geschichte macht.[28] Dagegen – und das ist die direkte Auswirkung der durch schwache Entwicklung der Produktivkräfte und der nichtempirischen Erkenntnisse charakterisierten praktischen Beziehungen zur Welt – konstituieren bei den primitiven Gesellschaften, wie Claude Lévi-Strauss gezeigt hat, gerade die dem Bereich der *Wahrnehmung*, der sinnlichen Erkenntnis entnommenen Analogien das Grundmaterial, aus dem das den formalen Prinzipien des Denkens im wilden Zustand spontan unterworfene Denken der Wilden seine Ideenpaläste konstruiert, wo das reziproke Bild des Menschen und der Welt sich bis ins Unendliche widerspiegelt und die Illusionen entstehen und sich verdichten, die der wilde Mensch sich über sich selbst und die Natur macht. Gesättigt mit dem ganzen tausendjährigen Reichtum an Erkenntnissen aus vertrautem Umgang und Verkehr mit der Natur, konnte das Denken der Wilden, um sich die *unsichtbaren*, aber *notwendigen* Beziehungen zwischen den Dingen vorzustellen – Beziehungen, die auf der Ebene der *Wahrnehmung* nicht mehr *beobachtbar* waren –, sich jedoch nur die Quellen einer Analogie verfügbar machen, die alle ihre Bilder und Annäherungswege dem Inhalt der sinnlichen Wahrnehmung selbst entnahm.[29] Innerhalb dieser Grenzen aber waren die positiven Resultate, die das mythische Denken erreichte, ungeheuer. «Anstatt das Werk einer ‹fabelbildenden Funktion› zu sein, die der Wirklichkeit den Rücken zuwendet – wie so oft behauptet wurde –, liegt der Hauptwert der Mythen und Riten darin, Beobachtungs- und Denkweisen, wenn auch nur als Restbestände, bis heute zu erhalten, die einer *bestimmten* Art von Entdeckungen *angemessen* waren (und es ohne Zweifel bleiben werden): jenen Entdeckungen, die die Natur zuließ, unter der Voraussetzung der Organisation und der *spekulativen* Ausbeutung der *sinnlich wahrnehmbaren Welt in Begriffen des sinnlich Wahrnehmbaren*. Diese Wissenschaft vom Konkreten mußte ihrem Wesen nach auf andere Ergebnisse begrenzt sein als die, die den exakten Naturwissenschaften vorbehalten blieben; aber sie waren nicht weniger wissenschaftlich, und ihre Ergebnisse waren nicht weniger gesichert. Zehntausend Jahre vor den anderen erworben und gesichert, sind sie noch immer die Grundlage unserer Zivilisation.»[30]

Das Denken im wilden Zustand und das wissenschaftliche Denken sind also nicht zwei «ungleiche Entwicklungsstufen des menschlichen Geistes», weil das Denken im wilden Zustand, der Geist in seiner formalen Struktur, keine Entwicklung kennt und auf allen Zeitebenen und an allen Materialien, die ihm die Geschichte liefert, seine Wirkung ausübt. Es gibt keinen Fortschritt des Geistes, wohl aber einen der Erkenntnisse. Nach all dem Vorhergehenden hieße es jedoch einen Irrtum begehen, wollte man das Denken der Wilden mit dem Denken im wilden Zustand vollkommen zusammenfallen lassen oder es gänzlich darauf reduzieren. Das Denken der Wilden unterscheidet sich von den Vorstellungen des Kosmos etwa bei den ionischen Physikern des antiken Griechenland oder bei den nach-newtonschen des 18. Jahrhunderts. Aber woher kommen diese Unterschiede? Um das Beispiel der Griechen zu nehmen: Einige der Gründe für die Ablehnung der alten Kosmogonien durch die milesischen Philosophen – oder besser der mythischen Theogonien nach orientalischem Modell[31] – sind heute genauer bekannt. Einen ersten Grund lieferte die Entwicklung der Geometrie mit der Möglichkeit einer mathematischen Darstellbarkeit des Universums, die «die Herrschaft einer neuen Denkform und eines neuen Erklärungssystems ohne Analogie im Mythos einleitete»[32]. Ein weiterer Grund bestand darin, daß die Beziehungen der Menschen zueinander sich parallel zum Aufkommen einer neuen Form von Gesellschaft, der

Polis, veränderten und daß ein System von *Isonomie* in den Städten ebenso wie in der Natur das ältere *monarchische* ersetzt hatte[33]. Aus diesem doppelten Fortschritt, der zum teilweisen Verfall des mythischen Denkens in der ionischen «Physik» und in der «Politik» der griechischen «Bürger» führte, ist die Philosophie entstanden, und aus ihm hat sich zu Beginn des sechsten Jahrhunderts eine neue Denkweise mit ungeheuren Ergebnissen entfaltet.

Wir sind so zum Ursprung eines für das Verständnis der menschlichen Geschichte grundlegenden Problems gelangt, dem der exakten Natur des philosophischen Denkens, seiner spezifischen Differenz zum mythischen Denken und der historischen Bedingungen seines Entstehens. Man begreift also, warum «die Lehre der südamerikanischen Mythen einen topischen Wert zur Lösung von Problemen bietet, die die Natur und die Entwicklung des menschlichen Denkens berühren»[34], und warum in den Augen eines Aristoteles, der das eigentliche Neue am Beitrag der ersten ionischen Physiker abzuschätzen verstand, «diejenigen, die sich des Mythos bedienen, es nicht wert sind, daß man sich mit ihnen beschäftigt»[35]. Es handelt sich für uns nicht darum, auf das Problem der Beziehungen zwischen mythischem und philosophischem Denken einzugehen. Dazu bedürfte es eines ganzen Buches. Wir können dem griechischen Beispiel jedoch eine Anregung entnehmen, die die allgemeine Richtung für die Analyse dieses Problems nahelegt. Mit der Entdeckung, daß die Natur – jenseits ihrer sichtbaren Formen – gemäß den notwendigen Formen einer mathematischen Ordnung organisiert war, hatte das griechische Denken lokal und partiell das Netzwerk der intentionalen Ursachen und analogischen, der Wahrnehmung entnommenen Vorstellungen, durchbrochen, mit denen die alten Mythen den Ursprung und die Natur des Kosmos «erklärten». Dieser neue Inhalt der «physikalischen» Erkenntnisse und der «politischen» Beziehungen hat das Denken genötigt, sich sich selbst *gegenüberzustellen,* alte Denkweisen zurückzuweisen und zu verwerfen, um sie durch andere zu ersetzen, die dem neuen Feld der menschlichen Erfahrung besser entsprachen. Die der sinnlichen Wahrnehmung entnommenen Analogien werden zugunsten anderer Äquivalenzbeziehungen aufgegeben, die diesen neuen Bereich menschlicher Erfahrung ausdrücken.[36]

Im allgemeinen hat der Fortschritt der Erkenntnisse über Natur und Geschichte darin bestanden, das Geflecht von Intentionen von der Oberfläche der Dinge zu tilgen, die der Mensch ihnen zunächst nach seinem Bilde verliehen hatte, Bruchstück für Bruchstück und Ebene für Ebene die imaginären Darstellungen der «intentionalen» Ursachen zu zerstören, um sie durch die Darstellung nichtintentionaler und notwendiger Ursachen zu ersetzen. In gewisser Weise hat es einen Fortschritt in bezug auf die Fähigkeit gegeben, das nichtintentionale, in Natur und Geschichte existierende System von objektiven Beziehungen sich vorzustellen, als man die spekulativen, halb abstrakten und halb konkreten Begriffe des mythischen Denkens durch die rein abstrakten Begriffe der Philosophie ersetzte: Begriffe von Ursache, Ziel, Vernunft, Grundlage, Prinzip, Analyse und Klassifizierung verschiedener Typen von ersten, letzten, bewegenden, finalen, materialen und formalen Ursachen. Selbstverständlich handelt es sich nicht darum, den spekulativen Charakter der Begriffe und Verfahrensweisen des philosophischen Denkens zu leugnen, das wie das mythische Denken zugleich analytisch und synthetisch und fähig zu sein beansprucht, die ersten und letzten Ursachen der Ordnung der Dinge in seinem Diskurs zu erreichen.[37]

Schließlich muß man, um die Besonderheit des mythischen Denkens und seine Entstehungs- und Verfallsbedingungen in der Geschichte zu erfassen, also die Beziehungen zwischen Mythen, Gesellschaft und Geschichte zu denken, die Existenzberechtigung und die Notwendigkeit der vielfachen Bewegung der Geschichte wissenschaftlich ausloten, einer Geschichte, die dem menschlichen Denken, das sich selbst im wesentlichen gleichbleibt, neue Denkinhalte aufgibt. An diesem Punkt – dem der Analyse der nichtintentionalen Notwendigkeiten, die sich in der Geschichte manifestieren und sie in der Tiefe bewegen – werden wir uns neuerdings von Claude Lévi-Strauss trennen, der über die Geschichte [38] Urteile fällt, denen wir nicht gänzlich folgen können und die uns nicht samt und sonders auf die Prinzipien der strukturalen Methode gegründet zu sein scheinen.

Für Claude Lévi-Strauss ist es «ebenso unerquicklich wie nutzlos, die Argumente zu häufen, um zu beweisen, daß jede Gesellschaft in der Geschichte steht und sich mit ihr wandelt: das liegt auf der Hand»[39]. Diese Geschichte ist nicht nur eine kalte Geschichte, in der dieselben Strukturen sich ohne erkennbare Variation wiederholen. Geschichte besteht ebenso aus «nicht-rückläufigen Ereignisketten, deren Ergebnisse kumulativ sind und wirtschaftliche und soziale Umwälzungen mit sich bringen»[40]. In dieser Perspektive stellt sich für Claude Lévi-Strauss das Problem der Beziehungen zwischen Denken und Geschichte, und wir haben gesehen, daß er eine an Marx sehr angenäherte Position einnimmt, für den das Denken in seiner formalen Struktur keine Geschichte hat, sich nicht in der Geschichte «entwickelt», sondern verschiedene Modalitäten gemäß dem Inhalt dieser Geschichte annimmt. «Wir bestreiten nicht, daß die Vernunft sich auf dem praktischen Feld entwickelt und wandelt: die Art und Weise, wie der Mensch denkt, ist der Ausdruck seiner Beziehungen zur Welt und zu den Menschen. Aber damit die *Praxis* als Denken gelebt werden kann, muß zunächst (. . .) das Denken existieren.»[41] Noch weitergehend faßt Claude Lévi-Strauss den «unbestreitbaren Primat der Infrastrukturen»[42] wie ein Ordnungs*gesetz* auf und schreibt: «Wir vertreten aber keineswegs die

Ansicht, daß ideologische Wandlungen soziale Wandlungen erzeugen. Einzig die umgekehrte Reihenfolge ist wahr: die Auffassung, die die Menschen sich von den Beziehungen zwischen Natur und Kultur machen, hängt von der Art und Weise ab, wie sich ihre eigenen sozialen Beziehungen verändern. (...) Gleichwohl untersuchen wir nur die Schatten, die sich an der Höhlenwand abzeichnen.»[43]

Wir haben ausführlich gezeigt, welchen Beitrag zu einer Theorie der «ideologischen Superstrukturen» das Werk von Claude Lévi-Strauss leistet, der sich als Materialisten und Deterministen bezeichnet: «Wenn im Geist des Publikums häufig eine Verwirrung in bezug auf Strukturalismus, Idealismus und Formalismus besteht, genügt es, wenn der Strukturalismus auf seinem Wege einem wahrhaften Idealismus und Formalismus begegnet, damit seine eigene deterministische und realistische Inspiration ans Tageslicht tritt.»[44] Bereits in einem Abschnitt der ‹Structures élémentaires de la parenté› zitierte er folgenden Satz von Taylor: «...wenn es mancherorts Gesetze gibt, muß es überall welche geben.» In dieser Perspektive, der wir uns voll anschließen, wird es jedoch schwierig, Lévi-Strauss gerade in den Schlußfolgerungen seines Werkes ‹Du Miel aux Cendres› zu folgen. Er sieht in der Umwälzung «an den Grenzen des griechischen Denkens, dort wo die Mythologie zugunsten einer Philosophie abdankt, die als die Vorbedingung einer' wissenschaftlichen Reflexion zum Vorschein kommt», «einen historischen Zufall, der nichts bedeutet, nur daß er an diesem Ort und in diesem Augenblick stattgefunden hat»[45]. «Weder hier noch dort war dieser Übergang notwendig, und wenn die Geschichte ihren vorrangigen Platz behält, so den, der zu Recht einer irreduziblen Kontingenz zukommt.»[46]

Aber diese Schlußfolgerung ist in einem bestimmten Sinne notwendig. Denn wenn man mythisches Denken und Denken im wilden Zustand einander gleichsetzt, wenn man die spezifischen Differenzen der philosophischen und wissenschaftlichen Vorstellungsweisen beiseite läßt, um lediglich das zurückzubehalten, was sie im Rahmen des mythischen Denkens als «ineinander verschachtelt» erscheinen läßt, kann man nicht umhin, der Geschichte jede Kreativität und jede Notwendigkeit abzuerkennen. Die Geschichte ist dann lediglich ein von außen wirkender Katalysator, der die «im Samen schlafenden» Möglichkeiten des mythischen Denkens aufs Geratewohl auslöst. Vielleicht ist diese Vorstellung von Geschichte der letzte Triumph des mythischen Denkens über die es analysierende Wissenschaft, weil sie den Forscher die Geschichte so sehen läßt, wie die primitiven Gesellschaften sie gesehen haben, «die nichts von ihr wissen wollen und versuchen, mit einer Hartnäckigkeit, die wir unterschätzen, Zustände ihrer Entwicklung, die sie für ‹primär› halten, so dauerhaft wie möglich zu gestalten»[47].

Anmerkungen

1 In einer anderen Reihe von weniger eindeutigen und eher den Schamanen zugehörigen Varianten werden Sonne und Mond mit Verwandtschaftsbezeichnungen ausgestattet, die sich auf den jüngeren und den älteren Bruder beziehen.

2 Zu Begriffen wie «Gerüst», «Code» oder «Botschaft» eines Mythos vgl. Claude Lévi-Strauss, ‹Mythologiques›, Bd. I: ‹Le Cru et le Cuit›. Paris 1964; dt. ‹Das Rohe und das Gekochte›. Frankfurt 1971, S. 259.

3 Claude Lévi-Strauss, ‹Mythologiques›, Bd. II: ‹Du Miel aux Cendres›. Paris 1966; dt. ‹Vom Honig zur Asche›. Frankfurt 1972, S. 308–311, S. 519–522.

4 Das liefert die Antwort auf die Frage, die wir nach dem Zitat des Baruya-Mythos über die Entstehung der Welt stellten, die Frage nach dem Ursprung und der Basis der *formalen* und *abstrakten* Charaktere (und *nur* dieser Charaktere) der mythischen Diskurse und Vorstellungsbereiche, die den Mythen von Populationen gemeinsam sind, die sich hinsichtlich ihrer Ökologie und ihrer sozialen Organisaton, also hinsichtlich aller positiven Bestimmungen ihrer historischen Realität grundlegend unterscheiden.

5 Wie Claude Lévi-Strauss in ‹Le Totémisme aujourd'hui›. Paris 1962 (dt. ‹Das Ende des Totemismus›. Frankfurt 1965), gezeigt hat, liegt die *wesentliche* Komponente der religiösen Erfahrung der Welt in der Repräsentation, in den Prinzipien und im Inhalt dieser Repräsentation der Welt und *nicht* in einer affektiven Beziehung des Menschen zur Natur. Der primitive Mensch stellt sich diese Natur nicht etwa deshalb als ihm selbst analog vor, weil er sich ursprünglich affektiv und mit einer Art von diffuser und emotionaler Partizipation mit ihr identifizierte. In direktem Gegensatz zu den Thesen von Levy-Bruhl ist die «primitive Mentalität» nicht mit dem Affekt, sondern mit dem Intellekt verschwistert. Levy-Bruhl zufolge nimmt «der Geist des Primitiven angesichts einer Sache, die ihn interessiert, beunruhigt oder ängstigt, nicht denselben Weg wie der unsrige. Er schlägt alsbald eine ganz unterschiedliche Richtung ein. (...) Die Natur, in deren Bann er lebt, stellt sich ihm unter einem ganz anderen Aspekt dar. Alle Objekte und alle Wesen sind da in ein Netz mystischer Partizipationen und Ausschließungen einbezogen; gerade sie bilden dessen Gewebe und Ordnung» (‹La Mentalité primitive›. 1921, S. 17/18). Im Gegensatz dazu Claude Lévi-Strauss in ‹Das Ende des Totemismus›: «In Wahrheit erklären die Pulsionen und Emotionen nichts; immer *ergeben* sie sich: entweder aus der Kraft des Körpers oder aus der Ohnmacht des Geistes. Sie sind in beiden Fällen Folgeerscheinungen, sie sind niemals Ursachen. Diese können nur im Organismus gesucht werden, wie die Biologie allein es tun kann, oder im Intellekt, und dies ist der einzige Weg, der der Psychologie und der Ethnologie offensteht» (S. 94).

6 Aus dieser Perspektive kann auch die Praxis der Opferung analysiert werden. In ‹La Pensée sauvage›. Paris 1962 (dt. ‹Das wilde Denken›. Frankfurt 1968), hat Claude Lévi-Strauss deren allgemeine Analyse entworfen, die wir hier kurz zitieren: «Bei der Opferung übernimmt die (kontinuierliche und nicht mehr die diskontinuierliche, in eine Richtung gehende und nicht umkehr-

bare) Reihe der natürlichen Arten die Rolle der Vermittlung zwischen zwei polaren Begriffen, von denen der eine der Opferer und der andere die Gottheit ist und zwischen denen anfangs keine Homologie besteht, ja überhaupt keine Beziehung irgendwelcher Art: da es gerade das Ziel der Opferung ist, eine Beziehung herzustellen (die nicht Ähnlichkeit ist sondern Kontiguität), und zwar mittels einer Reihe von sukzessiven Identifizierungen, die in beiden Richtungen verlaufen können, je nachdem, ob das Opfer ein Sühneopfer ist oder einen Gemeinschaftsritus darstellt. (...) Wie es die Sprache sehr gut zum Ausdruck bringt, ist es ihr Ziel, daß eine ferne Gottheit die menschlichen Wünsche erfüllt. Sie glaubt dies dadurch zu erreichen, daß sie zunächst die beiden Gebiete mittels eines geweihten Opfers verbindet (ein doppeldeutiges Objekt, das tatsächlich mit beiden zusammenhängt) und sodann diesen verbindenden Begriff vernichtet: damit schafft die Opferung ein Defizit an Kontiguität und glaubt durch die Intentionalität des Gebetes eine kompensierende Kontinuität in dem Bereich herbeizuführen, in dem der anfängliche vom Opferer empfundene Mangel durch Vorwegnahme und gleichsam punktuell den Weg zeichnete, der zur Gottheit führt» (S. 260 f).

7 Vgl. Lévi-Strauss' kritische Wiederaufnahme der Thesen von A. Comte über die Religion als Anthropomorphismus der Natur: «Der Irrtum Comtes und der meisten seiner Nachfolger bestand in dem Glauben, der Mensch habe, mit einiger Wahrscheinlichkeit, die Natur mit einem Willen bevölkern können, ohne seinen Wünschen einige Attribute dieser Natur, in der er sich wiedererkannte, zu verleihen» (‹Das wilde Denken›, S. 255).

8 ‹Das wilde Denken›, S. 257.

9 Ebd., S. 136.

10 Ebd., S. 150.

11 Ebd., S. 160.

12 Vgl. z. B. die Analyse, die Claude Lévi-Strauss für einen Mythos des in Arhem-Land (Nordaustralien) lebenden Stammes der Murngin geliefert hat, und seine sich daraus ergebende Schlußfolgerung: «Das mythische System und seine Erscheinungsformen dienen also zur Herstellung von homologen Beziehungen zwischen den natürlichen Bedingungen und den gesellschaftlichen Bedingungen, oder genauer, zur Definition eines Gesetzes der Äquivalenz von signifikanten Kontrasten, die auf mehreren Ebenen liegen: der geographischen, meteorologischen, zoologischen, botanischen, technischen, wirtschaftlichen, sozialen, rituellen, religiösen und philosophischen» (‹Das wilde Denken›, S. 111 f).

13 Im Sinne von «transhistorisch».

14 Vgl. ‹Das wilde Denken›, S. 253 f.

15 Ebd., S. 198 ff.

16 Ebd., S. 257: «Nun wird man begreifen, daß eine aufmerksame und gewissenhafte, ganz und gar dem Konkreten zugewandte Beobachtung im Symbolismus zugleich ihr Prinzip und ihren Abschluß findet.» Aber der Preis, den das Denken offenbar für diese imaginäre «Totalisierung» des Realen entrich-

ten muß, ist die Armut, die Monotonie der von den Mythen gelieferten «Botschaften».

17 ‹Vom Honig zur Asche›, S. 9, 255, 275.

18 Vgl. z. B. das kanonische Gesetz der Transformation von Mythen in der Bororo-Mythologie, wie sie Claude Lévi-Strauss in ‹Vom Honig zur Asche› (S. 16–24) wiederhergestellt hat. Man müßte selbstredend die Methoden der Analyse der syntagmatischen und paradigmatischen Ketten von Mythen und den Gegensatz von formaler und semantischer Analyse erwähnen, aber das geht über unser Vorhaben hinaus, das sich darauf beschränkt, einen einfachen Überblick über die Beziehung von Mythos, Geschichte und Gesellschaft zu geben. Man muß jedoch hervorheben, wie es Claude Lévi-Strauss (‹Vom Honig zur Asche›, S. 514) getan hat, daß die strukturale Methode eine neue Art ausbildet, «den Inhalt der Mythen zu fassen, die ihn, ohne ihn zu vernachlässigen oder ihn ärmer zu machen, in Termini der Struktur übersetzt». Hier liegt auch die Basis für eine vergleichende Mythologie, in der, wie Van Gennep es wollte, im Gegensatz zu den Mythographen des 19. Jahrhunderts nun nicht mehr «der Vergleich die Verallgemeinerung begründet, sondern umgekehrt» die Verallgemeinerung den Vergleich (‹Anthropologie structurale›. Paris 1958; dt. ‹Strukturale Anthropologie›. Frankfurt 1967, S. 35).

19 ‹Das wilde Denken›, S. 272, 302 f.

20 Wenigstens einer Algebra zyklischer Transformationen.

21 ‹Das Ende des Totemismus›, S. 117. Vgl. auch ‹Das wilde Denken›, S. 285 (Fußn.): «Da auch der Geist ein Ding ist, unterrichtet uns das Funktionieren dieses Dinges über die Natur der Dinge: selbst die reine Reflexion läuft auf eine Interiorisierung des Kosmos hinaus.»
Man kann diese Theorie von Claude Lévi-Strauss mit der von Marx im Kapital vorgetragenen Theorie über die Natur religiöser Idealitäten vergleichen: «Um daher eine Analogie zu finden, müssen wir in die Nebelregion der religiösen Welt flüchten. Hier scheinen die Produkte des menschlichen Kopfes mit eignem Leben begabte, untereinander und mit den Menschen in Verhältnis stehende selbständige Gestalten» (‹Das Kapital›, Bd. I; MEW Bd. 23, S. 86).

22 ‹Das wilde Denken›, S. 303 f.

23 ‹Das Ende des Totemismus›, S. 116 f.

24 Brief an Kugelmann, 11. Juli 1868 (Hervorhebungen von Marx); MEW Bd. 32, S. 553.

25 Die ebenso Transformation des Menschen wie Transformation der Natur ist, wie bemerkenswerterweise die fortschreitende Züchtung von Pflanzen und Tieren mit allen ihren Auswirkungen auf die Beziehungen der Menschen zueinander und zur Natur veranschaulicht (genetische Transformation domestizierter Mischformen).

26 «... dieses wilde Denken, das für uns nicht das Denken der Wilden, noch das einer archaischen oder primitiven Menschheit ist, sondern das Denken im wilden Zustand, das sich von dem zwecks Erreichung eines Ertrags kultivierten oder domestizierten Denken unterscheidet» (‹Das wilde Denken›, S. 253).

27 ‹Das wilde Denken›, S. 253.

28 Man könnte diese Formulierungen mit denen von Michel Foucault in ‹Les Mots et les Choses› (Paris 1966; dt. ‹Die Ordnung der Dinge›, Frankfurt 1971) in Zusammenhang bringen, wenn er die konstruktive Rolle der «Ähnlichkeit» (*ressemblance*) im Erkenntnisstand der westlichen Kultur bis hin zum Ende des 16. Jahrhunderts analysiert: «Sie hat zu einem großen Teil die Exegese und Interpretation der Texte geleitet, das Spiel der Symbole organisiert, die Erkenntnis der sichtbaren und unsichtbaren Dinge gestattet und die Kunst ihrer Repräsentation bestimmt. (...) Die Malerei imitierte den Raum, und die Repräsentation, war sie nun Fest oder Wissenschaft (*savoir*) gab sich als Wiederholung: Theater des Lebens oder Spiegel der Welt, so lautete der Titel jeder Sprache, ihre Art, sich anzukündigen, und ihr Recht auf Sprache zu formulieren» (S. 46). Selbstredend hatten Ähnlichkeit und Analogie nicht auf das Ende des 16. Jahrhunderts gewartet, um aus einigen Erkenntnisbereichen zu verschwinden, und eben um diesen Preis ihres Verschwindens ist bei den Griechen die Mathematik und vielleicht auch die Philosophie entstanden.

29 Aus denselben Gründen scheinen zahlreiche in den Mythen präsente Analogien assoziationistische Prinzipien der empiristischen englischen Philosophie wieder in Geltung zu setzen. Claude Lévi-Strauss weist in ‹Das Ende des Totemismus› (S. 116 ff) darauf hin, daß Radcliffe-Brown den Gebrauch von auf Gegensatzpaaren beruhenden Oppositionen (hoch und tief, trocken und feucht usw.) in den australischen Mythen als einen besonderen Fall von «Verbindung durch Gegensätzlichkeit» betrachtete, und er rehabilitiert teilweise ältere assoziationistische Lehren. David Hume erklärt in seiner Untersuchung über den menschlichen Verstand (1748; Abschnitt III: ‹Über die Assoziation der Vorstellungen›): «Es scheinen mir bloß drei Verknüpfungsprinzipien der Vorstellungen zu bestehen: Ähnlichkeit (*resemblance*), räumlich-zeitliche Berührung (*contiguity*) und Ursächlichkeit (*cause or effect*).»

30 ‹Das wilde Denken›, S. 29 (Hervorhebungen von M. G.).

31 Vgl. die Bemerkungen über die alten mesopotamischen und ägyptischen Mythologien in ‹Before Philosophy› von Henry Frankfort und Th. Jacobsen (Kap. I, ‹Myth and Reality›, S. 11–36).

32 J. P. Vernant, ‹Les origines de la pensée grecque›. Paris 1962, S. 116. J. P. Vernant hebt die Bedeutung des Werkes von Anaximander mit folgenden Formulierungen hervor: «Anaximander stellt den Kosmos in einen mathematisierten Raum hinein, der durch reine geometrische Beziehungen konstituiert wird. In ihm findet sich das mythische Bild einer gestuften Welt getilgt, wo Oben und Unten in ihrer absoluten Opposition kosmische Ebenen anzeigen, die unterschiedliche göttliche Kräfte bezeichnen und auf denen die Richtungen im Raum entgegengesetzte religiöse Bedeutungen haben» (S. 117).

33 J. P. Vernant: «Der neue soziale Raum ist zentriert. κρατός, ἀρχή und δυναστεία stehen nicht mehr an der Spitze der sozialen Stufenleiter, sondern sind ἐς μέσον verwiesen, ins Zentrum, in den Umkreis der menschlichen Gruppe. (...) Im Verhältnis zu diesem Zentrum nehmen alle Individuen und Gruppen symmetrische Positionen ein (...) und treten zueinander in Verbindung durch Beziehungen vollkommener Reziprozität» (ebd., S. 122).

34 Claude Lévi-Strauss, ‹Vom Honig zur Asche›, S. 523.

35 Aristoteles, *Metaphysik*, B. 4. Aristotels richtet sich gegen die «Zeitgenossen Hesiods und alle Theologen» und rät, «sich eher bei denen zu unterrichten, die mittels Beweisführung urteilen».

36 Claude Lévi-Strauss hat auf die Arbeit von G. E. R. Lloyd – ‹Polarity and Analogy. *Two Types of argumentation in early greek thought*› (Cambridge Univ. Press, 1966) – aufmerksam gemacht, eine Arbeit, die Beispiele für den Gebrauch von Gegensatzpaaren und von Analogie als Schlußmodi und wissenschaftlicher Verfahrensweise aus allen Bereichen der griechischen Philosophie und Wissenschaft bis hin zu Aristoteles zusammenstellt.

37 An die einander entgegengesetzten Auffassungen von Burnet und Conford erinnernd – von Burnet, eines Anhängers der Theorie vom «griechischen Wunder», mit dem «urplötzlich auf ionischem Boden sich der Logos vom Mythos gelöst hat wie die Schuppen, die von des Blinden Augen fallen», und von Conford, für den die erste Philosophie einer mythischen Konstruktion viel näher bleibt als einer wissenschaftlichen Theorie – und in völliger Übereinstimmung mit den Analysen Confords, kommt Vernant zu folgendem Ergebnis: «Diesen vagen Ähnlichkeiten und Analogien zu Trotz, gibt es jedoch zwischen Mythos und Philosophie keinen wirklichen Zusammenhang. Der Philosoph gibt sich nicht damit zufrieden, in Begriffen von Φύσις zu wiederholen, was der Theologe mit Begriffen der göttlichen Kraft ausgedrückt hatte. Dem Wechsel des Registers, dem Gebrauch eines profanen Vokabulars entspricht eine neue Haltung des Geistes. (...) *So setzt sich eine neue Funktion von Erkenntnis durch, die sich von jeder Präokkupation durch eine rituelle Ordnung befreit hat.* Die ‹Physiker› lassen *willentlich* die Welt der Religion außer acht. Ihre Forschung hat nichts mehr gemein mit den kultischen Verfahren, denen der Mythos trotz seiner relativen Autonomie immer mehr oder weniger verbunden bleibt» (op. cit., S. 102). Entsakralisierung der Erkenntnis und Säkularisierung des sozialen Lebens stellen sich also als Bedingungen für die Thronbesteigung der Philosophie dar.

38 «Geschichte» hier im wörtlichen Sinne von Geschichte und nicht als wissenschaftliche Disziplin (Geschichtsschreibung).

39 ‹Das wilde Denken›, S. 270 f.

40 Ebd., S. 271.

41 Ebd., S. 303.

42 Ebd., S. 154.

43 Ebd., S. 136. Parallel dazu zitieren wir folgenden berühmten Text von Marx: «Ganz im Gegensatz zur deutschen Philosophie, welche vom Himmel auf die Erde herabsteigt, wird hier von der Erde zum Himmel gestiegen. D. h. (...) es wird von den wirklich tätigen Menschen ausgegangen und aus ihrem wirklichen Lebensprozeß auch die Entwicklung der ideologischen Reflexe und Echos dieses Lebensprozesses dargestellt. (...) Die Moral, Religion, Metaphysik und sonstige Ideologie und die ihnen entsprechenden Bewußtseinsformen behalten hier nicht länger den Schein der Selbständigkeit. Sie haben keine Ge-

schichte, sie haben keine Entwicklung, sondern die ihre materielle Produktion und ihren materiellen Verkehr entwickelnden Menschen ändern mit dieser Wirklichkeit auch ihr Denken und die Produkte ihres Denkens. Nicht das Bewußtsein bestimmt das Leben, sondern das Leben bestimmt das Bewußtsein» (‹Die deutsche Ideologie›, MEW Bd. 3, S. 26/27).

44 ‹Das Rohe und das Gekochte›, S. 46. «Freilich mit dem Unterschied, daß heute das strukturale Denken die Farben des Materialismus verteidigt» (ebd.).

45 ‹Vom Honig zur Asche›, S. 522.

46 Ebd., S. 524.

47 ‹Das wilde Denken›, S. 271.

Übersetzernachweis

Wolf H. Leube: Vorwort; Anthropologie und Ökonomie; Der Begriff der ökonomischen Gesellschaftsformation; Dialektische Logik und Strukturanalyse; «Salzgeld» und Warenzirkulation bei den Baruya von Neuguinea

Joseph Grahl: System, Struktur und Widerspruch im *Kapital*

Eva Moldenhauer: Warenwirtschaft, Fetischismus, Magie und Wissenschaft im Marxschen *Kapital*

Hans-Horst Henschen: Der Begriff des Stammes; Die Nichtentsprechung zwischen Formen und Inhalten sozialer Beziehungen; Fetischismus, Religion und allgemeine Theorie der Ideologie bei Marx; Mythos und Geschichte

das neue buch
rowohlt

Herausgegeben von Jürgen Manthey

Programmschwerpunkte: zeitgenössische Literatur vorwiegend jüngerer deutscher und ausländischer Autoren / Beiträge zu einer materialistischen Ästhetik / Beispiele gesellschaftskritischer Dokumentaristik / Entwürfe für eine neue, unspekulative Anthropologie / Medientheorie und Kommunikationsforschung / Kritik der «amerikanischen Ideologie»